역사의 도전과 한국 유학의 대응

황의동(黃義東) 지음

책미래

역사의 도전과 **한국 유학의 대응**

발행일 | 1판 1쇄 2015년 8월 17일

지은이 | 황의동
주 간 | 정재승
교 정 | 한복전
디자인 | 배경태
펴낸이 | 배규호
펴낸곳 | 책미래

출판등록 | 제2010-000289호
주 소 | 서울시 마포구 공덕동 463 현대하이엘 1728호
전 화 | 02-3471-8080
팩 스 | 02-6353-2383
이메일 | liveblue@hanmail.net

ISBN 979-11-85134-25-3 93130

국립중앙도서관 출판시도서목록(CIP)

역사의 도전과 한국 유학의 대응 : 우환의식과 시대정
신에 투철한 한국유학을 논하다 / 지은이: 황의동. ──
서울 : 책미래, 2015
    p. ;   cm

ISBN 979-11-85134-25-3 93130 : ₩20000

한국 유학[韓國儒學]

151.5─KDC6
181.119─DDC23   CIP2015021529

이 책을 내면서

근래 인문학의 필요성이 제기되면서 유학도 새롭게 조명되고 있다. 유학 (儒學)은 그 자체가 인문학이요 인간학이기 때문이다. 유학은 철학, 역사, 문학, 예학, 예술 등 여러 분야를 통섭한 종합적인 학문이다. 그리고 유학 은 무엇보다 '인간'을 고민하고 인간들이 모여 사는 '사회'를 걱정한다. 인 간 존재에 대한 물음으로부터 인간 삶의 길에 이르기까지 다양한 문제를 거론한다. 인간 존재만 하더라도 하늘과 땅의 중간자로서, 그리고 신과 자 연이 하나가 된 유기체로서 신령한 우주경영의 주체로 규정된다. 유학은 인간의 생명, 인간의 존엄성을 강조한다. 오늘날 인문학이 지향해야 할 가 치가 바로 인간의 생명이요 인간의 존엄성이다. 유학은 이 점에서 남다른 관심과 훌륭한 내용을 담지하고 있다.

또한 유학은 인간이 인간답게 살아가야 할 중요한 가치가 도덕성에 있 다고 생각한다. 도덕성, 윤리, 예의, 정의는 인간이 다른 동물과 차별화되 는 조건이며 이를 통해 인간이 만물의 영장으로 우뚝 설 수 있다. 인간이 예의, 윤리를 벗어나 버리면 이미 동물성으로 전락하고 생물적 본능에 충 실하게 된다. 그러므로 유학은 인간 주체의 도덕화를 철저하게 추구했던 것이며, 나아가 도덕적인 가정, 도덕적인 사회, 도덕적인 국가, 도덕적인 인 류사회를 희구했던 것이다. 사실 유학이 실현하고자 한 이상세계로서의 '대동(大同)'이나 '왕도(王道)'란 인간의 도덕이성이 지배하는 그런 사회였 다 해도 지나치지 않는다. 유학은 인간 존재의 능력을 매우 신뢰하고 긍정 적으로 보기 때문에 군자가 되는 것도, 인(仁)의 실현도, 왕도나 대동의 이 상세계도 신이 아닌 인간 자신의 노력으로 가능하다고 보는 것이다.

더욱이 유학은 내세에 대한 관심이나 초월적인 즐거움에 도취되기보다는 자기 자신이 살아가는 세상을 더욱 근심하고 걱정하는 데 특징이 있다. 이웃을 걱정하고 나라를 걱정하고 인류사회의 미래를 근심 걱정하는 것이다. 이렇게 우환의식에 충만한 것이 유학이요 시대정신에 투철한 것이 유학의 진유(眞儒)다.

제1부는 한국 유학이 시대적 과제에 어떻게 능동적으로 대응했는가를 살피는 데 초점을 맞추었다. 흔히 유학은 보수적이고 시대에 둔감하다는 비판을 많이 받는다. 또 유학은 늘 자신이 입은 옷에 안주하려 하거나 역사의 도전에 순응한다는 인식이 지배적이다. 물론 이러한 유학에 대한 비판은 한편 일리가 있지만 한국 유학이 항상 그렇게 순응만하고 시대에 안주해 온 것만은 결코 아니다.

16세기는 이른바 성리학(性理學)의 전성기라고 할 수 있다. 우주자연에 대한 사변적인 논의가 주를 이루고, 또 인간심성에 대한 형이상학적 논의가 한 시대를 풍미했던 시기였다. 이러한 16세기 성리학 전성기의 사변적인 탐구는 한국 성리학의 수준을 한 단계 끌어올리고, 송대(宋代) 성리학에서 못다 한 미완의 과제를 해결하는 학문적 성취를 보여 준 것도 사실이다. 또 수준 높은 선비문화의 절정을 이루고 학문적 진수를 유감없이 발휘하기도 하였다. 그럼에도 불구하고 성리의 사변적인 탐구는 지나치게 관념적 병폐를 낳고 실용, 실천을 소홀히 하여 국가적 힘의 무력함을 드러내기도 했다.

이러한 성리학 전성기의 문제를 인식하고 실학적 사고에 눈떴던 율곡을 비롯한 무실(務實)학풍의 태동에 대해 주목하고자 하였다. 무실학풍은 오늘날 우리 학계에서 별로 주목을 받지 못해 왔다. 그러나 이 무실학풍이야말로 성리학에 비견될 만큼 중요한 사상사적 의미를 갖는다. 무실학풍은 인간 주체의 진실성 확보와 강한 실천성 그리고 실용, 실질의 경제성을 추구하는 학풍이다. 진실과 실천과 실용은 하나로 연결된다. 진실한 마음, 진실한 뜻으로 실천해야 진실한 성과, 진실한 결실이 약속된다. 따라서 무실은 힘의 원천이다. 개인의 힘, 나라의 힘이야말로 자주와 정의를 지탱해 주는 기반이다. 이 무실학풍은 율곡을 통해 구체화되고 체계화되어 우계학파, 기호예학, 조선 후기 실학, 양명학, 한말 개화사상으로 연결되었다.

또한 17~18세기 조선은 민족적 위기를 맞았다. 병자호란, 청나라의 강성, 대의명분론의 고조, 서학의 도전 등 엄청난 역사의 도전에 직면해 있었다. 이 와중에서 진보적인 유학자들, 자유로운 지성의 열정으로 충만했던 일군의 유학자들은 시대변화에 앞장섰고 유학의 변화를 선도하였다. 윤휴, 박세당, 정약용 등은 주자의 권위에 구애됨이 없이 자주적 입장에서 유교경전을 해석하는가 하면, 홍대용, 박지원, 박제가 등 북학파 실학자들은 북벌의리, 대의명분론의 굴레를 집어던지고 선진문물의 도입과 개방을 주도하였다. 조익, 최명길, 장유, 정제두 등 양명학자들은 실천지, 자유의지로서의 양지(良知)를 천명하고 성리학적 사변에서 벗어나 자유로운 학문의 지평을 열고자 했다.

또한 21세기 유학의 유용성에 대해서도 관심을 갖고자 했다. 시대는 변했는데 유학은 무엇을 하고 있는가? 유학은 역사의 골동품으로 이 시대에 버려야 할 유산인가? 아니면 유학이 이 시대에 무엇을 할 수 있는가? 논자는 21세기 현대사회에 유학이 갖는 유용성에 주목하면서 새롭게 이해하고 활용해야 한다고 생각하였다.

제2부는 그동안 논자가 발표한 논문들을 모아 한국 유학을 소개한 것이다. 여기에는 김굉필, 정여창, 이항, 송기수, 이이, 성혼, 김장생, 권득기, 송시열, 송준길, 임헌회, 전우 등 조선 유학의 대표적인 유학자들의 학문과

사상을 조명하였다. 물론 이들의 사상도 큰 틀에서 보면 각기 주어진 시대에 대한 응답이라고 볼 수 있다. 왜냐하면 유학 자체가 시대의 문제를 고민하고 민생과 나라의 부강을 걱정하는 철학이기 때문이다.

끝으로 부족한 글을 훌륭한 책으로 엮어 주신 책미래 출판사 사장님과 출판부 여러분의 노고에 감사드린다. 아울러 나의 평생 동반자요 고마운 아내 오정희에게도 감사의 인사를 전한다.

2015년 5월 26일
태암서재에서 지은이 황의동

이 책을 내면서 3

| 제1부 시대 변화와 한국 유학의 역할 |

제1절 한국사회의 변화와 유학 14

1. 한국 역사와 유학 14
2. 현대사회의 변화와 유학의 위기 16
3. 한국의 미래와 유학의 역할 18

제2절 성리학 전성시대와 '무실(務實)'학풍의 대두 21

1. '무실'의 개념과 문제의식 21
2. 무실사상의 유학적 연원 25
3. 조선조 무실사상의 전개 27

1) 여말선초 유학자들의 '무실'에 대한 관심 27
2) 율곡학파의 무실론 29
3) 우계학파의 무실론 33
4) 실학파의 무실론 38
5) 양명학파의 무실론 40
6) 개화파의 무실론 안창호를 중심으로 44

제3절 조선 후기 서학의 전래와 유교와의 갈등 53

1. 한국에서의 기독교 전래과정 53
2. 유교의 서학에 대한 인식과 수용태도 59

제4절 17~18세기 조선 유학의 역동성과 자주정신　66

1. 17~18세기 시대적 배경　66

2. 17세기 조선 유학의 역동성과 자주정신　68

　1) 자주학풍의 대두와 양명학의 수용　68

　2) 자생적 실학풍의 발흥　77

3. 자주와 창신을 향한 18세기 조선 유학의 변전(變轉)　79

　1) 인간 본성에서 사물의 본성까지　79

　2) 대의명분론의 극복과 힘의 자각　83

　3) 실천지, 자유의지로서의 양지(良知)　89

4. 17~18세기 조선 유학의 철학사적 의의　94

제5절 21세기 유학의 현대적 계승　105

1. 유학의 본질　105

　1) '인간'은 가장 소중한 가치　105

　2) '사랑[仁]'의 실현　107

　3) 행복한 세상[大同]을 향하여　109

2. 유학의 현대적 계승　110

　1) 충효의 윤리　110

　2) 인간성의 회복　113

　3) 윤리의식의 제고　115

| 제2부 한국 유학의 산책 |

제1절 천년 신라에 있어서 '유학' 그리고 '국학'　122

1. '천년 신라'의 의미　122

2. 국학 설립과 교학적(敎學的) 의의　124

3. 신라 유학의 조명 128

    1) 신라 유학의 세 거유(巨儒) 128

    2) 기타 신라 유학의 탐색 135

제2절 김굉필(金宏弼)과 정여창(鄭汝昌)의 도학사상 146

1. 김굉필과 정여창 146

2. 김굉필의 도학적 삶과 정신 147

    1) 소학적 실천 147

    2) 〈한빙계(寒氷戒)〉에 나타난 도학사상 151

4. 정여창의 도학적 삶과 정신 154

    1) 효행의 실천과 대의명분에 맞는 처세 154

    2)《소학》의 실천과 도학이론의 탐구 157

4. 김굉필, 정여창의 도학사상 비교 164

제3절 일재 이항(一齋 李恒)의 학문과 사상 178

1. 생애와 그 위상 178

2. 이기일물(理氣一物)의 세계관 180

3. 마음과 감정에 대한 견해 188

4. 주경(主敬)의 수기론 191

제4절 추파 송기수(秋坡 宋麒壽)의 유학사상 194

1. 생애와 학문교유 194

2. '이기지묘(理氣之妙)'의 체인 196

3. 호발론의 비판과 기발이승의 감정론 201

4. 마음공부와 '경(敬)' 209

5. 후대 평가와 위상 215

제5절 율곡과 우계의 학문과 사상　　220

1. 율곡과 우계　　220
2. 율곡과 우계의 아름다운 우정　　222
　　1) 율곡의 우계에 대한 존경과 비판　　222
　　2) 우계의 율곡에 대한 존경과 비판　　229
3. 율곡 성리학과 우계 성리학　　237
4. 율곡과 우계의 만남, 그 역사적 의미　　254

제6절 사계 김장생 예학의 특성과 그 의의　　258

1. 시대배경과 예학의 대두　　258
2. 사계의 예학사상　　261
　　1)《상례비요(喪禮備要)》를 중심으로　　261
　　2)《가례집람(家禮輯覽)》을 중심으로　　263
　　3)《의례문해(疑禮問解)》를 중심으로　　266
　　4)《전례문답(典禮問答)》을 중심으로　　267
3. 사계 예학의 특성　　269
4. 사계 예학의 의의　　276

제7절 만회 권득기(晩悔 權得己)의 철학사상　　279

1. 가계와 학연　　279
2. 주리적(主理的) 자연이해　　280
3. 주리적 인간이해　　284
4. '구시(求是)', '공도(公道)'의 철학정신　　288
5. 우환의식과 경세론　　297

제8절 우암 송시열(尤庵 宋時烈)의 도학적 경세론   305

1. 우암 경세론의 유학적 배경   305

2. 17세기 조선조의 위기와 나라 걱정   310

3. 우암의 도학적 경세론   314

   1) 도의정치의 실현   314

   2) 치자의 입지와 학문   319

   3) 다양한 민본대책   322

제9절 동춘당 송준길(同春堂 宋浚吉)의 철학정신   328

1. 삶의 자취와 인품   328

   1) 학문형성의 배경   331

   2) 동춘당의 인품   334

2. 동춘당의 철학정신   339

   1) 성인됨과 왕도의 실현   339

   2) 윤리세계의 구현   341

   3) 마음공부의 중요성   344

제10절 임헌회(任憲晦)와 전우(田愚) 그 계승과 창신   349

1. 학문적 연원   349

2. 역사인식과 자정(自靖)의리   355

3. 성리학적 계승과 창신   368

제1부 | 시대 변화와
한국 유학의 역할

제1절 | 한국사회의 변화와 유학

1. 한국 역사와 유학

한국은 5,000여 년의 오랜 역사를 가진 문화민족이다. 유교, 불교, 도가 사상을 내포한 한국 고유의 사상인 '풍류도(風流道 또는 風月道)'가 이미 6세기경 신라에 있었고, 외래사상으로 불교가 인도에서 중국을 거쳐 들어오고, 유교, 도가사상이 중국에서 전래되어 왔다. 특히 1443년 15세기 조선시대 세종 임금에 의해 만들어진 한국 고유의 문자 '훈민정음(訓民正音)'은 한국의 문화적 위상을 유감없이 드러낸 자랑스런 문화유산이다.

한국의 역사에서 10세기 이전에는 유교, 불교, 도가사상이 함께 공존했지만, 고려시대(918~1392)에는 특히 불교가 국교로 중시되었다. 조선시대(1392~1910)에는 유교가 국교로 중시되어 정치, 경제, 교육, 문화 등 모든 면에서 주도적 역할을 하였다.

유교가 한국에 전래된 시기는 정확히 알 수 없지만, 대체로 기원전 2세기 무렵 중국으로부터 철기문화 수입과 더불어 들어온 것으로 추정하고 있다. 이후 유교는 정치, 교육, 윤리적 측면에서 주도적 지위를 점해 왔다.

그런데 한국에 들어온 유교는 시대적으로 조금씩 그 내용을 달리한다. 그것은 중국의 역사와 밀접히 연관되어 있다. 삼국시대에는 중국 한나라의 오경(五經) 중심의 유교가, 통일신라시대와 고려 전기에는 중국 당나라의 영향으로 문학적 유학이, 고려 말부터 조선시대에는 중국 송대 성리학이 들어와 융성하게 되었다.

그런데 조선시대의 유학은 성리학(주자학) 중심으로 경직되어, 양명학을 비롯해 불교나 도가철학에 대해 매우 배타적이었다. 이러한 한국유교의 경직성은 다양한 사상과 철학의 발전에 장애가 되었다.

조선시대는 유교를 나라의 통치이념으로 삼았다. 모든 표준과 원칙이 유교에 있었다. 지도자의 도덕적 모범이 강조되고, 지식인에 의한 왕권의 견제장치도 활발하였다. 임금이 폭정을 하거나 부도덕할 경우 혁명이 일어나기도 하였다. 또한 유교의 경전은 전 국민의 교양이 되었고, 유교윤리는 가정과 사회를 규율하였다. 경제적 이익보다는 정직과 청렴이 강조되었다. 가정에서도 부모와 자녀, 남편과 아내, 형과 아우 간에 엄격한 질서가 강조되었다. 이러한 유교의 미덕이 바탕이 되어 조선왕조는 500여 년 간 지속되었다.

그러나 유교 중심의 정치는 그 폐해도 적지 않았다. 임금과 신하와의 종속적 관계, 신분상의 엄격한 차별, 남녀 간의 차별, 유교 이외 다른 사상과 철학에 대한 배척, 지나친 윤리도덕 편향에서 온 경제적 궁핍, 유교적 예법의 형식성 등 부작용이 심각하였다.

이러한 유교적 말폐(末弊) 현상에 대한 뜻있는 유학자들의 반성과 개혁운동도 활발하였다. 명나라 때 융성했던 양명학이 들어와 성리학의 관념론을 비판하고 실천을 강조하였고, 주지(主知)주의, 명분론에 대해 실용과 탄력적인 현실대응을 강조하기도 하였다. 또한 17세기 이후 실학풍이 일어나 진실성, 실용성, 실천성을 강조하였는데, 이들의 외침은 근대적 성격이 매우 강하였다. 즉 경제의 중요성에 대한 인식, 주체적 민족의식, 학문과 사상의 개방성, 무역, 외국어의 중요성 강조, 명분이 아닌 실용 중심의 사고 등 매우 근대적인 학풍을 강조하였다.

18세기 서학(기독교)이 전래되면서 유교와의 심각한 마찰과 갈등을 겪었고, 서학은 한국의 근대화에 기여한 측면도 있다.

유교는 한국이 1910년 일본에 의해 강제로 합병될 때까지 한국인의 이념적 중심으로 자리하였다. 19세기 서양의 개화 요구와 일본의 침략 앞에서 유교의 의리정신은 의병운동과 독립운동의 토대가 되었다.

2. 현대사회의 변화와 유학의 위기

한국사회는 많은 변화를 맞고 있다. 20세기 일본에 의해 36년 간 식민통치를 받은 굴욕적인 역사가 있었고, 1945년 일본으로부터 해방은 되었으나 이념적 갈등으로 남한과 북한으로 분단되는 불행한 역사를 갖게 되었다.

특히 1950년 한국전쟁은 수많은 인명피해와 막대한 경제적 피해를 가져왔을 뿐 아니라, 지금까지도 깊은 상처를 안고 있다. 좁은 국토, 빈약한 자원, 엄청난 안보적 부담 속에서도 한국은 다시 일어섰고, 그 결과 한국은 선진국가의 대열에 들어서게 되었다.

이 과정에서 한국사회는 급속한 경제개발, 산업사회로의 진입에 성공했고, 개인과 가정 그리고 사회가 경제중심으로 자리 잡게 되었다. 돈이 가장 중요한 가치가 되었고, 경제가 가장 중요한 위상이 되었다. 황금만능의 가치관은 인간생명을 팔고 사고, 부정과 불법을 자행하고, 물질에 의한 인간소외를 야기하고 있다. 이 와중에서 유교적 도덕 가치는 위기를 맞게 되었다.

또한 전통적인 농업중심의 사회에서 첨단산업사회로 이행하였다. 가정이 위기를 맞고 있고 전통적인 가족관계가 위협을 맞고 있다. 맞벌이가 대다수이고 독신자가 늘어나고, 저출산은 한국이 당면한 심각한 고민거리가 되고 있다. 유교적 교육의 장이었던 가정이 위기를 맞게 됨에 따라 유교의 위기도 가중되고 있다. 경제적 지위의 향상과 서구적 인권의식의 자각, 개인주의의 발달로 유교적 공동체 의식은 점차 해이해지고 있다.

또한 첨단과학기술의 발달은 우리의 생활 전반을 편리하게 해 주었지만, 모든 일을 기계가, 컴퓨터가 해 주는 데서 인간 상호 간의 사랑과 접촉은 근본적으로 차단되고 있다. 인간과 인간의 만남의 장을 전화나 컴퓨터가 대신해 주는 세상이 되었다. 여기에서 유교적 인간관계의 장은 이미 허물어지고 있다.

또한 온통 서구화된 한국사회는 전통문화를 지키기 위해 안간힘을 쓰고 있다. 한국사회에서 기독교의 위치는 매우 높다. 신자 수나 사회적 영향력으로 볼 때 전통 종교인 불교나 유교를 압도하고 있다. 한국사회에서 전통적인 예법인 결혼식, 장례식, 제사의 의식이 위기를 맞고 있다. 전통적인 결혼식은 찾아보기 어렵고, 거의 서구식 혼례법이 주류를 이루고 있다. 또 장례식도 전통적인 유교의식은 거의 찾아보기 어렵고 유교, 불교, 기독교가 혼재된 의식을 볼 수 있다. 그래도 아직 남아 있는 유교적 전통은 제사인데, 50대 이상의 세대만이 충실할 뿐 이후 젊은 세대에게는 부담스런 유산이다. 따라서 제사의 대상도 과거 4대 봉사(奉祀)에서 부모와 조부모로 간소화되고 있고, 종래 매장에서 화장으로 전환되고 있다. 한국에는 아직도 조상의 무덤에 대한 정성과 투자를 많이 하고 있고, 잘 꾸며지고 가꾸어진 묘소는 어느 곳을 가도 쉽게 볼 수 있는데, 이는 한국유교의 마지막 모습이라고 할 수 있다.

무엇보다 한국에서의 유교적 위기는 젊은 세대, 여성들에게 외면당하고 있다는 점이다. 유교적 행사나 축제가 많이 있지만, 노인들뿐이고 젊은 세대, 여성들은 찾아보기 힘들다. 젊은 세대들은 유교에 매우 부정적이다. 근대화의 장애, 구시대의 유물, 차별사회의 주범, 빈곤의 주범, 역사의 골동품 정도로 인식되고 있다. 이러한 부정적인 인식은 한국의 유학자들, 유림들의 책임이 크다. 대표적인 유교사원인 향교나 서원은 대중으로부터 외면되어 있고, 문중 노인들의 교제 장소 정도로 활용되고 있다.

한국사회에서 유교의 위상은 참으로 미약하다. 예수 그리스도의 탄생일인 크리스마스는 일찍이 공휴일로 지정되었고, 불교 창시자인 석가모니의 탄신일인 4월 8일도 공휴일이 되어 있으나 유독 공자의 탄신일은 언제인지도 모른다. 한국에서 기독교, 천주교는 수많은 대학과 교육기관을 가지고 있고, 언론기관을 가지고 있다. 불교도 이보다는 훨씬 적지만 대학과 교육기관, 언론기관을 가지고 있지만, 유교는 대학 하나뿐이다. 한국에서 이미 세상을 떠난 천주교의 김수환 추기경, 불교의 성철 스님의 사회적 위상과 존경은 매우 높지만, 유교 지도자의 위상은 이에 미치지 못한다. 이처럼 오늘날 한국에서 유교적 위상은 지극히 초라하다.

3. 한국의 미래와 유학의 역할

오늘날 한국사회에서 유교적 위상이 위기를 맞고 있다 해서 유교가 쓸모없는 골동품은 결코 아니다. 왜냐하면 유교는 21세기 이 시대에도 해야 할 몫이 있고 훌륭한 장점이 있기 때문이다.

첫째, 유교의 도덕주의는 21세기 선진 한국사회 실현에 반드시 필요한 요소다. 한국이 진정한 의미에서 선진사회, 선진국가가 되려면 경제적 위상과 함께 도덕적 위상이 제고되어야 한다. 국민의 도덕적 수준이 높아져야 한다. 오늘날 세계는 신용도, 신인도가 경제발전과 국가의 미래를 좌우한다. 신용도가 떨어지면 외국인이 투자를 하지 않고 국가의 경제적 가치가 추락한다. 기업도 신용도에 따라 주식 가격이 오르고 내린다. 이제

기업들은 윤리경영을 해야 살고 정직한 경영을 해야 세계적인 기업으로 생존 발전할 수 있다.

한국사회는 이제 대통령이나 장관, 국회의원이 되려면, 자신의 전 생애가 도덕적으로 부끄럽지 않아야 한다. 어려서부터 진실하고 정직하게 성장해야 미래의 지도자가 될 수 있다.

이러한 도덕성, 윤리의 중요성은 21세기 한국사회가 선진국으로 가야 할 필요조건이다. 유교는 이런 점에서 21세기에 매우 유용한 정신적 자산이요 철학이다. 동서양의 많은 철학과 사상이 윤리도덕을 말하지만, 유교만큼 적극적으로 인간의 도덕화, 가정의 도덕화, 사회의 도덕화, 국가, 세계의 도덕화를 강조하는 철학은 드물다. 또 유교는 정치의 도덕화, 경제의 도덕화, 과학기술의 도덕화, 교육의 도덕화를 추구한다. 도덕, 윤리는 인간이 다른 동물세계와 차별화할 수 있는 마지막 보루이기 때문이다.

둘째, 유교의 인간주의는 현대 한국사회가 가야 할 이념적 지향점이다. 한국사회는 물질에 의한 인간소외와 과학기술에 의한 인간소외에 직면해 있다. 경제지상의 가치관 속에서 인간은 돈을 버는 수단으로 전락해 있고, 인격은 물격화(物格化)되고 있다. 인간의 생명이 매매수단이 되고 돈을 벌기 위해 수단과 방법을 가리지 않는다. 살인, 강도, 도둑질, 사기, 부정, 밀수 등 모든 죄악의 원인은 돈이다. 또한 현대 첨단 과학기술은 인간을 손쉽게 조종하고 있다. 인간은 과학기술의 노예로 전락했고, 과학기술의 객체로 전락했다. 또 다른 한편에서는 신에 의한 인간소외도 목격된다. 신(神)병에 걸린 사람들에게 인간은 보이지 않는다. 오직 신만이 전부이고 목적이다. 신을 위해 살고 죽는다. 이것이야말로 신에 의한 인간소외다.

유교는 인간을 가장 중요한 목적적 가치로 삼는다. 유교의 목적은 신도 자연도 아니다. 인간을 위한 자연, 인간을 위한 신이어야 한다. 또 종교도 과학도 인간을 위한 것이어야 한다. 유교는 이 세상의 주체가 '인간'이라고 생각한다. 인간은 우주의 경영자요 자연 가운데 가장 성공한 존재이다. 이러한 유교의 인간주의는 오늘날 소외된 인간시대에 새로운 대안으로 자리한다. 유교는 인간의 존재의미를, 인간의 가치를 다시 한 번 일깨워 준다.

셋째, 유교의 중용(中庸)주의, 조화사상은 이 시대에도 유효한 철학이다. 한국사회는 아직도 계층 간, 세대 간, 노사 간, 이념 간, 지역 간 갈등이 사회적 난제가 되고 있다. 물론 이는 성장과정에서의 불가피한 진통이기도 하지만, 자칫 국가 공동체의 정체성과 발전에 장애가 될 수 있다. 유학은 본래 중용의 철학을 가지고 있고, 조화를 최상으로 삼는다. 극단을 이단이라 하여 배척해 왔고, 나와 마주 서 있는 상대를 상보적으로 인식해 왔다. 동양의 음양철학은 이 세계가 서로 반대되는 성질의 것이 공존하는 세계로 생각해 왔다. 또 16세기 한국의 대표적인 철학자 율곡 이이(栗谷 李珥: 1536~1584)의 철학에서도 형이상자(形而上者)인 이(理)와 형이하자(形而下者)인 기(氣)의 조화를 이상으로 추구해 왔다. 유교의 중용의 철학, 조화의 논리는 한국사회의 대립, 갈등을 해결할 수 있는 하나의 대안이기에 족하다.

비록 오늘날 한국사회에서 유교의 위상은 초라하고 그 역할은 미미하지만, 유교가 해야 할 일은 너무도 많다. 또 한국사회의 선진화를 위해 유교의 정기능적 역할은 반드시 필요하다고 생각된다.

제2절 성리학 전성시대와 '무실(務實)'학풍의 대두

1. '무실'의 개념과 문제의식

16세기는 성리학의 전성시대라고 할 수 있다. 15세기 도학시대를 거쳐 조선조 유학은 송대 성리학에 대한 이론적 탐구에 몰두하게 된다. 회재 이언적(晦齋 李彦迪), 화담 서경덕(花潭 徐敬德), 일재 이항(一齋 李恒), 소재 노수신(穌齋 盧守愼), 하서 김인후(河西 金麟厚), 퇴계 이황(退溪 李滉), 고봉 기대승(高峰 奇大升), 율곡 이이(栗谷 李珥), 우계 성혼(牛溪 成渾) 등이 그 주역들이다. 사화시대의 격동기에 의리의 실천이 강조되었다면, 비교적 안정된 시대를 맞아 역량 있는 지성들에 의해 성리의 사변적인 탐구가 본격적으로 이루어진 것이라 할 수 있다. 이러한 16세기의 성리학적 탐구는 조선조 유학사에서 매우 값진 것이며, 송대 성리학을 계승하면서도 조선성리학의 정체성을 드러내고 일면 송대 성리학의 미비점을 보완하는 의미까지도 갖는 것이었다. 더구나 이 시기의 성리학적 논변이나 치열한 이론 탐구는 그 이후 한말까지 조선 성리학이 주류로 역할하는 데 큰 기반이 되었다. 다만 이러한 사변적인 성리논변이나 탐구는 부득불 관념적인 한계, 실천성의 결여, 실용성의 결핍이라는 부작용을 초래하였던 것이다.

17세기 이후 조선조 성리학은 시대변화와 함께 다기화(多岐化)의 길을 걷지만, 조선조 유학을 주도했던 퇴계학파와 율곡학파는 그 이후까지도 사변적인 논쟁에서 벗어나지 못하였다. 이는 학파의 자존심과 승부욕 그리고 정치적 당파까지 결부되어 성리 이론을 놓고 치열한 논쟁과 갈등을 초래하였고, 이어 예(禮) 논쟁이 가세되었다. 또 기호학파 내에서는 인성(人性)과 물성(物性)을 놓고 동이(同異) 논쟁이 벌어지는가 하면, 그 밖에도 명덕(明德), 심(心)을 놓고 이기론적 논쟁이 계속되었다. 물론 철학 자체가 이론적 작업이고 또 논리적인 작업이라고 볼 때 어쩔 수 없는 불가피한 측면도 있지만, 끝없는 이론 다툼과 사변적인 논쟁은 철학의 본질 자체를 다시 되묻지 않을 수 없는 상황에까지 이르게 되었다. 그 결과 실천성이 결여되고 말만 많고 지나치게 이론만을 추구하고 명분과 의리만을 추구하는 데서 국력의 약화와 민생의 궁핍을 초래했던 것이다.

이러한 성리학의 전성시대에 율곡을 비롯한 뜻있는 유학자들에 의해 이 무실(務實) 학풍이 싹터 하나의 학풍으로 전개된 것은 매우 의미 있는 일이다. '무실(務實)'이란 말은 이미 중국의 춘추시대 좌구명(左丘明)이 쓴 《국어(國語)》, 후한시대 왕부(王符)의 《잠부론(潛夫論)》, 송대의 정자(程子), 장식(張栻), 주희(朱熹), 명대 서애(徐愛)의 《전습록(傳習錄)》에도 나오는 말이다. 우리나라에서는 여말선초 유학자들에게서 간헐적으로 사용되어 왔는데, 권근(權近: 1352~1409), 하연(河演: 1376~1453), 조위(曹偉: 1454~1503), 김정국(金正國: 1485~1541) 등의 문집에 몇 마디씩 보이고 있다. 16세기에 오면 이황(李滉), 김인후(金麟厚), 성혼(成渾)을 비롯한 많은 유학자들이 무실을 언급하고 있지만, 이 무실을 하나의 사상체계로 중시하여 다룬 이는 율곡 이이(栗谷 李珥)이다. 율곡은 중국과 우리나라를 통해 이 무실사상을 가장 중시하였고, 하나의 철학사상으로 발전시켜 나갔다고 볼 수 있다. 《한국문집총간》을 검색해 보면 율곡 이후 우리나라의 유학자들에게서 이 무실은 많이 강조되고 있는데, 이는 기호나 영남이나 마찬가지이다.

'무실(務實)'이란 말은 '실(實)을 힘쓴다'는 말로, 이미 여말선초 선유들에 의해 폭넓게 사용되어 왔다.[1] 이는 당시 유학이 허례와 형식에 빠지고 또 공리공론을 일삼는 데서 온 반성의 표현이기도 했으며, 도가나 불교를 허무적멸지도(虛無寂滅之道)로 규정하면서 유학을 실학(實學)으로 자부한 표현이기도 했다.

조선 유학사에서 볼 때 무실은 여말선초에는 하나의 강조어로 사용된 감이 없지 않으나, 16세기 율곡에 의해 하나의 사상체계로 심화되었고, 이후 17세기 지봉 이수광(芝峰 李晬光: 1563~1628), 명재 윤증(明齋 尹拯: 1629~1714) 등에 의해 계승되어, 마침내 한말 개화기 도산 안창호(島山 安昌浩: 1878~1938)에 의해 다시 강조되었다고 볼 수 있다.

성리학의 전성시대에 무실학풍이 싹터 조선조 유학사에서 하나의 학풍으로 전개되어 나간 것은 매우 중요한 것이고 의미 있는 일이다. 왜냐하면 성리학은 매우 사변적이고 형이상학적인 이론탐구임에 틀림없다. 우주자연과의 관계 속에서 인간의 심성세계를 철학적으로 따져 묻는 작업이 곧 성리학이다. 인간의 마음이란 무엇인가, 본성이란 무엇인가, 감정이란 무엇인가, 의지란 무엇인가? 그리고 본성, 마음, 감정의 이기론적 구조는 어떻게 설명할 것인가? 이들의 가치론적 선악의 문제는 어떻게 해석해야 하는가? 본성, 마음, 감정은 전체적으로 어떻게 얽혀 있으며, 보편성과 차이성, 선악의 문제, 각기 역할은 무엇인가 하는 등의 문제가 성리학적 과제가 된다. 이러한 문제는 분명 인간의 문제이고 인간의 존재영역으로 형이상학적 과제가 된다. 그리고 철학에 있어서 근본 문제이면서 또 우주자연과도 연계되고 나아가 가치론, 지각론으로 그 외연이 넓혀져 간다.

16세기 조선조 성리학이 이러한 형이상학적 과제에 몰두해 성리의 이론적 심화를 가져오고 또 다른 한편으로는 송대 성리학이 미처 못 한 과

---

1) 맹현주, 〈율곡철학에 있어서 실학적 성격에 관한 연구 무실론을 중심으로-〉, 충남대대학원(박사), 2006, 25~31쪽 참조.

제들을 해결한 것은 매우 의미 있는 일이다. 그럼에도 불구하고 16세기 조선조 성리학이 사변에 침잠하고 이론 구축에 열중한 나머지 그 이면에 국력의 쇠퇴와 민생의 궁핍을 초래한 것은 역사적으로 반성해야 할 일이었다. 이러한 반성의 과제를 하나의 화두로 들고 일어선 이가 바로 율곡이다. 율곡의 무실은 성리학 일변도의 한계를 자각하고 상보성의 대안으로 제시된 것이라고 할 수 있다. 즉 성리(性理)와 무실(務實)의 조화, 이학(理學)과 실학(實學)의 겸비를 추구한 것이다. 우리는 조선조 유학에서 성리학의 진가만을 주목하지 무실의 중요성을 간과하고 있다. 이기심성론은 조선조 유학의 한 부분이라면, 또 다른 한 면을 떠받치는 것이 이 무실사상이다. 이 무실사상은 율곡 이후 조선 후기 실학사상의 모태가 되고, 조선 양명학과 접합되어 실심의 양지(良知)로 승화되고, 윤선거(尹宣擧), 윤증(尹拯) 등 우계학파(牛溪學派)의 무실학풍으로 전개되어 나아갔으며, 한말 안창호(安昌浩) 등을 통해 개화사상으로 전개되어 갔다.

　　그러면 '무실(務實)'의 함의(涵義)는 무엇인가? 이에 대한 학계의 다양한 견해를 검토해 보기로 하자. 먼저 박종홍은 "무실(務實)의 실(實)은 도의적인 성실(誠實), 실천(實踐)과 더불어 점차로 실리(實利), 실용(實用)과 관련하여 경세택민(經世澤民)의 사상으로 전개되는 동시에, 이것이 서구의 근대과학기술을 섭취해야 한다는 요구에까지 이르렀다."[2]라고 말한다. 또 대만의 채무송(蔡茂松)은 "무실(務實)의 실(實)은 이(理), 중(中), 성(誠)의 의미를 갖는 것으로서, 무실은 사물의 자연한 중(中), 즉 지선(至善)을 구하려는 현실성에서 본래성을 실현하려는 것이다."[3]라고 하여, 유학이 추구하는 이상적 가치로서의 중(中), 지선(至善)을 추구하는 것이 곧 무실이라 보

2) 박종홍, 《한국사상사논고》, 서문당, 1977, 243쪽.
3) 채무송, 〈퇴율성리학의 비교연구〉, 《율곡사상논문집》, 율곡문화원, 1973, 139쪽.

았다. 또한 윤사순은 "실(實)의 대체적 의미는 공언(空言), 허문(虛文)에 반대되는 실공(實功), 실효(實效)인 셈이다. … 그가 말하는 무실(務實)이란 근원적으로는 실공(實功)과 실효(實效)를 찾는 점에 있어서의 실제성(實際性)의 추구이다."[4]라고 하였다. 그리고 "'실(實)'이라는 용어는 위(僞), 가(假), 공(空), 허(虛), 무(無), 명(名), 화(華), 문(文)과 대립되는 개념이며, 진(眞), 핵(核), 질(質), 유(有), 영(盈)과 통하는 개념이다."[5]라고 정의하고, 무실정신은 "유학을 실학으로 간주하게끔 하는 사상에 해당한다."[6]라고 하였다. 이러한 무실에 대한 다양한 해석을 참고해 볼 때, 무실이란 진실성의 추구, 실천성의 추구, 실용성의 추구라고 결론지어 볼 수 있다.[7]

2. 무실사상의 유학적 연원

무실(務實)이란 '실(實)'의 추구인데, 그 무실의 실(實)은 유가 경전에서의 성(誠)에서 연원한다.[8] 《맹자》에서는 "성(誠)은 천도(天道)요 성을 생각하는 것은 인도(人道)이다."[9]라고 했고, 《중용》에서는 "성(誠)은 사물의 끝이요 시작이니, 성이 아니면 어떤 사물도 존재할 수 없다."[10] "성은 천도요

4) 윤사순, 〈율곡사상의 실학적 성격〉, 《한국사상총서》, 5, 한국사상연구회, 1982, 196~197쪽.

5) 윤사순, 〈이수광의 무실사상〉, 《실학의 철학》, 예문서원, 1997, 46~47쪽.

6) 윤사순, 위의 글, 47쪽.

7) 황의동, 《율곡사상의 체계적 이해 2(경세사상편)》, 서광사, 1998, 52~67쪽.

8) 황의동, 〈노서 윤선거의 무실사상〉, 《유학연구》, 제18집, 충남대유학연구소, 2008, 12, 40쪽.

9) 《孟子》, 〈離婁 上〉, "誠者 天之道也 思誠者 人之道也."

10) 《中庸》, "誠者 物之終始 不誠無物."

성 하고자 하는 것은 인도이다."[11]라고 했다. 이러한 선진경전의 성(誠)은 송대에 와서 실(實)로 해석되었다.

정자(程子)는 성(誠)을 '거짓이 없는 것'이라 하였고,[12] 또 성(誠)은 실(實)일 뿐[13]이라 하였다. 또 장재(張載)도 성(誠)은 실(實)이라 하고, 태허(太虛)는 천(天)의 실(實)이라 하였다.[14] 마찬가지로 주자(朱子)도 성(誠)을 '진실하여 거짓이 없는 것'으로 해석하였다.[15] 또 "성(誠)은 도(道)에 있어서는 실유지리(實有之理)가 되고, 사람에 있어서는 실연지심(實然之心)이 된다."[16]라고 하였다.

이렇게 볼 때, 성(誠)은 여러 가지 해석이 가능하지만 '참'으로 해석된다. 즉 '진실하여 거짓이 없는 것'이다. 성은 천도의 본질로서 참된 것이다. 우주자연은 진실 그 자체다. 이 진실한 천도를 본받아 실천하는 것이 인간이 가야 할 길이다. 그것은 우주자연의 진실한 이법을 인간의 도덕으로 삼아 실천해야 한다는 의미다. 여기서 인간이 밟아 가야 할 윤리규범은 곧 자연의 이법에 근거함을 알 수 있고, 천도가 그대로 인도로 규정되는 데서 천인합일의 체계를 이해할 수 있다.

선진경전에서의 성(誠)은 대체로 진실하여 거짓이 없는 참으로 해석되어, 우주자연의 본질이면서 진실한 인간본심으로 설명되었다. 다시 말하면 선진경전에서의 성(誠)이 실(實)로 해석된 것은 송대 유학자들에 의해서라고 할 수 있다. 정자를 비롯하여 장재, 주희 등 송대 유학자들은 성을

---

11) 《中庸》, "誠者 天之道也 誠之者 人之道也."
12) 《性理大全》, 卷37, 〈誠〉, "程子曰 無妄之謂誠 不欺其次也."
13) 《性理大全》, 卷37, 〈誠〉, "誠之爲言 實而已矣."
14) 《性理大全》, 卷37, 〈誠〉, "張子曰 誠則實也 太虛者 天之實也."
15) 《孟子》, 〈離婁 上〉, 朱子註, "誠者 理之在我者 皆實而無僞..." 《中庸》, 第20章, 朱子註, "誠者 眞實無妄之謂 天理之本然也."
16) 《性理大全》, 卷37, "誠字 在道則爲實有之理 在人則爲實然之心."

실로 해석하였는데, 이는 성을 고원(高遠)한 형이상학적 차원에서 현실의 지평으로 끌어내린 의미가 있다.

3. 조선조 무실사상의 전개

1) 여말선초 유학자들의 '무실'에 대한 관심

송대 유학자들이 성(誠)을 실(實)로 해석한 바탕 위에서 여말선초의 유학자들은 다양한 의미의 실학적 용어를 사용하게 된다. 앞서 언급했듯이 여말선초의 유학자들이 무실(務實)이란 용어를 직접 사용하거나 또 무실적 의미의 언사를 사용하게 된 것은, 무엇보다 당시 유학의 관념적인 병폐나 허식, 공론적 폐단에 대한 반성의 뜻이 강하다. 그리고 불교나 도가의 비인륜적, 비현실적 성격에 대해 유가를 실학으로 보아 차별화하고자 한 의도도 없지 않다.

양촌 권근(陽村 權近: 1352~1409)은 "천지만물은 본래 하나의 이치이니, 나에 있는 실심(實心)으로서 저에 있는 실리(實理)에 닿으면, 묘합(妙合)에 사이가 없어 영향이 빠르다."[17] 하고, "군자의 학문은 덕이 그 실(實)을 힘쓰고자 하고, 마음은 겸허하고자 하는 데 있다."[18]라고 하였다. 여기서 권근은 실리(實理)와 실심(實心)을 말하고, 군자의 학은 실덕(實德)에 있다 하였다. 그리고 "군신, 부자, 부부, 장유, 붕우가 모두 가는 바에 따라 각각 그 직책을 다하는 것이 곧 유학자의 실학이다."[19]라고 하였다. 이처럼 권근은

---

17) 《陽村集》, 卷14, 〈信齋記〉, "天地萬物本一理也 以在我之實心 觸在彼之實理 妙合無間 捷於影響."

18) 《陽村集》, 卷21, 〈子虛說〉, "君子之學 德欲其務實 而心欲其謙虛."

19) 《陽村集》, 卷14, 〈永興府學校記〉.

유학을 곧 실학이라 규정하고, 실심, 실리, 실덕을 강조하였다.

또한 춘정 변계량(春亭 卞季良: 1369~1430)은 '궁리지실학(窮理之實學)'[20]이라 하였고, 정암 조광조(靜庵 趙光祖: 1482~1519)는 성(誠)을 강조하면서 실천, 실공을 말하고 있고,[21] 사재 김정국(思齋 金正國: 1485~1541)은 성(誠)과 함께 무실(務實)을 정치의 도리로 강조하였다.[22]

또한 송인수(宋麟壽: 1487~1547)는 '무기성실(務其誠實)',[23] 이황(李滉: 1501~1570)은 '무본실(務本實)',[24] 김인후(金麟厚: 1510~1560)는 '무기실덕(懋其實德)',[25] '무실(務實)',[26] 유희춘(柳希春: 1513~1577)은 '무실이진덕(務實而進德)',[27] 노수신(盧守愼: 1515~1590)은 '무실(務實)이 귀하다'[28]고 하였다. 이와 같이 여말선초 유학자들은 다양하게 무실(務實)을 말하고 있는데,[29] 어떤 체계를 갖고 말하는 것은 아니고 간헐적으로 언급하고 있는 것이 특징이다.

그런데 율곡에 이르면 이제까지와는 달리 본격적으로 무실을 말하게 되고, 그 체계와 심화된 이론을 볼 수 있다.

---

20)《春亭集》, 卷8,〈策問題〉.

21)《靜庵集》, 卷3,〈侍讀官時啓〉, 6, 16.

22)《思齋集》, 卷3,〈策題〉.

23)《圭庵集》, 卷2,〈因災救弊疏〉, 辛丑 11月.

24)《退溪集》, 卷37,〈答柳希范〉.

25)《河西集》, 卷11,〈弘文館箚子〉, 癸卯.

26)《河西集》, 卷12,〈策〉.

27)《眉巖集》,〈經筵日記〉.

28)《蘇齋集》, 上篇,〈侍講錄〉.

29) 맹현주, 위의 글, 26~31쪽 참조.

2) 율곡학파의 무실론

조선조 유학사를 통해 무실학풍을 일관되게 강조하고, 이를 깊이 있게 다룬 이는 율곡이 대표적이다.[30] 율곡이 사용한 무실의 용례는 매우 다양한데 이를 참고하면 다음과 같다.[31]

> 實德, 實行, 實心, 實理, 實功, 實學, 實效, 實惠, 實事, 務實, 實踐, 實利, 務敦實, 實德之士, 修省之實, 躬行之實, 修己之實, 改過遷善之實, 修己治人之實, 修己治人之實功, 任賢使能之實, 好賢之實, 嫉惡之實, 明德之實效, 新民之實迹, 格致之實, 誠意之實, 正心之實, 修身之實, 孝親之實, 治家之實, 用賢之實, 去姦之實, 保民之實, 敎化之實, 保國安民之實, 上下無交孚之實, 臣隣無任事之實, 經筵無成就之實, 招賢無收用之實, 遇災無應天之實, 群策無救民之實, 人心無向善之實

다음 용례에서 보듯이, 율곡은 이전의 다른 유학자들과는 달리 무실적(務實的) 사유가 매우 적극적이고 구체적이다.

율곡은 성(誠)을 우주자연에서는 실리(實理)로, 인간의 마음으로는 실심(實心)으로 해석하였다.[32] 또 성(誠)은 진실하여 거짓이 없는 것으로 실리(實理)의 성(誠)이 있는 것이라 하였다.[33] 주자나 권근이 말한 것처럼 율곡은 성(誠)을 우주자연에서는 실리로, 인간의 마음에서는 실심으로 해석하고 있다. 물론 이는 천리로서의 실리가 인간에게 실심으로 주어지는 것

---

30) 황의동, 〈노서 윤선거의 무실사상〉, 《유학연구》, 제18집, 충남대학교유학연구소, 2008, 12, 40쪽.

31) 맹현주, 위의 글, 68~70쪽 참조.

32) 《栗谷全書》, 卷21, 〈聖學輯要〉, 3, "臣按 誠者 天之實理 心之本體…"

33) 《栗谷全書》, 拾遺, 卷6, 〈四子言誠疑〉, "誠者 眞實無妄之謂 而有實理之誠…"

이라 하겠다.

율곡은 〈만언봉사(萬言封事)〉 서두에서 '정귀지시 사요무실(政貴知時 事要務實)'이라 하여, "정치를 하는 데 있어서는 때를 아는 것이 귀하고, 일을 함에 있어서는 실(實)을 힘쓰는 것이 중요하다."라고 하였다. 율곡은 자신의 상소문 곳곳에서 무실(務實)을 말하고 있지만, 특히 〈만언봉사〉와 〈동호문답(東湖問答)〉에서 비교적 체계적으로 설명하고 있다.

율곡은 16세기 후반 자신이 살던 시대를 경장기(更張期)로 규정하고 개혁해야 할 당위를 말하는데, 이는 율곡이 당시대의 무실(無實)현상을 우려했기 때문이다. 그는 〈만언봉사〉에서 일곱 가지의 무실(無實)현상을 말하고 있는데, 첫째, 상하가 서로 믿는 실이 없고, 둘째, 신하들에게 일을 맡기는 실이 없고, 셋째, 경연에서 성취하는 실이 없고, 넷째, 현인을 초빙하여 수용하는 실이 없고, 다섯째, 천재를 만나 대응하는 실이 없고, 여섯째, 여러 대책으로 백성을 구하는 실이 없고, 일곱째, 인심이 선을 향하는 실이 없다[34]는 것이다.

율곡은 또 〈동호문답〉에서 격치지실(格致之實), 성의지실(誠意之實), 정심지실(正心之實), 수신지실(修身之實), 효친지실(孝親之實), 치가지실(治家之實), 용현지실(用賢之實), 거간지실(去奸之實), 보민지실(保民之實), 교화지실(敎化之實)[35]을 말하고 있는데, 여기서 격치지실, 성의지실, 정심지실, 수신지실은 내실(內實)이라면, 효친지실, 치가지실, 용현지실, 거간지실, 보민지실, 교화지실은 외실(外實)이라 할 수 있다. 이러한 율곡의 무실사상은 개인적 수기는 물론 가정, 사회, 국가 등 전 영역에 걸쳐 적용된 것이라 할

---

34) 《栗谷全書》, 卷5, 〈萬言封事〉, "今之治效靡臻 由無實功 而所可憂者有七 上下無交孚之實一可憂也 臣隣無任事之實二可憂也 經筵無成就之實三可憂也 招賢無收用之實四可憂也 遇災無應天之實五可憂也 群策無救民之實六可憂也 人心無向善之實七可憂也."
35) 《栗谷全書》, 卷15, 〈東湖問答〉.

수 있다.

이러한 율곡의 '무실(務實)'의 '실'은 종합적으로 말하면, 진실성[實心], 실천성[實功], 실용성[實效]을 의미한다고 볼 수 있다.[36] 율곡은 인간 주체가 실심을 가지고 실천했을 때 실효(實效)가 가능하다는 논리다.

율곡은 "한 마음이 참되지 아니하면 만사가 모두 거짓이니 어디를 간들 행할 것이며, 한 마음이 진실로 참되면 만사가 모두 참이니 무엇을 한들 이루지 못하랴."[37]라고 하여, 일체 행사, 행위의 성패 관건이 진실, 즉 참에 있다고 보았다.

또 율곡은 당시 조정과 사회의 풍조가 말만 무성하고 실천이 부족함을 개탄하여, "오호라! 금일 조정에 부족한 것은 실천이지 말이 아니다. 말은 비록 많으나 효과는 아주 작다."[38]라고 하였다. 그리고 "왕도의 실행은 실공(實功)에 있지 언어에 있지 않다."[39]라고 하여 실천의 중요성을 강조하였다.

또한 율곡은 당시 유교사회가 허례와 허식, 형식과 명분에 매어 있는 실상을 통렬하게 비판하고, "요순(堯舜)과 같은 인격이 되기를 원하고 요순과 같은 백성이 되기를 원한다면, 어찌 꽃을 구하면서 열매를 구하지 않을 수 있는가?"[40]라고 하여, 실용, 실질, 실효를 추구하였다.

율곡학파의 무실학풍은 신독재 김집(愼獨齋 金集: 1574~1656)을 통해 예

---

36) 황의동, 〈율곡의 무실사상〉,《인문과학논집》, 제8집, 청주대인문과학연구소, 1989.

37) 《栗谷全書》, 卷21, 〈聖學輯要〉, 3, "一心不實 萬事皆假 何往而可行 一心苟實 萬事皆眞 何爲而不成."

38) 《栗谷全書》, 卷6, 〈司諫院請勉學親賢臣箚〉, "嗚呼 今日朝廷所不足者 實也非言也 言雖 叢集效絶涓埃."

39) 《栗谷全書》, 卷28, 〈經筵日記 1〉, "但王道之行 在於實功 不在於言語."

40) 《栗谷全書》, 卷6, 〈應旨論事疏〉, "今殿下之所願 在於堯舜其身 堯舜其民 則豈可求其華 而不求其實乎."

학적 측면에서도 발휘되었다.

일찍이 학자들에게 말하기를, "우리 유가의 법은 오직 실질적인 면에 주력해야지, 저 문장이나 언어 따위에 종사한다면 비루할 뿐이다. 비록 그 방면에 종사한다고 해도 학자에 따라서는 부화(浮華)하게 겉치레만 하려고 하는 폐습을 면치 못한 자들도 있는데, 대체로 존성(存省)의 공부는 없이 입과 귀로만 익히게 되면 그것은 속에 쌓여 자연적으로 겉으로 발산되는 아름다움이 아니니, 그가 가령 위의(威儀)가 그럴싸하고 예의가 바르고 민첩하다고 해도 자기의 실질적인 면에서는 무슨 도움이 되겠는가?"라고 하였다.[41]

이처럼 김집은 유가의 법은 문장이나 언어에 있지 않고 실질에 있다 하고, 아무리 예의법도가 겉으로는 바르고 민첩해도 예의 실질이 없다면 무슨 의미가 있겠느냐고 반문하였다. 김집은 율곡의 무실을 예의 측면에 적용하여 예의 실을 강조하고 있는 것이다.

그는 또 당시 유학자들의 허례와 허식 그리고 과대망상을 다음과 같이 비판하였다.

또 선생은 세상의 학자들이 아래에 있으면서 높은 곳을 넘보고, 실속은 없이 과대망상한 것을 병통으로 여겨 일찍이 말하기를, "차라리 낮을 지언정 높지 말고, 차라리 얕을지언정 깊지 말며, 차라리 옹졸할지언정 공교하지 말라. 우리 유가의 법은 원래 이와 같은 것이다. 정자, 주자 이

---

41) 《愼獨齋遺稿》, 卷15, 〈遺事(門人 尹宣擧錄)〉, "嘗語學者曰 吾儒法門 專主於實地上 彼
爲文辭言語之末者 陋丙已矣 雖號爲從事於此學者 亦未免浮華外飾之弊 盖無存省之功
狃於口耳之習 則實非積中發外之美 假使威儀習熟 揖遜便敏 顧何益於自家之實地哉."

후로는 깊고 은미한 것은 다 발명하고 밝혀 놓아 다시 여온(餘蘊)이 없으므로 후학들로서는 그것은 그대로 지키고 애써 행하면 그뿐인 것이다."라고 하였다.[42]

이처럼 김집은 실속은 없으면서 높은 것만을 추구하는 병폐를 신랄하게 비판하고, 이제 선유들이 이루어 놓은 유가의 이론을 독실하게 실천하는 것이 후학들이 해야 할 사명이라고 보았다.

김집은 일찍이 도성에 오래 머무르지 않고 고향으로 돌아와 날마다 원근의 학자들과 강론하고 토론하였다. 그는 일찍이, "학문을 하는 요결은 말과 행실을 서로 돌아보며 숨고 나타난 것을 일치시키는 데 있다."라고 말하고, "서산에 홀로 갈 때는 그림자에 부끄럽지 않고, 홀로 잠잘 때는 이불에 부끄럽지 않아야 한다."라는 말을 매우 사랑하여, 자신의 호를 '신독(愼獨)'이라 하였다.[43] 이러한 김집의 학풍은 진실성, 실천성, 실질성을 위주하여 그의 학풍이 율곡에 연원하는 무실학풍임을 알 수 있다.[44]

3) 우계학파의 무실론

무실학풍은 율곡학파뿐만 아니라 우계학파에서도 잘 나타나 있다. 우계 성혼(牛溪 成渾: 1535~1598)의 학문은 실천을 근본으로 하였고, 우계학의 특징은 실천이 돈독하고 확실함에 있었다.[45] 율곡은 우계의 인품에 대해

---

42) 《愼獨齋遺稿》, 卷15, 〈墓誌銘〉, "深以世之學者 處下窺高 自大無得爲病 嘗曰 寧卑毋高 寧淺毋深 寧拙毋巧 吾儒家法本來如此 程朱以後 發微闡奧 無復餘蘊 後學惟當恪守勉行而已."

43) 《年譜》, 선생 66세 조.

44) 황의동, 〈기호유학에서 김장생, 김집의 성리학적 위상〉, 《대동철학》, 제53집, 대동철학회, 2010, 12, 104쪽.

45) 유명종, 〈절충파의 비조 우계의 이기철학과 그 전개〉, 《성우계사상연구논총》, 우계문화

평가하기를, "만약 견해의 경지를 따진다면 내가 조금 낫다고 할 수 있으나, 조리(操履)의 독실(篤實)함에 이르러서는 내가 미칠 수 없다."[46]라고 하여, 우계의 독실한 실천에 대해 높이 평가하였다.

우계는 "위기(爲己)로서 마음을 세우는 요령을 삼고, 구시(求是)로서 일을 처리하는 제도로 삼아야 한다."라고 하였는데,[47] 여기에서 '위기'란 유학 본래의 위기지학(爲己之學)의 정신을 잘 표현한 것으로 자신을 위한 진실한 학문 태도를 말하고, 옳음을 구한다는 '구시'의 정신은 실학의 실사구시(實事求是)와 상통한다. 여기서 우계의 실학풍을 잘 볼 수 있다.[48]

이러한 우계의 무실학풍은 그의 외손자인 노서 윤선거(魯西 尹宣擧: 1610~1669)를 통해 계승되었다. 박태보(朴泰輔: 1654~1689))에 의하면, 윤선거의 학문은 "평생 외조부 우계 성혼의 학문을 계승하는 것이었다."[49]라고 평가한다. 윤선거는 말하기를, "금일 근심하는 바는 이름만 힘쓰고 실(實)을 힘쓰지 않는 데 있다."[50]라고 하였다. 그는 당시의 학풍과 세속이 언어에 치중하고 명분을 중시하는 데 대해 이렇게 비판하고 있다.

금일 근심할 바는 그 뜻이 없음을 근심하지 않고, 단지 그 실이 없음을 근심한다. 한갓 선하기만 하고 정치가 부족하고, 한갓 법제만 있고

재단, 1991, 336~337쪽.

46) 《牛溪集》, 年譜, 附錄, 〈行狀〉, "栗谷嘗稱曰 若論見解所到 吾差有一日之長 操履篤實 吾所不及云."

47) 《牛溪集》, 續集, 卷3, 〈與李叔獻〉, "…以爲己爲立心之要 以求是爲處事之制."

48) 황의동, 〈노서 윤선거의 무실사상〉, 《유학연구》, 제18집, 충남대유학연구소, 2008, 43~44쪽.

49) 《定齋集》, 卷6, 〈爲羅顯道良佐上辨魯西先生疏〉, 丁卯 3月, "宣擧之平生遵守者 其外祖文簡公成渾之學也."

50) 《魯西遺稿》, 卷5, 〈與宋英甫〉(小註), "今日所患 已在於務名不務實…"

스스로 행할 수 없다. 한갓 뜻만 있고 노력하지 않는다면 금일의 급무
는 과연 언어에 있을 뿐인져.[51]

이처럼 말만 있고 실천이 없어 어떠한 실효도 없는 세태를 우려하고 비
판하였다. 그래서 윤선거는 "당세(當世)의 폐단은 실사(實事)를 힘쓰지 않
고 오직 겉치레를 일삼는 것이 큰 폐단이다. 금일의 현인을 등용하는 것
또한 문구로 돌아갈 뿐이다."[52]라고 하였다. 또 "공허한 소리에 실이 없는
폐단을 지극히 논해도 스스로 그 근본이 어긋남을 깨닫지 못한다."[53]라고
개탄하였고, 조정의 위에서 허명(虛名)을 너무 숭상하여 실심(實心)이 서지
못함을 근심하였다.[54] 아울러 "평상 무사한 때에도 오히려 허명을 숭상
장려하고 가볍게 다투는 풍조를 기를 수 없거늘, 하물며 위급존망(危急存
亡)의 때에야 더 말할 것이 있겠는가."[55]라고 하였다.
　윤선거는 말하기를, "주자 이후로부터 거경궁리(居敬窮理)의 방법과 정
존동찰(靜存動察)의 요령과 성학문호(聖學門戶)의 차례가 찬연히 해와 별
과 같아 밝지 않음이 없으니, 학자가 근심하는 바는 단지 실심이 서지 못
함에 있고, 궁행이 독실하지 못함에 있을 뿐이다."[56]라고 하였다. 그는 또

---

51) 《魯西遺稿》, 卷5, 〈答宋英甫〉, "今日所患 不患無其志 而只患無其實矣 徒善不足以爲政
　　徒法不能以自行 徒志不可以有爲 則今日之急務 果在於言語而已乎."
52) 《魯西遺稿》, 卷12, 〈上季兄〉, "當世之弊 不務實事 唯事文具 爲大弊也 今日招賢之擧 亦
　　歸於文具耳."
53) 《魯西遺稿》, 卷5, 〈答宋英甫〉, "極論其虛聲無實之弊 而不自覺其倒底也."
54) 《魯西遺稿》, 附錄, 上, 〈遺事〉, "…然先生 則猶以朝廷之上 虛名太崇 而實心未立爲憂."
55) 《魯西遺稿》, 卷3, 〈三疏〉, "平常無事之時 尙不可崇奬虛名 以長浮競之風 況當此危急存
　　亡之秋乎."
56) 《魯西遺稿》, 附錄, 上, 〈遺事〉, "自朱子以後 居敬窮理之方 靜存動察之要 聖學門戶工程
　　次序 粲如日星 無有不明 學者所患 只在實心之不立 躬行之不篤耳."

"옛 사람은 먼저 행한 후에 말하였으니, 언어는 진실로 말단의 일이다."[57] 라고 하여, 실천은 없고 말만 무성한 세태를 근심하였다.

그러므로 박세채(朴世采: 1631~1695)는 윤선거에게 올린 제문에서, "파산(坡山)의 학문은 반드시 자기를 낮추고, 마음은 오로지 안을 써서, 무실(務實)을 주로 하고 독경(篤敬)을 큰 요령으로 삼았다."라고 하였고, 우암 송시열(尤庵 宋時烈: 1607~1689)에게 보낸 편지에서는 "지금 노장(魯丈)의 학문은 비록 한마디로 말하기 어려우나, 요컨대 그 대체는 스스로 우계의 가르침을 이었고, 신독재(愼獨齋)의 글에 의거했다."[58]라고 평가하였다. 이러한 평가는 아들인 명재 윤증(明齋 尹拯: 1629~1714)을 통해서도 뒷받침된다. 그는 부친의 학풍을 내(內)와 실(實)로, 송시열의 학풍을 외(外)와 명(名)으로 특징지어 설명하기도 하였다.[59]

이렇게 볼 때, 윤선거의 무실학풍은 외조부 성혼과 스승인 김집의 무실학풍을 계승한 것으로 볼 수 있다.

또한 우계학파의 무실학풍은 윤선거의 아들 명재 윤증(明齋 尹拯)을 통해 더욱 고조된다. 그는 "입지(立志)와 무실(務實)의 두 조목은 우계, 율곡 두 선생의 뜻을 취하여 첨가했다. 대개 입지가 아니면 시작이 없고, 무실이 아니면 끝마침이 없다."[60]라고 하여, 입지와 무실을 학문의 시종(始終)으로 삼았다. 마찬가지로 그는 "무실 두 글자를 학문하는 첫 머리에 붙이면 기틀을 만드는 데 가깝다."[61]라 하고, 제자 민이승(閔以升)에게 "오직

---

57) 《魯西遺稿》, 附錄, 上, 〈遺事〉, "又曰 古人先行而後言 言語眞箇末事…"

58) 《南溪集》, 卷26, 〈答宋尤齋〉, "今魯丈之學 雖難一論 要其大體 自是述牛溪之訓 而依愼獨齋之文者…"

59) 《明齋遺稿》, 別集, 卷3, 〈答朴和叔〉, "先人之學 內也實也 尤翁之學 外也名也."

60) 《明齋遺稿》, 卷30, 〈題爲學之方圖〉, "所謂立志務實二目 則拯之僭取兩先生之意而添之者也 蓋非立志 則無以始 非務實 則無以終."

61) 《明齋遺稿》, 卷11, 〈與朴和叔〉, "…以務實二字 貼於爲學初頭 庶乎做得基址."

마땅히 실심(實心)으로 실공(實功)을 이루어 성현의 가르침에 저버림이 없기를 구해야 한다."[62]라고 하였다. 윤증은 당시대를 말세라 규정하고 이를 극복할 대안을 임금의 한 마음에서 찾고 있다.

아! 지금이야말로 참으로 말세입니다. 위태로워 망하려는 모습은 어리석은 사람과 지혜로운 사람이 다 같이 볼 수 있습니다. 그러나 위태로움은 안전하게 할 수 있고, 혼란은 다스릴 수 있습니다. 오직 주상만이 운명을 바꿀 수 있으니, 옮기는 기틀이 주상의 한 마음 말고 어디에 있겠습니까? 실심(實心)으로써 실공(實功)에 힘쓴다면 흥하고 쇠하고 다스려지고 어지러운 문제는 마치 주선왕(周宣王)이 재앙을 상서로움으로 바꾼 것처럼 할 수 있습니다.[63]

말세의 위기를 극복할 길은 주상의 한 마음에 있고, 그것은 다름 아닌 실심으로 실공을 힘쓰는 데 있다 하였다. 인간 주체의 실심 회복은 가장 중요한 급선무라고 할 수 있고, 이 실심을 통해 진실한 노력과 실천을 해야 실제적인 효과와 성과가 있게 된다는 것이다. 그러므로 윤증은 가르치고 배우는 기술에 무슨 특별한 방법이 있겠는가 반문하고, 입지와 무실이 학문하는 자가 가장 먼저 힘써야 하는 것이며, 나머지는 모름지기 책에 있을 따름이라 하였다.[64] 그리고 초려 이유태(草廬 李惟泰: 1607~1684)에게 보낸 편지에서 "듣자오니 가까운 곳의 유생들 가운데 문하에 출입하는

---

62) 《明齋遺稿》, 卷19, 〈與閔以升彦輝〉, "惟當以實心加實功 求以無負於聖賢之訓而已."

63) 《明齋遺稿》, 卷5, 〈辭別諭求言疏〉, "噫 今時誠季世也 危亡之象 愚智之所共見 然危可使安 亂可使治 唯人主可以造命 則轉移之機 豈外於人主之一心 以實心做實功 興衰撥亂 如周宣王 轉災爲祥."

64) 《明齋遺稿》, 卷14, 〈答羅顯道〉, "所叩教學之術 有何別方 立志務實 最爲學者之先務 其餘在方冊耳."

자가 많다고 하는데, 기대할 만한 인물이 있는지 모르겠습니다. 요사이 무실(務實)하지 않는 것이 학자들의 큰 병폐임을 더욱 느낍니다. 모름지기 진실과 근본이 먼저 있어야 합니다."[65]라고 하였다. 역시 여기에서도 무실(務實)하지 않는 병폐가 학자들의 가장 근심거리라 하고, 진실과 근본을 갖추는 것이 가장 중요하다 하였다. 이와 같이 성혼, 윤선거, 윤증으로 이어지는 우계학파의 학풍도 무실이 중심이 되고 있음을 알 수 있다.

4) 실학파의 무실론

무실사상이 가장 직접적으로 영향을 미치고 반영된 것은 조선 후기 실학파라고 할 수 있다. 조선조 실학의 발흥은 중국으로부터 들어온 것이 아니라 임란 후 17세기 조선이 당면한 총체적 위기 속에서 발흥한 것이다. 당시 뜻있는 지식인들은 성리학적 사변과 명분론에 회의를 느끼고, 힘의 필요성을 절감하면서 그 방법을 실용과 실천에서 찾았다. 무엇보다 나라와 민생을 걱정하는 우환의식이 강했고, 기존 질서의 개혁을 통해 부국강병과 민생의 안정을 추구하게 되었다. 유형원(柳馨遠), 이익(李瀷), 홍대용(洪大容), 박지원(朴趾源), 박제가(朴齊家), 정약용(丁若鏞), 최한기(崔漢綺) 등 대부분의 실학자들은 무실학풍을 기반으로 하는데, 여기에서는 이수광을 중심으로 실학파의 무실사상을 검토해 보고자 한다.

지봉 이수광(芝峰 李晬光: 1563~1628)은 63세 때 대사헌의 신분으로 인조의 구언(求言)에 의해 쓴 〈조진무실차자(條陳懋實箚子)〉에서 무실(務實)사상을 체계적으로 전개하였다. 장유(張維)가 쓴 행장(行狀)에 의하면, 그는 19세경에 문장이 뛰어나 율곡으로부터 칭찬을 받았다 하니, 그의 무실사상이 율곡의 영향에서 왔으리라는 짐작을 할 수 있다. 이수광은 "치적

---

65)《明齋遺稿》, 卷9, 〈上草廬書〉,

(治績)이 이루어짐이 없고, 치효(治效)가 드러남이 없고, 나라의 일이 날로 쇠약하고, 조정의 기강이 날로 문란한 것은, 다름 아니라 모두가 실이 없는 병통 때문입니다."**66)**라고 하여, 당시의 모든 문제가 실이 없는 부실(不實)의 병에서 연유한다고 보았다.

그는 말하기를, "무릇 천하의 사무(事務)는 지극히 넓으나 이를 부리는 것은 성(誠)이고, 성은 곧 실(實)이다. 만약 실을 힘쓰지 않고 한갓 겉치레로써 치공(治功)을 이루고자 한다면, 만사가 다 겉치레로 돌아갈 것입니다."**67)**라고 하였다. 그는 만사를 다스리는 관건이 성(誠)에 있다 하고, 그 성은 다름 아닌 실(實)이라 하였다. 따라서 실을 힘쓰지 아니하고 거짓과 형식으로 대처하면 만사가 모두 헛된 것이 되고 만다 하였다. 이런 입장에서 그는 임금에게 대음과 같이 무실을 진언하였다.

진실로 바라건대, 전하께서 이제부터 위에서 성(誠)을 다하시고 아래에서 실(實)을 구하게 하여, 실심(實心)으로써 실정(實政)을 행하시고, 실공(實功)으로써 실효(實效)를 이루소서. 생각마다 실을 생각하고 일마다 실을 일삼으소서. 이것으로써 정치를 함에 정치가 행해지지 않음이 없고, 이것으로써 다스림에 다스림이 이루어지지 않음이 없게 될 것입니다. 그러므로 신이 감히 무실(懋實) 두 글자로써 진언하는 바입니다.**68)**

---

66) 《芝峰集》, 卷22, 〈條陳懋實箚子, 乙丑〉, "...以致績用無成 治效蔑著 國事日以委靡 朝綱日以紊亂 是則無他 皆坐不實之病也."

67) 《芝峰集》, 卷22, 〈條陳懋實箚子, 乙丑〉, "夫天下之事務至廣 而所以操之者誠也 誠卽實也 若不務實 而徒欲以文具勤成治功 則萬段事爲 實歸虛套."

68) 《芝峰集》, 卷22, 〈條陳懋實箚子, 乙丑〉, "誠願殿下繼自今 盡誠於上 責實於下 以實心而行實政 以實功而致實效 使念念皆實 事事皆實 則以之爲政而政無不擧 以之爲治而治無不成 故臣敢以懋實二字進言."

이수광은 〈조진무실차자(條陳懋實箚子)〉에서 학문에 부지런한 실(勤學之實), 마음을 바르게 하는 실(正心之實), 하늘을 공경하는 실(敬天之實), 백성을 구제하는 실(恤民之實), 간쟁을 용납하는 실(納諫諍之實), 기강을 떨치는 실(振紀綱之實), 대신에게 책임을 맡기는 실(任大臣之實), 훌륭한 인재를 기르는 실(養賢才之實), 붕당을 해소하는 실(消朋黨之實), 군비를 갖추는 실(飭戎備之實), 풍속을 두텁게 하는 실(厚風俗之實), 법제를 밝히는 실(明法制之實)69)을 진언하였는데, 여기서 그의 무실사상은 윤리, 수기, 정치, 국방, 인사, 행정 등 각 분야에 두루 적용되고 있음을 알 수 있다.

이수광은 "만약 독서를 하고서도 실천할 수 없고, 도리어 심신에 아무 영향이 없다면, 비록 성현의 글을 다 읽더라도 무슨 유익함이 있겠습니까? 그러므로 종일 경전을 담론해도 실공(實功)에 보탬이 없고 한 해 동안 강학을 해도 한갓 수고일 뿐이니, 오직 전하께서는 그 실(實)을 힘쓰소서."70)라고 하였다. 이처럼 그가 강조한 실은 진실의 실이고 실천의 실이고 실용, 실질의 실이었다.

경세치용(經世致用) 실학을 선도했던 유형원과 이익 등이 이수광의 무실정신을 추앙하면서, 각기 《반계수록(磻溪隨錄)》과 《성호사설(星湖僿說)》을 지었다는 사실은 곧 이수광의 학문적 성향과 그 학파적 위치를 가늠하게 하는 증거로 보아야 할 것이다.71)

5) 양명학파의 무실론

양명학의 지행합일설은 왕양명이 학술사에 남긴 가장 값진 구호로, 그

69) 《芝峰集》, 卷22, 〈條陳懋實箚子, 乙丑〉.

70) 《芝峰集》, 卷22, 〈條陳懋實箚子, 乙丑〉. "若讀書而不能踐履 却於身心上 了無干涉 則雖讀盡聖賢書 顧何益哉 故終日談經 無補實功 彌年講學 是爲徒勞 惟聖明懋其實焉."

71) 윤사순, 〈이수광의 무실사상〉, 《실학의 철학》, 예문서원, 1997, 65쪽.

리고 그의 대표적인 학설로 거론될 만큼[72] 중핵적 이론이다. 양명에 의하면 "지(知)는 행(行)의 시작이고 행은 지의 성취라고 말한 바 있다. 만약 이같은 지행합일의 도리를 이해한다면, 지 하나만을 말해도 자연히 그 속에 행이 내재하고, 또 행 하나만을 말해도 자연히 그 속에 지가 내재한다."[73]라고 말한다. 이처럼 양명은 근본적으로 심(心) 밖에서 이(理)를 추구하는데 반대하고, 내 마음의 이치를 추구하는 것이 곧 지행합일의 기초가 된다고 보았다.

이러한 논거를 바탕으로 조선의 양명학자들은 당시 성리학의 지나친 관념화와 사변화에 반대하고, 이를 해결하는 대안의 하나로 양명학을 제시하였다. 아울러 왕양명이 성(誠)을 심체(心體), 양지(良知)로 규정하고 입성(立誠)과 성의(誠意)를 인도(人道)로 강조하는 데서[74] 무실(務實)과의 연계논리가 가능하게 된다. 즉 무실은 인간 주체의 실심(實心)을 바탕으로 실천을 강조한다는 점에서 양명학의 정신과 공감대를 갖는다.

조선조 양명학의 대표자로 일컬어지는 하곡 정제두(霞谷 鄭齊斗: 1649~1736)는 본체론적인 측면에서 성(誠)을 천도(天道), 실리(實理), 생리(生理), 실심(實心) 등으로 이해하였고, 양명과 마찬가지로 일원의 주체인 심체를 성(誠)으로 인식하고, 실천적 측면에서는 입성(立誠)과 성의(誠意)를 강조하였다.[75]

덕촌 양득중(德村 梁得中: 1665~1742)은 반계 유형원(磻溪 柳馨遠)이 쓴

---

72) 梁啓超,《王陽明知行合一之教》, 臺灣中華書局, 民國 57, 2~3쪽. 송하경, 〈왕양명의 지행합일설〉, 《왕양명철학연구》, 청계, 2001, 238쪽.

73) 《傳習錄》, 卷上, "知是行之始 行是知之成 若會得時 只說一個知已自有行在 只說一個行已自有知在."

74) 민혜진, 〈정제두의 성사상에 관한 연구〉, 부산대대학원(박사), 2005, 11쪽.

75) 민혜진, 위의 글, 199쪽.

《반계수록(磻溪隨錄)》을 높이 평가하고 이를 임금에게 권하였으니,[76] 이는 양명학을 받아들여 유형원의 실사구시(實事求是) 정신을 절충한 것으로 양명학과 실학의 융회(融會)라는 의미를 갖는다.[77] 그는 말하기를, "이(理)는 곧 실리(實理)요, 심(心)은 곧 실심(實心)이며, 학(學)은 곧 실학(實學)이요, 사(事)는 곧 실사(實事)이다. 한 털끝만큼도 사사로움과 거짓이 그 사이에 끼어 있지 아니한 즉, 실심이 담연허명(湛然虛明)하고 실리는 결정정미(潔靜精微)하다."[78]라고 하였다. 그는 또 임금에게 올린 상소에서 "맹자가 제선왕, 양혜왕에게 여민동락(與民同樂) 네 글자로 입지(立志)의 표준을 삼아야 한다고 하듯이, 신의 생각에는 실사구시(實事求是)의 네 글자가 곧 오늘날 성상의 뜻을 세우는 표준이 되어야 한다고 생각합니다."[79]라고 하였다. 이와 같이 양득중의 경우 양명학을 하면서도 무실사상을 그 속에 접목시켜 깊이 있게 이해하고 있음을 알 수 있다.

또 정제두의 문인인 원교 이광사(圓嶠 李匡師: 1705~1777)는 "내가 하곡(霞谷) 선생을 사모한 지는 여러 해가 되었지만, 사시는 곳이 외져서 27세 되던 해 봄에야 비로소 강화로 들어가, 83세의 노선생님을 뵙고 실학(實學)을 배웠다."라고 하여,[80] 자신이 하곡에게 실학을 배웠음을 고백하고 있다.

---

76) 《德村集》, 卷2, 〈又辭疏, 辛酉〉, "近世有湖南儒生柳馨遠者 乃能爲之講究法制 粲然備具 始自田制 以至於設敎選擧任官職官祿制兵制 纖微畢擧 毫髮無遺 書旣成而名之曰 隨錄 凡十三卷 臣嘗見之於臣之亡師臣尹拯之家 臣之亡師嘗爲臣言 此書乃古聖王遺法 而修潤之 不失其本意 國家若欲行王政 則惟在擧而措之而已."

77) 유명종, 《한국의 양명학》, 동화출판공사, 1983, 144쪽.

78) 《德村集》, 卷2, 〈辭別諭召命疏〉, "理則實理 心則實心 學則實學 事則實事 無一毫私僞 參錯於其間 則實心湛然虛明 而實理潔靜精微矣."

79) 《德村集》, 卷2, 〈告歸疏, 辛亥〉, "孟子之於齊宣梁惠 以與民同樂四字爲立志之標準 臣愚竊以爲實事求是四字 卽今日聖上立志之標準也."

80) 이용규 편저, 《강화학파 학인들의 발자취》, 수서원, 2007, 112쪽.

또 이광사의 아들인 신재 이영익(信齋 李令翊: 1738~1780)은 "아아, 불민한 내가 덕에 나아가지 못하는 것은 무슨 까닭인가? 마음에 향하는 바가 있되 건성건성하여 실심(實心)이 없고, 행동하려는 바가 있되 억지로 대충하여 실행(實行)이 없다. 대개 신실(信實)되지 않음에서 말미암는다."라고 하여,[81] 실심, 실행과 함께 신실(信實)을 강조하였다.

또한 정제두의 문인이며 손자 사위인 완구 신대우(宛丘 申大羽: 1735~1809)는 지행합일의 전내실기지학(專內實己之學)을 추구하여 개아(個我)의 주체성을 강조하였다.[82] 그는 일면 경세에 뜻을 두고 목민론(牧民論)을 전개하고 국학에도 관심을 보였지만, 진정한 인간 주체인 덕성아(德性我)의 확립에 더 큰 비중을 두었다.[83]

영재 이건창(寧齋 李建昌: 1852~1898)은 "성실이란 진실된 이치요, 진실한 이치가 안에 있지 아니하면 진실된 사물이 밖에서 이루어지지 못하며, 성실하지 못하면 사물이 없는 것이다."라고 하였다. 그리고 "이름이란 실(實)의 손님이니, 실을 먼저 하고 명(名)을 뒤에 함은 천하의 바른 길이다."라고 하여, 실리(實理), 실사(實事), 실심(實心)을 강조하여 양명이 본체가 실리, 실심, 실사라고 한 말과 일치시켰다.[84]

한말의 독립운동가요 사상가였던 백암 박은식(白巖 朴殷植: 1859~1925)은 최남선(崔南善)이 말하였듯이, 조선의 유학을 왕양명으로 일신하려 했던 한말의 대표적인 양명학자였는데, 다산 정약용(茶山 丁若鏞)의 제자인 신기영(申耆永), 정관섭(丁觀燮)을 통해 다산실학을 접하였으며 실사구시

---

81) 이용규, 위의 책, 217쪽.
82) 이용규, 위의 책, 166쪽.
83) 이용규, 위의 책, 179쪽.
84) 이용규, 위의 책, 137쪽.

(實事求是)의 학풍에 심취하였다.[85]

이렇게 볼 때, 무실사상은 조선 양명학의 흐름에도 분명 영향을 미쳤음을 알 수 있다. 양명학의 지행합일(知行合一), 입성(立誠), 성의(誠意)의 성(誠)사상과 무실(務實)사상이 자연스럽게 교감되었음을 알 수 있다.

6) 개화파의 무실론 안창호를 중심으로

무실사상은 실학파 내지 양명학파를 거쳐 한말 개화파 도산 안창호(島山 安昌浩: 1878~1938)에게 전승된다. 도산은 독립운동가로 널리 알려져 있지만, 개화사상가로서 재평가받아야 할 인물이다. 그것은 한말 독립운동가나 사상가로서 도산만큼 체계적인 사상과 이론을 가진 사람이 드물기 때문이다. 특히 그의 사상은 최한기(崔漢綺)에서 보이듯이, 기존 유학의 용어를 사용하지 않고 자신의 독창적인 언어를 사용하고 있다는 점에서 주목된다.

도산의 사상적 연원을 살펴보면 먼저 유교적 연원을 들 수 있다. 그는 6세에서 8세까지 2년간 가정에서 한문을 수학하였고, 9세에서 14세까지 한문서당에서 수학하였다. 또 14세에서 17세까지 김현진(金鉉鎭)에게서 유학을 배웠다고 그의 이력에 나타나 있다. 이렇게 본다면 도산이 유학을 배운 기간이 무려 10여 년이 넘고, 그가 유교에 대해 많은 비판을 하고 있음에도 불구하고 그의 사상적 저변에 깔린 유교적 기반을 결코 간과할 수 없다.

이때 한문서당에서 연상의 황해도 안악 출신 청년 선각자인 필대은(畢大殷)과 교유한 바 있는데, 도산의 청소년기에 매우 큰 영향을 미친 것으로 짐작된다. 도산에게 민족주의를 심어 주고, 도산이 서울에 가기로 결심

---

85) 이용규, 위의 책, 432쪽.

한 것, 독립협회에 든 것, 소년 연사로서 이름을 날리게 된 것, 미국 유학을 결심하게 된 것이 모두 그의 영향이라 추측된다.[86] 필대은은 한문을 잘 하였고, 고서적과 중국서적을 많이 읽었으므로, 도산이 지식 방면으로 그의 영향을 많이 받았으며, 후일에 그의 이야기를 늘 하였다 한다.[87]

도산의 사상 형성에 중요한 영향을 미친 것은 유교 말고도 기독교와 서구의 신학문을 들 수 있다. 그는 기독교 학교인 언더우드 학교에서 공부를 하였고, 기독교에 입교한 신자이기도 하였다. 그러나 그의 평생 자취와 언행을 참고해 보면 개방된 신앙관을 가지고 있음을 알 수 있다. 그는 유교의 공리공론, 허례허식에 대해 날카롭게 비판하지만, 기독교의 미신적 행태에 대해서도 서슴없이 비판하고 있다.

도산은 민족의 독립과 독립 이후의 번영은 힘에 있다고 보아 다음과 같이 자신의 이론을 말하고 있다.

우리 민족을 타민족 압박하에서 해방하고, 쇠퇴한 가운데서 번영케 하는 대사업을 이루려면, 그 사업을 이룰 만한 그 힘이 있어야 하겠고, 그 힘이 있으려면 그 힘을 낼 만한 건전한 인격자와 신성한 단결이 있어야 하겠습니다. 이것을 깨달은 우리 무리는, 우리가 깨달은 대로 순서를 찾아 나가기 위하여, 건전한 인격을 작성하며 신성한 단체를 조직하기로 목적을 세우고 흥사단(興士團)을 조직하였습니다.[88]

그는 흥사단을 조직한 뜻이 민족의 독립과 번영의 기초를 세우기 위함에 있다 하고, 그 힘은 건전한 인격과 신성한 단결에 있다고 보았다. 그는

---

86) 주요한,《안도산전서》, 흥사단출판부, 1999, 44쪽.
87) 주요한, 위의 책, 44쪽.
88) 주요한, 위의 책, 749쪽.

망국의 원인이 힘이 없음에서 찾고, 그 힘을 길러야 독립할 수 있고 번영할 수 있다고 확신하였다.

> 여러분 동지여, 우리 무리가 본래 우리의 힘이 부족하므로 망국의 화를 받았고, 또한 우리의 힘이 부족하므로 광복의 사업을 실현키 불능함을 깊이 깨닫고 힘을 준비하기로 서로 평생에 몸을 허락하여 단결하였나니, 그런즉 우리는 근본부터 힘을 믿는 무리요, 힘이 부족함을 한하던 무리외다.[89]

그러므로 세상의 모든 일은 힘의 산물이라 하고, 힘이 작으면 일을 작게 이루고, 힘이 크면 크게 이루며, 만일 힘이 도무지 없으면 일은 하나도 이룰 수 없다고 한다. 그러므로 누구든지 자기의 목적을 달성하려는 자는 먼저 그 힘을 찾아야 한다 하였다. 만일 힘을 떠나서 목적을 달성하겠다는 것은 너무도 공상이라 하고, 일은 힘의 산물이라는 것을 확실히 믿는가 하고 반문하였다. 만일 이것을 믿고 힘을 찾는다 하면, 그 힘은 건전한 인격과 공고한 단결에서 난다는 것을 자신은 확실히 믿는다 하고, 인격훈련, 단결훈련 이 두 가지를 청년 제군에게 간절히 요구한다 하였다.[90]

여기서 도산은 각 개인의 인격훈련에 있어 네 가지의 정신을 제시한다. 이것이 바로 흥사단의 4대 정신인 무실(務實), 역행(力行), 충의(忠義), 용감(勇敢)이다. 무실역행(務實力行)이라는 표어는 도산의 창안임이 확실하거니와, 이것이 청년학우회의 표어인 동시에 뒤에 흥사단을 조직할 때에도 같은 표어를 내걸었다. 1909년의 청년학우회와 1913년의 흥사단은 사실상

---

89) 주요한, 위의 책, 1017쪽.
90) 주요한, 위의 책, 544~545쪽.

하나의 단체라고 할 수 있다.[91] 청년학우회의 목적은 무실(務實), 역행(力行), 충의(忠義), 용감(勇敢)의 4대 정신으로, 인격을 수양하고 단체생활의 훈련에 힘쓰며, 한 가지 이상의 전문기술이나 기예를 반드시 학습하여 직업인으로서의 자격을 구비하여, 매일 덕(德), 체(體), 지육(智育)에 관한 수양 행사를 한 가지씩 행하여 수련에 힘쓴다는 것이다.

4대 정신은 뒤에 일으킨 흥사단의 그것과 같은 것이나, 청년학우회 시대에는 무실(務實), 역행(力行) 다음에 자강(自强), 충실(忠實), 근면(勤勉), 정제(整齊), 용감(勇敢) 등을 말하였음이 그 회가(會歌)에서 보이는데, 아마도 처음에 일곱 가지의 덕목을 세웠다가 뒤에 정리하여 4대 정신이 된 듯하다.[92]

다음 흥사단의 입단가에서도 무실(務實), 역행(力行), 충의(忠義) 정신이 강조되고 있다.

> 조상나라 빛내려고 충의남녀(忠義男女) 일어나서,
> 무실역행(務實力行) 깃발 밑에 늠름하게 모여 드네.
> 맘을 매고 힘을 모아 죽더라도 변치 않고,
> 한 목적을 달하자고 손을 들어 맹약하네.
> 우리 인격 건전하고 우리 단체 신성하여,
> 큰 능력을 발하려고 동맹 수련함이로세.
> 부모국아 걱정마라 무실역행 정신으로,
> 굳게 뭉친 흥사단이 네 영광을 빛내리라.[93]

---

91) 주요한, 위의 책, 129쪽.
92) 주요한, 위의 책, 127쪽.
93) 주요한, 위의 책, 569쪽.

〈흥사단 입단가〉는 도산이 만든 것이 확실한데,[94] 도산은 스스로 말하기를, "'부모국아 걱정마라 무실역행 정신으로 굳게 뭉친 흥사단이 네 영광을 빛내리라' 이것은 내가 짓고 내가 부르는 노래요. 이것을 지을 때에 나는 확실한 신념을 가지고 지었고, 이것을 부를 때에 나는 확실한 신념이 있어 부르오."[95]라고 하였다. 이것을 보면 도산의 확신이 얼마가 강한가를 알 수 있다.

그러면 무실(務實), 역행(力行)의 의미는 무엇인가? 도산이 설명한 바에 의하면, "'무실역행'의 뜻은 '참되기를 힘쓰고, 행하기를 힘쓰자'는 것이다. '무실'의 반대는 '허위'요 '역행'의 반대는 '공리공론'이다. 혹시 '역행'을 해석하여 '힘써 행하자'로 말하고, 그 반대를 '나타(懶惰)'라고 할 수 있으나, 이것은 그 초점이 약간 빗나간 것이다. 도산이 말하는 '역행'의 참 뜻에는 주자학파에 대립하는 양명학파의 지행일치의 사상과 통하는 점이 있고, 따라서 조선 유교에 대한 통렬한 비판이 들어 있는 것이다."[96]

도산은 우리 민족이 거짓을 하지 않는 참된 민족이 되어야 한다 하여 다음과 같이 말한다.

거짓말하고 속이는 것이 가죽과 뼈에 젖어서, 양심에 아무 거리낌 없이 사람을 대하고, 일에 임함에 속일 궁리부터 먼저 하게 되었습니다. 이것이 후진인 청년에게까지 전염이 되어, 대한 사회가 거짓말 사회가 되고 말았습니다. 아아, 슬프고 아프다! 우리 민족이 이 때문에 합동을 이루지 못하였고, 서로 합동을 이루지 못하였기 때문에 사망에 임하였습니다. 사망에 임한 것을 알고 스스로 건지기를 꾀하나, 아직도 서로

---

94) 주요한, 위의 책, 560쪽.
95) 주요한, 위의 책, 686쪽.
96) 주요한, 위의 책. 129쪽.

믿을 수 없기 때문에 민족적 합동 운동이 실현되지 못합니다. 대한 민족을 참으로 건질 뜻이 있으면, 그 건지는 법을 멀리 구하지 말고, 먼저 우리의 가장 큰 원수가 되는 속임을 버리고, 각 개인의 가슴 가운데 진실과 정직을 모셔야 하겠습니다. 대한 사람은 대한 사람의 말을 믿고, 대한 사람은 대한 사람의 글을 믿는 날에야, 대한 사람은 대한 사람의 얼굴을 반가워하고, 대한 사람은 대한 사람으로 더불어 합동하기를 즐거워 할 것입니다.[97]

이처럼 진실과 정직이 대한 사람의 마음이 되고 행동이 되어야 서로 믿고 존경하게 되며, 단결하여 민족적 힘이 생길 수 있다고 보았다. 그래서 도산은 "만일 대한 민족을 건질 뜻이 있으면 모르거니와 진실로 있다고 하면, 네 가죽 속과 내 가죽 속에 있는 거짓을 버리고, 참으로 채우자고 거듭 거듭 맹세합시다."[98]라고 절규한다. 그리하여 "우리가 하려고 하는 위대하고 신성한 사업의 성공을 허(虛)와 위(僞)로 기초하지 말고, 진(眞)과 정(正)으로 기초합시다. … 허와 위는 구름이요, 진과 정은 반석이외다."[99]라고 하였다. 이처럼 진실, 참, 정직은 도산이 가장 사랑하는 가치요, 민족 앞에 강조한 최고의 도덕이자 윤리였다.

도산은 청년학우회를 조직하면서 육당 최남선에게 다음과 같이 당부하였다.

"우리가 하는 청년운동은 어디까지나 진실을 숭상하여야 한다. 언변보다도 실행을, 형용보다도 내용을 존중해야 한다. 그것이 무실역행(務實

---

97) 주요한, 위의 책, 524쪽.
98) 주요한, 위의 책, 525쪽.
99) 주요한, 위의 책, 532쪽.

力行)이다. 이상과 목적을 책임 있게 실행할 능력도 기르고 정신도 기르자." 그러한 내용으로 청년학우회의 취지서를 초안하라는 명령을 하였다.[100]

도산의 무실사상은 실용, 실질, 착실의 의미를 담고 있는데, 이에 대한 도산의 말을 보기로 하자.

부허(浮虛)는 패망의 근본이요, 착실(着實)은 성공의 기초외다. 그런데 우리 대한의 사회 상태가 부허적인가 착실적인가. 다시 말하면 패망적인가 성공적인가 이것을 크게 묻고 크게 말하고자 합니다.[101]

대저 착실이란 것은 무슨 일이든지 실질적 인과율(因果律)에 근거하여 명확한 타산하에 정당한 계획과 조직으로써 무엇을 어떠한 결과를 지어 내겠다 하고, 그 목적을 달하기까지 뜻을 옮기지 않고 그 순서에 의지하여 각근한 노력을 다함을 이름이외다. 부허(浮虛)는 이와 반대로 인과의 원칙을 무시하고 정당한 계산과 노력을 하지 아니하고, 천에 한 번만에 한 번 뜨이는 요행수만 표준하고 예외적 행동으로 여기 덥석 저기 덥석 마구 덤비는 것이요, 또한 당초에 일의 성(成), 불성(不成) 여부는 문제도 삼지 아니하고, 다만 한때의 빈 명성이나 날리기 위하여 허위적 행사를 취하여 마구 들뜨는 것이외다.[102]

이처럼 도산은 부허(浮虛)와 착실(着實)을 구별하고, 착실이야말로 인과

---

100) 주요한, 위의 책, 127쪽.
101) 주요한, 위의 책, 530쪽.
102) 주요한, 위의 책, 531쪽.

율에 근거해 정당한 노력을 하는 태도라고 보았다. 이에 반해 부허는 노력은 하지 않고 요행을 바라거나 정당한 노력 없이 대가나 성공을 바라는 공허한 태도라고 보았다.

도산은 유교에 대해서도 그 본질을 비판한 것이 아니라 허례허식을 강하게 비판하였던 것이다.

> 정의(情誼)는 본래 하늘이 준 것이언마는, 공교(孔敎)를 숭상하는 데서 우리 민족이 남을 공경할 줄은 알았으나, 남을 사랑하는 것을 잊어버렸습니다. 또 혼상제사(婚喪祭祀)에도 허례에 기울어지고 진정으로 하는 일이 별로 없습니다.[103]

따라서 "우리의 받을 것은 잎과 꽃이 아니요 뿌리며, 난간과 지붕이 아니고 기초로다. 우리의 할 것은 이것을 정성스럽게 받고 이것을 견고케 함이로다."[104]라고 하여, 착실한 기초와 근본을 중시하였다. 이러한 도산의 정신과 태도는 진실에 기초한 실천을 통해 실효 내지 실덕(實德)을 쌓아야 한다는 유가 무실사상의 계승이라고 볼 수 있다.

그런데 도산이 무실역행을 자신의 핵심적인 가치요 이념으로 삼고 있는데, 이 용어를 어디서 차용했는가 하는 것은 아직 발견할 수 없다. 무실이란 앞서 언급했듯이, 여말선초에 이미 간헐적으로 등장한 용어지만, 무실과 함께 역행을 병칭하는 것은 율곡에 의해서라고 보는 것이 옳다. 무실역행은 도산의 독창어는 아니고 분명 유학에서 차용한 것이 틀림없다. 도산의 말과 글 그리고 전기나 일기 등에서도 이에 대한 단서는 보이지 않는

---

103) 주요한. 위의 책, 539쪽.
104) 주요한, 위의 책, 613쪽.

다. 다만 도산이 10여 년이 넘는 유교 수학기에 무실역행이라는 말을 들었을 가능성도 있고, 선배 선각자인 필대은을 통해 이 말을 접했을 수도 있다. 그러나 어디까지나 하나의 추측일 뿐 정확한 논거는 부족하다.

그런데 도산의 일기에 보면 한말 양명학자의 한 사람이요 독립운동가였던 박은식(朴殷植)과 유교의 병폐와 유교 개신에 관해 논의한 흔적이 보이고,[105] 그가 청대 실학자인 양계초(梁啓超)의 《음빙실문집(飮氷室文集)》을 많이 애독하고,[106] 개화기의 선각자인 유길준(兪吉濬)을 존경하고 그의 《서유견문록(西遊見聞錄)》을 애독한 것을 보면[107] 여기서 그 단서를 찾아야 하지 않을까 생각된다.

이제까지 안창호를 중심으로 그의 개화사상이 어떻게 무실사상으로 계승되었는가를 검토해 보았는데, 사실 개화사상은 이미 실학사상을 계승하고 있는 것이다.[108] 이상익은 실학파와 개화파의 이념적 동질성을, 민족주의적 성격, 개인의 권리에 대한 자각, 실사구시의 경험적 방법론, 이념적 개방성, 정덕(正德)보다 이용후생(利用厚生) 강조, 통상개국론, 이윤추구 권장, 욕망의 적극적 긍정이라 하였는데,[109] 이런 점에서 도산의 개화사상을 무실에 기초한 실학사상의 하나로 이해해도 좋을 것이다.

---

105) 주요한, 위의 책, 874쪽.

106) 주요한, 위의 책, 113쪽.

107) 주요한, 위의 책, 82쪽.

108) 이상익, 〈제4장 개화사상과 그 특성〉, 《한국철학사상가연구》, 철학과 현실사, 2002, 473쪽.

109) 이상익, 위의 글, 473~475쪽 참조.

제3절 조선 후기 서학의 전래와 유교와의 갈등

1. 한국에서의 기독교 전래과정

한국의 전통문화는 유교, 불교가 중심이 되고, 도교 또한 문화의 저변에 깊숙이 자리해 있다. 유교나 불교도 엄밀히 말하면 외래문화에 속하지만, 오랜 역사 속에서 한국화되어 전통문화로 정착되었다.

오늘날 한국사회에서 기독교문화는 매우 중요한 위치에 있다. 18세기 말, 19세기 초에 신앙운동으로 전래된 기독교는 200여 년의 역사를 가지고 있다. 종교 분포로 보더라도 불교와 함께 가장 많은 신자를 가지고 있고, 정치적, 사회적 영향력은 매우 크다고 볼 수 있다.

논자는 이러한 기독교가 한국에 어떻게 전래되었는지 그 과정을 소개하고, 유교와 기독교의 갈등 양상에 대해 고찰해 보고자 한다. 특히 유학자들이 새로운 서양문화로서의 기독교에 대해 어떻게 반응하고 인식했는가에 초점을 맞추어 보고자 한다.

그런데 유학자들의 기독교에 대한 인식은 모두 똑같은 것은 아니었다. 당시 유교문화가 지배적이었던 상황에서 혹자는 기독교를 이단으로 철저히 배척하였고, 혹자는 비판적으로 수용하는가 하면, 혹자는 개방적 입장에서 호감을 갖고 신앙하기도 하였다. 유교문화와는 매우 이질적이라는 점을 고려하면 당연한 귀결이기도 했다.

다만 17세기를 전후해 한국에 소개된 기독교는 '서학(西學)'이라는 이름으로 불리었다. 그리고 이 서학은 서양의 과학기술문화를 포함하는 것이다. 따라서 개신교로서의 기독교가 한국에 전래된 것은 19세기 말로서 훨씬 뒤의 일이다.

한국이 서양문물과 접촉했던 과정을 3단계로 보면, 첫째 단계는 16세기 말 임진왜란(1592년)과 더불어 서양문물에 간접적으로 접촉하기 시작하여, 영조 때까지 서양에 대한 지식이 축적되고 수용되는 시기이다.

둘째 단계는 18세기 말엽 정조의 시대로서 서양에 관한 이해가 지식의 단계를 넘어 신앙운동으로 표면화되었고, 이에 따라 전통사회의 지식인들로부터 이론적 비판이 일어나 논쟁적 양상을 보였던 시기이다.

셋째 단계는 19세기 초부터 중엽까지 강력한 금교(禁敎)정책이 진행되면서 한편 천주교 신앙문제와 서양의 무력위협이 연관되어 나타나는가 하면, 19세기 말 문호를 개방하고 척사론(斥邪論)의 저항을 받으면서 서양의 문물이 결정적인 우세로 전개되어 가는 시기라고 할 수 있다.[110]

서양문물이 중국을 통해 한국에 들어온 것은 17세기 초부터였다면, 서양의 기독교 신앙과 과학기술이 사회적인 문제로 왕조의 중대사로 대두된 것은 18세기 말이었다. 천주교가 한국에 처음 소개된 것은 기록상으로 보면 유몽인(柳夢寅: 1559~1623)과 이수광(李睟光: 1563~1628)에 의해서라고 볼 수 있다.

유몽인은 《어우야담(於于野談)》에서, 이수광은 《지봉유설(芝峰類說)》에서 처음으로 서학에 대해 간략히 소개한 바 있다. 특히 이수광은 《지봉유설》에서 이마두(利瑪竇: Matteo Ricci)가 지은 《천주실의(天主實義)》 2권을 소개하였으니 천주교에 관한 최초의 소개라고 할 수 있다.

---

110) 금장태, 〈동서교섭과 근대한국사상의 추이에 관한 연구〉, 성균관대대학원(박사), 1979, 5쪽.

또한 허균(許筠: 1569~1618)은 1610년대 북경을 세 차례나 다녀왔는데, 〈게12장(偈12章: 천주교기도문)〉을 전하여 우리나라 천주교 신앙을 받아들인 최초의 인물로 평가받는다. 안정복(安鼎福)이 쓴 《순암집(順菴集)》에 의하면, 허균은 "남녀의 정욕(情欲)은 천(天)이요, 분별의 윤기(倫紀)는 성인의 교(敎)이다. 천은 성인보다 존귀하니, 성인을 어길지언정 천품의 본성은 어길 수 없다."라고 하였다. 여기서 허균은 천과 성인을 구별하여 천의 절대성을 강조하는데, 이는 서학의 입장과 다를 바 없다.

17세기 조선의 유학자와 관료들은 중국을 왕래하면서 중국에 들어온 서양의 과학기술과 천주교를 알게 되었다. 당시 그들의 눈에 비친 서양의 과학문명은 매우 신비롭고 경이적인 것이 아닐 수 없었으며, 특히 천주교의 교리는 매우 낯선 것으로 충격 그 자체였다고 할 수 있다.

이 시기에 있어 천주교를 포함한 서학에 대해 비교적 적극적인 관심을 가졌던 유학자 그룹이 바로 성호학파(星湖學派)이다. 성호학파란 18세기 한국의 대표적인 실학자의 한 사람인 성호 이익(星湖 李瀷: 1681~1763)의 제자들을 말한다. 신후담(愼後聃), 안정복(安鼎福), 이병휴(李秉休), 윤동규(尹東奎), 이가환(李家煥), 권철신(權哲身), 권일신(權日身) 등 성호학파들은 서학에 대해 깊은 관심을 갖고 나라와 백성을 위해 유용한 학문을 추구하였다. 그러나 이들의 서학에 대한 인식과 수용태도가 모두 같았던 것은 아니다.

이익 자신은 보유적(補儒的) 입장에서 서학을 이해하였다. 그는 서양과학에 대해서는 극찬하였으나, 천주교 교리에 대해서는 천당지옥설을 부정하고 기적을 마귀의 짓이라 비판하였다. 그는 또 천주(天主) 개념을 초월자로서의 측면과 신앙대상으로서의 측면으로 구별해 파악하였다. 즉 "천주라는 존재는 유교에서의 상제(上帝)이나, 그를 공경하여 섬기고 두려워하여 믿는 것은 곧 불교의 석가와 같다."(《星湖集》, 卷55, 〈跋天主實義〉)라 하고, 유교에서 상제가 초월자이기는 하지만, 인격적 존재로서 신앙하게 되는 것이 아님을 밝혀 주었다. 상제가 천지를 주재하는 능력이 있음은 천주와 일치하지만, 천지를 창조하는 존재로 천지의 밖에 있다거나 예수라는 사람의 모습으로 내려와 삼위일체를 이룬다는 신앙은 전면 부정하였다. 아울러 그는 비합리적인 기적의 현상을 천의 의지로 인정하기보다는 인간의 환상이라고 보아 천의 근본성격으로서의 합리성을 지키고 있다.

성호학파의 순암 안정복(順庵 安鼎福: 1712~1791)은 《천학문답(天學問答)》에서 서학을 배척하는 이유를, "하늘을 섬기는 것은 같으나 천주학은 사도(邪道)이기 때문이다."라고 하였다. 또 "예수 그리스도란 구세(救世)의 뜻인데, 유교에서 성인의 행도(行道)와 무엇이 다른가?"라는 물음에 대해, "예수의 구세는 천당 지옥을 주로 했고, 성인의 행도는 명명덕(明明德), 신민(新民)으로 교화했다."라고 대답하였다. 또 "영혼은 죽지 않는가?"라는 물음에 대해서는, "사람도 아직 모르는데 어찌 귀신을 알겠는가? 유교의 성인은 귀신을 말하지 않는다."라고 대답하였다. 그리고 "천주학의 선악론과 유학의 선악론의 차이는 무엇인가?"라는 물음에 대해서는, "천주교에서 일심으로 상제를 받드는 것은 유학의 주경학(主敬學)과 같고, 정욕(情欲)을 금하고 음식을 소박하게 하는 것은 유교의 극기(克己)와 같다. 다만 천주교의 선은 후세를 위함이요 유교의 선은 현세를 위함이다."라고 비판하였다.

또한 하빈 신후담(河濱 慎後聃: 1702~1761)은 《서학변(西學辨)》에서 영혼이 불멸하고 천당, 지옥이 있다고 하는 것은 불교에 근거하고, 다소 그 내용을 변용한 것에 불과하다고 하였다. 또한 의지적인 천주를 부정하고 상제를 자연적인 이(理)를 통해 만물을 다스리는 것으로 이해하였다. 아울러 서학의 본원은 이기심에서 나왔다고 비판하였다.

그런데 성호학파 가운데 신후담, 안정복, 윤동규를 비롯한 노장파(보수파)는 서양의 과학기술에는 관심이 있었지만, 천주교 교리에 대해서는 비판적이었다. 이에 반해 권철신, 권일신, 이가환, 이승훈 등 소장파(진보파)는 천주교에 대해 관심이 많았고 신앙을 통해 적극적으로 참여하였다.

그 후 18세기 말 정조 때에 이르면 천주교 신앙운동이 일어나 교리를 비롯한 서학의 연구와 비판이 활발해지면서 마침내 한 시대의 과제로 부각되었다. 여기에는 당시 임금이었던 정조와 재상이었던 채제공(蔡濟恭)의 진보적 성향과 개방적 태도가 크게 도움이 되었다. 즉 정조와 채제공은 정약용을 비롯한 진보적인 유학자들을 유능한 인재로 등용하고 보호해 주어 든든한 후원자 역할을 했기 때문이다.

그런데 서학수용이 활발해지고 천주교 신앙운동으로까지 드러난 것은 1784년(정조 8년) 이승훈(李承薰: 1756~1801)이 북경에서 처음으로 세례를 받고 돌아오면서부터이다. 1791년(정조 15년) 호남지방 진산군(珍山郡)에서 사대부인 윤지충(尹持忠), 권상연(權尙然)이 제사를 폐지하고 신주(神主)를 불사른 사건이 발생하자, 정조는 서학의 금지령을 내리고 서적수입을 금지하고, 서학서의 지참과 보관을 금지하고, 증거가 노출된 자를 엄벌하도록 명령하였다.

1801년 당시 한국 조정에서 중국인 신부 주문모(周文謨)를 비롯한 천주교 신자들을 처형하는 등 탄압을 하자, 주문모를 사사(師事)했던 황사영(黃嗣永: 1775~1801)은 중국 정부에 이러한 사실을 알리는 글을 썼다가 발각되어 처형을 당하고[황사영백서(黃嗣永帛書) 사건]. 그 밖에도 많은 천주교인이 희생을 당하게 되었다[신유사옥(辛酉邪獄)].

이정관(李正觀)은 1839년《벽사변증(辟邪辨證)》을 지어 이익과 안정복의 서학 비판이론을 재평가함으로써 서학에 대한 배척을 더욱 강화하였다. 그는 척사론을 이론적으로 재정립하여 당시 위정척사(衛正斥邪) 운동의 중심인물이었던 이항로(李恒老)에게 큰 영향을 미쳤다.

19세기에 이르면, 서학의 전파가 다방면으로 확대되고 마침내 무력충돌을 일으키게 된다.

1839년(헌종 5년) 프랑스인 선교사 임베르트 주교 등 3명이 체포 처형되자, 1846년 프랑스 군함 3척이 충청도 홍성 앞바다에 나타나 항의 서한을 전달하고 돌아가는 일이 발생하였다.

그리고 1866년에는 프랑스 함대가 강화도를 침범해 한국 왕실의 천주교인에 대한 박해에 항의하는 무력시위를 감행하기도 하였다[병인양요(丙寅洋擾)].

당시 조선은 개화 개방을 요구하는 외세(서양, 일본)의 거센 파도에 직면하였고, 당시 조선의 지도층은 개방을 통해 서양의 문화를 배워야 한다는 유학자들(개화파)과 전통문화를 지키기 위해 개방해서는 안 된다는 보수적 유학자들(위정척사파)로 양분되어 첨예하게 갈등하였다. 전자를 대표하는 이가 김옥균(金玉均), 서재필(徐載弼), 박영효(朴泳孝), 유길준(兪吉濬) 등이고, 후자를 대표하는 이가 이항로(李恒老), 최익현(崔益鉉), 유인석(柳麟錫), 곽종석(郭鐘錫), 전우(田愚) 등이었다.

그리고 여기에는 전통문화와 서학이라는 문화적 갈등뿐만 아니라, 일본의 침략야욕과 함께 서구열강의 침략이라는 민족적 위기를 안고 있었던 것이다. 이 와중에서 한국은 지도층의 분열과 국력의 약화로 결국 조선왕조의 몰락과 함께 일본에 의한 36년간의 식민통치를 받게 되었다.

그러나 기독교가 이질적인 것이었음에도 불구하고 당시 한국의 미개한 상태에서 교육과 교화를 통해 접근하고, 의료봉사를 통해 기독교에 대한 인식을 새롭게 한 것은 기독교의 토착화에 중요한 계기가 되었다. 즉 학교를 세워 문맹을 퇴치시키고 병원을 지어 병을 고쳐 주고, 교회를 통해 사랑과 봉사를 가르쳐 줌으로써, 기독교에 대한 이질감을 해소하고 새로운 종교에 대한 긍정적 이해를 갖게 되었다. 물론 여기에는 유교나 불교와 같은 전통문화에 대한 실망도 크게 작용했다고 볼 수 있다. 교육, 의료, 봉사, 과학기술의 편리함을 통해 서양문물에 대한 긍정적 인식이 생기게 되었고, 이를 통해 자연스럽게 기독교 신앙이 전파되고 개화라는 옷으로 바꿔 입는 계기가 되었던 것이다.

2. 유교의 서학에 대한 인식과 수용태도

유교는 기독교와 마찬가지로 자기 신앙 내지 신념체계에 확신이 강하다. 요(堯), 순(舜), 우(禹), 탕(湯), 문왕(文王), 무왕(武王), 주공(周公), 공자(孔子), 맹자(孟子)로 이어지는 유교 진리의 정통성을 매우 중시한다. 그러므로 유교의 이론, 유교의 정신에 반하는 것에 대해서는 이를 이단으로 규정하고 철저히 배척한다. 이러한 전통은 이미 맹자가 묵자(墨子)의 사상을 극단적 전체주의[兼愛]라 하여 배격하고, 또 양주(楊朱)의 사상을 극단적 개인주의[爲我]라 하여 배척한 것에서 잘 나타나 있다.

또한 중국의 당나라 말기 유학자 한유(韓愈)는 불교와 도가를 역시 이단으로 몰아 배척하고 유교의 진리성을 강조하였고, 송나라 때 정이천(程伊川), 주희(朱熹) 등도 불교나 도가를 이단으로 규정하고 배척하였다.

마찬가지로 한국에서도 고려 말(14세기 말) 정도전(鄭道傳), 정몽주(鄭夢周) 등 유학자들은 불교를 이단으로 규정 배척하고 유교[性理學]를 적극 옹호하였다. 이러한 전통은 이후 계속되어 대부분의 유학자들에게서 볼 수 있었다. 한국의 대표적인 유학자 퇴계 이황(退溪 李滉)이나 율곡 이이(栗谷 李珥)도 불교나 도가를 이단으로 배척하였다. 특히 19세기 서양열강들이 무력으로 개화, 개방을 강요하고, 유교와는 매우 이질적인 천주교가 소개되자 이에 대한 저항과 갈등은 매우 심각하였다.

그러면 유학자들이 기독교를 이단으로 규정하여 배척하는 논거는 무엇인가? 첫째는 유교의 현실주의와 기독교의 내세주의의 갈등이다. 유교의 관심은 이 세상에 있고 죽음 이후의 세계에는 별 관심이 없다. 공자는 "죽음이란 무엇입니까?"라는 제자 계로(季路)의 물음에 대해, "사는 것도 아직 모르면서 죽음을 어찌 아는가?"라고 대답하였다. 이 간략한 공자의 말에서 유교의 참된 정신을 알 수 있다. 유교는 죽음 이후의 세계보다는 현실적인 이 세상을 보다 중요시한다. 죽고 난 이후 천국을 갈 것이냐 지옥을 갈 것이냐는 그리 중요치 않다. 이 세상을 정직하고 바르게 살면 복을 받고, 만약 남에게 죄를 짓고 부정하게 산다면 반드시 재앙을 면치 못할 것이라 생각한다. 이러한 유교의 현실주의는 철저한 자기관리[修身], 반듯한 가정관리[齊家], 올바른 국가건설[治國], 평화로운 세계 구현[平天下]으로 제시된다.

이에 반해 기독교는 내세에 대한 복음과 구원을 중시한다. 그리고 그 길은 오직 예수 그리스도에 대한 성실한 믿음을 통해서만 가능하다고 믿는다. 기독교에 있어 내세는 현세 그 이상의 의미를 갖는다. 이 점이 유교의 현세주의와 크게 상충하는 부분이다.

둘째, 유교의 천(天)은 우주입법의 의미를 갖는다면, 기독교의 천은 종교적인 천이요 초월적인 천으로 신앙의 대상으로서 예수 그리스도를 말한다. 물론 유교의 천도 인격신적인 개념으로 해석하는 경우도 있지만, 적어도 성리학의 입장에서 천은 곧 이(理)로 해석된다. 그러므로 유교의 천은 자연, 인간, 사물이 존재하는 근원적인 이법이기는 하지만 신앙의 대상은 아니다. 그 천의 이치는 인간에게는 성(性)으로 주어져 선한 본성이 된다. 따라서 인간은 하늘의 이치를 내 본성으로 지닌 존재라는 점에서 천의 모사(模寫)요 작은 하늘이기도 하다. 그리고 천은 사람마다 내 본성 속에 자리한다. 기독교처럼 우주만물을 창조하신 하느님이 아니다. 또 기독교처럼 나를 떠나 다른 시간과 공간에 존재하는 천이 아니라 내 본성 속에 내재하는 천이다.

다만 유교에서도 천을 조상신으로 볼 수 있는 여지는 있다. 이는 유교의 종교성을 의미하는데, 부모에 대한 효(孝)는 조상에 대한 숭배로 이어지고, 더 올라가서는 조상신인 하늘[天]에 대한 공경으로 이어지기 때문이다. 이런 점에서 유교의 종교성을 인정할 수 있다.

다산 정약용(茶山 丁若鏞: 1762~1836)은 한국을 대표하는 유학자의 한 사람이지만, 특히 서학에 깊이 관여했던 실학자였다. 1784년 23세 때 이벽(李檗)에게서 서학을 소개받고 김범우(金範禹)의 집에서 비밀리에 신앙집회를 갖다 적발되기도 했다. 1789년 28세 때 과거시험에 합격하여 관직에 나아갔으나 천주교인이라 하여 탄핵을 받고 충청도 해미에 유배되기도 하였다. 그는 매부인 이승훈으로부터 천주교 서적과 서양문물을 접하였으며, 1794년 33세 때에는 경기도 암행어사, 동부승지 등 벼슬을 지냈으나 중국인 신부 주문모 사건에 연루되어 좌천되고 그 후 곡산부사, 형조참의를 지냈으며, 유득공(柳得恭), 박제가(朴齊家) 등과 함께 규장각 편찬사업에 참여하기도 하였다. 1799년 자신을 아끼고 보호해 주었던 채제공과 정조가 죽고 나서 서학문제로 탄핵을 받고 사직하였다. 1801년 40세 때 신유사옥(辛酉邪獄)으로 그는 경상도 장기로, 형 정약전(丁若銓)은 전라도 강진으로 유배되고, 형 정약종(丁若鍾)은 사형을 당하였다. 한국의 천주교 탄압을 중국에 고발하다 적발된 황사영 백서 사건으로 정약용은 다시 강진으로 유배되고, 형 정약전은 흑산도로 유배되었다. 정약용은 이때부터 무려 18년 동안 유배생활을 하였고, 여기서 《목민심서(牧民心書)》, 《경세유표(經世遺表)》, 《흠흠신서(欽欽新書)》 등 방대한 저술 작업을 완성하였다.

이렇게 볼 때 정약용은 젊은 시절 서학에 심취하여 천주교 신앙을 가졌음이 분명하다. 물론 그 자신은 한때 일시적으로 서학에 물들었으나 유학자의 길로 빠져나왔다고 고백하고 있다. 그가 이렇게 서학 내지 천주교에 깊이 관여하게 된 것은 그의 주변 인간관계와 무관하지 않다. 그의 두 형 정약종, 정약전이 천주교의 독실한 신앙자로서 처형을 당하고 유배를 당하였으며, 한국 최초의 세례 기독교인인 이승훈은 그의 매부였고, 조카사위 황사영, 조카 정하상(丁夏祥)도 천주교인이었던 것이다. 정약용의 학문과 사상이 유학에 기반을 둔 것은 확실하지만, 그의 유교 경전에 대한 이해에서 천주교의 영향을 볼 수 있다.

그는 천(天)의 본질적 의미를 주재하는 천에서 찾았으며, 푸른 형상 있는 천은 흙, 물, 불, 사물과 같은 것이라 생각하였다. 즉 유교의 천을 인격신으로 해석하여 천주교의 천주 개념과 거의 동일시하고 있다.

정약용은 《중용자잠(中庸自箴)》에서 "하늘의 영명(靈明)함은 인심과 직통(直通)하여, 숨어 있으나 살필 수 없는 것이 없고, 은미(隱微)하지만 밝혀지지 않는 것이 없어, 이 방에 임해 비추어 날마다 감시함이 여기에 있다는 것을 사람들이 참으로 안다면, 비록 대담한 사람이라 할지라도 경계하고 두려워하지 않을 수 없는 것이다."라고 하였다. 여기서 천은 나를 항상 감시하고 내려다보는 절대자요 주재자다. 그러므로 그 천을 공경하고 두려워하지 않을 수 없다는 것이다. 이러한 천은 천주교 내지 기독교의 하느님과 다를 바 없다. 정약용의 이러한 천에 대한 이해는 성리학의 천 개념과는 분명히 다른 것이며, 인격신적인 천 개념으로 천주교의 해석과 다를 바 없는 것이다.

이러한 그의 상제 개념은 유학자의 입장으로서는 오늘날까지 기독교에 대해 가장 개방적인 태도를 보여 준다고 할 수 있다. 성리학에서의 천은 우주만물의 이치로 해석되고 규정된다. 신앙과 경배(敬拜)의 대상이 아니라 자연과 인간 그리고 사물의 존재 근거로서의 이치이다.

한말 위정척사운동의 대표적 인물로 이 운동을 주도했던 화서 이항로

(華西 李恒老: 1792~1868)는 1863년 《벽사록변(辟邪錄辨)》을 통해 서학을 이단으로 규정하여 배척하였고, 그의 평소 아언(雅言)을 모아 편집한 《화서아언(華西雅言)》에도 서학에 대한 강경한 태도가 잘 나타나 있다. 그는 말하기를, "요사이 학문하는 사람으로 능히 서양의 화를 알고 있다면 선한 편의 사람이다. 서양 사람들의 말이 비록 천 가지 만 가지 사단이 있으나, 단지 아비도 없고 임금도 없는 장본이요, 재화융통이나 하고 연애나 하는 방법인 것이다."111)라고 하였다. 여기서 이항로는 서학을 돈을 버는 기술, 남녀가 연애하는 방법 정도로 인식하면서, 부모도 모르고 임금도 모르는 반인륜적인 것으로 규정하고 있다. 이러한 주장은 다음 글에서도 반복된다.

서양의 학문은 기만하지 않는 것과 죽음을 즐기는 것으로써 자기들 학문의 극치를 삼고, 재화를 융통하는 것과[通貨] 연애하는 것[通色]을 당연하게 여기는데, 이것은 오랑캐들도 하기 좋게 여기지 않는 것이며, 또한 오랑캐들도 그런 일이 있는 것을 용납하지 않는 바이다.112)

이처럼 서학은 통화(通貨), 통색(通色)에 유용한 학문으로 생각하고, 또 속이지 않는 것과 죽음을 즐기는 것으로 천주교를 이해하고 있다. 이러한 이항로의 서학에 대한 이해는 무지에서 오는 오해의 측면도 있고, 다른 한편으로는 이질문화에 대한 부정적인 편견이 상당히 자리 잡고 있다고 할 수 있다. 이러한 관점에서 그는 "재화융통과 연애하는 화는 한 번 반전(反轉)할 새도 없이 금수나 오랑캐에 빠져 들어가는 것이다."113)라고 경계

---

111) 《華西雅言》, 〈洋禍〉, 제35.
112) 《華西雅言》, 〈洋禍〉, 제35.
113) 《華西雅言》, 〈洋禍〉, 제35.

하고 있다. 여기서 서학은 금수나 오랑캐의 도로 규정되어 이단시되고 배척되는 것이다.

또한 이항로는 서학과 유교의 차이점에 대해 이렇게 설명하기도 한다.

서양 사람들은 그렇지 아니하여, 하늘이 사람들에게 명하여 준 것이 무엇인지 알아보지 아니하고, 단지 하늘에게 절하여 복을 비는 것으로써 하늘 섬기는 일을 삼고 있으니, 이것은 다른 까닭이 있는 것이 아니다. 우리의 이른바 하늘을 섬긴다[事天]는 하늘은 오로지 도리를 가지고 말하는 것이요, 서양 사람들의 이른바 하늘을 섬긴다는 하늘은 오로지 형기(形氣)와 정욕(情欲)을 가지고 말한 것이니, 우리와 서양이 동일하지 않은 점이 진실로 여기에 있는 것이다.[114]

그는 하늘을 섬긴다는 것이 유교와 서양이 다름을 설명하고 있는데, 유교는 천을 천리로 생각하여 내 본성의 이치로 삼고 있지만, 서양은 형기와 정욕을 본질로 하는 기복적(祈福的)인 천으로 알고 있다는 것이다. 따라서 북쪽 오랑캐는 이적(夷狄)인지라 오히려 말할 수가 있거니와 서양은 금수인지라 말할 수도 없는 것이라 하였다.[115]

이와 같이 이항로를 비롯한 그의 제자들은 이단을 물리쳐야 한다는 공자, 맹자 이래의 전통에 입각하여 서학을 오랑캐의 도리, 금수의 도로 규정하여 철저하게 배척하였다. 여기에는 유교는 옳고 서학은 그르며, 유교는 선이고 서학은 악이며, 유교는 수준 높은 문화인 반면 서학은 야만문화라는 인식이 그 밑바닥에 깔려 있었다.

---

114) 《華西雅言》, 〈洋禍〉, 제35.
115) 《華西雅言》, 〈洋禍〉, 제35.

한국은 역사적으로 외래문화를 잘 수용하여 자기 것으로 삼아왔다. 인도 불교를 받아들여 한국화하였고, 중국 유교를 받아들여 한국화하였다. 위에서 살펴본 것처럼, 기독교는 한국에 전래되는 과정에서 많은 희생과 갈등을 겪었지만, 이제 머지않아 유교나 불교처럼 한국의 것으로 토착화될 것이다. 이미 한국에서의 기독교는 스스로 그러한 노력을 하고 있고, 또 한국인에게 기독교는 이제 그리 낯선 남의 것이 아니다. 예컨대 크리스마스가 되면 한국의 불교계가 축하를 해 주고, 또 석가모니의 탄신일에는 기독교계의 축하가 이어지고 있다. 이러한 종교 간의 화해와 화목은 최근의 일이다. 한국의 천주교는 유교 내지 한국 전통문화와의 거리를 좁히기 위한 많은 노력을 기울이고 있다. 예를 들면 한국의 천주교는 개신교와는 달리 유교에서의 상례, 제례, 혼례의식에 대해 매우 관대한 태도를 보여 주고 있다. 이에 비해 개신교는 아직도 유교나 불교에 대해 배타적 태도를 강하게 가지고 있어 한국사회의 화합과 조화에 큰 문제가 되고 있다.

특히 우리의 건국시조인 단군(檀君)에 대한 태도라든지, 한국의 오랜 역사 속에서 형성된 무속(巫俗)신앙, 그 밖의 전통문화에 대해서도 매우 배타적인 태도를 가지고 있다. 이러한 원인은 한국의 전통문화(종교를 포함한)를 문화적 시각에서 보지 않고 종교적 시각에서 보아 이단시하는 데 있다고 생각된다. 어느 나라 어느 민족이든지 기층(基層)문화에는 종교가 크게 자리하고 있는데, 종교적 독존(獨尊)주의에서 벗어나지 못한 채, 전통문화를 이단시하는 한국 개신교의 태도는 반성되어야 한다. 현대사회는 다문화, 다종교 사회라는 점을 고려하면, 타 종교, 타 문화에 대한 너그러운 수용의 태도를 가져야 할 것이며, 모든 종교가 추구하는 행복, 영생(永生), 평화를 위해서도 종교 간의 상호공존과 평화는 꼭 필요하다.

제4절 | 17~18세기 조선 유학의 역동성과 자주정신

1. 17~18세기 시대적 배경

철학은 시대의 산물이다. 조선 유학사에서 17~18세기는 의미 있는 변화와 특색을 갖는 시기였다. 16세기는 사화의 격랑 속에서 성리학의 학문적 토대가 정초되고, 또 이언적(李彦迪), 서경덕(徐敬德), 이황(李滉), 기대승(奇大升), 이이(李珥), 성혼(成渾), 김인후(金麟厚) 등 많은 유학자들이 등장하여 조선 성리학의 꽃을 피웠던 성리학의 전성기였다. 조선이 건국한 지 약 200여 년, 비교적 안정된 여건에서 태평과 인순(因循)에 젖었던 시대였다.

그러나 1592년 임진왜란으로 7년 전쟁을 겪고 국토는 황폐화되고 민생은 도탄에 빠져 민족적 위기를 맞았다. 이어 1627년에는 정묘호란, 1636년에는 병자호란이 발발하여 청나라에게 굴욕적인 항복을 했다. 이처럼 임진왜란과 병자호란이라는 외세의 침략은 조선으로 하여금 힘의 중요성을 인식하게 하였고, 성리학 내지 예교(禮敎)문화의 명분론과 사변적 학풍에 일대 반성의 계기를 제공하였다.

또한 광해군의 패륜은 치자의 도덕성에 큰 상처를 남겼고, 이를 명분으로 1623년 서인 주도의 인조반정(仁祖反正)이 일어나게 되었다. 게다가 1659년 기해예송(己亥禮訟)을 비롯한 두 차례의 예 논쟁으로 당쟁이 심화되고, 마침내 1683년에는 노론, 소론의 분당을 겪었다. 숙종, 경종, 영조,

정조에 이르는 이 시기는 당쟁이 극심하여 지도층의 분열로 국력이 약화되고, 당시 사회를 주도했던 사림세력에 대한 실망과 성리학에 대한 반성이 일어났다.

그런가 하면 1662년 경상도에 대기근이 발생하고, 1671년에는 8도에 다시 대기근이 발생하였고, 1696년, 1697년 연속으로 전국에 대기근이 발생하여 수만 명이 굶어죽었다. 이는 18세기에 와서도 마찬가지여서 1734년에 7만 1,000여 명이 굶어 죽었고, 1763년에는 호남지방에서 굶주린 사람이 48만 명이나 발생하고, 1794년에 다시 삼남지방에 기근이 극심해 민생의 위기가 심각하였다.

뿐만 아니라 1663년에는 전국에 열병이 유행하였고, 1668년에 다시 각 도에 전염병이 창궐하였다. 이는 18세기에 와서도 마찬가지여서 1708년에는 홍역 등 유행병으로 수만 명이 사망하였고, 1742년, 1770년에 전국 8도 전역에 전염병이 만연하여 백성들의 삶이 위태로웠다.

이러한 내우외환의 위기 속에서도 명나라, 청나라와의 외교적 왕래를 통해 발전된 서구문화가 서서히 들어와, 우물 안 개구리와 같았던 조선인의 안목을 넓혀 주었고 또 많은 충격을 주었다. 1631년 정두원(鄭斗源)은 명경(明京)에서 천리경, 서포, 자명종 등을 가져왔고, 1640년 귀화서양인 아담 샬과 교유하던 소현세자(昭顯世子)는 천주상을 가지고 왔다. 또 1645년에는 소현세자가 아담 샬에게서 천문, 산학, 서학 책, 여지구, 천주상 등을 받아가지고 귀국하였다. 이처럼 당시 명나라, 청나라에 소개된 서구문물이 들어와 잠자고 있던 조선사회에 변화와 충격을 주었다. 그것은 한편 놀라움이면서 동시에 두려움 그 자체였다.

또한 천주교의 전래는 서구 과학문물의 전래와 함께 당시 조선사회에 엄청난 영향을 미쳤다. 1758년 이미 해서, 관동지방에 천주교가 들어와 민간에 널리 퍼졌고, 1783년에는 이승훈(李承薰)이 북경에서 세례를 받았다.

또 1788년에는 이가환(李家煥) 등이 천주 교리서를 언해(諺解)로 발간하였고, 1790년 정약용(丁若鏞)은 공서파(攻西派)의 지탄을 받고 충청도 해미로 유배당했고, 1791년 신해사옥(辛亥邪獄)으로 윤지충(尹持忠), 권상연(權尚然) 등이 처형을 당하였다. 1801년 신유사옥(辛酉邪獄)으로 중국인 신부 주문모(周文謨)를 비롯해 이가환, 권철신(權哲身), 이승훈, 정약종(丁若鍾) 등이 처형을 당하고, 정약전(丁若銓), 정약용 형제는 귀양을 갔다. 이와 같이 천주교의 전래와 천주교에 대한 박해는 기존 유교사회에 많은 충격을 주었고, 새로운 변화를 촉진하는 하나의 토양이 되었다.[116]

이러한 17~18세기의 국내적 상황과 대외적 상황은 성리학의 시대에서 새로운 변화를 모색할 수밖에 없는 계기를 만들었다. 본고는 17~18세기 조선의 변화와 함께 조선 유학이 어떻게 변전(變轉)하고 자주정신을 가졌는가를 검토하는 데 목적이 있다.

2. 17세기 조선 유학의 역동성과 자주정신

1) 자주학풍의 대두와 양명학의 수용

조선 유학이 성리학으로 대체되면서 이념적 고착화 현상이 심화되고, 교조적으로 학문적 보수성이 강화되었음은 잘 알려진 사실이다. 본래 유학은 요(堯), 순(舜), 우(禹), 탕(湯), 문왕(文王), 무왕(武王), 주공(周公), 공자(孔子)의 도통(道統)을 중시해 왔고, 어떤 면에서는 이러한 도통의식을 기반으로 유교의 종교성이 보이기도 했다. 즉 유학은 진리이고 이에 반하면 이단이라는 의식이 자리 잡고 있었다. 이미 전국시대 맹자는 양주(楊朱),

---

116) 천관우 편,《한국사대계》, 10, 삼진사, 1975 참조. 유홍열 감수,《국사백과사전》, 동아문화사, 1975 참조.

묵적(墨翟)의 사상을 이단으로 규정하고 이를 배척하였으며, 송대 초의 유학자들도 불교나 도가를 이단시하고 유학의 정통성을 강화함으로써 벽이단(闢異端) 의식을 강하게 표출하였다. 아울러 우리나라에서도 여말 정몽주(鄭夢周), 안향(安珦), 정도전(鄭道傳) 등이 불교나 도가를 앞장서서 비판하고 이를 배척하였으며, 16세기 조광조(趙光祖), 이언적(李彦迪), 이황(李滉), 이이(李珥) 등에 의해서도 벽이단 의식은 이어져갔다. 이러한 유학의 보수적 학풍은 유학을 교조적으로 신봉하고, 유학의 순정성(醇正性)과 성리학의 정통성을 지키려는 노력으로 나타났다. 결국 이런 학문적 태도는 공맹유학이나 정주성리학에 대한 비판을 거부하고 오로지 맹종하는 반지성적 태도를 보였던 것이다.

이런 시대적 질곡 속에서도 17세기 조선 유학은 일부 뜻있는 유학자들에 의해 새로운 창신과 자주의 길을 걷게 되었다. 그것은 학문탐구의 자주적 태도와 개방성 그리고 당시 이단시되었던 양명학에 대한 수용이었다.

상촌 신흠(象村 申欽: 1566~1628)은 〈불가경의설(佛家經義說)〉,[117] 〈도가경의설(道家經義說)〉[118]을 써서 소략하나마 불교의 이론과 도가의 이론을 소개하고 있으며, 양명학에 대해서도 호의적이었다. 왕양명(王陽明)을 진유(眞儒)라[119] 평가하고 "상산(象山)의 글을 보면 문세(文勢)가 평이하고 양명의 글을 보면 문세가 방자하다. 상산의 자품(資稟)이 고매한 관계로 혈기가 적고, 양명은 자품이 호탕한 관계로 혈기가 많다."[120]라고 평가하였다. 이와 같이 신흠은 육상산과 왕양명의 글과 자품에 대해 비교

---

117) 《象村稿》, 卷33.

118) 《象村稿》, 卷33.

119) 《象村稿》, 卷45, 〈彙言4〉, "王文成守仁 眞儒者也."

120) 《象村稿》, 卷51, 〈求正錄〉, 上, "象山之書其辭平 陽明之書其辭肆 象山之資高 故血氣
小 陽明之資豪 故血氣多."

적 긍정적으로 평가하였고, 마음에 대한 이해에서도 마음을 깨치는 것이 곧 궁리(窮理)라[121] 하였다. 이와 같이 신흠은 성리학 일변의 학문풍토에서도 개방적 학풍을 지녔고, 특히 양명학에 대해서도 긍정적인 입장을 보여 주었다.

또한 만회 권득기(晩悔 權得己: 1570~1622), 탄옹 권시(炭翁 權諰: 1604~1672) 부자도 학문적 자주성을 강조하였다. 권시에게 있어 "옳음을 구해야 한다."라는 가르침은 가문의 전통이자 부친 권득기의 유언이나 다름없었다. 권득기는 아들에게 보낸 글에서 다음과 같이 학문의 태도를 당부하였다.

> 내 장차 죽을 때 꼭 너희에게 말하지 못할까 걱정이 되어 이제 한마디 말을 남기니, 너의 가슴속에 모름지기 착한 마음(善心)을 붙일 것이요, 한 터럭의 불선한 마음도 붙이지 말 것이며, 몸으로 모름지기 착한 일(善事)을 실행할 것이요, 한 터럭의 불선한 일도 행하지 말 것이다. 그러나 선(善)이란 또한 달리 방법이 없다. 다만 하나의 '시자(是字)'일 뿐이다. 무릇 일에서 만일 극진한 '옳은 곳'에 이르지 못하면 시(是)는 옳지 못한 것이며 착하지 못한 것이다. 그러므로 만약 다시 그 차선책을 생각한다면 곧 옳지 못함으로 떨어지고 만다.[122]

권득기는 아들에게 착한 마음, 착한 일, 착한 행동을 말하면서, 선이란 다른 것이 아니라 옳음[是]에 지나지 않는다 하였다. 만일 일을 함에 있어

---

121) 《象村稿》, 卷57, 〈求正錄〉, 上, "物理未易遍窮 吾心可以自了 了心卽窮理."
122) 《晩悔集》, 卷5, 〈寄次兒諗書〉, "我恐將死時 未必與汝有言 故今遺汝一言 汝胸中須着善心 不可着一毫不善心 身上須行善事 不可行一毫不善事 然所謂善者 亦無他法 只是一箇是字而已 凡事若未到極盡是處 卽是不是不善也 故若更思其次 則便陷於不是矣."

서 극진한 시처(是處)에 이르지 못하면 시(是)는 옳지 못한 것이며 착하지 못한 것이라 규정하였다. 아울러 그것은 최선이라야지 차선이어서는 결코 안 된다 하였다. 여기서 권득기는 착함[善]과 옳음[是]을 동일 궤에서 해석함을 알 수 있다. 사실 선(善)이란 도덕적 가치이고 시(是)란 진리적 가치를 말하는데, 그는 도덕과 진리가 하나로 회통되고 이해되는 지평에서 말한 것이다. 이 말은 옳음이어야 도덕적인 선도 가능하다는 말이고, 반대로 옳지 않은 것은 결코 도덕적인 선이 될 수 없다고 본 것이다.

권시는 부친의 말을 인용해 "옳고 그름은 천하의 공론이요, 의리는 사람들이 마땅히 함께 살펴야 하는 것이다. 그러므로 논의는 비록 부자사제(父子師弟)의 사이라도 구차스럽게 합치할 수 없는 것이다."라고 하고, "마음속에 이미 같지 않음이 있는데 억지로 같이 한다면, 이는 스스로 자기의 마음을 속이고 또 친구들을 속이는 일이다."라고 하였다. 옳고 그름을 따지는 시비는 천하의 공론이고 의리란 사람이 마땅히 함께 살펴야 하는 것이므로, 부모 자식 사이나 스승과 제자 사이일지라도 철저하게 따지고 변별해야지 적당히 미봉해 합일해서는 안 된다는 것이다. 마음속에 이미 서로 의견이 다르고 생각이 다른데 겉으로 합일하는 척하는 것은 자신을 속이고 친구를 속이는 일이라 경계하였다.

17~18세기 충남지역을 중심으로 한 당파와 학파 간의 논쟁과 갈등은 매우 심각하였다. 특히 송시열(宋時烈), 송준길(宋浚吉)을 비롯한 서인계와 윤휴(尹鑴), 허목(許穆)을 비롯한 남인계와의 갈등이 고조되었고, 또한 송시열을 비롯한 노론계와 윤선거(尹宣擧), 윤증(尹拯), 박세채(朴世采)를 비롯한 소론계의 갈등은 심각하였다. 이런 와중에서 권득기, 권시 부자는 당색을 떠나 객관적인 시비의 변별과 의리 추구에 앞장섰다.

뒤에 양송(兩宋)과 더불어 도의를 익히고 닦으면서 뜻이 같고 도가 합하였으나 크고 작은 논의에서는 역시 다른 데가 많이 있었다. 그의 젊은 제자들의 공격과 배척을 받자 부친은 분개해서 말씀하셨다. "대체 사람이 성인의 경지에 이르렀다면 혹 다르고 같음이 없을 수도 있을 터이지만, 위대한 현인 이하의 경우에는 차이가 없을 수 없다. 이것이 친우가 서로 익히고 닦는 까닭이다. 이제 반드시 논의를 달리하지 않음을 좋게 여긴다면 이는 군자의 참된 교제가 아니요, 곧 소인끼리 서로 도와 잘못을 감추는 무리인 것이다. … 옳고 그름과 다르고 같음은 이미 사람으로서는 없을 수 없는 일인데, 그것을 달리하는 자를 공격한다면 친우들 사이가 마침내 분열되고 말 것이다."[123]

당시 권득기, 권시 부자는 송시열이나 송준길과 서로 친밀히 교우하고 학문을 함께 닦아 대체로는 뜻을 같이 했지만, 세부적인 측면에서는 견해를 달리하는 경우가 많았다. 이 과정에서 피차의 논의가 필요하고 토론을 통해 시비를 가리고 의리를 강구해야 하는데, 시비 자체를 꺼리고 토론을 죄악시하는 것은 옳은 태도가 아니라 비판하였다. 자기와 생각이 다르다해서 이를 미워하고 공격한다면 이는 진정한 친교 도리가 될 수 없다는 것이다.

그러므로 학문의 도는 다른 것이 아니라 다만 마음에 조금이라도 거짓된 일이 없게 하는 것이며, 한낱 옳음을 구하는 것뿐이라 하고, 늘 사람으로서 매사에 반드시 옳음을 구할 것이니 차선에 떨어지지 말라 하였다.[124] 이는 부친 권득기의 가르침이면서 동시에 권시 자신의 학문정신이

123) 《炭翁集》, 附錄, 〈家狀〉.
124) 《炭翁集》, 附錄, 〈家狀〉, "先公少而學於家庭 參判府君 篤於爲己之學 謂學問之道無他 只心要無一毫虛僞 事要求一箇是而已 每令人每事必求是 無落第二義 先公自幼少時 已知爲學之要不可他求矣."

요 진리탐구의 태도였다.

권득기와 권시는 옳음을 구하기 위해서 공론의 장이 활발하게 마련되어야 하고, 거리낌 없는 언로가 활짝 열려야 한다고 보았다. 이러한 권득기, 권시 부자의 옳음을 구하는 정신은 이 시대에도 매우 유용한 의미를 갖는다.

또한 초기 양명학자로 분류되는 포저 조익(浦渚 趙翼: 1579~1655)과 계곡 장유(谿谷 張維: 1587~1638)에게서도 학문적 자주성과 개방성이 보인다. 조익은 탁월한 성리학자였지만 음율(音律), 복서(卜筮), 병법(兵法), 선가(仙家)에 이르기까지 폭넓게 섭렵하였고, 도우(道友)인 장유, 이시백(李時白), 최명길(崔鳴吉)과 더불어 양명학에 깊은 관심을 갖고 연구하였다. 그는 학문하는 태도에 있어서 진리의 중요성을 이렇게 강조하였다.

이 진리란 곧 천하고금에 다를 바 없는 공물(公物)이다. 선성(先聖)이 입언(立言)하여 후세에 가르침을 드리우고 후현(後賢)이 경의(經義)를 해석함은 바로 이 진리를 탐구하는 까닭이다. 만약 혹시라도 의심나는 곳이 있으면 마땅히 반복하여 깊이 생각함으로써 그 귀착되는 바를 궁구하여 극진히 할 뿐이다.[125]

이와 같이 조익은 진리란 천하의 공물이므로 어떤 선입견이나 권위에 구애됨 없이 의문이 생기면 반복해 탐구하여 진리의 구극처(究極處)를 찾아야 한다 하였다. 이러한 학문태도는 당시 정주(程朱)의 권위를 무조건 믿고 따랐던 것과는 다른 것이다.

장유는 김장생의 문인이었는데 병자호란 후 주화(主和)의 입장에 서 있

---

125) 《浦渚先生年譜》, 卷2, 〈墓誌銘〉, "此理 乃天下古今所同然之公物也 先聖之立言垂訓 後賢之解釋經義 乃所以求此理也 如或有疑 當反復深思究極其所歸而已."

었다. 그리고 그는 당시 조선의 학문풍토를 다음과 같이 개탄하였다.

중국은 학술이 다양하여 정학(正學)이 있고 선학(禪學)이 있고 단학
(丹學)도 있다. 또 정주(程朱)를 배우는 자도 있고 육씨(陸氏)를 배우는
자도 있어 길이 한결같지 않다. 그러나 조선은 유식 무식을 막론하고 책
을 가지고 글을 읽는 사람은 모두가 정주를 읊조려 다른 학문이 있음
을 듣지 못하니, 우리의 사습(士習)이 과연 중국보다 낫기 때문인가?[126]

장유는 당시 조선의 학문 풍토가 정주학 일색으로 경직된 것을 신랄히
비판하고 학문의 개방성과 다양한 학문풍토의 필요성을 제기하였다. 그는
《계곡만필(谿谷漫筆)》에서 노자, 장자에 대해 언급하기도 하고, 특히 양명
학에 대해서는 매우 호의적으로 언급하였다. 그는 왕씨(王氏)의 학문은 근
본이 상산에서 나왔다 하고, 주장이 때로 조금 차이가 있고 인품과 실천
같은 것도 육씨가 왕씨보다 높은 듯하다고 평가하였다.[127]

또한 지천 최명길(遲川 崔鳴吉: 1586~1647)도 초기 양명학자의 한 사람으
로 병자호란 후 현실대응에 있어서 주화(主和)의 입장에 서 있었다. 당시
청나라에 대한 복수설치(復讐雪恥)와 대의명분론이 우세했던 상황에서 청
과의 화해와 타협을 주장한다는 것은 매우 어려운 일이다. 그는 인조에게
올린 상소문에서 다음과 같이 실용의 중요성을 강조하였다.

무릇 명(名)은 실(實)의 그림자이니, 명분만을 따라 그 실질을 책망하

---

126)《谿谷集》,〈谿谷漫筆〉, 卷1, "中國學術多岐 有正學焉 有禪學焉 有丹學焉 有學程朱者
學陸氏者 門徑不一 而我國則無論有識無識 挾筴讀書者 皆稱誦程朱 未聞有他學焉
豈我國士習果賢於中國耶."

127)《谿谷集》,〈谿谷漫筆〉, 卷1, "王氏之學 本出於象山 然其立論 時有少異 若人品實踐則
陸似高於王."

면 잃는 것이 많을 것입니다. 형적은 마음이 드러난 것이니, 형적만을 고집하여 마음을 구한다면 잃는 것이 또한 많을 것입니다. … 아아! 지금 세상 사람들이 숭상하는 것은 명분이요, 신이 힘쓰는 바는 실질입니다. 세상 사람들이 논하는 것은 형적이요, 신이 믿는 바는 마음입니다.[128]

이와 같이 그는 양명학의 입장에서 명분보다 실질을 강조하고 형적보다 마음을 강조하였다. 양명학의 지행합일(知行合一) 사상을 현실대응에 적용하는 논리를 볼 수 있고, 당시 대세였던 대의명분론에 맞서 실용과 실질을 중시하는 것을 볼 수 있다. 이러한 무실적(務實的) 학풍은 실학과도 교감하여 17~18세기 조선 유학의 학풍에 새로운 변화를 가져왔다.

또한 백호 윤휴(白湖 尹鑴: 1617~1680)는 남인계열의 학자로 대전을 중심으로 송시열, 송준길, 윤선거, 권시, 이유태(李惟泰) 등과 교유하였는데, 예송으로 송시열, 송준길 등 서인계 학자들과 갈등하였다. 그는 남달리 총명하여 심지(心志)와 행동이 권위에 구애됨 없어 독서와 강의도 주소(註疏)에 관계없이 자득에 힘썼다. 어느 날 경연에서 동지사로 있던 김석주(金錫胄)가 주자의 《논어집주(論語集註)》는 반드시 읽어야 한다고 말하자, 그는 과거 보는 선비가 공부하는 것과는 다르므로 반드시 읽을 필요가 없다고 반박하였다. 그의 이러한 학문적 자주정신은 다음 글에서도 잘 나타나 있다.

천하에 많은 이치를 어찌하여 주자만 알고 나는 모른단 말인가. 일단 주자를 놓아둔 채 다만 의리를 논할 따름이다. 주자가 다시 태어난다면

---

128) 《遲川集》, 卷8, 〈論典禮箚〉, "夫名者 實之影也 而循名以責其實 則失之者多矣 迹者 心之著也 而執迹以求其心 則失之者亦多…嗚呼 今世之所尚者名也 而臣之所務者實也 世之所論者迹也 而臣之所信者心也."

내 학설이 인정되지 않겠지만, 공자나 맹자가 다시 태어난 뒤라면 나의 학설이 승리할 것이다.[129]

이처럼 그는 자신만만한 태도로 주자의 권위에 굴복하지 않고 진리탐구의 길을 가겠다고 선언하였다. 그래서 그는 주자의 《대학》 차서와 〈격물치지보망장(格物致知補亡章)〉을 비판하고 정문을 7절로 나누어 독자적인 해석을 하였고,[130] 《중용》 역시 주자의 장구를 전면 검토하여 10장 28절로 나누고 주해를 새롭게 하였다.[131]

그는 자신의 이러한 학문태도에 반감을 갖고 사문난적(斯文亂賊)으로 단죄(斷罪)하는 송시열에 대해 다음과 같이 자신의 입장을 밝혔다.

나의 저술 의도는 주자의 해석과 다른 이설(異說)을 제기하려는 데 있다기보다 의문점 몇 가지를 기록하려는 데 있다. 만약 내가 주자 당시에 태어나 제자의 예를 갖추었더라도 감히 구차하게 뇌동(雷同)하여 전혀 의문점을 해소하려 하지 않고 한탄만 하고 앉아 있지는 못했으리라. 반드시 반복하여 질문하고 생각해서 분명하게 이해하기를 기대했을 것이다. 만약 전혀 의심하지 않고 애매한 점을 놓아둔 채 뇌동한다면, 존신(尊信)하는 점은 허위에 귀착될 뿐이니 주자가 어찌 이러했겠는가? 나는 단지 붕우들과 더불어 강론하여 뒷날의 이해가 점차 나아지기를 기다렸을 뿐이다. 그런데 근래에 송시열이 나의 학문을 이단이라고 배척하였다. 그의 학문은 전혀 의심을 갖지 않고 주자의 가르침이라면 덮어

---

129) 南紀濟, 《正辨我我錄》, 卷2, "天下許多義理 豈朱子獨知而余不知耶 始置朱子 只論義理而已 朱子復起則吾說屈 必須孔孟復起然後 吾說乃勝."

130) 《白湖全書》, 卷37, 〈大學古本別錄〉 참조.

131) 《白湖全書》, 卷36, 〈中庸朱子章句補錄〉 참조.

놓고 논의를 용납하지 않으니, 바로 존신한다 하더라도 이 어찌 실제로 체득하였다고 할 수 있겠는가?[132)]

여기서 볼 수 있듯이 윤휴는 주자의 권위에 구애됨 없이 자주적으로 학문하려는 입장을 분명히 밝히고 있다. 비록 송시열에 의해 사문난적으로 단죄되기도 했지만, 경직된 학문 풍토 속에서 학문의 자유를 찾고자 하는 그의 학문태도는 시대의 한계를 뛰어넘는 것이다.

2) 자생적 실학풍의 발흥

이미 앞에서 17세기 조선의 역사적 상황을 소개한 바 있지만, 임진왜란과 병자호란을 치른 이후 조선사회는 힘의 논리를 깨닫기 시작하였다. 사변적인 성리학의 한계, 대의명분론의 한계를 절실히 깨달으면서 힘 있는 나라가 무엇인가를 고민하기 시작하였다. 성리학이나 양명학은 중국을 통해 들어왔지만, 실학의 경우는 자생적으로 발흥했다는 데 특징이 있다. 물론 뒤에 연행(燕行)을 통해 보고 들은 서구견문과 서학 등은 중국으로부터 들어온 것이라 할 수 있지만, 실학적 사고, 실학적 요구는 조선사회의 역사적 환경에서 자생한 것이다.

한백겸(韓百謙: 1552~1615), 이수광(李晬光: 1563~1628), 김육(金堉: 1580~1658), 허균(許均: 1569~1618) 등은 실학 준비기의 인물들이라 할 수 있다. 한백겸은 〈기전유제설(箕田遺制說)〉에서 기자(箕子)의 유전(遺田)이 정전법(井田法)이 아니라 전자형(田字型)의 은제(殷制)임을 고증하여 유형

---

132) 《道學源流續》, "吾之所著 非欲與朱訓立異 乃記疑耳 設使我生於朱子之時 執弟子之
禮 亦不敢苟且雷同都不及求而已 必且反復問難 思之又思 期於爛熳同歸
矣 若都不起疑含糊雷同則其所尊信者歸於虛僞 朱子豈如是也 且吾只欲與朋友講論
以俟他日見得之漸進 而近有宋英甫斥以異端 英甫之學曾不設疑 而惟朱訓則混稱不可
容議 雖曰尊信而豈是實見得也."

원(柳馨遠), 박세당(朴世堂), 이중환(李重煥) 등에게 영향을 미쳤다. 그는 실 증적인 연구를 통해 주자의 비고증적 태도를 비판했다. 김육은 경제정책 에 탁월한 식견이 있어 공물법(貢物法)을 폐지하고 대동법(大同法)을 실시 케 했으며, 1653년에는 시헌력(時憲曆)이라는 새 역법을 시행했고, 교통수 단으로 수레를 제작해 말 대신 사용하였다. 또 관개에 수차(水車)를 사용 하는가 하면 1651년 상평통보의 주조를 건의해 유통케 했다.

또한 이수광은 임진왜란을 전후해 사신으로 명나라에 수차례 왕래하 였고, 당시 명에 와 있던 이탈리아 신부 마테오 리치의 《천주실의(天主實 義)》를 간행하여 우리나라 최초로 천주교와 서양문물을 소개하였다. 그의 저서인 《지봉유설(芝峰類說)》은 최초의 백과사전으로 그의 해박한 지식을 볼 수 있다. 그는 12조의 만언소(萬言疏)를 올려 시무책(時務策)을 논하였 는데, 이 무실론(懋實論)은 율곡의 사상을 계승한 것이다.

그는 "의심이 있는 데서 시작하여 의심이 없는 데에 이르러야 이것이 참 으로 훌륭한 학자"[133]라고 하였다. 이는 그의 자주적 학문태도를 말해 주 는 것으로, 정주성리학을 맹종해 온 전통적 학문태도에 대한 비판을 담고 있다. 그는 또 서양문화, 천주교 등을 소개하고 양명학, 불교, 도교에 대해 서도 개방적 입장에서 수용하였다. 이러한 학문태도는 분명 기존의 수구 적 입장에서 변화를 모색한 것이라 할 수 있다.

그런데 조선 후기 실학은 유형원에 이르러 비로소 학으로서의 존재를 뚜렷이 하여 정인보(鄭寅普)는 그를 가리켜 '조선 실학의 제1조'라 불렀다. 그는 성리학, 역사, 지리, 병법, 음운, 선술, 문학 등 백가의 서적을 섭렵하 였고, 52년간의 야인생활에서 조선의 전면적인 개혁안을 제시하였다.《반 계수록(磻溪隨錄)》은 19년의 노작인데 자신의 농촌생활을 토대로 우리나

---

133) 《芝峰集》, 卷29, 〈警語雜編〉, "始於有疑 至於無疑 此眞善學者也."

라와 중국의 역사적 논거 위에 정밀한 실증으로 전 국가체제의 개혁을 꾀한 것이다. 그는 여기에서 토지제도, 재정, 상공업, 교육제도, 고시제도, 관료제도, 관청의 직제, 관리의 보수, 군사제도, 축성, 교통, 통신, 의례, 언어, 노예, 양로, 군현제, 지방제도 등 광범한 경세내용을 담고 있다. 특히 그는 전제개혁을 통해 농업의 발전을 도모하고자 하였다.

3. 자주와 창신을 향한 18세기 조선 유학의 변전(變轉)

1) 인간 본성에서 사물의 본성까지

16세기 조선 성리학은 사단칠정(四端七情), 인심도심(人心道心), 본연지성 기질지성(本然之性氣質之性) 등 인간의 심성문제가 주요 관심사였다. 그러나 18세기에 이르러서는 시대변화와 함께 철학적 주제도 달라졌다. 수암 권상하(遂庵 權尙夏: 1641~1721)는 충북 제원 청풍(淸風)에서 강학을 하고 많은 제자들을 가르쳤는데, 그의 문하에서 인성(人性)과 물성(物性)의 보편성과 차이성을 따지는 논쟁이 벌어졌고, 아직 발하지 아니한 마음의 본체가 선하냐 악하냐 하는 문제도 다루어졌다. 남당 한원진(南塘 韓元震: 1682~1751)은 스승인 권상하의 견해를 받아들여 인성과 물성이 다르다는 견해를 밝혔고, 외암 이간(巍巖 李柬: 1677~1727)은 인성과 물성이 같다는 견해를 밝혀 논쟁하게 되었다.

그런데 인성과 물성이 다르다고 하는 견해는 이미 한원진의 스승인 권상하가 동생인 권상유(權尙游)와 박세채(朴世采)에게 보낸 편지에서 언급한 바 있다.

성현들이 성(性)을 논함에 그 설이 대개 세 가지가 있다. 기(氣)를 제거해 버리고 이(理)만을 단지 가리켜 말한 것이 있고, 그 기(氣)의 이(理)만을 각각 가리키되 또한 기(氣)에 섞지 않고 말한 것이 있고, 이(理)와 기(氣)를 섞어서 말한 것이 있다. 이(理)를 오로지 가리키면 태극(太極)의 전체는 물(物)이 갖추지 않음이 없어 만물의 성이 모두 같으니 이것이 곧 일원(一原)이다. … 그 기(氣)의 이(理)를 각각 가리켜서 말하면 양(陽)의 건(健), 음(陰)의 순(順), 목(木)의 인(仁), 화(火)의 예(禮), 금(金)의 의(義), 수(水)의 지(智)는 그 성이 같지 않지만 또한 그 기(氣)의 청탁(清濁), 미악(美惡)에 섞지 않고 말했기 때문에 그 건순(健順), 오상(五常)됨은 오히려 지극히 선함을 잃지 않는다. 사람은 그 온전한 것을 얻고 물은 그 편벽된 것을 얻어서 인물의 성은 같지 않으니 이것이 분수(分殊)이다. … 이(理)와 기(氣)를 섞어서 말하면 강유(剛柔), 선악(善惡)에 만 가지 가지런하지 않음이 있어서 사람과 사람, 물과 물의 성이 모두 다르니 이것이 곧 분수(分殊)의 분수이다.[134]

이와 같이 권상하는 성을 세 가지로 구별하여 이른바 성삼층설을 주장하였다. 즉 기(氣)를 제거하고 오로지 이(理)만을 말하는 성과 기(氣)의 이(理)만을 가리키되 기에 섞지 않고 말하는 성이 있고, 이(理)와 기(氣)를 섞어서 말하는 성이 있다 하였다. 1708년 27세 때 한원진은 스승인 권상하에게 편지를 올려 인물의 성을 논하면서 '성삼층설'을 제시하였다.

원진(元震)이 가만히 생각해 보니, 성에는 삼층이 있는 것 같습니다.

134) 《寒水齋集》, 卷21, 論著, 〈論性說〉, "聖賢論性 其說大槪有三 有除却氣單指理而言之者 有各指其氣之理而亦不雜乎其氣而爲言者 有以理與氣雜而言者 專指理而言 則太極全體無物不具 而萬物之性皆同矣 是則一原也…各指其氣之理而言 則陽健陰順木仁火禮金義水智 其性不同 而亦不雜乎其氣之淸濁美惡而言 故其爲健順五常 猶不失爲至善 人得其全 物得其偏 而人物之性不同矣 是則分殊也…以理與氣雜而言之 則剛柔善惡有萬不齊 人人物物之性皆不同矣 是則分殊之分殊也."

사람과 물이 모두 같은 성이 있고, 사람과 물은 같지 않지만 사람끼리는 모두 같은 성이 있고, 사람과 사람이 모두 같지 않은 성이 있습니다. 성에 이와 같은 삼층이 있어 하나 하나가 다른 것이 아니고, 사람이 좇아 본 것에 이러한 삼층이 있는 것일 뿐입니다.135)

한원진에 의하면 사람과 사물이 같은 성이 있고, 사람과 사물은 같지 않지만 사람끼리만 같은 성이 있고, 사람과 사람이 모두 같지 않은 성이 있다는 것이다.

생각건대 '본연(本然)' 두 글자는 일원상(一原上)에 나아가 말한 것이 있고, 이체상(異體上)에 나아가 말한 것이 있다. 일원으로 말하면 만물이 함께 태극을 갖춘 것이 본연이요, 만물이 각기 그 성을 하나로 하는 것은 기질이다. 이체로서 말하면 개와 개가 같고 소와 소가 같으며, 사람과 사람이 같은 것이 본연이요, 개와 개가 다르고 소와 소가 다르며 사람과 사람이 다른 것이 기질이다. 맹자가 성선(性善)을 말한 것은 이체상에 나아가 말한 것이다. 그러므로 사람에 있어서는 같지만 금수와 합하여 말하면 같지 않으니, 단지 이[性善]장이 가리키는 것만 그러한 것이 아니다.136)

이와 같이 한원진은 본연을 일원과 이체로 나누어 설명하였다. 일원상

---

135) 《南塘集》, 卷7, 書, 〈上師門, 戊子 8月〉, "元震竊疑以爲性有三層之異 有人與物皆同之性 有人與物不同而人則皆同之性 有人人皆不同之性 性非有是三層而件件不同也 人之所從而見者 有是三層耳."

136) 《南塘集》, 卷32, 題, 〈又書〉, "盖本然二字 有就一原上言者 有就異體上言者 以一原言之 則萬物同具太極是本然也 以萬物各一其性者氣質也 以異體言之 則犬與犬同 牛與牛同 人與人同是本然也 而犬與犬不同 牛與牛不同 人與人不同者氣質也 孟子之言性善 亦只就異體而言 故在人 則同而幷禽獸而言則不同也 非獨此章之指爲然."

에서의 본연은 존재 일반의 동일성으로서의 태극이요, 이체상에서의 본연은 개체류의 동일성을 나타낸다. 다시 말하면 일원상에서의 본연은 사람과 물이 같고, 이체상에서의 본연은 사람은 사람끼리, 소는 소끼리, 개는 개끼리 같다고 하였다. 따라서 맹자가 성선을 말한 근거로서의 인의예지(仁義禮智)는 인간의 본연을 가리켜 말한 것이므로 금수와는 다른 것이며, 이는 이체상의 본연으로 다른 동물과 구별되는 사람만의 보편적인 성이라 보았다.

이에 대해 이간은 "일원으로 말하면 천명(天命)과 오상(五常)은 모두 형기(形氣)를 초월할 수 있어서 사람과 물(物)이 편전(偏全)의 다름이 없으니 이것이 이른바 본연지성(本然之性)이다."[137]라고 말한다. 즉 천명, 오상, 태극, 본연이 그 명목은 비록 많지만, 이 이(理)가 가리키는 것을 따라 이름을 달리하는 데 불과할 뿐, 애당초 피차(彼此), 본말(本末), 편전(偏全), 대소(大小)의 다름이 있는 것이 아니라는 것이다.[138]

이러한 이간과 한원진의 인물성동이(人物性同異) 논쟁은 성리학 내에서의 새로운 변화의 시도였다. 여말에 성리학이 전래된 이후 15~16세기 조선 성리학은 인간의 심성문제를 중심으로 발전하였다. 즉 마음, 본성, 감정, 의지 등 인간의 내면적 심성의 본질을 철학적으로 구명하는 데 초점이 맞추어 있었다. 이를 위해 그 근거로서 우주자연의 존재문제 해명이 요청되었고, 인간과 자연의 존재론적 합일을 추구하였다.

그런데 18세기 권상하 문하에서 일어난 인물성동이 논변은 인간과 사물, 인간과 자연의 본성을 탐구하는 것으로 탐구의 방향이 전환되었다. 인

---

137) 《巍巖遺稿》, 卷7, 〈答韓德昭別紙 未發詠〉, "以一原言 則天命五常俱可超形氣 而人與物無偏全之殊 是所謂本然之性也."
138) 《巍巖遺稿》, 卷7, 〈答韓德昭別紙 未發詠〉, "天命五常太極本然 名目雖多 不過此理之隨指異名 而初非有彼此本末偏全大小之異也."

간 내면의 문제에서 자연의 문제, 사물의 문제로 그 관심이 옮겨진 것이라 할 수 있다. 이러한 인물성동이 논변은 약 200여 년 동안 계속되었는데, 이를 통해 조선 성리학의 심화를 가져왔고, 또 중국 성리학과는 구별되는 특성을 발휘하게 되었다. 이간을 비롯해 김창흡(金昌翕: 1653~1722), 이재 (李縡: 1680~1746), 어유봉(魚有鳳: 1672~1744), 박필주(朴弼周: 1665~1748) 등은 인성과 물성이 같다고 하는 동론(同論)의 입장을 취했고, 한원진을 비롯해 권상하(權尙夏: 1641~1721), 채지홍(蔡之洪: 1683~1741), 윤봉구(尹鳳 九: 1681~1767) 등은 인성과 물성이 다르다고 하는 이론(異論)의 입장을 취 하였다.

2) 대의명분론의 극복과 힘의 자각

병자호란 후 조선사회는 북벌을 통해 청에 대한 부끄러움을 갚자는 주 전론(主戰論)과 청나라의 선진문물을 배우고 힘을 길러 장래를 도모해야 한다는 주화론(主和論)이 갈등하였다. 물론 전자의 경우는 '의리'라는 가치 가 척도가 되었고, 후자의 경우는 '실리'라는 가치가 척도가 되었다. 효종 의 당부를 받은 송시열은 북벌의리의 선봉에 섰고, 김상헌(金尙憲)을 비롯 해 권상하, 한원진 등 율곡, 우암의 직계들이 뜻을 같이 했다. 이에 대해 이익(李瀷: 1681~1763)을 비롯해 그 문하의 안정복(安鼎福: 1712~1791), 신후 담(愼後聃: 1740~1799), 윤동규(尹東奎: 1695~1773), 권철신(權哲身: 1736~1801), 이가환(李家煥: 1742~1801) 등은 성호학파의 일원으로 실학의 영역을 확장하고 실학을 하나의 학파로 형성하였다.

이익은 위로는 유형원의 실학을 이어 더욱 발전시켜 뒤에 다가오는 다 산실학의 기초를 제공하였다. 그리고 그 자신 매우 박학하여 천문, 지리, 의약, 경사(經史), 율산(律算), 철학, 경제, 문학 등 다방면에 걸쳐 섭렵하지 않은 것이 없었으니, 《성호사설(星湖僿說)》은 그의 백과전서적 학문의 결실이었다. 특히 성호학파에 와서 실학의 내용이 넓어지고 서구의 자연과학은 물론 천주교까지 그 대상에 포함되었다. 그는 조카인 이병휴(李秉休)에게 "너는 이미 실학을 하였으니 모름지기 사무(事務)에 마음을 두어 공허한 학문을 연구하는 데로 돌아가서는 안 된다."[139]라고 경계하였다. 또학문하는 태도에 있어서도 "단지 한 글자라도 의심하면 망발이라 하며, 서로 비교하고 대조만해도 죄라고 한다. 주자의 글도 이와 같거늘 하물며 옛경전이랴. 우리나라의 학문은 고루하고 거칢을 면키 어렵다."[140]라고 비판하였다. 이익의 학문은 실학이었고 사변에 치우쳐 공담을 일삼는 학문풍토를 경계하였다. 그리고 정주의 성리학에 대해 아무런 비판 없이 교조적으로 신봉하는 학문태도에 대해서도 비판하고 있다.

또한 이 시기에 신경준(申景濬: 1712~1781), 위백규(魏伯珪: 1727~1798), 황윤석(黃胤錫: 1729~1791)도 성리학에서 벗어나 실학적 학풍을 견지했던 학자였다. 신경준은 문자학과 지리학에 관심이 많았고, 위백규는 경세, 지리, 역사, 문학, 예학 등 다방면에 걸친 저서를 남겼다. 특히 그는 우리나라 최초로 세계지리학에 대한 명저 《환영지(寰瀛誌)》를 남겨 세계를 보는 안목을 넓혀 주었다. 또 황윤석은 김원행(金元行)의 문하로 기호 낙론계의 학자였는데, 성리학에도 조예가 깊었지만 천문학, 수학 등 자연과학에 대한 광범한 이해를 가지고 있어 박학을 추구한 새로운 조선 후기 지식인의 전형이었다고 할 수 있다.[141]

18세기를 대표하는 일군의 학자로서 북학파 실학자들을 들 수 있다. 이

---

139) 《星湖集》, 卷20, 〈答秉休〉, "汝旣實學 須留心事務 不爲鑿空之歸也."

140) 《星湖僿說》, 〈儒門禁網〉, "但曰一字致疑則妄也 考校參互則罪也 朱子之文尙如此 况古經乎 東人之學 難免魯莽矣."

141) 이종묵, 〈황윤석의 문학과 《이재난고》의 문학적 가치〉, 《《이재난고》를 통해 본 조선 후기 생활사 연구》, 한국정신문화연구원, 2004, 61쪽.

들은 당시 지배층이었던 노론계열의 인물로 청나라를 왕래하면서 발전된 선진문물에 눈을 뜨고 개방과 개혁을 통해 조선의 변화를 추구하였다.

담헌 홍대용(湛軒 洪大容: 1731~1783), 연암 박지원(燕巖 朴趾源: 1737~1805), 이덕무(李德懋: 1741~1793), 유득공(柳得恭: 1749~1807), 초정 박제가(楚亭 朴齊家: 1750~1805), 이서구(李書九: 1754~1825) 등이 이에 속한다. 홍대용은 북학파 실학의 선두주자로 기호 낙론계의 김원행 문하에서 수업하였다. 그는 29세 때 전라도 동복으로 나경적(羅景績)을 찾아가 감명받고, 그와 함께 혼천의, 자명종을 만들어 천원 장명부락에 설치하고 이를 농수각(籠水閣)이라 불렀다. 1765년 서장관으로 숙부 홍억(洪檍)을 따라 북경에 가서 청나라의 실학자 엄성(嚴誠), 반정균(潘庭均), 육비(陸飛) 등과 교유하였다. 귀국 후 《연기(燕記)》를 써 청나라의 선진문물을 소개하였다. 아울러 그는 당시 성리학의 경직된 학문풍토를 이렇게 비판하였다.

동유(東儒)의 주자 숭봉(崇奉)은 실로 중국에 미칠 바가 아니다. 비록 그럴지라도 오직 숭봉의 귀함만 알고 경의(經義)의 의심할 만한 것이나 의논할 만한 것은 멀리 바라보기만 해도 뇌동(雷同)하여 한 맛으로 엄호(掩護)하기만 하고 생각은 일세(一世)의 입을 막으려고만 한다.[142]

이와 같이 홍대용은 당시 성리학자들이 주자를 존숭하려고만 하고 진리탐구의 객관정신을 망각하고 있다고 비판하고 있다. 그는 1765년 지구자전설(地球自轉說)을 주장하였고 전통적인 오행설(五行說)을 부정하고 과학적인 기(氣) 개념을 도입하였다. 또한 무한 우주론을 주장하고 《임하경륜(林下經綸)》과 《의산문답(毉山問答)》을 통해 경세개혁안과 자주적 화이관

---

142) 《湛軒書》, 〈乾淨錄後語〉, "東儒之崇奉朱子 實非中國之所及 雖然惟知崇奉之爲貴 而其於經義之可疑可議 望風雷動 一味掩護 思以箝一世之口焉."

(華夷觀)을 주장하기도 하였다.

박지원은 홍대용에게서 서구의 신학문을 익히고 박제가, 유득공, 이서구, 이덕무 등에게 영향을 미쳤다. 그는 《양반전(兩班傳)》, 《호질문(虎叱文)》, 《허생전(許生傳)》을 통해 당시 양반사회, 유교사회의 모순과 허식을 문학적으로 비판하였고, "천하를 다스리는 자는 진실로 백성에게 이롭고 나라에 도움이 되는 것이라면, 비록 그 법이 혹 오랑캐에게서 나왔을지라도 진실로 이를 취하여 본받아야 한다."[143]라고 하였다. 그는 토지 소유를 일정하게 제한하여 토지를 균등하게 소유하게 하자는 한전론(限田論)을 주장하였고, 화폐금융에 관한 이론, 영농방법의 개선, 농기구의 개량, 관개 수리 시설의 확장, 수레와 선박의 이용, 국내 상업과 대외무역의 발전, 은화의 해외유출 방지 등 광범한 경세대안을 제시하였다.

박제가는 승지 박평(朴坪)의 서자출신으로 박지원의 문인이다. 1778년 29세 때 사은사 채제공(蔡濟恭)의 수행원으로 청에 가서 청나라의 실학자 기균(紀昀), 반정균(潘庭均), 이조원(李調元), 포자경(鮑紫卿) 등과 교유하였고, 돌아와 《북학의(北學議)》를 썼다. 1790년 황인점(黃仁點)의 수행원으로 청에 다녀왔고, 다시 동지사(冬至使)를 수행하여 청나라에 다녀왔다. 1801년 사은사(謝恩使)를 따라 다시 네 번째로 청나라에 다녀왔다. 그는 북학의 이론을 제시하고 가장 철저하게 구체적으로 북학사상을 전개하였다. 그는 박지원과 마찬가지로 "진실로 백성에게 이로우면 진실로 그 법이 오랑캐에서 나왔을지라도 성인이 이를 취하거늘 하물며 중국의 옛 것이랴"[144] 말할 것이 있겠느냐 하였다. 그는 무역통상의 중요성을 강조하여 "지금의 폐단은 가난이다. 어떻게 가난을 구할 것인가? 중국과 통하는 것

---

143) 《燕巖集》, 別集, 卷12, 〈馹汛隨筆〉, "爲天下者 苟利於民而厚於國 雖其法之或出於夷狄 固將取而則之."

144) 《北學議》, 〈尊周論〉, "苟利於民 雖其法之出於夷 聖人將取之 而況中國之故哉."

뿐이다."145)라고 하였다. 그는 해양교통의 중요성을 강조하였고 서해안의 무역항을 개설하고 밀무역을 양성화시켜 산동지방, 절강, 광동, 복건 등 남중국과 무역을 하고, 국력이 커지면 일본, 안남, 유구 및 서양제국과도 통상해야 한다고 주장하였다. 그는 또 "재물은 비유하면 우물과 같다. 쓰면 차고 폐하면 마른다. 비단옷을 입지 아니하면 나라에 비단 짜는 사람이 없어지고 여자들이 베 짜는 일도 쇠할 것이다."146)라고 하였다. 이는 근검 저축, 절약을 미덕으로 삼고 소비를 죄악시했던 유교사회에서 소비가 생산을 촉진한다고 본 근대정신의 발상이다. 그 밖에도 그는 놀고먹는 양반들을 상업으로 전환시켜 직업을 갖도록 해야 하며, 외국어의 중요성과 미신의 타파, 은의 해외 유출을 금지해야 한다 하였다.

또한 다산 정약용(茶山 丁若鏞: 1762~1836)은 조선 후기 실학의 집대성자로 종으로는 반계(磻溪)와 성호(星湖)의 학통을 잇고, 횡으로는 북학 및 서학을 섭취하여 실학을 집대성하였다. 그는 형들과 서학에 연루되어 불우한 일생을 살았는데 강진유배 18년 동안 수많은 저술을 남겼다. 한편으로는 경학연구에 전념하였고, 다른 한편으로는 《목민심서(牧民心書)》,《경세유표(經世遺表)》,《흠흠신서(欽欽新書)》등 경세에 관한 저술을 남겼다. 다산의 실학적 위치는 무엇보다 그가 종래 성리학적 경학에서 벗어나 선진유학 본래의 정신으로 돌아가 유가의 제 경전을 해석한 데 있다. 이는 주자의 권위에 구애되지 않고 자주적 입장에서 학문한 그의 실학정신이 잘 드러나 있기 때문이다. 그는 당시 성리학의 지리한 논쟁에 염증을 느끼고 이에 대해 비판을 서슴지 않았다. 그는 이여홍(李汝弘)에게 답하는 글에서,

---

145) 《北學議》,〈丙午正月二十二日朝參時 典設署別提朴齊家所懷〉, "當今國之弊曰貧 何以拔貧 曰通中國而已矣."
146) 《北學議》,〈市井〉, "夫財譬則井也 汲則滿 廢則渴 故不服錦繡而國無織綿之人 則女紅衰矣."

"이기(理氣)의 설은 동이라 해도 되고 서라 해도 되고, 백이라 해도 되고 흑이라 해도 된다. 좌로 이끌면 좌로 기울고 우로 재면 우로 기운다. 세상을 다하도록 서로 싸우고 이를 자손에게 전해도 끝이 없으니, 인생은 할 일이 많은데 형과 나는 이런 것을 할 겨를이 없다."147)라고 비판하였다.

또한 정약용은 "목(牧)이 민(民)을 위해 존재하는가 민이 목을 위해 사는가? … 목은 민을 위해 존재한다."148)라고 하여 행정의 존재이유를 '백성(民)'에 두었다. 그는 또 천자란 민중이 추대해서 이루어지는 것이므로 민중이 추대하지 않으면 천자가 될 수 없다고 한다. 천자를 끌어 내리는 것도 민중이며, 천자를 끌어 올려 세워 존경하는 것도 민중이라 하였다.149) 그는 또 농민이 농지를 소유하여 협동으로 영농하는 여전제(閭田制)를 주장하였는데, 공동출력에 의해 경작하고 수확의 분배는 출력의 일수에 따라 결정한다 하였다. 그 밖에도 기술의 개발에 많은 관심을 가졌는데 1792년 왕명에 의해 수원성을 설계하고 새로운 기중기(起重機)를 만들어 공사에 활용하기도 했다.

3) 실천지, 자유의지로서의 양지(良知)

임진왜란을 전후해 조선에 전래된 양명학은 18세기에 와서 뿌리를 내리기 시작하였다. 이황에 의해 이단시되었던 양명학은 뜻있는 유학자들의 관심대상이 되었다. 특히 정제두(鄭齊斗: 1649~1736)를 중심으로 그 문하의 김택수(金澤秀: ?~?), 이광신(李匡臣: 1700~1744), 이광사(李匡師:

---

147) 《與猶堂全書》, 19卷, 30章, 〈答李汝弘〉, "然理氣之說 可東可西 可白可黑 左牽則左斜 右絜則右斜 畢世相爭 傳之子孫 亦無究竟 人生多事 兄與我 不暇爲是也."

148) 《與猶堂全書》, 第1集, 10卷, 詩文集, 〈原牧〉, "牧爲民有乎 民爲牧生乎…牧爲民有也."

149) 《與猶堂全書》, 第1集, 11卷, 詩文集, 〈湯論〉, "天子者 衆推之而成者也 夫衆推而成 亦衆不推之而不成…其執而下之者衆也 而升而尊之者亦衆也."

1705~1777), 이광려(李匡呂), 심육(沈錥) 등과 인척인 이영익(李令翊), 이충익(李忠翊: 1744~1816) 등에 의해 강화학파로 발전해 갔다. 정제두는 박세채(朴世采)와 윤증(尹拯)의 문인으로 성리학에도 조예가 깊었는데, 20여 세부터 양명학에 심취 평생 정진하여 조선 양명학의 중심이 되었다. 그는 시기적으로 주자학과 양명학을 오가며 고뇌했는데, 전체적으로는 양명학을 수용한 위에서 주자학과 양명학을 연결하고, 이를 포섭한 위에서 유교의 성학(聖學)을 추구하였다.[150] 정제두도 역시 정주성리학의 교조적인 학풍에 대해 다음과 같이 비판하고 있다.

오늘날 주자의 학문을 말하는 자는 주자를 배우는 것이 아니라 곧 주자에 가탁하는 것이요, 주자에 가탁할 뿐 아니라 곧 주자를 그럴 듯하게 끌어다 붙여서 제 뜻을 이루며, 주자를 끼고 위세를 부려 제 사리(私利)를 채우는 것이다.[151]

그는 스승인 박세채, 윤증과 민이승(閔以升), 최석정(崔錫鼎) 등 친우들의 충고와 우려를 받으면서도 끝끝내 양명학의 길을 포기하지 않았다. 다음은 박세채가 정제두에게 보낸 편지의 일절이다.

오늘날 선비 중에 기품이 단정하고 훌륭하며 학업의 정밀함이 사앙(士仰)을 넘을 자가 거의 없어, 비록 이 늙은이가 때로 그대가 하는 질문에 당할 수 없으나, 마음에 항상 든든하게 생각하여 우리의 도학에 반드시 보익(補翼)함이 있으리라고 생각했더니, 뜻밖에 양명학에 끌리게

---

150) 윤남한,《조선시대의 양명학 연구》, 집문당, 1986, 225쪽.
151)《霞谷集》, 卷9, 〈存言 下〉, "後來學之者 多失其本 至於今日之說者 則不是學朱子 直是假朱子 不是假朱子 直是傅會朱子 以就其意 挾朱子而作之威 濟其私."

되니 더욱 통석(痛惜)함을 금할 수 없노라. 대개 경신(庚申: 하곡 32세) 이후로 그대의 뜻이 이 같음을 알고 나서 말을 하여 변척(辨斥)하고 싶었지만, 옛 성현들의 본을 보아 그대가 반드시 자발적으로 돌아오기를 믿고 좋지 않은 누명을 씌우지 않으려고 참고 지내 온 지 이미 8년이 지났도다. 이제 부득이 나의 우천(愚淺)함을 무릅쓰고 선현의 유훈을 따라 그대에게 고하노니, 삼가 현명한 그대의 재량으로 처하기를 바라노라. 정학(正學)이 되고 이단이 되는 것이 이 한 번에 있으니, 잘 살피지 않고 어떻게 할 것인가?[152]

정제두를 아끼는 스승 박세채의 뜻을 알 수 있고, 정학과 이단의 갈림길에서 용맹한 결단을 촉구하는 진정을 잘 알 수 있다. 이에 대해 정제두는 양명학에 대한 자신의 견해를 분명하게 밝히고 있다.

제두가 감히 스스로 미혹하여 양명에게 아부하자는 것이 아니라, 그 중에 일대 의심나는 곳이 있어서 풀리지 않고, 모든 학자들의 변론하는 이론을 보아도 모두 줄로 물을 베는 것과 같아서 그 깊은 뜻을 통렬히 분석함을 보지 못하므로, 마음이 비록 바른 것을 찾아 따르고자 하나 마음에 얽혀 있는 것을 풀고자 그 누구를 따르겠습니까? 이로 말미암아 병이 몸에 있는 것같이 시원하지 않습니다. 스스로 마음을 잡지 못한 지가 이미 몇 해가 되었습 니다. 진실로 능히 이 석연치 않음을 환하게 해쳐 푼다고 하면 마음속이 깨달아 절실하게 될 것이오니, 어찌 선생의 경계하고 가르침을 번거롭게 하오리까. 근래 민이승(閔以升)이 예리하게 논변하여 오므로 이 생사노두(生死路頭)에서 그대로 둘 수 없으므

---

152) 《南溪集》, 卷32, 〈與鄭士仰〉, 丁卯, 5月 12日.

로, 한번 같이 통렬히 토론하여 그 학설을 십분 설파하고 그 깊은 뜻을 분석하여 결판을 내고자 합니다. 제 마음속에 진실로 할 말이 있습니다. 대체로 제두가 왕씨(王氏)의 설을 항상 생각하는 이유가 행여나 이단을 구하고 사사로움을 이루고자 하는 데 있다면 결단코 제거해 버릴 것입니다. 그렇지 않고 이제 성인의 학문의 정당한 길이 과연 어디에 있는지 갈피를 잡을 수 없는 이 마당에, 일생을 그르치지나 않는가 하는 두려움이 마음 가운데 절실하여, 이 석연치 않은 생각을 그대로 방치할 수 없는 것을 너무 오래도록 생각해 왔기 때문입니다.[153]

이를 통해 정제두가 온갖 어려움을 극복하고 양명학에 일생을 정진하게 되는 이유를 알 수 있다. 당시 윤휴(尹鑴), 박세당(朴世堂)이 사문난적(斯文亂賊)으로 몰려 파문을 당하고 죽임을 당하는 현실에서 양명학에 대한 진리적 확신을 토대로 용감히 매진하는 것을 볼 수 있다. 이는 어떠한 불이익과 생사의 기로에서도 진리에 대한 신념을 저버리지 않는 그의 용기를 볼 수 있는 것이다.

그런데 정제두는 물리(物理)와 생리(生理)를 구별하고 생리설(生理說)을 주장하였다. 물리는 빈 조리로서 마른 나무, 탄 재와 같이 죽은 것이라 하여 성리학적 이(理)를 비판하고, 자신의 이(理)는 생리로서 영통성(靈通性)을 본질로 한 생기(生氣), 생도(生道)라 하였다.

한 덩어리의 생기(生氣)의 원(圓)과 한 점의 영소(靈昭)한 정(精)은 하나의 생리(生理)이다. 마음에 집을 짓고 중극(中極)에 뭉쳤다. 그 뿌리는 콩팥에 있고 그 꽃은 얼굴에 있어서 그것이 확충되면 곧 한 몸에 가득

---

153)《霞谷集》, 卷1, 〈答朴南溪書〉, 丁卯.

하고 천지를 메운다. 그 영통(靈通)함은 헤아릴 수 없고 오묘한 작용은 다함이 없으며, 온갖 이치를 주재할 수 있다. … 이것이 곧 내 몸을 낳아 준 생명의 근거요 이른바 성(性)이다. 단지 그 생리로 말하면 '낳은 그대로를 일러 성이라 한다'는 것이요, 이른바 '천지의 큰 덕을 일러 생이라 한다'는 것이다.[154]

정제두는 성리학에서 말하는 싸늘한 이법이나 조리가 아니라, 활활발발하고 유동적이며 낳고 낳아 그침이 없는 영통한 생명력으로서의 생리를 제시하였다.[155] 이것은 이기(理氣)를 겸한 것이며 생도요 생기로서 성이며 덕으로서 결국 양지라 할 수 있다. 그는 '심즉리(心卽理)'에 근거하여 양지설(良知說)을 전개하는데, 양지(良知)는 천리(天理)요 천리는 심인 까닭에 그의 이(理)는 객관적인 외물의 이(理)가 아니다. 소, 말, 닭, 개와 같은 외물에서 구해지는 이(理)가 아니라 내 마음에서 찾아지는 이(理)다. 그러므로 개개사물에 따라서 하나하나를 결정하고 그때 그때 사물을 처리하는 것은 실로 오직 내 한 마음에 있는 것이다. 어찌 내 마음 밖에서 달리 구할 만한 이치가 있겠느냐 하였다.[156]

이와 같이 그는 형이상학적 사변논리보다는 현실적 인간을 바탕으로 한 사유체계에 중점을 두어 후기 실학사상의 발전에 영향을 미치고 있으

---

154) 《霞谷集》, 存言 上, 〈一點生理說〉, "一團生氣之元 一點靈昭之精 其一箇生理者 宅竅於方寸 團圓於中極 其植根在腎 開華在面而其充卽滿於一身 彌乎天地 其靈通不測 妙用不窮 可以主宰萬理…此卽爲其生身命根 所謂性也 只以其生理 則曰生之謂性 所謂天地之大德曰生."

155) 유명종, 〈조선조 양명학과 그 전개〉, 《한국철학사》, 하, 동명사, 1987, 54쪽.

156) 《霞谷集》, 卷1, 書2, 〈與閔彦輝論辨言正術書〉, "夫所謂眞至之義 天理之正 果在乎馬牛鷄犬而可求者邪 故天地萬物 凡可與於人事者 其理元未嘗有一切之定在物上 人可得以學之也 其逐件條制 隨時命物 實惟在於吾之一心 豈有外於心而他求之理哉."

며, 뒷날 강화학파와 실학자들이 서로 학문적으로 긴밀한 유대를 갖고 발전할 수 있는 매개 역할을 하였다.[157]

또한 양득중(梁得中: 1665~1742)은 박태초(朴泰初), 윤증(尹拯), 박세채(朴世采), 정제두(鄭齊斗) 등에게서 배웠는데, 당시 송시열을 비롯한 북벌의리론을 당파적 시각에서 비판하고, 허위에 가득 찬 세상을 바로잡기 위해 '실사구시(實事求是)'의 무실론(務實論)을 주장하였다.[158] 그의 양명학풍은 일찍이 박태초에게서 영향을 받은 것으로 보이는데,[159] 박태초는 그에게 "학문함에는 진지(眞知)가 귀하다. 선은 마땅히 해야 하고 악은 마땅히 버려야 함을 누가 모르리오마는, 선을 원하는 자는 항상 적고 악을 하는 자는 항상 많은 것은 저 소위 안다는 것이 진지(眞知)가 아니기 때문이다."[160]라고 권면하였다. 그리고 그는 율곡, 윤증의 무실론을 계승하여 실사구시의 실학정신을 특별히 강조하고 있다.

　내 마음의 담연히 텅 비고 밝음과 역리(易理)의 깨끗하고 고요하고 정미(精微)함은 오직 진실하여 거짓이 없는 것이라 할 것이니, 이 지(知)는 천지 사이에 가득 찬 오직 하나의 실리(實理)일 따름입니다. 이(理)인 즉 실리(實理)이고, 심(心)인 즉 실심(實心)이며, 학(學)인 즉 실학(實學)이요, 사(事)인 즉 실사(實事)이니, 그 사이에 한 터럭의 사사로운 거짓이라도 끼어 있지 않으면 실심이 담연히 텅 비고 밝아 실리가 깨끗하고 고요하고 정미할 것입니다. 우리 유가의 법문(法門) 유래가 이와 같으니, 이단

---

157) 김길락, 〈조선조 후기 양명학에 있어서 근대정신의 형성과 전개〉, 《유학연구》, 제1집, 충남대유학연구소, 1994, 398쪽.

158) 《德村集》, 卷5, 〈明大義辨(庚申)〉, 卷2, 〈辭別諭召命疏〉 참조.

159) 유명종, 《한국의 양명학》, 동화출판공사, 1983, 144쪽.

160) 李建芳, 《蘭谷存稿》, 卷11, 〈德村先生梁公墓碑銘〉, "學貴眞知 善之當爲 惡之當去 孰不知之 願善者常少 惡者常多 彼所謂知者 非眞知也."

의 허무적멸(虛無寂滅)과 같은 가르침이 아닙니다. 그러므로 신이 늘 '실사구시(實事求是)'와 '물정(勿正), 물조장(勿助長)'의 두 가지 말로써 전하께 우러러 진달하는 것입니다.161)

이와 같이 양득중은 양명학을 통해 주체적 도덕지(道德知)의 중요성을 인식하였고, 실리(實理), 실심(實心), 실사(實事), 실학(實學)의 무실(務實) 학풍을 진작하였다. 실심이 온전하게 드러난 실학, 실사야말로 그가 추구하는 학문의 본령이었다. 진실한 자아와 실천지(實踐知)를 강조하는 데서 양명학과 실학의 접목과 소통이 가능한데 양득중은 그 선구자라 할 수 있다.162)

4. 17~18세기 조선 유학의 철학사적 의의

위에서 17~18세기 조선 유학의 흐름을 살펴보았다. 시대변화와 함께 유학도 변화할 수밖에 없었다. 즉 16세기 성리학의 전성시대에서 벗어나 새로운 모습으로 조선 유학이 다양하게 전개되었다. 성리학만 하더라도 기호에서는 율곡의 성리학에 안주하지 않았고, 또 영남에서도 퇴계의 성리학에 무조건 맹종하지 않는 절충파들이 등장하였다. 또 18세기에 와서는 권상하(權尙夏) 문하에서 인물성동이(人物性同異) 논변이 전개되어, 종래 인성 중심의 성리학에 사물, 자연의 본성까지 비교해 보는 새로운 학풍이

---

161) 《德村集》, 卷2, 〈辭別論召命疏(丁巳)〉, "吾心之淡然虛明 易理之潔靜精微 亦惟曰眞實無妄而已 是知盈天地之間 只是一箇實理而已 理則實理 心則實心 學則實學 事則實事 無一毫私僞參錯於其間 則實心淡然虛明 實理潔靜精微矣."

162) 유명종, 《한국의 양명학》, 동화출판공사, 1983, 144쪽.

등장하였다. 뿐만 아니라 윤리강상의 위기 속에서 예학의 필요성이 대두되어 가례(家禮)의 보급과 실천 그리고 예학에 대한 전문적인 연구의 바람이 불었다.

특히 임진왜란을 전후해 전래된 양명학은 성리학에 대한 대안으로 뜻있는 유학자들의 관심을 끌었고, 이단의 시비 속에서도 은밀하게 연구되고 퍼져 나갔다. 한편 병자호란 후 힘의 중요성이 대두되면서 성리학이나 예학에 대한 실망과 회의 속에 실학적 학풍이 자생적으로 발흥하였다. 여기에 청나라의 왕래를 통해 발전된 서구문물이 소개되면서 조선사회는 정체에서 벗어나 변화와 각성의 바람이 불기 시작하였다.

이러한 17~18세기 조선 유학의 변화와 창신(創新)은 다양한 모습으로 전개되었는데, 이에 대한 철학적 의의가 무엇인지 생각해 보기로 하자.

첫째는 사변철학에서 실천철학으로의 변화이다. 16세기는 성리학이 이론적으로 심화되고 꽃피웠던 시대였다. 8년여에 걸친 이황과 기대승의 사단칠정에 관한 성리논변, 그 뒤를 이은 이이와 성혼과의 인심도심논변 등 치열한 성리논쟁은 조선 성리학의 수준을 일층 끌어올렸다. 물론 이 시대에도 율곡처럼 나라와 민생을 걱정하고 그 대안을 제시한 이가 없는 것은 아니었지만, 대체로 안정된 시대에 성리학적 사변에 전념했다고 볼 수 있다. 그리고 퇴계와 율곡의 문인들을 중심으로 당쟁이 결부되어 학문적 경쟁과 정치적 당쟁이 얽혀 갈등하는 양상을 빚었다. 이 와중에서 퇴계학파나 율곡학파는 자기 학설의 옹호와 상대 학설의 비판에 진력해 저절로 학문적 경직성을 노정하였다. 스승에 대한 존경심이나 자기 학파에 대한 충성심이 객관적인 학문의 길을 가로막고 있었다. 철학이 학문인 한에 있어서 학술적 탐구와 토론은 불가피하고 또 그 의의가 없는 것은 아니다. 그러나 문제는 이러한 이론경쟁, 사변적인 탐구열에서 빚어지는 부작용과 한계였다. 이론만이 융성하고 실천이 부족하며 말만 무성하고 실적이 없는 데서, 나라는 점점 병약해지고 백성들은 가난에 찌들어야 했다. 그러한 결과가 임진왜란, 병자호란으로 닥쳐왔던 것이다.

이러한 성리학의 사변성에 대한 대안으로 양명학은 식자층의 관심이 되었다. 양명학은 성리학의 분석적 사유에 회의적이고 지나친 사변성에 비판을 서슴지 않는다. 양명학은 인간의 선천적인 양지를 중시하고 이를 실천의 근거, 실행의 동력으로 삼는다. 양명학은 인간의 순연한 본심을 그대로 진리라고 말한다. 성리학의 '성즉리(性卽理)'에는 이지적(理知的) 논리와 합리성이 긍경(肯綮)을 이루는 데 대하여, 양명학의 '심즉리(心卽理)'는 정서와 의지와 지성을 겸한 실천의 동기를 머금고 있다.[163]

정제두는 오직 자기 마음의 옳고 그름을 곡진하게 하고 다시 남의 시비에 따르지 아니하며, 헛된 거짓을 버리고 실사(實事)를 구하는 것이 오직 그 자신의 양지에 근원한 것이지, 남에게 간여시킬 것이 아니라 하였다. 시비를 분별하고 거짓을 버리고 진실을 좇으며, 실사와 실천을 하는 것이 오직 자신의 양지에 있다는 것이다. 사람은 본성대로 행동하는 것이 도리인데, 그 본성대로 할 수 있는 기준이 양지양능(良知良能)이라는 말이다. 이처럼 양명학은 종래의 복고주의를 반대하고 인간의 자유의지를 주장하였다.[164] 이는 양명학이 지행합일의 실천을 강조하는 근거가 되고, 양지라는 실천지가 그 무기가 된다.

또한 정주(程朱)가 《대학》 본문의 '친민(親民)'을 '신민(新民)'이라 고쳐 '친(親)'을 '신(新)'으로 해석하는 것은, 명석한 지성과 판명한 지성으로 밝혀 새롭게 한다는 이지적(理知的) 입장인 데 반해, 양명은 원문의 친민(親民) 그대로 해석하여 이지(理知)와 더불어 정감과 의지를 내포한 전인적 입장

---

163) 유승국, 《동양철학연구》, 근역서재, 1983, 375쪽.

164) 유승국, 《동양철학연구》, 근역서재, 1983, 383쪽.

에서 친애(親愛)의 뜻으로 해석하였다. 이처럼 양명학이 의지, 정감을 내포한 인간의 정신세계를 추구하는 데서 강한 실천성이 담지(擔持)된다. 마찬가지로 주자는 선지후행(先知後行)을 말하였는데, 이에 대해 양명학은 지행합일(知行合一)을 말하고 있다.

> 마음을 떠나서 인(仁)을 구할 수 없고, 마음 밖에서 의(義)를 구할 수 없거늘, 유독 마음을 떠나 이치만을 구할 수 있겠는가? 마음을 떠나서 이치를 구한다면 이는 지행(知行)이 둘이 되는 까닭이다. 이(理)를 내 마음에서 구하는 것이니, 이것이 성문(聖門)의 지행합일의 가르침이다.[165]

물론 주자의 경우도 지행병진(知行竝進)을 말하고 있지만, 이(理)를 내마음속에서 구하는 데서 지행의 합일이 가능하고 인간 주체의 실천성이 더욱 강화된다고 할 수 있다.

또한 실학의 흐름도 성리학적 사변성에 대한 대안으로 시대적 역할을 충실히 했다. 임진왜란 후 자생적으로 일기 시작한 실학풍은 18세기에 활짝 꽃피웠다고 할 수 있다. 물론 이 실학의 정신은 16세기 후반 율곡에게서 비롯되었지만, 그 이후 한백겸, 김육, 허균, 이수광, 유형원 등 뜻있는 유학자들에 의해 발흥되었다. 그 후 이익을 비롯한 그 문하에서 실학의 학파로 융성해지고, 홍대용, 박지원, 박제가 등 북학파 실학으로 확장된 후 정약용에 이르러 그 폭과 깊이가 더욱 넓어져 집대성되었다.

실학의 정신은 여러 가지로 정리될 수 있지만 실천성을 강조한 데 그특징이 있다. 성리학의 지나친 사변성과 공리공담을 비판하고 이에 대해 강한 실천성을 주문한 것은 양명학과 그 궤를 함께한다. 인간 주체의 진실

---

165) 《傳習錄》, 中, 〈答顧東橋書〉, "不可外心以求仁 不可外心以求義 獨可外心以求理乎 外心以求理 此知行之所以二也 求理於吾心 此聖門知行合一之教."

한 마음, 즉 실심이 가장 중요한 것이지만, 그 실심이 현실로 구체화되지 않는다면 공허한 것, 관념적인 것이 되고 만다. 그러므로 실천성은 이론이나 마음이 구체적인 실적과 효과로 드러나는 조건이며 매개다. 특히 힘이란 실천을 통해 이루어진다. 16세기 성리학의 사변성을 극복하고 관념성의 한계를 벗어나는 데 있어서 양명학의 지행합일이나 양지의 실천성 그리고 실학의 무실(務實)정신은 그 대안으로 중요했다.

둘째로 명분, 의리에서 실리, 실용에로의 변화이다. 성리학이나 예학의 특성은 대의명분과 의리를 중시하는 데 있다. 그것은 예학이나 성리학이 근본적으로 인간의 선한 본성에 바탕을 두고 있기 때문이다. 성리학은 인간의 본성을 철학적으로 탐구하는 학문이며, 예학은 그 인간의 성리대로 행동하고 실천해야 한다는 윤리학이다. 성리(性理)는 예의 체가 되고 예는 성리의 용이 된다. 따라서 성리학이나 예학이나 인간본성의 이치를 중요한 표준으로 삼는다. 이 본성의 이치에 맞는 것이 의리요 예의다. 의리나 예의는 인간이 다른 동물과 차별화되는 조건이다.

16세기 조선의 성리학시대는 의리라는 가치가 중시되었고, 17세기 예학시대 또한 명분이 중시되었다. 특히 병자호란 후 주전론과 주화론, 북벌의리와 강화론(講和論)이 대립되어 많은 갈등이 있었다. 이때 송시열, 김상헌을 비롯한 성리학자들은 북벌의리에 앞장서서 의리와 대의명분을 외쳤다. 이에 대해 양명학자였던 최명길과 북학파 실학자들은 청과의 화해협력과 북학의 수용을 주장하였다. 주전론이 대세였던 정치적 상황에서 실용과 실리를 강조하고 원수인 청나라의 문화를 배우자는 것은 조선 유학의 엄청난 변화였다. 유학은 본래 의리와 실리의 겸비를 이상으로 삼는다.166) 그런데 16~17세기 조선의 성리학시대, 예학시대는 의리와 명분이 지배하

---

166) 《孟子》, 〈告子章〉, 上, "生亦我所欲也 義亦我所欲也 二者不可得兼 舍生而取義者也."

는 시대였다. 그 결과 실용을 등한시하고 민생과 부국강병을 소홀히 하게 되어 민생은 도탄에 빠지고 국력의 약화는 마침내 두 차례의 외침을 가져왔다. 의리와 명분만으로는 현실적인 힘이 담보될 수 없다는 것을 절실히 깨닫고, 실용과 실리에 눈을 뜨고 힘을 준비하는 실학풍이 시대사조로 번져 갔다. 여기에는 실학과 함께 양명학도 크게 기여했다고 볼 수 있다. 주체적 양지로 현실의 변화에 슬기롭게 대처해 가는 양명학의 권도(權道)는 대의명분과 의리에 경직된 성리학적 현실대응과는 구별되는 것이었다. 그것은 최명길이 인조에게 올린 상소에서 "지금 세상 사람들이 숭상하는 것은 명분이요 신이 힘쓰는 것은 실질입니다. 세상 사람들이 논하는 것은 형적이요 신이 믿는 바는 마음입니다."[167]라고 한 데서도 잘 알 수 있다. 또한 박지원이나 박제가가 "비록 그 법이 오랑캐에서 나왔을지라도 나라와 백성에게 이롭다면 배워야 한다."라고 한 것도 실용의 가치, 실리의 가치가 얼마나 중요한가를 강조한 것이다.

의리와 실리는 인간이 추구하는 두 가치다. 윤리와 경제는 인간 삶의 두 수레바퀴이다. 어느 하나도 없어서는 안 된다. 다만 16~17세기 성리학의 시대, 예학시대에서 빚어지는 모순과 부작용에 대해 실학과 양명학은 실리와 실용의 기치를 높이 들어 보완하고자 했다.

셋째로 정주성리학의 경직성에서 개방적 학풍으로의 변화를 추구하였다. 16세기 조선 유학에서 17~18세기 조선 유학의 변화는 무엇보다 학문적 개방성에 있었다. 이미 앞에서 언급한 대로 조선 유학의 경직된 풍토에 대한 비판은 장유, 조익, 정제두, 정약용 등 많은 유학자들에 의해 제기된 바 있다. 물론 율곡의 경우는 불교, 도가, 양명학에 대해 비판적으로 수용하는 개방성을 보여 주고 있지만, 대체로 조선 유학은 성리학 일변도로 전

---

167) 《遲川集》, 卷8, 〈論典禮箚〉, "今世之所尙者名也 而臣之所務者實也 世之所論者迹也 而臣之所信者心也."

개된 것이 사실이다. 단적으로 다음 송시열과 윤휴의 글은 주자를 보는 관점의 차이가 얼마나 큰가를 잘 보여 준다.

하늘이 공자에 이어 주자를 낳은 것은 실로 만세의 도통을 위해서라고 나는 생각한다. 주자 이후로 어느 한 이치도 드러나지 않은 것이 없으며, 어느 한 책도 밝혀지지 않은 것이 없다. 그런데 윤휴가 어찌 감히 스스로 자신의 독자적 견해를 세워 온 힘을 다해 주자를 비판한단 말인가? 이는 실로 사문(斯文)의 난신적자(亂臣賊子)이다.[168]

천하에 많은 이치를 어찌하여 주자만 알고 나는 모른단 말인가? 일단 주자를 놓아둔 채 다만 의리를 논할 따름이다. 주자가 다시 태어난다면 내 학설이 인정되지 않겠지만, 공자나 맹자가 다시 태어난 뒤라면 나의 학설이 승리할 것이다.[169]

여기서 우리는 주자에 대한 입장, 성리학에 대한 입장, 학문하는 태도에 있어 양자의 간극이 얼마나 큰가를 확인할 수 있다. 이러한 송시열의 입장은 당시 대부분의 유학자들에게서도 볼 수 있다. 앞에서도 언급했지만 유학의 경우도 벽이단 의식이 강하여 여타 사상에 대해 이단시하고 자설의 독존적(獨尊的) 진리성을 강하게 주장해 왔다. 송시열의 이 말은 거의 종교적이라 할 만하다. 주자의 학문, 주자의 사상을 교조적으로 신봉하여 이에 대한 비판이나 의심을 용납하지 않는 것이다. 이러한 학문태도는 매우

---

168) 《宋子大全》, 卷78, 〈答韓汝碩(別紙)〉, "愚以爲天之繼孔子而生朱子 實爲萬世之道統也 自朱子以後 無一理不顯 無一書不明 鑴何敢自立其見 而排斥之不有餘力耶 是實斯文 之亂賊也."

169) 南紀濟, 《正辨我我錄》, 卷2, "天下許多義理 豈朱子獨知而余不知耶 始置朱子 只論義 理而已 朱子復起則吾說屈 必須孔孟復起然後 吾說乃勝."

보수적이며 바람직한 것은 아니다. 거꾸로 윤휴, 박세당, 정약용 등이 주자의 경전해석을 벗어나 독자적인 해석을 시도한 것은 매우 진보적이고 용기 있는 자세다. 진리탐구를 위해서는 어떠한 권위나 선입견에 얽매이지 않고 자유롭게 그리고 자주적으로 한다는 것인데 이는 근대정신의 발로라 아니할 수 없다.

권시는 부친 권득기의 말을 인용해 "옳고 그름은 천하의 공론이요, 의리는 사람들이 마땅히 함께 살펴야 하는 것이다. 그러므로 논의는 비록 부자사제의 사이라도 구차스럽게 합치할 수는 없는 것이다."라고 하고, "마음속에 이미 같지 않음이 있는데도 억지로 같이 한다면 이는 스스로 자기의 마음을 속이고 또 친구들을 속이는 일이다."라고 하였다. 옳고 그름을 따지는 시비는 천하의 공론이고 의리란 사람이 마땅히 함께 살펴야 하는 것이므로 부모 자식 사이나 스승과 제자 사이일지라도 철저하게 따지고 변별해야지 적당히 미봉해 합일해서는 안 된다 하였다. 마음속에 이미 서로 의견이 다르고 생각이 다른데 겉으로 합일하는 척하는 것은 자신을 속이고 친구를 속이는 일이라 비판하였다.

조익은 진리란 천하의 공물이라 하고, 혹시라도 의문되는 곳이 있으면 마땅히 반복하여 깊이 생각함으로써 그 귀착되는 바를 궁구해 극진히 해야 한다 하였다.[170] 그리고 지금 사람들은 주자의 말에 대해 이의를 제기하는 자가 정말 없다 하고, 본받음이 있어서 그렇게 하는 것도 보지 못했다 하였다.[171] 또 장유는 우리나라의 학술풍토가 주자학 일색이라 하고, 유식하거나 무식하거나 모두가 정주만을 읊조린다고 개탄하였다.[172] 또 정약용도 이기의 설은 세상을 마치도록 서로 다투고 자손에게까지 전해

---

170)《魯西遺稿》, 卷18,〈浦渚趙先生墓誌銘〉.

171)《浦渚集》, 卷21,〈大學困得後說〉.

172) 張維,《谿谷漫筆》.

도 끝이 없으니, 인생에 할 일이 많은데 그대와 나는 이런 싸움을 할 겨를이 없다고 비판하였다. 이처럼 성리학 일색의 학문풍토가 갖는 모순과 문제점을 당시 뜻있는 유학자들은 비판하고 있으며, 이로부터 벗어나 자유로운 학문을 하기 위해 몸부림쳤던 것이다.

이러한 학문의 개방성은 실학자들에게서도 잘 나타나 있다. 무엇보다 그들은 성리학 중심의 학문풍토에서 벗어나고 있다. 성리학에서 이단시하는 불교, 도가, 양명학은 물론 병법, 음운, 산학, 법률, 문학, 천문, 지리 등 다양한 학문을 폭넓게 섭렵하고 있고, 이러한 백과전서적인 학풍에서 이수광의 《지봉유설》, 이익의 《성호사설》 등의 저술이 나오게 되었다. 뿐만 아니라 이익, 유형원, 정약용, 홍대용, 박지원, 박제가, 이덕무, 유득공 등 실학자들은 성리학적 관심에서 벗어나 자유분방한 입장에서 폭넓은 학문을 하였고, 자주적 입장에서 민족 주체성을 발휘하였다. 특히 이들은 우리 역사, 우리 지리, 우리 언어 등 국학에 대한 관심을 드높이고, 중국 중심의 역사관이나 세계관에서 탈피하여 조선 중심의 역사관, 세계관을 강조하였다. 성호학파 이후 실학은 서양의 자연과학까지도 포함하고 나아가 천주교까지도 수용하는 폭넓은 학문태도를 보여 주었다.

이와 관련하여 기호 낙론계의 김원행(金元行) 문하에서 홍대용이 배출되고, 이어 박지원, 박제가로 이어지는 북학파 실학이 나왔는데, 그 철학적 근거로서의 낙론(洛論)은 자연과 사물세계에 대한 관심을 드높였다. 즉 인성과 물성은 그 본연에 있어 하나의 이(理)로 같다고 하는 이간(李柬)을 중심으로 한 낙론은 인간과 사물, 인간과 인간, 사물과 사물이 같다고 하는 논리로 확대되고, 나아가 중화(中華)와 이적(夷狄)도 같다는 논리를 펴게 되었다. 따라서 인물성이론(人物性異論), 즉 낙론은 인간을 자연의 지평에서 이해하고 인간과 사물을 동일한 잣대로 보는 천인일체(天人一體), 물아일체(物我一體)의 세계관으로 소통되는 것이다. 그리고 이는 현대사회가 추구하는 생태철학의 본질과도 상통하는 것이라 할 수 있다.

이와는 달리 인물성이론(人物性異論), 즉 호론은 인성과 물성은 다르다고 보아 인간의 존엄성을 강조하고 인간과 다른 동식물과의 차별성을 강조하였는데, 한말 위정척사(衛正斥邪)의 철학적 기반이 되었다. 이렇게 볼 때, 17~18세기 조선 유학의 자주성이나 개방성은 두 가지 측면에서 이해된다. 하나는 학문의 관심이 성리학 일변에서 벗어나 제 학문 영역으로 관심이 넓어졌다는 것이고, 또 하나는 성리학에 대한 교조적 학문태도에서 벗어나 자유분방하게 비판하고 탐구하는 학풍이 조성되었다는 말이다. 이러한 학문태도는 분명 발전적인 것이고 근대로의 바람직한 변화라 할 수 있다.

이상에서 17~18세기 조선 유학의 흐름 속에서 그 철학사적 의의를 검토해 보았다. 종래 16세기 성리학 전성기의 보수적이고 교조적인 학문풍토가 역동적으로 변화하고 부분적으로는 창신의 면모를 보여 주었다는 점을 강조하였다. 여기서 성리학은 변화의 대상이 되고 변화와 창신의 주체는 호락론(湖洛論), 실학, 양명학, 자주적 학풍으로 규정되었다. 이렇게 보면 16세기 퇴율(退栗)시대의 성리학은 일방적으로 부정적인 것으로 평가되는 문제점을 안고 있다. 이에 대한 신중한 논의가 요청된다. 앞서 말했듯이 철학은 시대의 산물이다. 16세기 조선 유학의 성리학적 심화는 그 시대에 맞는 요청이요 과제라고 볼 수 있다. 중국으로부터 여말에 성리학이 들어와 고려 말 조선 초에 성리학에 대한 기초가 세워지고, 사화시대의 격랑 속에 심도 있는 연구 작업이 수행되지 못하다가, 이언적, 서경덕, 김인후, 이황, 이항, 기대승, 이이, 성혼 등 쟁쟁한 유학자들에 의해 본격적으로 깊이 있고 체계적인 연구가 수행된 것은 조선 유학사의 큰 성과가 아닐 수 없다. 이 시대에 이룩된 조선 성리학은 중국 성리학의 미비점을 보완하는 동시에 어느 일면에서는 창신의 의미까지도 갖는다는 점에서 그 의의가 크다. 다만 17세기 이후 당면한 국가적 위기 속에서 현실 대응과 시대 구원의 대안으로 등장한 실학, 양명학, 호락론, 자주학풍은 조선 유학의 역동성과 자주성을 잘 보여 준 것이라 할 수 있다.

제5절 21세기 유학의 현대적 계승

1. 유학의 본질

1) '인간'은 가장 소중한 가치

공자는 석가, 예수, 소크라테스와 함께 인류의 위대한 스승으로 일컬어진다. 석가와 예수는 불교와 기독교라는 종교로 계승되어 오늘날까지 인류역사에 큰 영향을 미쳐 왔다. 그러나 공자와 소크라테스는 동서양 철학의 원조로 수천 년 동안 자리해 왔다.

공자는 유교문화의 창시자로 일컫는다. 물론 유교가 공자만의 독창은 아니지만, 자기 이전의 원시유교문화를 종합하여 집대성하고 철학화했다는 점에서 유교의 창시자라 해도 지나치지 않다.

공자사상의 본질이 무엇인가? 유교문화의 본질이 무엇인가 하는 것은 매우 중요한 문제다. 공자사상의 가장 중요한 관심사는 '인간'에 있고,[173] 또 그 인간들이 모여 사는 '인간사회'에 있다. 물론 공자라고 해서 자연에 무관심하고 신에 대해 아무 관심이 없었던 것은 결코 아니다. 인간은 위로는 신과 아래로는 자연과 유기적으로 연결되어 있기 때문이다.

공자의 일차적인 관심은 인간과 사회에 있었다. 공자의 평생 관심사는 인간이란 무엇이며, 인간은 어떻게 살아야 하는가에 있었다. 전자는 존재

---

173) 《論語》, 〈先進篇〉, "季路問事鬼神 子曰 未能事人 焉能事鬼 敢問死 曰未知生 焉知死."

론적 관심이라면, 후자는 당위적 관심이다. 공자는 인간을 위대한 존재, 만물의 영장으로 보았다.[174] 인간은 전지전능한 신 앞에 초라한 존재가 아니라 신성(神性)을 갖춘 위대한 존재라고 이해하였다. 비록 인간이 신의 창조물이라 하더라도, 이 세상은 인간의 세상이며 인간이 주인이라고 보았다. 공자는 인간을 우주경영의 주체라 보고, 인간을 신성을 지닌 귀한 존재로 인식하였다. 인간은 신처럼 총명하여 끊임없이 개발을 하고 문명을 창조한다. 또 인간은 도덕적 양심을 지녀 서로 사랑하고 돕고 더불어 살아간다고 보았다. 인간의 본성은 신성(神性)과 물성(物性)의 총화라고 보았다. 공자에게 있어서 인간은 이 세상에서 가장 존귀한 존재요 존엄한 존재다. 인간보다 더 소중한 가치는 없는 것이다. 신도 인간을 위하여, 자연도 인간을 위해 존재한다고 본다. 그리고 정치, 경제, 문화, 교육, 과학 등 모든 것은 인간을 위해 존재하는 것이지 인간이 그것들의 도구가 아니다. 그러므로 공자는 인간이 노력만 하면 군자도 될 수 있고 성인도 될 수 있다고 믿는다. 또 유교가 추구하는 인(仁)의 실현도,[175] 왕도 내지 대동(大同)의 실현도 자기 자신이 노력하면 가능하다고 보았다.

또한 공자는 인간들이 모여 사는 사회를 항상 걱정하였다.[176] 인간은 홀로 못산다. 더불어 공동체를 구성해 살아간다. 여기서 더불어 살아가는 법과 질서 그리고 윤리가 필요한 것이다. 공자는 유교의 범주를 수신, 제가, 치국, 평천하라 규정하였다.[177] 가정, 사회, 국가, 세계가 인간이 살아가는 공간이요 삶의 장이다. 이 사회적 공간의 질서유지와 평화의 정착 그

---

174)《書經》,〈皐陶謨篇〉, "天工人其代之."

175)《論語》,〈述而篇〉, "子曰 仁遠乎哉 我欲仁 斯仁至矣."

176)《論語》,〈微子篇〉, "夫子憮然曰 鳥獸不可與同群 吾非斯人之徒與 而誰與 天下有道 丘不與易也."

177)《大學》, 傳首章.

리고 윤택한 삶의 보장과 자유, 평등의 실현은 유교의 과제요 공자사상의 핵심적 과제다. 유교가 현실을 외면하고 세속을 떠나 초월세계에 안주할 수 없는 까닭이 여기에 있다. 유교는 현실을 떠나는 것이 아니라 세속의 중심에 서서 세속사회를 책임지는 것이 의무요 도리다. 이를 우환의식이라 한다. 이처럼 유교의 관심사는 인간과 사회에 있고, 인간의 가치는 가장 소중한 가치로 인식된다.

2) '사랑(仁)'의 실현

공자사상의 본질적 요소는 '사랑'이라고 할 수 있다. 사랑이란 유교뿐만 아니라 모든 종교와 철학의 궁극적 지향점이다. 예수도 사랑을 이야기했고 석가도 대자대비(大慈大悲)를 말했으니 모두가 사랑이다. 공자사상의 핵심이 인(仁)이고 유교문화의 철학정신이 곧 인이다. 인(仁)은 여러 가지 의미가 있지만,[178] 남을 사랑하는 것이다.[179] 공자가 말하는 사랑은 단순히 인간에 대한 사랑에 국한하는 개념은 아니다. 위로는 신에 대한 사랑, 천에 대한 사랑으로 나타나고, 아래로는 자연, 사물에 대한 사랑으로 나타난다. 인은 천지가 만물을 낳는 마음이다.[180] 사랑은 생명의 원초적 이념이다. 모든 생명은 사랑의 소산이요 사랑을 먹고 자란다.

또 사랑은 인간관계에서 종횡으로 전개된다. 먼저 자기 자신을 사랑해야 한다. 내가 나를 사랑하지 못하면 남이 나를 사랑할 수 없다. 나를 중심으로 위로는 부모를 사랑하고 조부모를 사랑하고 더 위로 올라가 조상

---

178) 유교의 인(仁)은 매우 다양한 의미를 갖는다. 인(仁)은 유교의 진리적 표현이기도 하고, 인간의 본래성을 의미하기도 하며, 인간관계의 도리를 의미하기도 하고, 또 사랑의 의미를 갖기도 한다.

179) 《論語》,〈顔淵篇〉, "樊遲問仁 子曰 愛人."

180) 《性理大全》, 卷35,〈仁〉, "朱子曰…蓋仁之爲道 乃天地生物之心…"

을 공경한다. 그 끝에는 하늘이 존재하므로 경천(敬天)이 된다. 또 나를 중심으로 아래로는 자식을 사랑하고 손자를 사랑하며 자자손손(子子孫孫) 사랑은 이어진다. 또 옆으로는 형제를 사랑하고 가정을 벗어나서는 어른을 공경하고 어린이를 사랑한다. 인간관계의 사랑은 이처럼 나를 중심으로 상하, 전후, 좌우로 전개된다.

사랑은 사물과 일에도 적용된다. 공자는 우리가 어떤 일을 할 때에도 경(敬)으로 하라 했는데,[181] 이는 곧 일에 대한 사랑을 말한다. 경이란 어떤 대상에 대해 마음을 한곳으로 모으고 마음을 다하는 것을 말한다.[182] 공자의 사랑의 정신은 주체에서 객체로, 나에게서 남으로, 가까운 데서 멀리, 낮은 데서 높은 데로 두루 적용되는 것이고, 사랑의 실현은 언제 어디서나 가능한 것이다.

묵자(墨子)는 공자의 사랑을 차별애(差別愛)라 하여 비판하고 있지만, 유교의 사랑은 차별애를 통한 보편애(普遍愛)라 할 수 있다. 남의 부모보다 내 부모를 더 사랑하는 것이 인간의 진정이다. 다만 유교는 내 부모만 사랑하는 것이 아니라 그 사랑을 미루어 남의 부모까지 나아가 펼치는 데 의미가 있다.[183] 《대학》의 '혈구지도(絜矩之道)', 《맹자》의 '추은(推恩)', 《논어》, 《중용》의 '충서(忠恕)'가 모두 이것을 말한다. 입장을 바꾸어 남을 이해하고 배려하며, 남을 용서하는 데서 진정한 인류의 평화가 오고 행복이 가능하다. 이렇게 사랑이 나 자신에게서 시작하여 남에게 두루 미치고, 온 인류에게 미칠 때 지상의 천국이 가능하고 지상의 극락이 가능하다고 보는 것이다.

---

181) 《論語》, 〈學而篇〉, '敬事而信', 〈子路篇〉, '執事敬'.

182) 《二程全書》. 卷15, 〈伊川語錄〉, "敬者 主一之謂 敬所謂一者 無適之謂一…"

183) 《孟子》, 〈梁惠王章上〉, "老吾老 以及人之老 幼吾幼 以及人之幼 天下可運於掌…"

3) 행복한 세상(大同)을 향하여

유교는 인간사회, 세속을 걱정하는 철학이다. 비록 세속이 더럽고 추악해도 그것을 버리고 피하는 것이 아니라, 적극적으로 이를 바로잡고 정화 (淨化)시키는 것이 유학자의 사명이라고 생각한다. 유교는 근본적으로 인간을 사회적 동물이라 보고, 인간의 사회적 역할을 매우 중요하게 생각한다. 그러므로 유교는 개인의 수양이 매우 중요하고 근본이 되지만,[184] 여기에 머물러서는 안 된다고 생각한다. 이 점이 바로 불교나 도가와 구별되는 점이다. 유교는 인간사회를 삶의 장으로 중시한다. 선악이 병립하고 이해가 함께 존재하고 군자와 소인이 함께 사는 사회를 인정하는 것이다. 또한 이 사회는 공동체의 삶을 영위하기 위해 정치, 경제, 문화, 교육, 행정, 국방, 과학, 기술, 예술 등 다양한 영역의 역할이 필요하다.

인간은 누구나 행복하기를 바란다. 행복이란 한마디로 표현하기 어려운 말이지만, 인간이 추구하는 가장 만족스런 상태를 의미하는 말이다. 물질적 풍요, 인간적 대우, 자유와 인권의 보장, 자율적인 도덕률에 의해 질서가 유지되는 사회, 이 모든 것이 행복의 조건이라 할 수 있다.

공자는 유교의 이상을 '대동(大同)'이라 하였다. 대동사회는 유교의 유토피아다. 백성들이 저마다 물질적 풍요를 누리고 윤리질서가 확립되어 있다. 천하의 모든 것들이 공공의 것이 되어 네 것 내 것이 없다. 모두가 우리 것이다. 모든 백성들이 저마다 인간다운 대우를 받아 소외되지 않는다. 물질도 이기적으로 사용하지 않고 더불어 사용하며, 능력도 나만을 위해 사용하지 않고 남을 위해 사용한다. 어느 누구도 소외되지 않고 부족함이 없으니 불평불만이 없다. 그러므로 도적도 없고 강도도 없다. 세상을 원망

---

184)《大學》, "自天子至於庶人 壹是皆以修身爲本."

하며 나라를 뒤엎겠다는 임꺽정, 양길산 같은 무리도 나오지 않는다. 그러므로 집집마다 문을 닫지 않고 활짝 열어 놓고 산다. 이런 세상을 대동(大同)이라 한다.[185]

유교는 죽고 나서 천국이나 극락세상을 가자고 말하지 않는다. 이 세상에서 실현 가능한 이상세계를 꿈꾼다. 그것이 대동세계다. 대동의 본질은 물질적 풍요와 윤리적 정의의 실현에 있다. 경제와 윤리가 잘 어우러진 세상, 이것이 유교가 지향하는 이상세계다. 오늘날 현대세계가 궁극적으로 이러한 방향으로 가고 있지 않은가.

2. 유학의 현대적 계승

1) 충효의 윤리

전통적으로 한국유교는 충효(忠孝)사상이 강조되어 왔다. 충(忠)과 효(孝)는 유교사상의 중핵을 차지한다. 유교가 충을 강조하는 것은 유교사상이 사회적 성격을 띠고 있기 때문이다. 유교는 본래 수기(修己)에서 제가(齊家)를 거쳐 치국평천하(治國平天下)를 지향한다. 개인적 수기는 유교에서 볼 때 불완전한 것이다. 치국평천하를 통해 유교는 완성된다. 이러한 유교의 사회적 성격으로 인해 유교는 공동체의식을 강조하게 된다. 즉 개인은 전체를 위하고, 전체는 개인을 위한다는 상보적 인식이 전제된다. 개인과 전체, 나와 공동체가 유기적으로 이해되는 것이다. 이것이 유교 정치사

---

185) 《禮記》, 〈禮運篇〉, "大道之行也 天下爲公 選賢與能 講信修睦 故人不獨親其親 不獨子其子 使老有所終 壯有所用 幼有所長 鰥寡孤獨廢疾者 皆有所養 男有分 女有歸 貨惡其棄於地也 不必藏於己 力惡其不出於身也 不必爲己 是故謀閉而不興 盜竊亂賊而不作 故外戶而不閉 是謂大同."

상의 특징이다. 그러므로 유교는 국가를 가정의 연장선상에서 이해한다. 공자는 "임금은 예로써 신하를 부리고, 신하는 충으로써 임금을 섬긴다."[186]라고 하였다. 또 맹자는 부자유친(父子有親), 군신유의(君臣有義), 부부유별(夫婦有別), 장유유서(長幼有序), 붕우유신(朋友有信)의 오륜(五倫)을 제시한 바 있다.[187] 충은 현대적으로 해석하면 애국심이다. 나라를 위한 사랑이 곧 충이고 이것은 다름 아닌 애국심이다.

또한 유교사상은 효를 인륜의 으뜸으로 여겨 왔다. 공자는 말하기를, "군자는 근본을 힘쓰는 것이니, 근본이 서면 도가 생기나니, 효제(孝弟)는 그 인(仁)을 행하는 근본이다."[188]라고 하였다. 자식의 부모에 대한 효와 아우의 형에 대한 공경[弟]이 인을 행하는 근본이라 하였다. 또 공자는 배우는 학생들은 집에서는 효를 하고 나아가서는 어른을 공경해야 한다 하였고,[189] 맹자는 "인(仁)의 실(實)은 사친(事親)이 이것이고, 의(義)의 실은 종형(從兄)이 이것이다."[190]라고 하였다. 여기서 사친은 곧 효를 말하고 종형은 제를 말한다. 이처럼 유교는 효제(孝弟)를 가정윤리의 근간으로 중시해 왔다.

그런데 중국 유교에서는 효충(孝忠)의 순서를 기본으로 하지만, 한국의 경우는 충효(忠孝)를 기본으로 한다. 신라의 화랑 '세속오계(世俗五戒)'만 하더라도 사군이충(事君以忠), 사친이효(事親以孝), 교우이신(交友以信), 임전무퇴(臨戰無退), 살생유택(殺生有擇)의 순서로 되어 있다.[191] 그 이후 한

---

186) 《論語》, 〈八佾篇〉, "孔子對曰 君使臣以禮 臣事君以忠."

187) 《孟子》, 〈滕文公章上〉.

188) 《論語》, 〈學而篇〉, "君子務本 本立而道生 孝弟也者 其爲仁之本與."

189) 《論語》, 〈學而篇〉, "子曰 弟子 入則孝 出則弟…"

190) 《孟子》, 〈離婁章上〉, "孟子曰 仁之實 事親是也 義之實 從兄是也."

191) 《三國史記》, 卷第45, 列傳 第5, 〈貴山〉.

국의 역사 속에서 늘 충효의 윤리는 국가윤리와 가정윤리의 중핵이 되어 왔다. 아마도 한국의 유교가 효충이 아닌 충효의 윤리를 강조해 온 전통은 지정학적 위치와 함께 외세의 침략에 시달려 온 역사적 전통과 무관하지 않을 것이다. 잠시도 국가안보를 게을리할 수 없는 한국의 여건이 그렇게 만들었다고 보아도 좋다. 물론 국가공동체 의식이나 애국심은 어느 나라나 다 소중한 가치임에 틀림없다. 문제는 그것이 국가권력에 의해 인위적으로 조장될 때 있지, 국민들의 자발적인 애국심의 고취와 공동체 의식은 국가 발전의 운동력이 된다 할 수 있다.

한국의 경우 충의 윤리는 아직도 건재하다고 생각된다. 분단 상황과 북한과의 적대관계가 아직도 지속 중인 한국의 현실은 잠시도 나라의 안보를 게을리할 수 없다. 한국사회는 때로 보수와 진보 진영의 심각한 갈등으로 위기상황까지 가지만, 나라가 위기에 처하면 언제든지 하나로 뭉치고 단결하는 응집력을 보여 왔다. 지난 1990년대 IMF 외환위기 때도 온 국민이 힘을 합쳐 극복한 사례가 이를 잘 말해 준다. 오늘의 한국사회가 서구 문화의 영향으로 개인주의화되어 가고 있는 것은 사실이지만, 그래도 상대적으로 비교해 보면 한국인의 애국심과 공동체의식은 건강하다고 생각된다.

그러면 효의 윤리는 어떤 상황에 와 있는가? 한국사회는 동아시아 국가 중에서도 유교적 전통을 가장 충실히 계승해 온 나라 가운데 하나다. 그 대표적인 예가 부모에 대한 효의 윤리다. 부모를 잘 모셔야 하고, 제사를 잘 지내야 하고, 조상을 잘 숭배해야 한다는 것은 한국인의 보편적인 윤리의식이다. 그것은 신앙을 떠나 일반화된 한국인의 공통적인 윤리의식이다.

그런데 시대적 변화는 이러한 효의 전통문화를 위태롭게 하고 있다. 우선 가정이 해체 위기에 직면해 있다. 부부가 맞벌이를 하고, 직업이 다양해지고, 아이를 많이 낳지 않는다. 또 글로벌시대에 서구문화의 영향을 받기도 하고, 여성의 위상이 높아졌으며, 기독교의 영향도 매우 크다. 독신주의가 만연하고 결혼해도 아이를 많이 낳지 않으며, 딸만 있는 가정이 많다. 이제 가문의 전통을 온전히 승계할 기반이 무너지고 있는 것이다.

이러한 시대적 변화, 가정의 구조적 변화, 현대인의 의식변화 속에서 전통문화, 유교문화, 효의 문화는 위기에 처해 있다. 부모도 자식에게 의존하지 않으려 하고 아예 효도를 기대하지도 않는다. 자식들은 전통적인 부모와 자녀 간의 관계에 대해 회의적이며 이를 존중하지 않으려 한다. 노인문제가 심각한 사회문제로 등장하고, 부모와 자녀 간의 의무와 도리에 관해 심각한 갈등이 야기되고 있다. 자녀에 대한 부모의 헌신과 희생도 보기 드물고, 부모에 대한 자녀의 효성도 보기 어렵다.

그럼에도 불구하고 이러한 전통적인 충효의 윤리를 회복하고자 하는 노력은 활발하게 전개되고 있다. 이제 시대변화에 맞는 충효윤리의 리모델링이 필요하다.

2) 인간성의 회복

유교는 무엇보다 인간을 중요시하고 인간의 가치를 존중하는 데 그 특징이 있다. 유교의 이러한 특성이야말로 유교가 시대와 공간을 뛰어넘어 세계인의 보편적 가치로 존중받아야 할 충분한 이유가 된다. 유교가 인(仁)을 최고의 가치, 최고의 윤리로 삼는 것은 인간성을 의미하기 때문이다. 인간이 인간일 수 있는 이유가 바로 인(仁)이다.[192] 인간은 인(仁)이 있어 인간일 수 있고, 인을 실현함으로써 인간다운 인간이 될 수 있다.

유교는 이 인간다움으로서의 인의 가치를 매우 중요하게 생각한다. 그

---

192)《中庸》, 第20章, 眞西山注, "西山眞氏曰 人之所以爲人 以其有此仁也 有此仁而後命之曰人 不然則非人矣."

것은 목숨과도 같은 것이다. 유교는 신보다도 인간, 자연보다도 인간을 더 소중하게 생각한다. 그것은 인간이 이 세상의 주인이기 때문이며, 인간이야말로 각기 하나뿐인 절대적 존재이기 때문이다. 신과 같은 인간, 하늘과 같은 인간의 존엄을 강조해 온 것이다. 이러한 인간존엄의 정신이 유교의 가장 중요한 정신이라고 생각한다. 물론 과거 전통사회 특히 조선조 유교사회에서 이러한 인간의 존엄과 평등은 많이 훼손되었고, 또 위기에 처해 있었음을 역사를 통해 잘 알고 있다. 이는 유교 자체 이념의 잘못이 아니라 당시 지도층이 유교를 빌미로 남용한 것이라 할 수 있다.

유교의 인간존중의 정신은 정치적으로 왕도로 나타났다. 임금의 어진 마음, 도덕적 모범을 통해 구현되는 왕도정치는 치자와 피치자가 갈등하지 아니하고 더불어 살아가는 공화국이다. 유교는 이런 점에서 많은 제도적 장치를 구비했고, 특히 치자의 정치심법에 대해 많은 노력을 집중했다.

그런데 오늘날 한국에서의 인간성의 존중, 인간성의 회복은 어떠한 상황에 와 있는가? 이 문제 또한 시대적 변화와 밀접한 연관이 있다. 현대사회는 경제가 매우 중요한 가치로 존중된다. 개인도 가정도 나라도 국제사회도 경제가 가장 중요한 의미를 갖는다. 경제적 조건은 정치를 좌우하고 개인의 행복에도 깊숙이 관여한다. 경제지상주의하에서 인간은 그 수단으로 전락되었다. 인간은 돈을 버는 기계가 되고, 인간의 평가 척도도 경제적 조건에 의해 이루어진다. 이제 사람들은 돈을 벌기 위해 수단방법을 가리지 않는다. 심지어 인간이 매매의 수단으로 이용된다. 장기를 돈으로 매매하고 보험금을 타기 위해 살인을 한다. 또 보험금을 타기 위해 고의로 교통사고를 저지른다.

또한 현대사회는 첨단 과학기술의 시대이다. 모든 것이 자동화되어 있고 편리한 생활을 구가한다. 그런데 이러한 현대 과학기술은 도리어 인간을 통제하고 구속한다. 우리는 하루 종일 보이지 않는 감시카메라에 노출되어 있고, 나의 말과 행동은 감시당하고 있다. 그리고 나의 편리를 위해 만들어진 과학기기가 도리어 나를 조종하고 감시하고 통제하는 모순을 초래하고 있다. 과학기술에 의한 인간소외라 할 수 있다.

또한 일부 신앙인들은 신에 의한 인간소외에 직면해 있다. 일종의 신(神)병 환자라 해도 지나치지 않는다. 그들은 신만 보이지 인간은 보이지 않는다. 모든 것을 신을 위해 바치고 신을 위해 산다. 내 남편, 내 자식, 내 부모는 보이지 않는다.

이제 우리는 유교 본래의 인간성 회복에 나서야 한다. 나에게 주어진 천부인권을 찾아야 하고, 하늘이 준 나의 본성을 회복해야 한다. 오늘의 한국사회는 이 점에서 많은 문제를 안고 있다. 내 본성을 회복하는 동시에 남의 인간성을 존중해야 한다. 서로가 인격을 존중하고 인간의 존엄을 인정할 때 그 사회가 바로 서고 수준 높은 문명국가로 나아갈 수 있다. 그 나라가 얼마나 훌륭한 나라냐 하는 것은 국민 한 사람 한 사람의 생명과 인권, 자유와 행복을 얼마나 중요하게 생각하는가에 달려 있다.

3) 윤리의식의 제고

윤리는 유교사상의 중요한 특성의 하나다. 동서양의 모든 종교와 철학이 윤리를 말하지만 특히 유교는 윤리적 가치를 매우 중시한다. 유교는 인간을 윤리적 존재로 보고, 윤리적 가정, 윤리적 사회, 윤리적 국가의 실현을 추구한다. 또 정치의 도덕화, 경제의 도덕화, 교육의 도덕화, 문화의 도덕화를 추구한다. 그것은 윤리야말로 인간이 다른 동물과 차별화할 수 있는 가치라고 보기 때문이다. 인간은 윤리를 통해 다른 동물과 구별되고, 윤리적 삶을 통해 만물 앞에 당당히 자존을 지키기 때문이다.

맹자는 인간이 배부르게 먹고 따뜻하게 입고 편안하게 살면서 배우지 아니하면 금수에 거의 가깝다고 하였다. 옛 성인이 이를 근심하여 인륜으로써 가르쳤는데, 그 내용이 부자유친(父子有親), 군신유의(君臣有義), 부부유별(夫婦有別), 장유유서(長幼有序), 붕우유신(朋友有信)이라 하였다.[193] 여기서 인륜은 인간이 동물로 전락하지 않기 위한 안전장치로서 맹자는 오륜을 제시하였다. 유교의 다양한 덕목들 이를 테면 충(忠), 효(孝), 경(敬), 성(誠), 인(仁), 의(義), 예(禮), 지(智), 신(信), 용(勇) 등이 모두 구체적인 윤리들이다. 사람마다 각기 주어진 상황에서 지켜 가야 할 도리가 인륜이고 윤리다. 이를 예(禮)라고도 하고 도(道)라고도 하고 윤리라고도 한다.

우리 민족은 전통적으로 예의를 잘 지켜 온 민족이다. 그러기에 중국의 옛 문헌들에서는 "중국이 예를 잃는다면 동이(東夷)에게서 구할 것"이라 하였고,[194] "동이는 군자국(君子國)으로 그들은 옷을 입고 관을 쓰고 띠를 두르고 칼을 찼다."라고 기록하고 있다.[195] 《논어》에서 "공자가 말하기를 도가 행해지지 아니하면 뗏목을 타고 바다를 건널지니, 그때 나를 좇을 자 자로(子路)로다."[196]라고 하였다. 이와 같이 아득한 옛날 우리 겨레는 윤리에 밝아 중국 사람들로부터 '군자국(君子國)', '군자불사지국(君子不死之國)'[197]이라 불리었고, '동방예의지국'으로 일컬었던 것이다.

그러면 오늘날 한국에서의 윤리적 상황은 어떠한지 검토해 보기로 하자. 이 문제 또한 시대변화와 밀접히 연관되어 있다. 유교가 국가의 이념으로 자리했던 조선조 500년은 적어도 윤리도덕이 매우 중요한 가치로 역할해 왔다고 할 수 있다. 물론 그 시대에도 윤리적 일탈이 없지 않았고 도덕

---

193) 《孟子》, 〈滕文公章上〉, "人之有道也 飽食煖衣 逸居而無敎 則近於禽獸 聖人有憂之 使契爲司徒 敎以人倫 父子有親 君臣有義 夫婦有別 長幼有序 朋友有信."
194) 《後漢書》, 卷85, 〈東夷列傳〉, 第75, "東夷…器用俎豆 所謂中國失禮 求之者也."
195) 《山海經》, 〈海外東經傳〉, "君子國…衣冠帶劍."
196) 《論語》, 〈公冶長篇〉, "子曰 道不行 乘桴 浮於海 從我者 其由與."
197) 《後漢書》, 〈東夷列傳〉, 第75.

적 해이가 많았겠지만, 그래도 현대에 비교하면 윤리적 상황은 훨씬 건강했으리라 보인다. 물론 그것이 강요된 것이고 제도화된 것이라는 한계는 있지만, 윤리적 잣대가 사회 전반에 매우 중요하게 기능하고, 의식적이든 무의식적이든 윤리도덕에 길들여진 사회였음은 분명하다.

현대사회는 물질주의, 경제주의가 횡행하고, 성과주의, 효율성이 중시된다. 이는 과학기술과 맞물려 기능주의, 형식주의로 흘러간다. 또한 서구적 민주주의의 확장과 인권의식의 확충은 윤리적 질서와 갈등하기도 한다. 즉 윤리적 질서와 자유, 평등, 인권이 혼동을 겪고 있는 것이다. 특히 현대 사회가 이익사회로 흘러감에 따라 도덕적 위기는 더욱 가중되고 있는 현실이다.

윤리는 인간생활 전반을 규율한다. 나를 중심으로 전후, 좌우, 원근, 상하, 남녀 모든 관계에서 윤리적 질서가 수반한다. 가정윤리, 사회윤리, 국가윤리, 세계윤리, 생태윤리, 직업윤리, 정치윤리, 경제윤리, 과학기술의 윤리 등 윤리는 우리의 삶에 구석구석 자리한다. 이 윤리적 질서가 바르게 잡혀 나갈 때 나도 너도 행복할 수 있고, 우리가 웃으며 살 수 있다.

그런데 오늘날 한국의 현대사회는 총체적으로 윤리적 위기에 봉착해 있다. 자정(自淨)과 개혁의 노력을 해 오고 있지만, 아직도 정치권의 윤리적 수준은 국민들을 걱정하게 만든다. 교육의 현장은 사제 간의 윤리질서가 깨진 지 이미 오래다. 교사는 학생의 인권조례 앞에 무력한 존재가 되어 교육적 지도력을 발휘하지 못한다. 교사는 학생에게서도 학부모에게서도 존경받지 못한다. 이런 풍토에서 인성교육을 기대하는 것은 어려운 일이다. 가정은 훌륭한 도덕교육의 장인데 해체 위기에 직면해 있다. 맞벌이 부부, 한둘뿐인 자녀, 시험위주, 성적위주, 입시위주, 취업위주인 교육현실에서 바르게 커야 한다, 정직하게 살아야 한다, 남을 사랑하고 배려해야 한다는 가르침은 공허하게 들린다. 또 부부관계의 윤리, 부자관계의 윤리,

형제관계의 윤리도 심각한 수준에 와 있다.

이러한 한국사회의 윤리적 위기는 무엇보다 교육의 위기에서 비롯되었다. 윤리적 행동은 교육에서 시작된다. 유아교육, 중등교육, 사회교육이 삼위일체가 되어야 한다. 우리는 일제에서 해방된 이후 학교교육이 주지적(主知的) 교육을 면치 못했다. 물론 그것이 오늘날 한국의 발전에 이바지한 측면을 간과해서는 안 되지만, 적어도 인성교육, 도덕교육의 측면에서는 그러한 비판을 받지 않을 수 없다. 오늘날 한국교육의 현장에서도 인성교육의 목소리는 높지만, 교육현장의 준비와 실효는 아직도 요원하다. 잘못된 우리 사회의 시스템을 바로잡지 않고서는 인성교육의 실효를 거두기 어렵다. 취업과 입시의 시스템에 변화가 오지 않으면 안 된다. 취업과 입시에 반영이 안 되면 인성교육이 아무리 좋은 명약이라도 먹지 않으려 하는 것이 한국의 교육현실이기 때문이다.

그러나 다른 나라와 비교해 보면 아직 희망은 있다고 생각된다. 한국사회는 지금 선진사회로 이행해 가는 과도기에 있다. 국민들의 윤리의식도 많이 향상되고 있다. 한국의 기차여행은 그 대표적인 예에 속한다. 승차권 검사를 하지 않는 나라, 참으로 자랑스럽다. 또 흡연 문화만 해도 우리 사회의 윤리의식 수준이 많이 나아졌음을 실감케 한다. 일부 예외는 있으나 이제 기차에서, 버스에서, 식당에서, 공공기관에서 함부로 담배 피는 모습을 보기 어렵다. 우리 사회의 윤리의식이 점차 제고되고 있음을 피부로 느끼게 된다. 치안상태를 보더라도 한국은 매우 양호한 나라에 속한다. 새벽 두세 시에 마음 놓고 거리를 활보하는 나라가 대한민국이다. 물론 일부 사건사고야 없지 않지만, 상대적으로 비교해 보면 한국의 치안상태는 모범적이라 할 만하다. 정치윤리도 과거에 비하면 많이 높아진 것이 사실이다. 이젠 한국사회도 부도덕한 과거를 가지고는 나라의 인재가 될 수 없고 지도자가 될 수 없다. 그리고 도덕성이 지도자가 되는 데 매우 큰 자격과 조건으로 인식되고 있다.

이렇게 볼 때, 오늘의 한국사회가 당면한 윤리적 위기에도 불구하고 희망은 있다고 생각된다. 우리는 분단국가, 자원의 부족, 협소한 국토 등 매우 어려운 여건에서도 산업화와 민주화를 모범적으로 이룩하였다. 진정한 선진국가는 물질적인 풍요와 함께 자유와 인권을 향유해야 하고, 특히 국민들의 도덕적 양심이 살아 숨 쉬어야 한다. 이제 우리에게 필요한 것은 도덕성의 회복, 윤리의식을 높이 끌어올리는 일이다.

제2부 │ 한국 유학의 산책

제1절 | 천년 신라에 있어서 '유학' 그리고 '국학'

1. '천년 신라'의 의미

한 나라가 1,000년의 역사를 갖는다는 것은 결코 쉬운 일이 아니다. 이는 동서양 역사를 통해서도 흔치 않는 일이다. 신라는 1,000년의 자랑스런 역사를 가진 우리 민족의 자취다. 우리 민족이 한반도를 중심으로 반만 년의 역사를 갖고 오늘날까지 민족의 생존을 도모해 온 것은 실로 장한 일이다. 북으로는 중국, 동으로는 왜의 사이에서 수많은 외침을 겪으면서도 민족의 정체성을 갖고 세계의 중심에 우뚝 서게 된 것은 자랑스런 일이다. 비록 남북통일이라는 과제가 아직 우리의 현안으로 주어져 있지만, 선진국의 일원으로 산업화와 민주화를 동시에 성취한 것은 참으로 다행스런 일이다.

이러한 오늘의 한국이 존재하는 데는 먼저 '천년 신라'의 역사적 의미를 되새길 필요가 있다. 물론 고구려 중심의 삼국통일의 아쉬움이 없는 것은 아니지만, 차선으로의 신라 통일은 역사적으로 다행한 일이다. 해방 후 남한만의 단독정부 수립에 대해 분단을 고착화했다는 일부 진보진영의 비판이 없는 것은 아니지만, 이 문제 또한 신라의 삼국통일과 마찬가지로 차선의 선택이었다고 생각된다.

통일신라 이후 고려 - 조선 - 대한민국으로 이어 온 우리 민족의 정통

성은 비록 그 과정에서의 아쉬움과 다소의 문제가 있다 하더라도 매우 소
중한 가치를 지닌다.

그러면 '천년 신라'의 원천은 과연 무엇일까? 사실 신라는 당시 삼국 가
운데 지리적으로도 불리하였고, 군사적, 문화적으로도 가장 열악하여 발
전이 늦었던 나라였다. 그럼에도 불구하고 신라가 고구려와 백제를 평정하
고 삼국통일의 주인공이 될 수 있었던 것은 여러 가지 요인이 있을 수 있
지만, 애국심 있는 백성을 교양(敎養)한 문화적 힘과 교육에 있었다고 사
료된다. 왜냐하면 전쟁이란 사람이 하는 것이고, 사람의 정신과 가치관, 의
지가 전쟁의 승패를 좌우하기 때문이다. 미국이 베트남 전쟁에서 패한 것
은 무기가 부족해서가 아니라 정신전력의 측면에서 패한 것임은 주지의
사실이다.

이렇게 볼 때, 신라의 통일에 있어 주축이 되었던 화랑(花郎)은 유교적
애국심과 불교적 호국신앙으로 무장된 선비요 무사였으며, 통일의 대업을
준비하고 설계하고 실천했던 진흥왕, 무열왕, 문무왕 등도 유교적 충의(忠
義)와 불교적 호국신앙으로 철저히 무장된 지도자들이었다.

이러한 '천년 신라'의 통일과 중흥에 있어 그 기반이 되었던 이념적 기
반이 바로 고유사상인 풍류도(風流道)를 바탕으로 한 불교요 유교였다. 그
리고 유교가 정치와 교육 그리고 윤리라는 현실적 사명을 지녔다고 볼 때,
국학(國學)은 그 요람이요 산실이었다.

신라의 국립대학인 국학이 설립된 지 1,330년을 맞아 우리는 한국의 대
학사를 새롭게 인식할 필요가 있다. 흔히 우리는 서양의 옥스퍼드, 캠브리
지를 일컬어 대학의 역사를 말하지만, 우리도 그에 못지않는 자랑스런 대
학사를 지니고 있음에 자긍심을 가져야 할 것이다. 고구려 태학(太學)이
설립된 것을 효시로 삼는다면 1,640년(372년)의 역사가 되고, 여말 성균관
으로 계산하더라도 614년(1398년)의 역사를 갖는다. 대학은 지성의 산실이

고 문화의 보고이므로 대학사는 곧 지성사라고 해도 과언이 아니다.

2. 국학 설립과 교학적(敎學的) 의의

국학은 신라 유교의 아성으로[198] 관리의 양성을 목적으로[199] 한 것이었다. 통일신라 이전(진덕여왕 5년)에도 국학이 있었지만,[200] 그 후 신문왕 2년(682년)에 더욱 정비하여 예부(禮部) 산하에 국립대학인 국학을 세우고 경(卿) 1인을 두어 관리하였다.[201] 이것이 신라 국학의 설립이니 지금부터 1,330년 전이 된다.

그런데 이미 고구려는 소수림왕 2년(372년)에 국립대학인 태학(太學)이 설립되었으니, 신라의 국학 설립은 삼국통일 후인 682년으로 고구려보다 310년이 뒤떨어졌다. 이는 신라가 그만큼 당시 문화 수용이 늦었음을 말해 주는 것이다.

경덕왕(景德王: 742~764) 때에는 국학의 명칭을 태학감(太學監)으로 고쳤다가, 혜공왕(惠恭王: 765~779) 때에는 다시 국학으로 환원하기도 하였다. 이로 미루어 볼 때 국학과 태학은 같은 의미로 사용한 것임을 알 수 있다.

김춘추(金春秋)는 진덕왕(眞德王) 2년(648년) 당나라에 사신으로 가서 당의 국학에 가서 석전(釋奠)의례와 경전강론을 참관한 적이 있는데,[202] 이후 국학의 설립에 당시 정치적 실력자였던 그의 의지와 역할이 중요했

---

198) 이기백, 〈한국 유학의 정착 과정〉, 《한국사상의 심층 연구》, 우석, 1982, 177쪽.

199) 이기백, 위의 글, 183쪽.

200) 이병도, 《한국 유학사》, 아세아문화사, 1987, 50쪽.

201) 《三國史記》, 卷第98, 〈新羅本紀〉, 第8, 神文王 2年 條.

202) 위의 책, 卷第5, 〈新羅本紀〉, 眞德王 2年 條.

으리라는 추측을 해 볼 수 있다. 따라서 신라 국학의 설치는 김춘추 같은 왕권세력과 6두품(六頭品)의 협력에 의한 작품이라고 보아도 좋을 것이다.[203] 그리고 아마도 당 시대를 살았던 강수(强首)와 설총(薛聰)은 국학의 설립에 가장 공이 많은 인물로 추정해도 좋을 듯싶다.[204]

682년 국학이 설립된 후 성덕왕(聖德王) 16년(717년)에는 왕자 김수충(金守忠)이 당나라 사신으로 가서 문선왕(文宣王) 공자와 10철(哲), 72제자의 초상을 가져와 태학에 두었으니,[205] 이로써 문묘의례(文廟儀禮)의 제도를 갖추는 계기가 되었다.

또한 국학에서는 당나라에 유학을 보내 국제적인 학문 교류의 계기를 마련하였다. 성덕왕 27년(728년)에 김사종(金嗣宗)을 당나라에 사신으로 보내는 기회에 신라의 자제들을 당나라 국학에 입학할 수 있도록 청하여 허락을 받았는데,[206] 이로부터 많은 유학생들이 당나라 국학에서 공부하게 되었다. 특히 최치원(崔致遠)은 당나라 국학에 유학하고 그곳에서 과거에 급제하여 당나라의 관료로 일하다가 귀국하여, 당나라의 수준 높은 문화를 받아들이는 계기가 되었다.

그러나 신라의 하대에 이르러 당에 유학하는 학생의 수가 점차 증대됨에 따라 국학의 중요성이 점차 줄어드는 문제점이 나타났다.[207] 국학의 체계는 국학의 책임자인 경(卿) 1명, 교수를 담당하는 박사, 조교가 약간 명이 있었고, 그 밖에 대사(大舍)와 사(史)가 각 2명이 있었다.[208]

---

203) 이기백, 위의 글, 177쪽.
204) 이기백, 위의 글, 177쪽.
205) 《三國史記》, 卷第8, 〈新羅本紀〉, 聖德王 16年 條.
206) 《三國史記》, 聖德王 27年 條.
207) 이기백, 위의 글, 179쪽.
208) 《三國史記》, 卷第38, 〈新羅本紀〉, 雜志, 職官上.

또 학과 내용은 《예기(禮記)》, 《논어(論語)》, 《주역(周易)》, 《효경(孝經)》, 《춘추좌씨전(春秋左氏傳)》, 《모시(毛詩)》, 《산학(算學)》, 《상서(尙書)》, 《문선(文選)》 등을 가르쳤으며, 삼품(三品)으로 나누어 교육하였는데, 《논어》와 《효경》은 공통 필수과목으로 중시되었다.[209] 이를 통해서 볼 때 국학의 교육과정은 오경이 중심이 되고, 《문선》을 통해 한문의 기초를 습득한 것으로 보인다.

특히 《논어》와 《효경》을 필수과목으로 중시한 것은 유교가 지닌 도덕적 가치관의 함양과 실천에 목적이 있다. 《논어》는 공자의 언행을 기록한 책으로 인(仁)을 중심으로 하지만, 구체적으로는 충(忠), 효(孝), 예(禮), 신(信), 의(義) 등 유교적 도덕을 종합적으로 제시하고 있다. 또 《효경》은 부모에 대한 효를 강조한 경전이라고 볼 때, 두 경전을 공통 필수과목으로 설정한 의도는 국가윤리로서의 충(忠)과 가정윤리로서의 효(孝)가 중심이 되고, 이를 기반으로 한 도덕인의 양성에 그 목적이 있었던 것이다.

또한 원성왕 4년(788년)에는 독서삼품과(讀書三品科)를 설치하였는데, 이는 인재의 역량을 평가하는 일종의 3단계 평가제도였다. 그 내용을 살펴보면, 상품(上品)은 《춘추좌씨전》, 《예기》, 《문선》을 읽고 능히 그 뜻에 통달하고 아울러 《논어》, 《효경》에 밝은 자요, 중품(中品)은 《곡례(曲禮)》, 《논어》, 《효경》을 읽은 자요, 하품(下品)은 《곡례》, 《효경》을 읽은 자로 삼았다. 이와는 별도로 5경(經), 3사(史), 제자백가의 글을 아울러 능통한 자는 등급을 뛰어넘어 발탁하여 임용하기도 하였다.[210] 이렇게 볼 때, 독서삼품과 설치 이전에는 궁술이나 화랑의 천거로 인재를 등용하였으나 이후에는 학술성적으로 선발하게 된 것을 의미한다.

---

209) 《三國史記》, 卷第10, 《新羅本紀》, 第10, 元聖王 4年 條.
210) 《三國史記》, 卷第38, 雜志, 〈職官 上〉.

또한 신라의 국학에는 산학박사(算學博士)와 조교 1명이 산학서(算學書)를 가르쳤다고 하는데, 이는 국학이 유교의 경전이 중심이 되면서도 실용교육을 겸했다는 것을 말해 준다. 《문선》은 한문의 기초 소양교육이라면, 산학은 천문, 역법, 건축, 축성, 일상 경제생활에 필요한 실용교육의 기초 과목이었다고 볼 수 있다.

또한 국학에서 수업을 받는 학생은 12등급(大舍) 이하 관등이 없는 자까지 포함하고 있었다. 하위의 관료들도 국학에서 학생으로 교육을 받을 수 있었는데, 학생의 나이는 15세부터 30세까지였고, 수학 연한은 9년을 기한으로 하였다. 학생의 자질이 부족한 자는 그만두게 하였고, 재능은 있는데 아직 미숙한 자는 비록 9년이 넘더라도 국학에 남아서 공부할 수 있도록 배려하였다.

그런데 국학의 위상이 매우 높아 통일신라시대에는 국왕이 국학에 직접 행차하여 박사 이하의 교수직을 담당한 국학의 관료에게 경전으로 강의하게 하기도 했고, 직접 왕이 청강을 하기도 하였다.[211]

이렇게 볼 때, 국학의 사회정치적 기능은 화백(和白)회의를 중심으로 하는 귀족정치에서가 아니라, 국왕 중심의 행정기구에서 국학 출신의 유학자들이 중요한 기능을 담당하는 데 의미가 있었다. 그러므로 유교는 전제적인 관료정치와 표리를 이루고 성정하였다고 할 수 있는데, 그 본거지가 바로 국학이었던 셈이다.[212]

---

211) 《三國史記》, 卷第9, 〈新羅本紀〉, 惠恭王 元年 條. 卷第11, 〈新羅本紀〉, 景文王 3年 條.
212) 이기백, 〈한국 유학의 정착과정〉, 《한국사상의 심층 연구》, 우석, 1982, 179쪽.

3. 신라 유학의 조명

1) 신라 유학의 3거유(巨儒) – 강수(强首), 설총(薛聰), 최치원(崔致遠)

신라의 유학은 한당풍(漢唐風)의 유학이라고 할 수 있다. 따라서 경학에 통달하고 역사에 밝으며(通經明史), 시나 문장에 능함(詞章)을 특징으로 삼는다.[213] 신라의 유학은 정치나 교육 그리고 유학자들의 일부 저술 속에서 간간히 찾을 수 있다. 본격적인 유학의 체계나 전문적인 유학사상을 볼 수는 없다. 더욱이 신라는 '풍류도'라는 고유사상을 기반으로 유불도(儒佛道)가 조화된 사상풍토를 가지고 있었다. 유학자도 불교에 관심이 없지 않았고 불교인도 유학에 대한 교양을 갖고 있었다. 그러므로 사상적 토양은 비교적 자유롭고 개방적이었다고 볼 수 있다. 신라에서의 유학은 유학자만의 전유물은 아니었고 임금과 신하가 공유한 측면이 많다. 불교가 국가적 신앙으로 중시되었지만 유교는 정치라는 현실에서 매우 중요한 가치가 있었다. 더욱이 신라는 안보상으로 위기였고 삼국 가운데 가장 후진국이었다는 현실에서 유교적 경세의 기능은 필수적이었기 때문이다.

신라의 유교적 자취는 여러 자료에서 발굴되지만, 신라 유교를 선도한 대표적 인물은 강수, 설총, 최치원이라고 해도 지나치지 않는다. 먼저 이들을 중심으로 신라 유교를 검토해 보기로 한다.

강수(强首: ?~692)는 신라 중원경(충주) 사람으로 스승으로부터 《효경》, 《곡례》, 《이아(爾雅)》, 《문선》 등을 배웠는데, 문장에 뛰어나 외교문서 작성에 큰 공을 세웠다.[214] 강수가 어려서부터 스스로 글을 읽을 줄 알고 의리를 밝게 통하므로, 그 아버지는 강수에게 묻기를, "너는 불법을 배우겠

---

213) 현상윤 지음, 이형성 교주, 《현상윤의 조선 유학사》, 심산, 2010, 34쪽.
214) 《三國史記》, 卷第46, 〈列傳〉, 第6, 强首 條.

느냐 유학을 배우겠느냐?" 하니, 그가 대답하기를, "소자가 어리석습니다마는, 든건대 불법은 세속을 떠난 세외교(世外教)라 하니, 우둔한 제가 어찌 불법을 배우겠습니까. 저는 이 세상 사람이므로 유자(儒者)의 도를 배우겠습니다." 하였고, 이에 부친은 "너 좋아하는 대로 공부하라."고 하였다고 전해진다.[215] 이처럼 강수는 불교를 세외교라 하여 받아들이지 않고 유학을 선택해 유학자의 길을 걸었던 것이다. 이는 강수가 불교는 치심(治心)의 교이고, 유교는 치세(治世)의 교이며, 도교는 신선사상으로 무병하고 장수하는 치신(治身)의 교라고 보는 것이다.[216] 고려 성종 때 유신(儒臣) 최승로(崔承老: 927~989)의 상소 중에 "내세(來世)를 위한 것은 불교요, 오늘날 치국(治國)하는 것은 유교다."[217]라고 하였는데 이와 같은 맥락이라 하겠다.

강수가 얼마나 한학에 조예가 깊었는가 하는 것은 다음 일화를 통해서도 알 수 있다. 태종무열왕이 즉위하였을 때 당나라의 사신이 조서를 가지고 왔는데, 그중 해독하기 어려운 곳이 있으므로 왕이 강수를 불러 물으니, 그는 왕 앞에서 서슴지 않고 그것을 설명하였다. 왕은 기뻐하며 경탄하여 서로 늦게 알게 된 것을 아쉽게 생각했다.[218]

또한 강수는 유학자로서 아내에 대한 신의와 사랑을 몸소 실천하였다. 강수는 원래 부곡(釜谷)의 치장(治匠) 집 딸과 정을 통하고 있었으나, 그의 부모는 보다 신분이 나은 집의 여자와 결혼을 시키려고 하였다. 그러나 강수는 재취(再娶)가 옳지 않다는 이유로 이를 거절하며 다음과 같이 말하

---

215)《三國史記》, 卷第46,〈列傳〉, 第6, 强首 條.

216) 유승국,《한국사상의 연원과 역사적 전망》, 유교문화연구소, 2008, 230쪽.

217)《高麗史節要》, 卷2, 成宗2年,〈崔承老上疏〉, "行釋敎者 修身之本 行儒敎者 理國之源 修身是來生之資 治國乃今日之務."

218)《三國史記》, 卷第46,〈列傳〉, 强首 條.

였다고 한다.

> 가난하고 천한 것은 부끄러운 바가 아니지만, 도를 배우고 행하지 않
> 는 것은 진실로 부끄러운 바입니다. 일찍이 들으니 조강(糟糠)의 아내는
> 버리지 아니하고, 가난할 때 사귄 친구는 잊을 수 없다고 했습니다. 미
> 천한 아내를 차마 버릴 수 없습니다.[219]

이처럼 그는 조강지처(糟糠之妻)에 대한 의리를 중시하였으니, 철저한 신
분제 사회에서 신분보다도 도덕을 더 중시한 것은 분명 유교적 가치관을
제시한 것이다. 강수는 유학자로서 뿐만 아니라 문장가로서 그 명성이 높
아 외교문서 작성에 큰 공을 세웠는데, 문무왕의 다음과 같은 평가는 시
사하는 바가 크다.

> 강수는 문장을 자기 임무로 알았고, 능숙한 서한으로써 나의 뜻을
> 중국, 고구려, 백제에 잘 전달하였기 때문에 화친을 맺는 공을 이루었
> 다. 고구려와 백제를 평정한 것은 신라인의 무공(武功)의 도움이 컸기
> 때문이기도 하지만, 강수의 문장으로 당나라에 군사를 요청하여 당나
> 라 군대의 지원을 받은 것을 어찌 소홀히 할 수 있는가.[220]

문무왕은 강수가 주변국과의 화친에도 기여했고, 또 당나라의 지원을
받는 데도 크게 기여했다고 보는 것이다. 다시 말하면 강수의 외교문서 작
성이 신라의 삼국통일에 중요한 보탬이 되었다는 것을 긍정적으로 평가하

---

219) 《三國史記》, 卷第46, 〈列傳〉, 强首 條.
220) 《三國史記》, 卷第46, 〈列傳〉, 强首 條.

고 있다.

　이렇게 볼 때, 강수는 통일신라 초기 신라 유교의 시단(始端)을 연 인물로 도의와 문장을 겸한 거유(巨儒)였고, 이러한 위상으로 보건대 아마도 강수는 설총과 함께 국학의 창건과 운영에 상당한 영향을 미친 것으로 추정된다.

　설총(薛聰: 655~?)[221]은 신라 고승 원효(元曉)의 아들로, 이두문(吏讀文)을 가지고 경전을 해석하였고, 왕에게 경계한다는 의미에서 〈화왕계(花王誡)〉를 썼다.[222] 그는 문묘(文廟)에 배향된 동국(東國) 18현(賢) 가운데 첫 번째 인물로, 고려 현종 13년(1022년) 문묘에 종사(從祀)되고, '홍유후(弘儒侯)'라는 시호(諡號)가 주어졌다. 처음에는 절에 들어가 불가서를 읽다가 이윽고 유학으로 돌아와 경술(經術)과 문장으로 울연(鬱然)히 유종(儒宗)이 되었다. 그가 승려 출신으로 유학자가 되었다는 것은 주목할 만한 일이다.

　그의 대표적인 저술인 〈화왕계〉는 임금의 실덕(失德)을 간언하는 신하의 도리를 말한 것이다. 그는 신문왕이 재미있는 이야기를 들려 달라고 하명하자, 의인화(擬人化)한 이야기로 화왕(花王: 모란꽃)에게 아름다운 여인인 장미와 곤궁한 군자인 백두옹(白頭翁: 할미꽃)이 찾아왔을 때, 임금이 아름다운 여인(장미)에게 마음이 기울어지자, 백두옹이 "무릇 임금된 자로서 간사하고 아첨하는 자를 친근히 하며, 바르고 곧은 사람을 멀리하지 않음이 드뭅니다."라고 하여, 임금이 여색에 빠져 군자를 소홀히 하는 실덕을 간언하였다. 그 밖에도 〈감산사아미타여래조상기(甘山寺阿彌陀如來造像記)〉와 〈감산사미륵보살조상기(甘山寺彌勒菩薩造像記)〉가 전한다.

---

221) 현상윤 지음, 이형성 교주, 《현상윤의 조선 유학사》, 심산, 2010, 35쪽, 주7)참조.

222) 《三國史記》, 卷第46, 〈列傳〉, 第6, 薛聰 條.

최치원(崔致遠: 857~?)의 자(字)는 홍운(弘雲), 해운(海雲), 해부(海夫)이고, 호는 고운(孤雲), 유선(儒仙)이라 하였다. 경문왕 8년(868년) 12세의 나이에 당나라에 유학하여 18세에 당나라 과거시험에 합격하여 벼슬길에 올랐다. 마침 산동성 일대에 황소족(黃巢族)의 반란이 일어나자 사천절도사(四川節度使) 고병(高騈)의 종사관(從事官)으로 발탁되어 이때 지은 글이 저 유명한 〈토황소격(討黃巢檄)〉이다. 당나라 친우 고운(顧雲)은 최치원에게 송별시를 써 주었는데, "12세에 바다를 건너와 그 문장은 중국을 감동시켰도다."라고 그를 칭송하였다.[223]

헌강왕 10년(884년) 28세 때 조국 신라에 돌아와 시독 겸 한림학사 수병부시랑 지서서감사(侍讀 兼 翰林學士 守兵部侍郎 知瑞書監事)가 되었으나, 국정의 문란을 개탄하고 외직을 청하여 태산군(太山郡), 부성군(富城郡) 등 여러 고을의 태수를 지냈다. 벼슬을 하다가 진성여왕 8년(894년) 시무10조소(時務十條疏)를 올려 현실개혁의 의지를 피력했으나 받아들여지지 않자, 벼슬을 버리고 전국을 유랑하다 해인사에 들어가 여생을 마쳤다.

그는 통일신라시대의 대표적인 지성으로 《계원필경(桂苑筆耕)》 20권을 남겼는데, 중국의 《사고전서(四庫全書)》에도 수록되어 있으며, 《중국인명사전》에도 수록되어 있다. 《신당서(新唐書)》 〈예문지(藝文志)〉에는 《사육집(四六集)》 1권과 《계원필경》 20권이 전한다. 그 밖에도 〈숭복사비(崇福寺碑)〉, 〈진감국사비(眞鑑國師碑)〉, 〈지증대사적조탑비명(智證大師寂照塔碑銘)〉, 〈무염국사백월보광탑비명(無染國師白月葆光塔碑銘)〉 등이 있다.

그는 시와 문장에 뛰어나 신이(神異)한 경지에 이르렀고, 유불도(儒佛道) 3교에 능통해 각 종파의 이질적인 교리와 논리를 통일 종합하는 데 탁월한 역량을 보여 주었다. 우리 학계에서는 그를 가리켜 '동방문학(東方文學)'

---

223) 《三國史記》, 卷第46, 〈列傳〉, 第6, 崔致遠 條.

의 개산조(開山祖)', '동국문종(東國文宗)'으로 추앙하고 있다.224) 최치원은 유학만 전공한 순유(醇儒)는 아니지만, 그 스스로 '유문말학(儒門末學)',225) '부유(腐儒)'226)라고 하는 것을 보면 기본적으로 유학자로 자처하였음을 알 수 있다.

최치원은 신라의 고유사상으로 풍류도(風流道)가 존재했음을 알려 주었다. 《삼국사기》에 의하면 그는 〈난랑비서문(鸞郎碑序文)〉에서 다음과 같이 풍류도의 유래, 성격, 그 내용에 대해 상세히 설명해 주고 있다.

나라에 현묘(玄妙)한 도(道)가 있으니 풍류(風流)라 한다. 이 교(敎)가 설치된 연원이 선사(仙史)에 자세히 갖추어 있으니, 이는 실로 3교(三敎) 를 포함하고 있어, 이에 접하면 군생(群生)이 교화된다. 또한 들어가서는 가정에 효도를 하고 나아가서는 나라에 충성을 하니 이는 노(魯)나라 공자의 뜻과 같고, 무위(無爲)의 일에 처하고 말 없는 가르침을 행하라 는 것은 주(周)나라 노자의 종지(宗旨)와 같고, 모든 악은 짓지 말고 모 든 선은 받들어서 행하라는 것은 축건국(竺乾國)의 태자 석가의 교화와 도 같다.227)

그는 당시 신라에 고유사상으로서의 풍류도가 존재했음을 분명히 밝히

---

224) 최영성, 〈최치원 철학사상연구서설〉, 《한국철학사상가연구》, 철학과 현실사, 2002, 21쪽.

225) 《三國史記》, 卷第46, 〈列傳〉, 崔致遠 條.

226) 〈聖住寺郎慧和尙碑〉, 《朝鮮金石總覽》, 상, 74쪽.

227) 《三國史記》, 卷第4, 〈新羅本紀〉, 眞興王 37年, "崔致遠鸞郎碑序曰 國有玄妙之道曰風 流 設敎之源備詳仙史 實乃包含三敎 接化群生 且如入則孝於家 出則忠於國 魯司寇之 旨也 處無爲之事 行不言之敎 周柱史之宗也 諸惡莫作 諸善奉行 竺乾太子之化也."

고 있다.《삼국유사》에서는 풍월도(風月道)라고도 하는데,[228] 이는 현묘지
도(玄妙之道)로서 여기에 접촉하면 뭇 생명체들이 교화된다고 그 신묘한
공능을 묘사하고 있다. 최치원에 의하면, 그 당시 풍류도의 역사적 연원이
선사(仙史)에 자세히 갖추어 있다고 하여, 문헌적 근거와 역사적 유래가
실재했음을 분명히 증거하고 있다. 그럼에도 불구하고 오늘날 풍류도에 관
한 문헌이 전무한 것은 참으로 안타까운 일이다.

그런데 여기서 우리가 주목해야 할 것은 풍류도에는 이미 유교적, 불교
적, 도가적 요소가 내포해 있었다는 점이다. 외래사상으로서의 유교, 불
교, 도가사상이 들어와 풍류도가 된 것이 아니라, 우리 고유사상인 풍류
도 자체 속에 이미 유불선(儒佛仙) 3교사상이 종합적으로 들어 있다는 것
이다. 이러한 풍류도의 정신은 이질적인 사상과 문화를 잘 조화하고 수용
하는 신라인의 문화적 수용성을 가져다준 것이 아닌가 짐작된다.

또한 최치원은 〈진감선사비명(眞鑑禪師碑銘)〉에서 "진리가 사람에게서
멀리 있지 않으므로, 이방인이 따로 없다. 이런 까닭으로 동방사람들이
유교를 하고 불교를 하는 것은 필연적이다."[229]라고 하였다. 도(道)는 사
람에게서 멀리 떨어져 있지 않으므로 누구에게나 도가 있으며, 따라서
이방인도 따로 없다는 것이다. 그러므로 우리 동인(東人)들이 불교도 할
수 있고 유교도 할 수 있다는 것이다. 이는 그가 주체적으로 동인의식을
자각한 표현으로 문화적 개방성을 잘 보여 주고 있다. "도가 사람에게서
멀리 떨어져 있지 않다.(道不遠人)"는 말은 《중용》의 '도불원인(道不遠
人)'[230]을 인용한 것으로, "사람이 도를 넓힐 수 있지, 도가 사람을 넓히

---

228)《三國遺事》, 卷3, 〈彌勒仙花〉.
229)〈眞鑑禪師碑銘〉, "夫道不遠人 人無異國 是以 東人之子 爲釋爲儒 必也."
230)《中庸》, "子曰 道不遠人 人之爲道而遠人 不可以爲道."

는 것이 아니다."[231]라는 공자의 말과 그 맥락을 같이 한다. 그는 고려 현종 11년(1020년) 동국 18현으로 문묘에 종사되었고, '문창후(文昌侯)'라는 시호를 받았다.

2) 기타 신라 유학의 탐색

신라의 유교적 자취는 여러 곳에서 찾을 수 있다. 먼저 화랑도사상에 나타난 유학정신을 살펴보기로 하자. 본래 명칭은 풍월도(風月道), 풍류도(風流道)이고, 화랑도(花郎道), 국선도(國仙道)는 제도상의 이름이요 형식적인 이름이다.[232] 본래 이름을 《삼국사기》에서는 풍류도라 했고,[233] 《삼국유사》에서는 풍월도라 했다.[234]

화랑도가 정식으로 형성된 것은 진흥왕 37년(576년)이고, 전국의 명산대천을 유람하며 심신을 수양하였다. 그리하여 한편으로는 서로 도의로써 연마하고 다른 한편으로는 서로 가락(歌樂)으로써 즐거워하였다.[235] 화랑도는 인재양성을 목적으로 한 청소년 조직인데, 그 활동 내용은 도의의 연마와 가락을 통한 정서함양이었다. 전자가 예의교육 내지 도덕교육으로 방정성(方正性)을 함양하는 것이라면, 후자는 노래와 춤을 통한 원융성(圓融性)을 함양하는 것이다. 이는 유교가 예악(禮樂)의 겸비와 조화를 이상으로 삼는 것과 일치한다. 《예기》에 의하면 "악(樂)이 예(禮)보다 지나치면 방탕으로 흐르기 쉽고, 예가 악보다 지나치면 사람 사이가 떨어진다."[236]

---

231) 《論語》, 〈衛靈公〉, "人能弘道 非道弘人."
232) 김충렬, 《동양사상산고》, 범학, 1979, 273쪽.
233) 《三國史記》, 卷第4, 〈新羅本紀〉, 第4, 眞興王 37年 條.
234) 《三國遺事》, 卷3, 〈彌勒仙花〉
235) 《三國史記》, 卷第4, 〈新羅本紀〉, 第4, 眞興王 37年, "…或相磨以道義 或相悅以歌樂."
236) 《禮記》, 〈樂記〉, "樂勝則流 禮勝則離."

라고 하였다. 화랑도는 예악(禮樂)이 잘 조화된 전인적 인간상을 추구했음을 알 수 있다.

다음은 화랑 '세속오계(世俗五戒)'를 중심으로 유학사상을 검토해 보기로 하자. 600년에 원광(圓光)이 수나라에서 귀국하고 청도 가실사(加悉寺)에 머물러 있을 때, 사량부(沙梁部)에 사는 귀산(貴山)과 취항(箒項)이 원광에게 평생 지켜야 할 계명을 가르쳐 달라고 청하자, "사군이충(事君以忠), 사친이효(事親以孝), 교우이신(交友以信), 임전무퇴(臨戰無退), 살생유택(殺生有擇)"의 이른바 세속오계237)를 주었다.

귀산과 취항이 원광을 찾아가서 "저희는 속사(俗士)로서 우매하여 아는 바가 없습니다. 바라옵건대 한 말씀 주셔서 일생의 계명(戒名)을 삼게 하소서." 하니, 원광이 그들에게 "불교에 보살계(菩薩戒)가 있어 그 조항들이 열 가지가 있지만, 그대들은 남의 신하가 된 몸이므로 감당하기 어려울 것이다. 이제 세속의 다섯 가지 계가 있으니, 그것들은 다음과 같다. 첫째, 임금을 섬기되 충성으로 할 것, 둘째, 어버이를 섬기되 효도로써 할 것, 셋째, 벗을 사귐에 믿음이 있을 것, 넷째, 전쟁에 임해서 물러서지 말 것, 다섯째, 산 것을 죽임에 가림이 있으라" 하고, 이를 실천하여 소홀히 하지 말라고 하였다.238)

원광은 대대로 가문의 전통이 연면하게 이어온 사람으로, 도량이 크며 문장을 좋아하였으며, 도가와 유학을 섭렵했고, 제자서(諸子書)와 사서(四書)를 두루 연구했던 스님이었다.239) 이 세속오계는 귀산에 의해 세상에

237) 《海東高僧傳》, 〈圓光〉.
238) 《三國史記》, 卷第45, 〈列傳〉, 貴山 條.
239) 《三國遺事》, 卷4, 〈義解篇〉, 圓光西學, "家世海東 祖習綿遠 而神器恢廓 愛染篇章 校

알려졌고, 귀산의 전사를 계기로 화랑오계로 보편화되었다.[240]

화랑 세속오계가 유교적이냐 불교적이냐 하는 것은 의미 없고, 유불도 삼교 조화사상의 바탕 위에 시대적인 요구인 전훈(戰訓)을 가미한 것이라고 보아야 할 것이다.[241] 사군이충(事君以忠)은 국가윤리로서 신하의 도리를 충(忠)으로 규정한 것이다. 사친이효(事親以孝)는 자식의 부모에 대한 도리를 효(孝)로 규정한 것이다. 물론 불교에서도 충효가 없는 것은 아니지만, 상대적으로 비교해 본다면 충효의 중시와 강조는 유교가 훨씬 적극적이고 강하다. 교우이신(交友以信)은 친우와 친우의 도리를 신의로 규정한 것인데, 이 또한 《맹자》의 오륜 속에 붕우유신(朋友有信)과 다를 바 없다.[242] 임전무퇴(臨戰無退)는 세속오계 가운데 주목할 만한 계율이다. 일반적으로 싸움에 나아가 물러서지 말라는 것은 세속계로서 적의하다고 볼 수 없다. 싸움이란 전쟁을 의미하고, 나아가 죽든지 아니면 이기고 돌아오라는 말인데, 이러한 계율을 세속오계 속에 포함시킨 것은 매우 의미 있는 일이다. 이는 당시 신라가 처한 안보상의 위기에서 신라 청년들에게 강인한 용맹을 요구한 것이라 하겠다.[243] 끝으로 살생유택(殺生有擇)은 살아 있는 것을 죽이되 선택의 여지가 있어야 한다는 말인데, 이 또한 불교의 오계(五戒)가 '불살생(不殺生)'인 점을 고려하면, 원광 나름의 창의성과 주체적 수용의 정신이 잘 표현된 것이라 할 수 있다. 불교가 살아 있는 생명을 함부로 죽이지 말라는 것에 대해, 원광은 죽이되 대상, 장소, 때, 양 등을 고려해야 한다는 것은 이름 그대로 세속의 계율로 적의하게 변형시

獵玄儒 討讎子史."
240) 김충렬, 위의 책, 279쪽.
241) 김충렬, 위의 책, 295쪽.
242) 《孟子》, 〈滕文公〉, 상.
243) 김충렬, 위의 책, 286쪽.

킨 것이라고 볼 수 있다. 그리고 살생도 전쟁이라는 상황을 염두에 둔 표현으로 보면 이러한 해석을 훨씬 설득력이 있다.

이렇게 볼 때, 화랑 세속오계는 불교적인 요소가 전혀 없는 것은 아니지만, 유교적 해석이 가능하고, 특히 《맹자》의 오륜(五倫) 체계를 바탕으로 신라가 처한 현실적 상황을 고려한 작품이라고 생각된다.

다음은 1940년 5월 경주 석문사지(石文寺址)에서 발견된 '임신서기석(壬申誓記石)'244)을 유교적 관점에서 해석해 보기로 하자. '임신서기석'의 내용은 다음과 같다.

임신년 6월 16일에 두 사람이 함께 맹세하여 기록한다. 하느님 앞에 맹세한다. 지금으로부터 3년 이후에 충도(忠道)를 집지(執持)하여 과실이 없기를 맹세한다. 만약 이 일(忠道)을 잃으면 하느님께 큰 죄를 얻을 것을 맹세한다. 만약 나라가 불안하고 세상이 크게 어지러우면 모름지기 충도를 실행할 것을 맹세한다. 또 따로 앞서 신미년 7월 22일에 크게 맹세하였으니, 《시경》, 《상서》, 《예기》, 《춘추좌씨전》을 차례로 3년에 습득하기를 맹세하였다. 245)

이 '임신서기석'을 쓴 것은 진평왕 34년(612년)으로 추정되는데, 246) 화랑으로 추정되는 두 사람은 충도(忠道)를 잘 잡고 지녀서 과실이 없기를 맹세하고, 또 나라가 불안하고 크게 어지러우면 충도를 실행하기를 맹세하

---

244) 이병도, 《한국 유학사》, 아세아문화사, 1987, 45쪽.

245) 〈壬申誓記石〉, "壬申年六月十六日 二人并誓記天前書 今自三年以後 忠道執持 過失無誓 若此事失 天大罪得誓 若國不安大亂世 可容行誓之 又別先辛未年七月二十二日大誓 詩尙書禮傳倫得誓三年."

246) 유승국, 《도원철학산고》, 유교문화연구소, 2010, 285쪽. 이병도 박사도 그 시기를 신라 통일 이전으로 추정하고 있음.(이병도, 《한국유학사》, 아세아문화사, 1987, 47쪽)

고 있다. 여기서 '충도(忠道)'라는 말은 새로운 말인데, 충(忠)은 진기(盡己)로서 인간 내면의 본심을 다하는 것을 말한다. 두 번째 다짐은 나라가 위기에 처하게 되면 나라를 위해 목숨을 바쳐 싸우겠다는 것이다. 전자는 수기적 성실을 의미한다면 후자는 국가적 충을 의미한다고 볼 수 있다. 여기서 가족윤리인 효보다 국가윤리인 충을 더욱 중시한 것은, 당시 신라가 처한 안보상의 위기의식을 잘 말해 주는 것이라 생각된다. 그리고 유교 경전을 3년 동안에 걸쳐 읽겠다는 다짐을 하고 있다. 이 '임신서기석'은 한국 고금석(古金石) 사료 중에서도 치자(治者)의 관점이 아닌, 신라 청년들의 순수하고 자율적인 기록이라는 점에서 그 의의가 크다.[247]

당시 신라가 이렇게 국가적 충을 강조하게 된 것은 김유신(金庾信)의 일화에서도 잘 나타난다. 진평왕 때 신라가 고구려의 낭비성을 공격할 때, 당시 젊은 장수로 전장에 나갔던 김유신은 주장(主將)의 한 사람인 아버지 앞에 나아가 "제가 평생 충성과 효도를 스스로 기약하였으니, 전투에 임해서 용맹스럽지 않을 수가 없습니다. 듣건대 '옷깃을 들어 올리면 갖옷이 바르게 되고, 벼리를 당기면 그물이 펼쳐진다.' 하니, 제가 그 벼리와 옷깃이 되고자 합니다."[248]라고 하여, 나라를 위해 충을 다하겠다는 결의를 다지고 있다.

반면 충과 함께 효도의 윤리도 신라사회에 보편화되고 있음을 다음 효녀 지은(知恩)의 이야기를 통해 알 수 있다.

지은(知恩)은 나이 32세가 되도록 시집가지 않고 품을 팔거나 구걸하여 홀로 된 어머니를 봉양하였는데, 가난함을 이기지 못해 부잣집에 자

---

247) 유승국, 《도원철학산고》, 285쪽.
248) 《三國史記》, 卷第41, 〈列傳〉, 金庾信 上.

신을 팔아 종이 되기로 하고 쌀 10여 섬을 얻어다 밥을 지어 드렸다. 그 어머니가 딸에게 "지난번에는 음식이 거칠었으나 달았는데, 지금은 비록 좋지만 맛이 전과 같지 않고 간장과 심장을 칼날로 찌르는 것 같으니 이 어찌된 연유이냐?" 하고 묻자, 딸이 사실을 말씀드리고서, 어머니와 딸이 함께 통곡하며 울었다. 이 사실을 화랑인 효종랑(孝宗郞)이 알고 곡식을 지은의 집에 보내 주고 주인에게 몸값을 갚아 종에서 벗어나게 해 주었다.[249]

이와 같이 유교윤리의 중핵이라 할 수 있는 충효(忠孝)는 신라사회에 일반화된 것으로 보이는데, 신라가 처한 안보상의 처지로 국가적 충이 더욱 강조되었음을 알 수 있다.

다음은 신라 유교에서 보이는 왕도(王道)사상에 관해 검토해 보기로 하자. 신라에서는 일찍이 6부 촌장들이 모여 덕망 있는 자를 왕으로 추대하였는데, 그가 바로 박혁거세(朴赫居世)이다.[250] 이는 요(堯), 순(舜), 우(禹)가 선양(禪讓)하는 형식과도 같은 것이다.[251] 장자(長者)에게 정권을 이양하는 것이 아니라 덕망 있는 인물에게 왕위가 승계되는 것이다.

이러한 전통은 화백(和白)제도로 이어진다. 화백은 국가의 중대사를 협의하는 일종의 최고 의결기관으로 만장일치제를 그 특징으로 하였다.[252] 이는 현대의 다수결제도와는 다른 것으로 의사형성 과정의 민주성을 말해 주는 것인데, 타인의 의사를 존중하는 인도정신이 내재해 있다.

또한 충의 전통에서 유교의 정신을 볼 수 있다. 김후직(金后稷)은 진평

---

249) 《三國史記》, 卷第41, 〈列傳〉, 孝女知恩.

250) 《三國史記》, 卷第1, 〈新羅本紀〉, 第1.

251) 《孟子》, 〈萬章章〉, 上.

252) 《唐書》, 卷220, 〈列傳〉, 第145, 東夷, 新羅條, "事必與衆議 號和白 一人異則罷."

왕(眞平王)이 사냥을 매우 좋아하여 정사를 그르친다는 우려에서 간언(諫言)을 하였으나 왕이 듣지 않자, 죽게 되면 임금이 사냥하는 길목에 묻어 달라는 유언을 하였다. 어느 날 진평왕이 다시 사냥을 하러 가는 길에 그 곁을 지나게 되니, 이상한 소리가 들려 결국 사냥을 다시 하지 않았다는 일화가 전해진다.[253] 신하의 충이란 단순히 왕의 명령에 복종하는 데 있는 것이 아니라, 왕의 부정을 바르게 돕는 데 있다. 그러므로 충의 전통은 유가 정치사상의 중요한 특징의 하나였다. 이는 "임금은 신하를 예(禮)로써 부리고, 신하는 임금을 충(忠)으로써 섬겨야 한다."[254]라는 공자의 정신을 계승한 것이다.

또한 종교적 풍습에서 행해 온 순장(殉葬)의 풍습이 유교가 들어오면서 금지되었다. 신라는 지증왕(智證王) 3년에 순장을 금지시켰는데, 이는 전왕이 죽자 남녀 각각 5명이 순장되었기 때문이다.[255] 유교는 인도주의요 인간생명을 고귀하게 여긴다. 종교적 풍습인 순장을 인도주의적 입장에서 금지시킨 것은 유교의 영향이라 할 수 있다.

또 진흥왕 순수비 가운데 황초령비(黃草嶺碑)의 비문 가운데는 고신도적(古神道的) 요소와 함께 유교적 요소가 들어 있다.

순수한 풍습이 베풀어지지 못하면 참된 도리가 어긋나게 되고, 훌륭한 교화가 퍼지지 못하면 사특한 것이 다투어 일어난다. 따라서 제왕이 통치이념을 세우는 것은 모두 자기 몸을 닦아 백성을 편안케 하고자 아니함이 없다.[256]

---

253)《三國史記》, 卷第45, 〈列傳〉, 第5, 金后稷 條.

254)《論語》, 〈八佾〉, "孔子對曰 君使臣以禮 臣事君以忠."

255)《三國史記》, 卷第4, 〈新羅本紀〉, 第4, 智證麻立干.

256)〈黃草嶺碑文〉, "純風不扇 則世道乖眞 玄化不敷 則邪爲交競 是以帝王建號 莫不修己

진흥왕이 제시한 통치이념 내지 통치철학인 '수기이안백성(修己以安百姓)'은《논어》에 나오는 내용으로 이를 원용한 것이다.[257] 진정한 유교는 수기(修己)와 치인(治人), 내성(內聖)과 외왕(外王)을 겸비한 내성외왕지도(內聖外王之道)이어야 하는 것이다.

향가의 하나인 '안민가(安民歌)'에서 유교사상이 잘 드러난다. 경덕왕이 백성을 편안하게 다스릴 수 있는 원리를 노래로 지어 보라는 분부에 따라 충담사(忠談師)가 지은 것인데, "임금은 임금, 신하는 신하, 백성은 백성 구실 다 할 양이면 나라는 태평에 먹감으리라."[258]는 내용이 나온다. 이는《논어》의 '군군신신부부자자(君君臣臣父父子子)'의 정명(正名)을 그대로 원용한 것으로,[259] 안민가 속에 정명사상을 잘 반영하고 있다.

문무왕은 신라 통일의 위업을 달성한 임금인데, 다음 그의 유언에서 보국안민(保國安民)의 왕도정신을 볼 수 있다.

나는 백성들에게 과세를 가볍게 하고 요역(徭役)을 덜게 하여 백성들의 살림을 족하게 함으로써 백성들을 편안하게 하려 하였다. … 내가 임종한 뒤에 10일이 되면, 곧 궁문 밖에 뜰에서 불교의식에 따라 불로 화장하고 상례의 제도는 검약을 쫓으라. 축성(築城)과 주현(州縣)의 과세(課稅)는 꼭 필요한 경우를 제외하고 마땅히 헤아려 폐하도록 하고, 의식과 격식 중에 불편한 것이 있으면 곧 이를 편리하게 고쳐라.[260]

以安百姓."
257)《論語》,〈憲問〉
258)《三國遺事》, 卷第2,〈紀異〉, 第2, 忠談師 條.
259)《論語》,〈顔淵〉
260)《三國史記》, 卷第7,〈新羅本紀〉, 第7, 文武王 下, 21年 條.

이는《맹자》의 왕도정치 사상을 그대로 보여 주는 것이다. 과세를 가볍게 하고, 요역을 덜어 주고, 불편한 법과 제도를 고쳐 백성들의 불편을 해소해 주라는 것은 왕도정치의 중요한 내용이다. 차마 하지 못하는 마음으로 차마 하지 못하는 정치가 인정(仁政)이요 왕도정치라면, 문무왕이야말로 죽음에 임해서까지 백성을 사랑하는 마음을 실천하고자 하였다.

144년 일성왕(逸聖王)은 "농사는 정치의 근본이요, 식량은 백성의 하늘이다."[261]라고 선언하고, 각 주군에 제방을 완벽하게 수리하고 농토를 널리 개척하도록 명령하였다. 먹는 것, 민생이 정치의 근본이라는 것은 맹자의 이른바 왕도지시(王道之始)를 말하는 것이다. 이 말은《사기(史記)》에서 역이기(酈食其)가 "임금된 자는 백성을 하늘로 삼고, 백성은 먹는 것을 하늘로 삼는다.(王者 以民爲天 而民以食爲天)"[262]라는 말을 원용한 것이다.

제3대 유리왕은 겨울에 나라 안을 순행(巡行)하다가 추위와 굶주림으로 죽게 된 노파를 보고, "내가 보잘 것 없는 몸으로 왕위에 있으면서 백성들을 부양하지 못해 노인과 어린 것들을 이렇게 극심한 처지에 이르게 하였으니, 이는 나의 죄이다."라고 말하고, 옷을 벗어 덮어 주고 음식을 주어 먹게 하였으며, 이에 관리에게 명령하여 곳곳에 있는 홀아비, 과부, 고아, 무의탁노인 및 늙고 병들어 스스로 살아갈 수 없는 자들을 위문하고 양식을 지급하게 했다고 한다.[263] 이러한 유리왕의 어진 마음, 차마 못하는 마음이야말로 왕자의 심법이며, 여기서 인정(仁政) 즉 왕도가 실현되는 것이다.

끝으로 신라 유교와 6두품(六頭品)의 관련성에 대해 언급하고자 한다. 역사학자 이기백은 통일신라시대의 대표적인 유학자 강수, 설총, 최치원이

---

261)《三國史記》, 卷第1, 〈新羅本紀〉, 逸聖尼師今, 11年 春2月, "農者政本 食惟民天."
262)《三國列傳》, 第37, 〈酈生. 陸賈列傳〉.
263)《三國史記》, 卷第1, 〈新羅本紀〉, 儒理尼師今 5年 冬11月 條.

모두 6두품 출신이고, 유교에 가장 매력을 느꼈던 사회적 신분층이 6두품으로 추정된다고 하였다.[264] 신라 통일의 유교는 한마디로 6두품의 사상이었다고 할 수 있다는 것이다. 통일기의 대표적인 유학자들은 모두 6두품이었고, 유교 교육기관인 국학을 설립한 인물들이나 교수를 담당한 인물들도 그러했으며, 여기서 교육을 받은 학생들도 6두품이 가장 큰 비중을 차지하고 있었다 한다. 또 하대에 당으로 유교를 배우러 유학을 한 학생들도 6두품이 가장 큰 비중을 차지하고 있었는데, 이들 6두품의 유학자들은 현세에 있어서의 도덕을 중요시하였다. 그들은 도덕은 비록 국왕이라 하더라도 이에 따라야 하는 절대적인 것으로 생각하였고, 이러한 사상은 선천적인 골품에 의한 특권을 기득권으로 향유하는 진골(眞骨)에 대한 사상적 반항이라고 보았다. 따라서 그들은 도덕적 정치이념으로써 국왕의 정치적 조언자가 되거나 혹은 행정적인 관직을 차지함으로써 그들이 출세할 수 있는 길을 개척해 가고 있었다고 보았다.[265]

요컨대 삼국을 통일한 신라가 고구려와 백제를 통합할 수 있었던 것은, 군사력과 경제력, 나당연합의 국제외교 등에서 우세하였을 뿐 아니라, 정신적, 사상적 구심력에서도 다른 나라보다 월등했기 때문임을 알 수 있다. 그 정신적 기반에는 원효와 의상 같은 한국불교 최고봉의 창조적 지성이 있었으며, 강수와 설총 같은 유학의 대가들이 있었기 때문이다. 아울러 신라 통일 전후기를 주도한 진흥왕, 문무왕 같은 위대한 통치철학을 가졌던 지도자가 있었기 때문이다.[266]

그러므로 신라 문교(文敎)의 융성에 대해서는 당나라도 인정했음을 알 수 있다. 효성왕 즉위 초에 당 현종이 성덕왕의 부음(訃音)을 듣고, 형도

264) 이기백, 〈한국 유학의 정착과정〉, 《한국사상의 심층 연구》, 우석, 1982, 173~174쪽.
265) 이기백, 위의 글, 187~188쪽.
266) 유승국, 《한국사상의 연원과 전망》, 유교문화연구소, 2008, 191쪽.

(邢璹)를 보내 조문하고 신왕을 책봉하였는데, 이때 형도에게 말하기를, "신라는 군자국(君子國)이라 불리는 만큼 글을 아는 것이 자못 중국과 유사하다. 그대가 돈유(惇儒)인 까닭에 사절로 보내니, 그들에게 경의(經義)를 설명하여 대국의 유교가 번성함을 알려 주기 바란다."라고 당부하였다. 당 현종이 신라를 군자국이라고 부르고, 신라의 유교적 수준이 중국과 비슷하다고 한 것은 당시 신라의 유교 수준이 어떠했는가를 잘 말해 주는 것이다.

제2절 김굉필(金宏弼)과 정여창(鄭汝昌)의 도학사상

1. 김굉필과 정여창

　한훤당 김굉필(寒暄堂 金宏弼: 1454~1504)과 일두 정여창(一蠹 鄭汝昌: 1450~1504)은 김종직(金宗直)의 문하에서 수학한 동문인데, '동국 18현'으로 문묘에 함께 종사(從祀)되었다. 또 이들은 정암 조광조(靜菴 趙光祖), 회재 이언적(晦齋 李彦迪), 퇴계 이황(退溪 李滉)과 더불어 이른바 '동방 5현'으로 추앙받았고, 김종직 문하의 쌍벽을 이루었다. 김종직은 부친 김숙자(金叔滋)에게 배워 멀리 포은 정몽주(圃隱 鄭夢周), 야은 길재(冶隱 吉再)의 학통에 닿아 있고, 김굉필, 정여창을 통해 조광조로 이어졌다. 이러한 조선 도학의 학통은 매우 중요한 의미를 갖는다. 그것은 조선 유학이 의리적 전통을 중시하여 사공(事功)과 현실에 참여했던 훈구파 유학자들이나 사공파 유학자들과는 구별해 왔기 때문이다. 이러한 의리 중심의 조선 유학의 전통은 한말까지 이어왔다 해도 지나치지 않는다. 물론 유학의 근본정신이 의리(義理)와 실리(實利)의 조화와 겸비를 이상으로 삼는다는 관점에서 보면[267] 이러한 의리 중심의 입장은 재고해 보아야 할 여지가 있다.

　김굉필과 정여창, 정여창과 김굉필은 김종직 문하의 동문으로 '뜻이 같

---

267)《孟子》,〈告子章 上〉, "生亦我所欲也 義亦我所欲也 二者不可得兼 舍生而取義者也."

고 도가 합한(志同道合)' 막역한 도우(道友)였다. 나이는 정여창이 네 살 위였지만 학문적 동지로서 평생 우정을 변치 않았다. 더욱이 정여창은 함양 출신이고 김굉필은 처가가 합천이었고 현풍에서 생활했는데, 두 사람은 중간적 위치인 거창에서 자주 만나 학문을 강마하였다.

이들은 연산군 시대에 살았다. 김굉필은 1498년 무오사화 때 평안도 희천으로 유배를 당했다가 순천으로 옮겨진 후 갑자사화 때 유배지에서 51세의 나이로 죽음을 당했다. 또한 정여창은 마찬가지로 무오사화 때 장형 100대에 9년 시한으로 함경도 종성으로 유배되어 그곳에서 55세에 병으로 별세하였는데, 갑자사화 때 부관참시(剖棺斬屍)를 당했다. 이처럼 두 사람은 김종직의 문인으로서 '소학도당(小學徒黨)'으로 지목되어 제대로 뜻을 펴 보지도 못한 채 억울한 죽음을 당하였다.

2. 김굉필의 도학적 삶과 정신

1) 소학적 실천

김굉필의 삶은 한마디로 소학적 실천의 삶이었다고 할 수 있다. 그는 어려서부터 재기(才氣)가 뛰어나고 정의감이 강하고 오기가 대단했다. 21세 때 김종직이 함양군수로 있을 때 그 문하에서 《소학》을 배웠다. 김종직이 《소학》 책을 주면서 "진실로 학문에 뜻을 두려고 한다면 마땅히 이 책으로부터 시작해야 한다. 광풍제월(光風霽月)의 높은 인격을 이루는 것도 또한 이 밖에 있지 않다."라고 하니, 명심하여 손에서 《소학》 책을 놓지 않았다. 사람들이 혹시 시사(時事)에 대해 물으면 반드시 말하기를, "《소학》을 읽는 동자(童子)가 어찌 대의(大義)를 알겠느냐?"라고 하였다.[268] 또 김굉필은 〈독소학(讀小學)〉이라는 시에서 다음과 같이 읊었다.

글을 업으로 하면서 하늘의 이치를 알지 못했더니,

《소학》에서 지난날의 잘못을 깨달았네.[269]

이에 대해 김종직은 "이 말은 곧 성인이 되는 근본이니, 노재(魯齋: 許衡) 이후에 어찌 그러한 사람이 없으랴."라고 격려하였다.[270] 이처럼 김굉필의 학문은 《소학》이 기본이 되었고, 김종직은 소학공부를 성현지학(聖賢之學) 의 기초로 중시했다. 김굉필이 소학공부에 얼마나 충실했는가 하는 것은 다음 기대승(奇大升)이 쓴 《행장》을 통해서도 잘 알 수 있다.

선생은 뜻을 독실히 하고 힘써 실천하여 항상 《소학》으로써 몸을 다 스렸다. 어버이를 받드는 데 효성을 극진히 하여 공경함을 다해서 섬겼 다. 닭이 울면 일어나 문안을 드리기를 예절대로 하였다. 하루 종일 꿇 어앉아서 글을 강습하기를 게을리하지 않으니, 비록 한 집안 사람이라 도 일찍이 그의 게으르고 단정하지 않은 모습을 보지 못하였다. 3년 동 안 무덤 옆에 여막을 짓고 한결같이 예제대로 하였다. 상복을 벗고 나서 는 반드시 새벽마다 사당에 배례하고, 다음에 어머님께 나아가 문안드 렸다. 어머님께서 성품이 엄하여, 뜻에 혹 맞지 않으면 반드시 안색을 엄정하게 하고 말하지 않으니, 선생이 두려워하여 감히 물러가지 못하 고, 거듭 공경하고 거듭 효도하여 그 기뻐하고 즐거워함을 본 뒤에라야 물러갔다.[271]

---

268) 한훤당선생기념사업회, 《국역 경현록》, 전, 2004, 144~145쪽, 〈行狀〉, 奇大升.
269) 《秋江集》, 卷7, 〈師友名行錄〉, "業文猶未識天機 小學書中悟昨非."
270) 《국역 경현록》, 전, 145쪽, 〈行狀〉, 奇大升.
271) 《국역 경현록》, 전, 145쪽, 〈行狀〉, 奇大升.

《소학》은 기초적인 윤리를 가르치는 교과서였다. 인간의 윤리적 행동과 도덕적 인격 형성은 하루아침에 되는 것이 아니다. 어려서부터 습관화되어야 한다. 이런 점에서 유아교육, 초등교육의 중요성이 제기된다. 주자도 소학적 율신이 곧 수신, 제가, 치국, 평천하의 근본임을 분명히 하였다. 김굉필은 김종직의 가르침을 충실히 계승하여 '소학동자(小學童子)'로 자처하고, 평생 자기 율신에 독실했다. 그리고 이러한 소학풍의 도학정신을 문인 조광조를 비롯한 문하에 전승함으로써 새로운 유학풍을 조성하였다.

기대승은 〈행장〉에서 김굉필의 모범적 언행과 학문태도에 대해 이렇게 평가하고 있다.

날마다 《소학》과 《대학》의 글을 읽어 이로써 학문의 규모로 삼고, 6경(六經)을 탐구하고 성(誠)과 경(敬)을 힘써 주장하여 존양성찰(存養省察)함으로써 체를 삼고, 제가, 치국, 평천하로써 용을 삼아 큰 성인의 경지에 오를 것을 기약하였다. 평상시에 첫 닭이 울면 머리를 빗고 세수하고 의관을 정제하여, 먼저 가묘(家廟)에 절하고, 다음에 어머님께 문안드리고, 서재에 나가서 꿇어앉아 있기를 마치 소상(塑像)처럼 하였다. 학자들에게 마음을 다스리는 요령을 강론할 때면, 어린 사람에게는 기초적인 공부를 말해 주고, 나이 먹은 사람에게는 심오한 의리로써 말하여 차근차근 게을리하지 않았으며, 저녁이 되면 어버이에게 잠자리 보아 드리기를 예절대로 하고, 학문을 강론하여 밤이 깊기까지에 이르렀다. 30여 년 동안 정밀히 한 공부가 쌓이고 힘써 실천함이 오래되니, 학식이 넓으면서도 거칠지 아니하며, 정통하면서도 흐르지 아니하고, 견확(堅確)하고 독실하여 오히려 미처 실천하지 못할까 두려워하였다.[272]

---

272) 《국역 경현록》, 28~29쪽, 〈行狀〉, 李勣.

그는 학문의 목표를 성인됨에 두었다. 이를 위해 《소학》, 《대학》을 기본으로 6경을 심층 연구하였는데, 특히 성과 경은 생활철학의 요체였다. 유교 본래의 존양성찰을 체로 삼고 제가, 치국, 평천하를 용으로 삼아 대성인의 경지를 추구하였다. 이는 내성(內聖)을 체로 외왕(外王)을 용으로 하는 성학(聖學)체계를 의미하는 것이다. 〈행장〉을 비롯한 제 문헌 자료들에 나타난 김굉필의 인품은 가히 우러를 만하다. 유교적 예법과 소학적 실천을 모범적으로 실천한 도학지사(道學之士)의 면모를 볼 수 있다. 이렇게 볼 때, 김굉필은 율신적 수기의 궁행을 통한 위기지학(爲己之學)으로서의 도학화를 도모했다는 점이 특징적이라 할 수 있다.273)

또한 김굉필의 도학정신은 의리적 측면에서도 잘 드러난다. 그가 27세 되던 해 생원시에 합격하였는데, 이 해에 원각사(圓覺寺)의 중이 불상을 몰래 돌려놓고 불상이 스스로 돌아앉았다고 하여 많은 사람들을 몰려들게 한 일이 있었다. 이에 그는 〈성화경자상소(成化庚子上疏)〉274)를 올려 간사한 사실을 밝히고 일의 주모자를 사형에 처하라고 주장하였다. 이는 김굉필이 벽이단의 관점에서 도학을 부호(扶護)하고 이단을 배척하는 의리를 보여 준 것이라 할 수 있다.

또한 43세 때에는 사헌부감찰로 있으면서 청주군(淸州君) 한환(韓懽: 睿宗妃 安順后의 동생)이 김포현에서 양민의 토지를 강탈한 사건이 발생하자, 왕실에서는 척신(戚臣)을 위하여 승정원에 전령한 바 있으나, 김굉필은 이 사건을 원리원칙대로 조사 처리하였다. 이를 통해 그가 척신의 특권을 인정하지 않고 공평무사하게 공무를 처리하였음을 알 수 있다. 그는 관리로

---

273) 윤사순, 〈제4장 초기 도학화의 현상〉, 《한국철학사》, 중권, 동명사, 1987, 148쪽.
274) 퇴계의 언급을 근거로 이 상소가 김굉필의 것이냐 아니냐 하는 논란이 있으나, 《실록》 성종 11년(1480년 6월 14일) 김굉필의 상소가 실려 있는 것으로 보아 김굉필의 친소(親疏)가 분명해 보인다.(《국역 경현록》, 139쪽 참조)

서 사사에 치우치지 않고 공명정대한 심법으로 사건을 처리함으로써 기강의 진작과 공직윤리에 모범을 보여 주었다. 44세 때에도 형조좌랑이 되어 송사(訟事)를 판결함에 있어 한결같이 지성을 다하였으므로 모두가 그 공정함에 탄복하였다 한다.[275]

이와 같이 김굉필은 스승의《소학》정신을 충실히 실천하여 도학군자로서의 인격을 함양하였고, 벽이단의 의리와 공평무사의 공의(公義)를 실천하여 도학정신을 발휘하였다.

2) 〈한빙계(寒氷戒)〉에 나타난 도학사상

김굉필의 도학사상은 그의 대표적인 저술로 전해지는 〈한빙계(寒氷戒)〉를 통해 가늠해 볼 수 있다. 〈한빙계〉는 그가 문인 반우형(潘佑亨)에게 준 글이다. 반우형은 1496년(연산 2년) 김굉필에게 제자의 예로 배우기를 간청했으나 이를 사양하였다. 김굉필은 "문보(文甫: 반우형의 자)는 나보다 나이가 다섯 살이나 적고 벼슬은 나보다 높으니 벗을 한다면 할 수 있으나 스승이라는 것은 불가하다."라고 하였다. 반우형이 다시 "아침에 도를 들으면 저녁에 죽어도 좋다."고 하니, 김굉필은 그의 성의가 확고함을 보고 이르기를, "서적을 널리 보고 문장에 풍부하면서도 배우기를 원하는 바는 오직 도로다. 도란 것이 어찌 별다른 것이랴. 아들이 되어서는 마땅히 효도하고, 신하가 되어서는 마땅히 충성할 것이며, 나머지도 모두 이에 따라서 행하여 간다면 모든 사물이 일상생활에서 당연한 이치 아님이 없을 뿐이다." 하고, 드디어 몸을 다스리며 사물에 응접하는 방법 18조목을 손수 써 주며, "안정(安靜)을 지키고 혼자 있을 때 조심하여 뭇 사람의 비방이 일어나게 하지 말라." 하였다. 이 18조의 계가 바로 〈한빙계〉이다. 김굉필은 '한

---

275)《국역 경현록》, 전, 144쪽, 〈行狀〉, 奇大升.

빙(寒氷)'이라는 제목을 붙인 이유를 이렇게 설명하였다.

그대의 공부가 나보다 탁월하기를 바라는 동시에 얇은 얼음을 밟듯이 더욱 경계하라는 뜻이다. 《소학》에 이르지 않았는가. 증자 말씀에 "깊은 못에 다다른 듯 엷은 얼음을 밟는 듯이 하라." 하신 것은 경계하고 삼가고 두려워함이 지극한 것으로, 실로 《소학》을 공부하는 대강령이 되는 것이니, '인의예지(仁義禮智)', '효제충신(孝悌忠信)', '사무사(思無邪)', '무불경(毋不敬)', '경승태(敬勝怠)', '구사(九思)', '구용(九容)', '쇄소응대(灑掃應對)', '스승을 높이며 벗을 친애하는 도리'가 모두 이 문호를 통과해야 할 것이다. 만일 삼가고 두려워하는 성의가 깊지 못하면, 경전을 배우는 것이 한갓 글 장난에 지나지 않을 것이요 실지의 공부가 없을 것이다. 내가 《소학》을 읽음으로부터 전전긍긍하는 마음을 깊이 가져서 일을 따라 행하여 본 즉, 이 마음이 언제나 가슴속에 존재하여 사지에 퍼지며, 사업상에 표현되는 것을 스스로 믿게 되었다. 그런즉 이 '한빙(寒氷)' 두어 조항은 실로 내가 충심으로 너에게 주는 것이니, 혹시라도 간단(間斷)이 있으면 지금 세상에 화를 면키 어려우리니 가히 경계하지 아니하랴.[276]

〈한빙계〉는 체계적인 논문이 아니고 학문하는 심법과 처세의 요령을 18조목으로 나누어 간략히 설명한 글이다. 제1조인 '움직이고 고요함에 떳떳함이 있으라(動靜有常)'에서는 학자의 학문하는 태도로서 주정(主靜)을 중시하고 있어 주렴계(周濂溪)의 영향을 짐작게 한다. 제2조 '마음을 바르게 하여 성을 좇으라(正心率性)'는 《대학》의 '정심(正心)'과 《중용》의 '솔성

---

276) 《국역 경현록》, 421쪽, 〈寒氷戒 뒤에 씀〉, 潘玉溪.

(率性)'을 합하여 표현한 말로, 사욕과 악념의 미연 방지를 위해 거듭 생각하여 마음을 바르게 하고 세 번 반성하여 그 본성을 따르게 해야 한다 하였다. 제4조 '선(仙)과 불(佛)을 깊이 배척하라(深斥仙佛)'에서는 도가와 불교에 대한 벽이단의 입장을 확고히 하고 있는데, 이는 성종에게 올린 〈성화경자년상소(成化庚子年上疏)〉에서도 잘 나타나 있다. 제13조의 '마음을 하나로 하여 둘이 되지 않도록 하라(主一不二)'는 김굉필의 경(敬) 해석으로 중요한 의미를 갖는다. 정주(程朱)가 경을 '하나를 주로 하여 나아감이 없는 것(主一無適)'으로 설명하고 있는데, 김굉필은 이를 '주일불이(主一不二)'로 해석하고 있다. 제16조 '기미를 알라(知幾)'는 일의 조짐을 미리 알아서 대비하라는 말인데, 이는 그가 사화에 연루되어 희생된 것을 생각할 때 깊은 의미가 있다. 제18조의 '경(敬)을 지니고 성(誠)을 보존하라(持敬存誠)'는 〈한빙계〉의 결론처럼 보이는 것으로 그의 학문하는 방법과 수양론에 있어서 성경(誠敬)이 중심이 되고 있음을 알 수 있다. 특히 제3조의 '갓을 바로 쓰고 꿇어 앉으라(正冠危坐)', 제5조의 '옛 습관을 철저히 끊어라(痛絶舊習)', 제6조의 '욕심을 막고 분함을 참으라(窒慾懲忿)', 제8조의 '가난에 만족하며 분수를 지켜라(安貧守分)', 제9조의 '사치를 버리고 검소를 좇으라(去私從儉)', 제10조의 '날마다 새롭게 공부를 하라(日新工夫)', 제12조의 '거짓말을 하지 말라(不妄言)', 제14조의 '잘 생각하고 부지런히 하라(克念克勤)', 제17조의 '끝을 시작할 때처럼 신중히 하라(愼終如始)'가 모두 성경(誠敬)의 구체적 내용들이라고 볼 수 있으니, 이는 다름 아닌 《대학》의 성의정심(誠意正心)이요 정주의 거경(居敬)을 말하는 것이다. 한편 제11조에서는 '책을 읽고 이치를 궁구하라(讀書窮理)', 제15조에서는 '말을 알라(知言)', 제16조에서는 '기미를 알라(知幾)', 제7조에서는 '명(命)을 알고 인(仁)을 도탑게 하라(知命敦仁)'를 말하고 있는데, 이는 《대학》의 격물치지(格物致知)요 정주의 궁리(窮理)에 해당하는 것들이다.

이렇게 볼 때, 〈한빙계〉의 내용상 체계는 《대학》의 성의정심(誠意正心)과 격물치지(格物致知), 정주의 거경(居敬)과 궁리(窮理)라는 유가철학의 학문 방법을 충실히 계승하고 있음을 알 수 있다. 〈한빙계〉에 나타난 김굉필의 도학사상은 수기적 성격이 매우 짙다. 그것은 애당초 그가 반우형에게 이 계를 지어 준 의도가 마음공부에 있었기 때문이다.

4. 정여창의 도학적 삶과 정신

1) 효행의 실천과 대의명분에 맞는 처세

정여창도 김굉필과 마찬가지로 김종직의 문하에서 일찍이 소학교육을 받았다. 어려서부터 기초적 윤리의 실천에 남다른 바가 있었다. 그는 부모에 대한 효성이 지극하였다. 그가 18세 때(1467년, 세조 13년) 부친 정육을(鄭六乙)은 함길도 병마우후(兵馬虞侯)의 신분으로 이시애(李施愛)의 난을 진압하기 위해 출정했다가 순절하였다. 이에 비보를 들은 정여창은 하인 몇 사람을 데리고 함양에서 함경도까지 2,000리 길을 달려가 부친의 시신을 찾아 고향 함양에 운구하고 지극한 효성으로 상례를 치르고 또 3년간 시묘(侍墓)살이를 하였다.[277] 이로 인해 그의 효행은 널리 알려졌고, 1년 뒤 조정에서는 전사의 공적을 높이는 관례에 따라 아들 정여창에게 군직의 벼슬을 내렸다. 그러나 그는 "아버지가 해를 입었는데 그것으로 인해 아들이 영화를 받는 것은, 나라의 은혜가 비록 중하나 차마 마음이 실로 따를 수가 없다."라고 사양하였다.[278] 이러한 정여창의 처세는 대의명분을

---

277) 정재경, 《정여창 연구》, 집문당, 1988, 106~107쪽.
278) 정재경, 위의 책, 107~108쪽.

중히 여기는 것으로 도학정신의 실천이라 하겠다.

그의 효성은 모친에게서도 십분 발휘되었다. 그는 부친의 죽음 이후 술을 자주 마시고 실수를 한 적이 있었는데, 어느 날 모친의 훈계를 듣고 깊이 반성하고 금주의 맹서를 하였다. 그는 예문관 검열로 있을 때 성종이 내리는 술잔을 사양하며 모친과의 약속을 지켰다.[279]

또한 정여창은 어느 날 향회(鄕會)에서 모친의 마음을 즐겁게 해 드리기 위해 소를 잡아 마을사람들을 대접한 일이 있었다. 그런데 국법을 어겼다 하여 어떤 사람의 고발로 곤욕을 치른 일이 있었다. 이 일로 인해 모친의 걱정을 끼쳐 드렸다 하여 그 이후로 소고기를 먹지 않았다 한다.[280]

1486년(성종 17년) 정여창은 성균관 유학 중에 고향의 어머니를 찾았다. 그런데 역질(疫疾)이 유행하여 온 마을이 위험한 상황이었는데, 그의 모친은 이질에 걸려 앓고 있었다. 그는 의원을 불러 치료를 하고 민간요법을 찾아 간호를 했지만 낫지 않았다. 그는 자신의 정성이 부족해 그렇다고 생각하여 식음을 전폐하기도 하고, 아버지의 신주를 모신 방에 향을 피워 놓고 모친의 병을 낫게 해 달라고 기도도 하고, 문지방에 이마를 받아 적삼이 피로 물들기도 하였다. 또 모친의 병세를 확인하기 위해 모친의 변을 직접 맛보기도 하고, 자식으로서 모친의 고통을 함께해야 한다고 하여 들기름에 손가락을 적셔 불에 태우기도 했다. 이러한 정여창의 지극한 정성에도 불구하고 모친의 병세는 낫지 않고 결국 운명하고 말았다. 유행병이 도는 상황에서도 그는 예법대로 모친의 상례를 치르고 3년 동안 여막을 짓고 묘소를 지켰다.[281]

당시 감사가 정여창의 효행을 알아 함양군수 조위(曹偉)에게 상례를 돕

---

279) 정재경, 위의 책, 109~110쪽.
280) 정재경, 위의 책, 110~111쪽.
281) 정재경, 위의 책, 114~117쪽.

도록 지시했으나 그는 이를 사양하였다. 이러한 정여창의 효행은《성종실록》에도 다음과 같이 기록되어 있다.

사신이 이르기를, "정여창이 거상(居喪)을 잘 하니 고을이 변하였다. 한 갑사(甲士)가 여창(汝昌)을 본받아서 죽을 먹었다. 백정이 놀리기를, "여창을 본받고자 하여 죽을 먹으니, 어찌 그리 가난한가?"[282]

1490년 같은 고을 사람 조효동(趙孝仝)과 참의 윤긍(尹兢)이 공동으로 정여창의 학행을 높이 여겨 천거하는 상소를 올렸다.[283] 성종은 이 글을 읽고 "여창의 행적을 보고 눈물이 흐르는 것도 미처 깨닫지 못했다. 과연 이 말과 같으면 비록 옛 사람인들 어찌 양보하겠나. 모름지기 특별히 등용하여 국가에서 착한 사람을 나타나게 하는 뜻을 보이게 하라." 하고,[284] 소격서(昭格署) 참봉(參奉)의 벼슬을 내렸다.

그러나 정여창은 겸양으로 이를 사양하면서, 표창이란 명실상부해야 하는데 자신은 이에 미치지 못한다 하여 사양하는 상소를 올렸다.[285]

또한 31세에는 성종이 성균관에 유시하여 유교경전에 밝고 행실이 훌륭한 선비를 천거하라 하였는데, 정여창이 으뜸으로 뽑혔다. 당시 성균관의 총 책임자였던 지관사(知館事) 서거정(徐居正)이 조정의 강론에 나아가기를 권했지만, 그는 자신의 학문이 부족하다 하여 사양하였다.[286] 이처럼 정여창은 부모에 대한 효행을 진실하게 실천하여 한 고을은 물론 임금까

---

282)《成宗實錄》, 庚戌 條.

283)《一蠹集》, 遺集, 卷3, 〈薦學行疏〉.

284) 정재경,《정여창 연구》, 118쪽.

285)《一蠹集》, 遺集, 卷1, 〈辭參奉疏〉.

286)《一蠹集》, 遺集, 卷2, 附錄, 〈事實大略〉.

지 감동하게 하였고, 벼슬에 나아가고 표창을 받는 데 있어서도 명분과 대의에 맞게 처신함으로써 도학지사(道學之士)의 면모를 유감없이 보여 주었다.

2) 《소학》의 실천과 도학이론의 탐구

정여창은 23세(1472년, 성종 3년) 때 김굉필과 함께 함양군수로 부임한 김종직에게 나아가 그의 문인이 되어 쌍벽을 이루었다. 그는 22세 때에 경기도 이천의 선비 율정 이관의(栗亭 李寬義)에게서 2년 동안 성리학과 역학을 배웠다. 24세 때에는 하동의 지리산 기슭 악양(岳陽)에 들어가 3년 동안 유교경전과 성리학을 깊이 연구한 바 있다. 27세에는 한양으로 올라가 당시 경연관으로 있던 김종직을 찾아가 다시 또 그의 문하에서 학문을 배웠다. 또 33세 때에는 전주 부사를 지내고 남원에 살고 있던 윤효손(尹孝孫)을 찾아가 주자학을 토론한 바도 있었다. 39세 때에는 18년 연상인 윤긍과 학문을 담론한 일이 있고, 14세 연하의 김일손(金馹孫)과 며칠 동안 《대학》을 강론하기도 하였다. 또 40세 때에는 밀양으로 스승 김종직을 다시 찾아가 장기간 강론을 듣기도 하였다.[287]

정여창도 김굉필과 마찬가지로 김종직의 문하에서 소학풍의 도학을 배웠다. 위에서 이미 언급한 것처럼 그의 지극한 효행이나 겸양 그리고 대의 명분에 맞는 처세는 《소학》의 실천이며 도학의 실천이라 할 수 있다.

또한 정여창은 34세에 모친의 권유로 사마시에 나아가 2등으로 급제하고, 성균관에 유학하여 성균관 유생의 신분으로 조정의 도첩(度牒) 남발에 대해 비판하는 상소를 올렸다. 그는 "지금 한 궁궐의 역사(役事)에 도첩을 받는 승려가 1,000만에 이르면, 이 뒤에 군적(軍籍)을 면하고자 하는

---

287) 《一蠹集》, 遺集, 卷2, 附錄, 〈事實大略〉.

자가 이를 보고 빙자하여 다투어 일어나서 머리를 깎고 사역에 임하기를 기다릴 것입니다. 중이 되려는 자가 날로 많으면 우리 유도(儒道)에 불행이 됩니다."라고 하였다.[288] 이처럼 그는 당시 도첩제의 제도적 문제점을 비판하면서 동시에 벽이단의 관점을 분명히 하였다.

정여창은 45세 때 경상도 안음현감(安陰縣監)을 자청하는데, 이는 그가 세자시강원(世子侍講院)에서 연산군을 교도(敎導)함에 연산군과 갈등이 있었기 때문이었다. 정여창은 5년 동안 지방목민관으로서 유교 이념에 입각한 왕도의 실현에 주력하였으니, 함양 출신 강익(姜翼)의 다음과 같은 평가는 이를 잘 말해 준다.

정여창은 안음현감을 자청하여 정치에는 어짐(仁)과 용서(恕)를 우선하며 신명으로 교화하였다. 그리고 업무에 정밀하여 속이는 폐습이 없게 하였으며, 세부규정을 제정하여 민생을 이롭게 하는 데에 자상하였으므로 백성들이 지금도 그 은혜를 입고 있다. 그는 더욱이 학문을 권장하고 풍속을 아름답게 하는 데에 힘썼고, 봄과 가을에는 노인 봉양의 예를 거행하였 다. 또한 재능에 따라서 사람들을 가르쳤으므로 성공한 인재가 많았다.[289]

이와 같이 정여창은 인(仁)과 서(恕)로 백성들을 어루만져 인정을 베풀고, 다른 한편으로는 제도를 고치고 교화를 베풀고 풍속을 고치고 인재를 양성하는 교육에 힘썼던 것이다. 이러한 정여창의 인정에 대한 기록은 다음 《연려실기술(燃藜室記述)》에서도 나타난다.

---

288) 《成宗實錄》, 14년 9월 11일(辛丑).
289) 《明宗實錄》, 21년 6월 15일(甲戌).

선생께서 안음현감으로 있을 때, 공무 외의 여가에는 고을의 총명한 자제들을 뽑아 공부하는 집을 지어 거처하게 하고, 친히 가르치며 일과로 강독하게 하니 학자들이 먼 곳에서도 찾아왔다. 봄과 가을에는 양로(養老)의 행사를 거행하니, 부녀들에게는 부인을 시켜 대접하게 하고 남자들에게는 선생이 관복을 차려 입고 손수 접대하므로, 노인들이 모두 취하고 많이 먹으면서 가무(歌舞)도 즐겼다. 행정의 일이 맑아서 백성들이 기뻐하면서 관할 내의 백성들이 속이거나 간사함으로 선생을 저버리지 않도록 서로 경계하였다.290)

여기서도 정여창의 안음현감 치세(治世)가 얼마나 훌륭했는가를 잘 말해 주고 있다. 청소년의 교육에 앞장서서 인재를 양성하고, 노인들을 공경하며, 청렴의 행정을 실행해 백성들의 신뢰를 받고 있음을 알 수 있다.

친구 김일손은 "정여창은 도(道)가 천인(天人)에 통하고 학문은 체용을 겸비했다." 하면서, 성정(性情)이 염담(恬淡)하고 기질이 단정하여 몸가짐이 맑고 사람을 대함에 어질고 너그러웠다 평한다. 그리고 그의 효우충신(孝友忠信)은 풍속을 바르게 할 수 있고, 돈후겸양(敦厚謙讓)은 백성을 교화할 수 있으며, 학문의 깊고 넓음과 의논의 공평하고 바름은 경서에 근거함이 있어 고문(顧問)으로 삼을 만하고, 식견과 도량의 정명(精明)함과 글씨의 깊음은 임금의 말이나 명령을 대신 지을 만하다고 극찬하였다.291)

그런데 정여창의 학문에 대해 퇴계는 "정여창이 옛 것을 믿고 의(義)를 좋아했으며, 학문은 실천하기를 힘썼다."292)라고 평가하였다. 즉 퇴계는 정여창의 학문을 "옛 것을 믿어 의리를 좋아하고, 배우는 것은 실천을 힘썼

---

290) 李肯翊,《燃藜室記述》, 卷6,〈戊午黨籍〉.

291)《一蠹集》, 續集, 卷2,〈薦檢閱疏〉.

292)《一蠹集》, 遺集, 卷3, 讚述, "鄭汝昌...信古好義 學務踐履..."

다."고 평가했는데, 이는 매우 적절한 표현이다. 여기서 옛 것을 믿었다 함
은 이른바 '고도(古道)' 내지 '요순지도(堯舜之道)', '공맹지도(孔孟之道)'에
대한 믿음을 전제하여 그의 학문이 전통유가에 기반하고 있음을 의미하
는 것이다. 또한 의리를 좋아한다는 말에서 그의 학문이 의리에 있음을
알 수 있다. 도학은 의리를 본질로 하는 것이며 실천을 중시한다고 볼 때,
그의 학문적 성격은 도학에 있음을 분명히 알 수 있다.293) 이는 남명 조
식(南冥 曺植)이 "선생은 천령(天嶺)의 유종(儒宗)으로 학문이 깊고 독실하
여 오도(吾道)에 전통이 있었다."294)라고 말하는 것과 일치한다.

　　그리고 '학무실천(學務實踐)'은 곧 무실(務實)학풍을 의미하는 것으로,
노사 기정진(蘆沙 奇正鎭)이 "선생의 영원한 실학은 비록 헤아리기 어려우
나, 여러 선생의 상론(尙論)을 모아 상상해 보건대, 이른바 움직이지 않아
도 공경스럽고 말하지 않아도 미덥다는 것이니, 그 심후(深厚)한 학문과
독실한 행실이 어떠하였는가를 짐작게 한다."295)라고 한 데서도 입증된다.

　　이렇게 볼 때, 정여창은 스승 김종직의 학문적 영향을 받아《소학》을
통한 자기율신 내지 실천에 주력하였다.296) 그는 독서를 하되 반드시 역
행실천(力行實踐)을 주로 삼았고,297) 김굉필과 더불어 도학으로 이름되었
던 것이다.298) 또한 면암 최익현(勉庵 崔益鉉)은 정여창의 학문은 한결같
이 주자를 좇았는데, 김굉필과 더불어《소학》을 밝혀 우리나라 도학 연원
의 머리를 열어 주었다고 하였다.299) 이와 같이 정여창이 김굉필과 마찬

---

293) 황의동, 〈정여창의 인물과 학문사상〉,《영남학파의 연구》, 병암사, 1998, 248쪽.

294)《南冥集》, 卷4, 〈遊頭流錄〉, "先生天嶺之儒宗也 學問淵篤 吾道有緖."

295)《一蠹集》, 續集, 卷3, 〈風詠樓重修記〉.

296)《一蠹集》, 遺集, 卷3, 讚述, "二公操履 以小學自律.", "學務踐履."

297)《一蠹集》, 遺集, 卷3, 〈薦學行疏〉, 趙孝仝, "讀書 必以力行踐實爲主."

298)《大東野乘》, 卷8, 〈海東野言2〉, "鄭汝昌金宏弼 以道學名."

299)《一蠹集》, 續集, 卷3, 〈岳陽亭重修記〉, "蓋先生之學 一從朱子 而寒暄金文敬先生 倡明

가지로 소학실천에 힘쓰고 자기 수양에 진력하여 도학풍을 여는 데 중요한 기여를 한 것은 분명하다.

다만 정여창은 김굉필과 달리 성리학에 상당한 조예가 깊어 도학의 이론 무장에 충실했던 것으로 보인다. 정여창의 경우도 사화 때 후환이 두려워 대부분의 저술을 없애 버렸고, 오늘날 전해지는 몇 편의 글들만이 있을 뿐이다.

정온(鄭蘊: 1569~1641)은 〈신도비명(神道碑銘)〉에서 "그의 학문은 염락(濂洛)을 표준으로 하고 있다."라 하였고,[300] 생육신의 한 사람으로 정여창의 막역한 친구였던 추강 남효온(秋江 南孝溫: 1454~1492)은 《추강냉화(秋江冷話)》에서 "정여창은 주렴계(周濂溪), 정명도(程明道), 정이천(程伊川), 장횡거(張橫渠), 주희(朱熹)의 견해가 있고 5경(五經)에 깊이 통달하였다."라고 하였다.[301] 또 "그의 학문은 오로지 한결같이 주자를 쫓았다." 하고,[302] "성리학에 잠심(潛心)하여 동료들이 이학(理學)으로 추대했다."라고 하였다.[303] 이렇게 볼 때, 그의 성리학은 송대 성리학에 연원하고 있음이 분명하다. 즉 주렴계, 정명도, 정이천, 장횡거, 주자에 이르는 송대 성리학에 학문적 기반을 두고 있음을 알 수 있다. 뿐만 아니라 그의 성리학에 대한 이해 수준은 당대 최고의 수준에 이르렀다는 점에서 주목되는 바 있다.

일찍이 허봉(許封)이 "한훤당(寒暄堂)은 이(理)에 밝고 일두(一蠹)는 수(數)에 밝다."라고 한 바 있는데, 이에 대해 우암 송시열(尤庵 宋時烈)은 다음과 같이 해명을 하였다.

<hr />

　　小學 啓我朝道學淵源之首."

300)《一蠹集》, 遺集, 卷3, 〈神道碑銘〉.

301)《一蠹集》, 遺集, 卷3, 〈讚述〉.

302)《一蠹集》, 續集, 卷3, 〈岳陽亭重修記〉, 崔益鉉: "蓋先生之學 一從朱子."

303)《大東野乘》, 卷23, 〈海東雜錄〉, "潛心性理之學 諸輩以理學推之."

내가 일찍이 야사를 읽어 보니 "한훤당은 이(理)에 밝고 일두는 수에 밝다."는 말이 있다. 내가 그윽이 의심하기를, 이른바 수란 것이 만약 소자(邵子)가 말한 이른바 "일(一)이 양(陽) 을 낳고 양이 사(四)를 낳고 사가 팔(八)을 낳는다."는 것과 같은 말이라면, 이것은 대역(大易)의 근본이고, 이른바 이(理)란 실은 그 속에 있다. 그러므로 주자는 말하기를, "주자(周子)는 이(理)를 따라서 보았고, 소자는 수를 따라서 보았는데, 모두 단지 이 이(理)일 뿐이다."라고 했다. 그런즉 두 선생의 도를 다르게 봄은 불가하며, 서로 더불어 염락(濂洛)의 근원과 유파(流派)를 거슬러 따라가 구했음을 알 수 있다. 우리나라는 포은 정문충공(圃隱 鄭文忠公)으로부터 송유(宋儒)의 도를 밝혀 크고 지극한 중정(中正)의 법이 해가 하늘 가운데 있는 것과 같았다. 대저 선생의 고명(高明)한 자질로서 그 학문이 어찌 수에만 치우쳤겠는가?304)

도학은 곧 이학(理學)을 의미한다. 우암이 지적했듯이 그가 수(數)에 정통했다 함은 역리(易理)에 밝았음을 말한다. 본래 성리학은 유가경전 가운데 특히 《주역》과 《중용》에 힘입은 바 크다고 할 수 있다. 정여창은 《중용》에 정통했을 뿐만 아니라 《주역》에도 깊은 이해를 가지고 있었다. 그러므로 김굉필을 이(理)로, 정여창을 수로 구별해 설명하더라도 실은 같은 이학(理學) 내지 도학(道學)으로 귀결되는 것이다. 우암이 볼 때 정여창이 비록 수학에 넘나들었다고 하더라도 한훤당과 더불어 길은 달라도 도에 함께 돌아가는데 무엇이 해롭겠느냐고 말할 수 있는 것이다.305) 이처럼 정여창의 경우는 성리학에 매우 해박했는데, 이는 도학의 이론적 기초가 튼

---

304)《一蠧集》, 續集, 卷3,〈光風樓記〉, 宋時烈.
305)《一蠧集》, 續集, 卷3,〈光風樓記〉, 宋時烈, "…縱使先生汎濫於數學 亦何害於與寒暄殊道而同歸哉."

튼했음을 말해 주는 것이다. 정여창의 학문은 송대 염락의 학으로 표준을 삼고,306) 그에 잠심(潛心)하여 당시 동료들로 부터도 이학으로 추앙되었다.307) 정온은 〈신도비명〉에서 "선생의 학문은 염락을 표준으로 하고 독서에는 궁리로서 우선하며, 처심(處心)은 속이지 않는 것을 주로 하여 날마다 쓰는 공부가 성경(誠敬) 밖에 벗어나지 아니하였다. 나라를 다스림과 천하를 평화롭게 하는 율령격례(律令格例)에 이르기까지 그 극진히 궁구하지 않음이 없었으니, 그 고을을 다스림에 있어서도 이미 단서가 보였다."308)라고 평가하였다.

정여창은 일찍이 김굉필에게 말하기를 "배우되 마음을 알지 못하면 학문해서 무엇 하겠느냐?"라고 물은 일이 있다. 이에 김굉필이 "마음은 어느 곳에 있느냐?"라고 묻자, 정여창은 대답하기를 "있지 않은 곳이 없고 있는 곳도 없다."라고 말했다. 이 두 사람이 심학을 논한 곳이 많았는데 오늘날 남아 있지 않아 들을 수 없다고 한다.309) 그에 있어 도학의 핵심은 인간 주체의 '마음'에 있다. 학문하는 본의가 마음의 이치를 알아서 마음을 잘 다스림에 있었던 것이다. 도학이란 마음을 주체로 하여 도의를 근본으로 삼아 추구하고,310) 도의를 강마(講磨)함에311) 그 본의가 있다. 이는 달리 말하면, 정의와 불의, 왕도(王道)와 패도(覇道), 군자와 소인, 선과 악을 엄

---

306)《一蠹集》, 遺集, 卷3,〈神道碑銘〉, 鄭蘊, "先生之學 以濂洛爲準的."

307)《大東野乘》, 卷23,〈海東雜錄〉, 6, "潛心性理之學 諸輩以理學推之."

308)《一蠹集》, 遺集, 卷3,〈神道碑銘〉, 鄭蘊, "先生之學 以濂洛爲準的 讀書以窮理爲先 處心以不欺爲主 日用工夫 不出誠敬之外 至於治平之律令格例 無不究其極 求諸治縣 已見端緖矣."

309)《一蠹集》, 遺集, 卷3, 行狀3, 姓名 逸, "嘗與寒暄言曰 學而不知心 何以爲學 寒暄曰 心在何處 先生曰 無乎不在 亦無有處 此兩先生論心學處 而未聞其間許多議論."

310)《一蠹集》, 같은 글, "先生則以推求道義爲本."

311)《一蠹集》, 같은 글, "寒暄金先生 與咸陽鄭一蠹先生 志同道合...每相遇 與之講磨道義."

격히 분별하여 어떠한 어려움이 있더라도 의리적 가치를 지키려는 정신을 말한다. 일찍이 맹자는 인심의 보편성을 가리켜 의(義) 또는 이(理)라 하였는데,[312] 그것은 다름 아닌 도(道)라 하겠다. 따라서 '도(道)를 지키고 사(邪)를 미워하는 것'이 바로 도학정신이다. 그러므로 그는 〈사참봉소(辭參奉疏)〉에서 상벌이란 한 세상을 권징(勸懲)하는 좋은 법이지만, 그 시행하기를 모두 마땅히 선악의 실상을 쫓을 뿐이니, 진실로 착한 실상이 없는데 헛되게 상을 준다면 요행한 사람이 나오게 되고, 벌을 줄 만한 죄가 있는데 다행히 면하게 되면, 남을 속이는 기풍이 생기게 될 것이라 경계하였던 것이다.[313] 이처럼 상벌도 공평무사하게 시행될 때 상과 벌로서의 의미가 있다고 보고, 자신은 학행이 부족하니 참봉의 벼슬을 받을 수 없다는 겸양을 보이고 있는 것이다.

이렇게 볼 때, 정여창의 도학정신은 일면 고도(古道)에 기반하면서도 의리를 중시하는 동시에, 일면 그 의리를 실천함으로써 지행(知行)이 일치하고 학문과 삶이 하나 됨에 있었던 것이다.[314]

4. 김굉필, 정여창의 도학사상 비교

김굉필, 정여창 양현의 도학사상을 비교한다는 것은 쉬운 일이 아니다. 김종직의 문하에서 동문수학한 도우(道友)일 뿐 아니라 도학시대를 연 개

---

312)《孟子》,〈告子章〉, 上, "心之所同然者何也 謂理也義也."

313)《一蠹集》, 遺集, 卷1,〈辭參奉疏〉, "伏以爲賞罰者 人君勸懲一世之良規也 然其所施 皆當從其善惡之實而已 苟無爲善之實而虛賞 則僥倖之人進 有可罰之罪而倖免 則欺罔之風滋矣."

314) 황의동,《정여창의 인물과 학문사상》,《영남학파의 연구》, 병암사, 1998, 249쪽.

척자라는 점에서 두 분의 위상은 비슷하기 때문이다. 아울러 양현은 사화시대의 피해자로서 그들의 문집이 온전히 전해지지도 못한 것 또한 마찬가지이기 때문이다.

양현은 '지동도합(志同道合)'으로 일컬어지듯이, 철학적 지향점이나 사상의 경향이 거의 같다고 볼 수 있다. 성현을 기약하고 삼대의 이상을 실현하고자 하는 점, 소학풍의 실천유학을 추구한 점, 《소학》을 학문의 기초로 삼아 중시하고 있는 점, 자기 수양을 치인(治人)의 근본으로 삼아 성실히 노력하여 훌륭한 인격으로 존경을 받아 온 점, 소학실천의 기초로서 효행을 모범적으로 실천한 점, 강한 비판정신의 소유자라는 점 등이 그러하다.

그럼에도 불구하고 양현의 학문적 차이가 무엇인지 검토해 보고자 한다. 율곡에 의하면 도학이란 수기치인(修己治人), 내성외왕(內聖外王)을 그 내용으로 삼는다. 이런 잣대로 양현을 비교해 보면 김굉필은 남부참봉(南部參奉), 전생서 참봉(典牲署 參奉), 군자감 주부(軍資監 主簿), 43세에 사헌부 감찰(司憲府 監察), 44세에 형조좌랑(刑曹左郎)의 관직을 역임하였고, 정여창은 33세에 전주부사(全州府使), 41세에 예문관 검열(藝文館 檢閱), 42세에 시강원 설서(侍講院 說書), 45세에 안음현감(安陰縣監)을 역임하였다. 이렇게 볼 때, 양현이 현실 정치나 행정에 참여한 것은 사실이지만, 벼슬로 보아도 중요한 역할을 한 것은 아니다. 특히 정여창의 경우는 시강원 설서로서 연산군의 보도(輔導)를 책임지고 있었으나, 원만치 못해 스스로 안음현감을 자청하여 5년 동안 봉직하였다. 양현 모두 공직을 모범적으로 수행한 흔적은 그들의 행장이나 문헌으로 짐작할 수 있다. 사실 양현은 불행하게도 사화시대를 살면서 자신들의 경륜을 제대로 펴 보지도 못한 것이라 할 수 있다. 김굉필의 경우도 사헌부 감찰로서 청주군 한환(淸州君 韓懽)의 횡포를 막고 공정한 처리를 하였고, 형조좌랑으로 송사(訟事)를 공정하게 처리해 칭송을 받은 것을 볼 수 있다. 또 정여창의 경우도 안음현감으로 5년 동안 봉직하면서 선정(善政)을 하고 유교적 왕도를 실천함으로써 백성들의 칭송과 존경을 받았음은 기록에 잘 나타나 있다. 이렇게 볼 때, 양현은 자기수양과 경세구현, 내성과 외왕의 도학정신을 유감없이 발휘한 것으로 보인다.

또한 도학은 강한 실천성을 특징으로 한다고 볼 때, 수기적(修己的) 실천과 치인적(治人的) 실천으로 구별해 볼 수 있다. 이 점에서도 양자의 차이점은 구별하기 어렵다. 즉 위에서 설명한 대로 이들은 모두 개인의 인격수양이라는 측면에서도 실천성이 강했고, 현실참여라는 측면에서도 경세에 충실하였다. 다만 수기가 격물치지(格物致知)와 성의정심(誠意正心)을 양축으로 삼는다고 볼 때, 정여창의 경우가 도학의 이론적 탐구에 더욱 적극적이었다고 생각된다. 물론 이러한 추론은 위험하기도 하지만, 기왕 전해지는 자료를 근거로 볼 때 이러한 평가가 가능하다. 그것은 전해지는 양자의 저술목록이나 글을 통해서도 알 수 있다. 김굉필의 경우는 〈한빙계(寒氷戒)〉와 〈추호가병어태산부(秋毫可竝於泰山賦)〉가 대표적이다. 〈추호가병어태산부〉에 약간의 이일분수(理一分殊) 이론이 비치지만, 전반적으로 김굉필에게서 성리학적 저술이 별로 보이지 않는다.

그러나 정여창의 경우는 《용학주소(庸學註疏)》, 《주객문답설(主客問答說)》, 《진수잡저(進修雜著)》 등이 있었다 하고, 오늘날 전해지는 〈이기설(理氣說)〉, 〈선악천리론(善惡天理論)〉, 〈입지론(立志論)〉은 비록 단편의 글이지만 그 내용이 매우 깊이가 있다.[315] 정여창의 성리학을 단적으로 알 수 있을 만큼 논지가 분명하고 논리적이다. 그의 이기심성에 대한 이해는 16세기 성리학 전성기 이전 도학시대를 대표한다고 할 만큼 수준이 매우 높다고 할 수 있다. 성리학이 곧 도학의 이론적 근거가 된다고 볼 때 정여창

---

315) 《一蠹集》에 실려 있는 이 세 편의 글이 困齋 鄭介淸(1529~1590)의 《愚得錄》에 그대로 실려 있어 진위문제가 논란이 되고 있다.

의 이러한 학문적 경향은 뒤에 다가오는 퇴율시대의 선하로 이해할 만하다. 장지연(張志淵)이 《조선유교연원》에서 "한훤(寒暄)의 학문은 천리(踐履)가 비록 독실(篤實)하지만, 도학공부에 있어서는 아마도 미진함이 있는 듯하다."[316]라고 평가한 것은 이러한 관점을 뒷받침하는 것이기도 하다.

정여창의 학구적인 열정은 그의 삶의 족적에서도 나타난다. 그는 22세 때 여주의 이관의(李寬義)에게 나아가 역학과 성리학을 배웠고, 23세 때에는 함양군수로 와 있던 김종직의 문하에 들어가 《소학》을 배웠고, 24세 때 하동 악양에 들어가 3년 동안 유교 경전과 성리학에 침잠하였다. 또 27세 때에는 한양으로 스승 김종직을 찾아 다시 수학을 하였고, 33세 때에는 남원의 윤효손(尹孝孫)을 찾아가 주자학을 토론하였고, 39세 때에는 윤긍(尹兢)과 학문을 토론하고 김일손(金馹孫)과 《대학》을 강론하기도 하였으며, 40세 때에 다시 밀양으로 김종직을 찾아가 배웠다. 김종직을 찾아 배운 것만해도 함양에서, 한양에서, 밀양에서 세 차례에 걸쳐 배운 흔적이 보인다. 정여창의 학구적인 열정을 가히 짐작할 수 있는 대목이다.

또한 율곡은 진유(眞儒)를 가리켜 '도학지사(道學之士)'라 하는데, 조정에 나아가면 일시에 도를 행하여 백성으로 하여금 태평을 누리게 하고, 관직에서 물러나면 만세에 가르침을 베풀어 배우는 이로 하여금 깊은 잠에서 깨어나게 하는 것이라 하였다.[317] 여기서 양현이 모두 행도(行道)와 수교(垂敎)의 양면을 지닌 것은 맞지만, 김굉필이 정여창보다 교육적 활동에 더욱 진력한 것으로 보인다.[318]

---

316) 張志淵, 《朝鮮儒敎淵源》, 卷1, 10쪽, 明文堂, 1983, "...又曰 寒暄之學問 踐履雖篤 而於道學工夫 恐有未盡也."

317) 《栗谷全書》, 卷15, 〈東湖問答〉, "夫所謂眞儒者 進則行道於一時 使斯民有熙皞之樂 退則垂敎於萬世 使學者得大寐之醒."

318) 물론 정여창의 경우도 무오사화 때 함경도 경성으로 귀양 가 그곳에서 7년 동안이나 강학을 하여 이희증(李希曾), 고숭걸(高崇傑) 등 제자를 양성하였지만, 전체적으로

《추강냉화(秋江冷話)》에 이르기를, 대유(大猷: 김굉필)는 《소학》으로 몸을 다스리고 옛 성인으로써 표준을 삼았으며, 후학을 불러 모아, 쇄소(灑掃)의 예절을 익히고 육예(六藝)의 학문을 닦는 사람이 앞뒤에 가득하니, 비방이 장차 일어나려 하였다. 백욱(伯勗: 정여창)이 이를 중지하기를 권고하니, 대유가 듣지 않았다. 일찍이 말하기를, "중 육행(陸行)이 불법을 가르쳐서 공부하는 제자가 1,000여 명이나 되었다. 그의 친구가 말리면서 이르기를, '화환이 두렵다' 하니, 육행이 말하기를, '먼저 안 사람이 뒤에 아는 사람을 깨우치며, 먼저 깨달은 사람이 뒤에 깨닫는 사람을 깨우치게 하는 것인데, 나는 아는 것을 남에게 알릴 뿐이요, 화(禍)와 복(福)을 당하는 것은 하늘에 있으니, 내게 상관할 것이 무엇이냐' 하였으니, 육행은 비록 중이라 취할 바가 없으나 그 말만은 지극히 공정하다" 하였다.[319)

이 글은 남효온이 쓴 《추강냉화》에 나오는 내용인데, 당시 김굉필은 후생의 교육에 매우 적극적이었고 많은 문도들이 그의 문하에 모여들어 공부했던 것으로 추정된다. 정여창이 후환을 염려할 정도로 문도가 많았다는 것을 알 수 있다. 친우인 정여창이 혹 불어 닥칠 후환을 걱정하여 강학을 중단할 것을 권고했지만, 김굉필은 오히려 스님 육행(陸行)의 예를 들어가며 강학을 중단하지 않고 계속했다는 데서 김굉필의 수교적(垂教的) 열정을 볼 수 있다. 이와 같이 김굉필은 사문(斯文)을 흥기(興起)시키며 후생을 가르쳐 인도하는 것을 자기 임무로 삼았던 것이다.[320)

또한 도학은 절의를 포함하고 강한 비판의식과 사회정의의 실현을 추구

___

비교해 보면 김굉필의 강학활동이 더욱 적극적이었다고 할 수 있다.

319) 《국역 경현록》, 전, 35~36쪽.
320) 《국역 경현록》, 23쪽.

한다. 이러한 입장에서 양현을 비교해 보기로 하자. 김굉필은 27세 때 〈성화경자상소(成化庚子上疏)〉를 통해 당시 원각사(圓覺寺) 중의 미신적 행태에 대해 비판하면서 벽이단(闢異端)의 의리를 천명한 바 있고, 43세 때 사헌부 감찰로서 청주군 한환(淸州君 韓懽)의 횡포를 공정하게 처리하였으며, 44세 때 형조좌랑으로 또 송사를 공정히 처리하여 많은 칭송을 받은 바 있다.

정여창은 34세 때 성균관 유생의 신분으로 도첩제의 폐단을 비판하고 역시 벽이단의 의리를 보여 주었다. 특히 그가 부친의 전공(戰功)을 대신해 군직을 받을 수 없다고 사양했다든지, 윤긍과 조효동이 그의 학행을 천거하여 소격서 참봉을 제수받았으나 이를 사양했다든지, 성균관에서 그의 학덕을 천거하여 진강(進講)을 권했으나 스스로 이를 사양한 것은 정여창의 개결(介潔)한 인품을 잘 말해 주는 것이고, 또 대의명분에 맞는 처세로서 진유(眞儒) 내지 도학군자(道學君子)의 모범을 보여 준 것이라 평가할 수 있다. 더욱이 이들 양현은 불의의 시대를 만나 희생된 공통점이 있다. 즉 이들은 김종직의 문인이라는 이유로, '소학도당(小學徒黨)'이라는 이유로 사화에 연루되어 김굉필은 유배를 당하고 또 사사(死賜)되었으며, 정여창은 유배 중 병으로 유명을 달리하였다. 이들이 희생된 것은 결국 도학파라는 이유 때문인데, 이는 달리 말하면 사도(斯道), 사문(斯文)을 지키고 도학을 지키다 희생되었다는 의미를 갖는다.

또 하나 김종직의 학문태도에 대해 김굉필이 불만을 가져 사제 간에 틈이 있었다는 설에 대해 생각해 보기로 한다. 남효온의 《사우록(師友錄)》에 의하면 김종직이 이조참판이 되었음에도 조정에 별로 건의한 일이 없자 김굉필이 다음과 같은 시를 지어 올렸다 한다.

도란 겨울에는 갖옷을 입고 여름에는 얼음을 마시는 것입니다.

날이 개면 나다니고 장마 지면 멈추는 것을 어찌 완전히 잘 할 수야
있겠습니까.
난초도 세속을 따르면 마침내 변하고 말 것이니
소는 밭을 갈고 말은 사람을 태운다는 것을 누가 믿어 주겠습니까.

이에 대해 김종직은 다음과 같은 시로써 답하였다.

분수 밖의 벼슬이 높은 지위에 이르렀건만
임금을 바르게 하고 세속을 구제하는 일이야 내가 어떻게 해낼 수 있
으랴.
후배들이 못 낫다고 조롱하는 것 맡겨 두나
세리(勢利)는 구구히 타려고 들지 않을 것이다.[321]

김굉필은 스승인 김종직이 당시 이조참판의 직책에 있으면서도 시무(時
務)에 관해 이렇다 할 실적을 보이지 않음에 대해, 시를 통해 간접적으로
불만을 표출한 것으로 보인다. 이에 대해 김종직도 그 의미를 알고 '후배
들의 조롱'이라는 말로 받아들이고 있음을 볼 수 있다. 여기서 중요한 것
은 김굉필이 벼슬에 나아갔으면 마땅히 나라와 백성을 위해 일해야 한다
는 도학의 원칙을 스승에게 천명했다는 점이다. 다음 글들은 이에 관한
것으로 참고할 필요가 있다.

점필공(佔畢公)이 이부(吏部)에 있으면서 나라 일에 대하여 아무것도
건의하지 않았다. 선생 이 시를 지어 올려서 이를 풍자하였으니, 이것은

---

321) 《국역 경현록》, 34쪽.

스승을 섬기는 데 숨김이 없는 것이다.[322]

　　선생이 점필재(佔畢齋)와 갈린 사실이, 선생의 처신상 중요 문제였다. 점필재의 행동은 뒷세상에서 비난을 받지 않을 수 없었으니, 만일 선생이 점필재와 갈리지 않았더라면 또한 뒷세상에 비난을 면치 못하였을 것이다. 이것이 실상 선생이 갈리지 않을 수 없었던 처지였다.[323]

　　추강(秋江)의《사우록(師友錄)》을 보면 "선생이 점필재의 문하에서 수업하였다." 하였는데, 이공(李公) 적(勣)이 지은 행장에는 "선생의 학문은 다른 사람이 전하지 못하던 학문을 얻었다." 하였으니, 아마 점필재의 문하에서 일찍이 수업하고 또《소학》에 대해 가르침을 받았으나, 그 덕을 이루고 도를 성취하여 멀리 전대의 철인을 계승한 것은 오로지 몸소 체험하여 자기 스스로 깨달은 공부였던 것이 속일 수 없는 사실인 듯하다.[324]

이상의 글들을 참고해 보면, 김종직은 사장유(詞章儒)임이 분명하다. 김굉필, 정여창 양현이 비록 그의 문하에서《소학》을 배운 것은 분명하지만, 김굉필이 불만을 표출했듯이 김종직은 현실문제에 무관심하고 개혁의식이나 비판의식 그리고 경세경륜이 부족했던 것으로 보인다. 이러한 저간의 상황을 종합적으로 분석해 보면 정여창보다는 김굉필의 경우가 경세시무(經世時務)에 대한 관심이나 비판의식이 좀 더 적극적이지 않았나 짐작된다.

---

322)《국역 경현록》, 342쪽, 〈神道碑銘, 旅軒 張顯光〉.
323)《국역 경현록》, 154쪽, 〈遺事 追補, 南冥 曹植〉.
324)《국역 경현록》, 180쪽, 〈師友門人錄〉.

끝으로 양현의 도학을 비교함에 있어서 꼭 참고해야 할 문제가 있다. 그것은 정암 조광조로 인하여 양현의 위상에 차이가 생기게 되었다는 점이다. 우리는 흔히 조선 도학의 학맥이나 도통을 이야기할 때 정몽주-길재-김숙자-김종직-김굉필-조광조로 말한다. 그것은 한국 도학을 대표하는 조광조가 바로 김굉필의 문하에서 나왔기 때문이다. 김굉필의 경우는 그의 문하에 조광조를 비롯하여 김정국(金正國), 김안국(金安國), 성세창(成世昌), 이장길(李長吉), 이장곤(李長坤), 이적(李勣), 최충성(崔忠成), 윤신(尹信), 강흔(姜訢), 유우(柳藕), 정응상(鄭應祥) 등 많은 제자가 있었다. 제자를 잘 둬야 스승이 빛나는 것은 당연하다. 이 점에서 정여창은 김굉필에 비해 약한 측면이 있다.

또한 주변의 김굉필에 대한 평가를 통해서도 이러한 점은 어느 정도 입증되는 바 있다.

이적(李勣)이 쓴 〈행장〉에 의하면, "우리나라는 기자(箕子) 때부터 비로소 문자가 있었고, 삼국과 고려를 지나 우리 왕조에 이르기까지 문학은 찬란하였으나, 도학에 대하여서는 들어 본 일이 없었다. 도학을 처음으로 제창한 분은 오직 공 한 사람뿐이다.[325]"라고 평가하고 있고, 〈홍문관의 서계〉에서는 "김굉필은 성품이 온화하고 굳세며 재주와 식견이 명민(明敏)하여, 젊을 때부터 큰 뜻을 가지고 힘써 성현을 배워서 충신(忠信)하고 독경(篤敬)하여 모든 행동이 예의를 따랐다. 학문이 정심(精深)하고 도덕이 성립되어, 도학이 전하지 않는 시기에 분기(奮起)하여 세상에 유종(儒宗)이 되었으니, 그가 유학에 끼친 공로가 크다.[326]"라고 하였다.

또 관학에서 문묘종사를 청한 상소에서는 다음과 같이 김굉필의 학문

---

325) 《국역 경현록》, 28쪽.
326) 《국역 경현록》, 58쪽, 〈같은 날 홍문관의 서계〉.

과 덕행을 묘사하고 있다.

그 후 몇 해 동안에 조정과 시골에 유명한 인물과 훌륭한 학자로서 지목할 만한 사람이 어찌 없겠습니까마는, 그중에 도를 자기의 책임으로 생각하여 은연중에 멀리 몽주(夢周)의 학통을 이은 사람은 김굉필이 바로 그 사람입니다. 기국(器局)이 단정하고 성행(性行)이 깨끗하며, 성인의 학문에 뜻을 철저히 가져 힘을 기울였으며, 몸가짐은 위의(威儀)가 있고, 일을 처리함은 법도가 있으며, 보고 듣고 말하고 행동하는 데 있어서 어디든지 경(敬)을 지니지 않은 적이 없으며, 사람을 가르침에 간절하게 타일러 지성에서 우러나왔으며, 배우러 오는 사람이 있으면 모두 먼저 《소학》과 《대학》을 가르쳐 규모가 정함이 있고 절목의 차례가 있으며, 인도하여 가르치기를 조금도 게을리하지 않았습니다. 어지러운 때를 만나 환란을 겪어도 이에 대처하기를 태연히 하였으며, 독실함과 공경함을 조금도 해이하지 아니하여 죽은 후에야 그만두었습니다. 그 문하에서 배운 사람은 이 도학의 꼬투리를 듣게 되어 그를 태산북두(泰山北斗)에 견주었으며, 지금의 학자들도 오히려 덕행을 귀하게 여기며, 문예(文藝)를 천하게 여기고 경술(經術)을 존중하며, 이단을 배제할 줄을 알게 되었습니다.[327]

퇴계는 노인보(盧仁甫)에게 답한 글에서 "다만 여기에 극히 난처한 일이 있으니, 김 선생의 도학연원에 대해서는 진실로 후학이 감히 추측할 수 없다 하더라도, 선조(先朝)에서 추장(追獎)한 뜻으로 미루어 본다면 단연코 근세 도학의 으뜸이라 할 수 있습니다."[328]라고 하여, 그를 '근세 도학의

---

327) 《국역 경현록》, 72쪽, 〈관학에서 문묘에 종사시키기를 청한 소〉.
328) 《국역 경현록》, 86쪽, 〈퇴계선생이 盧仁甫에게 답한 편지〉.

종(宗)'이라 평가하고 있다.

또한 이준경(李浚慶)은 상소에서 김굉필의 도학적 공헌과 그 위상에 대해 다음과 같이 말하고 있다.

신은 생각하기를, 도학의 공으로써 말한다면 김굉필을 아울러 종사하지 않을 수 없습니다. 왜냐하면, 우리나라가 신라로부터 고려에 이르기까지 문장을 하는 선비는 찬란하게 많이 나왔으나, 의리의 학문으로 말하면 실상 굉필로부터 시작되었습니다. 굉필이 아조(我朝)에 학문이 전해지지 않았을 때에 나서, 비로소 성현의 학문을 높여 옛날의 습관을 다 버리고 소학에 잠심(潛心)하여, 이름과 이익을 구하지 않고 오로지 자기를 위하는 공부를 힘써 독실이 행한 지 10년에 모든 동작을 반드시 예법에 따르고 마음을 보존하여 경(敬)을 지켜 30여 년 동안 진실함이 쌓이고 실천함이 오래되며, 도가 이루어지고 덕이 성취되어 동작은 그대로 법도가 되고 음성은 그대로 음률이 되었습니다. 불행히 어지러운 세상을 만나 화를 당할 즈음에도 조용히 죽음에 나아갔으니, 비록 능히 세상에서 시설(施設)한 바는 없었으나 그 마음속에 깨달은 바가 있음은 여기에서도 더욱 증명되는 바입니다. 사람을 가르쳐 지도하기를 게 을리하지 아니하여, 우리 동방의 선비들로 하여금 성현의 학문이 있음을 알게 한 것은 실로 이 사람의 공입니다.[329]

이준경은 "김굉필이 처음으로 도학을 주장한 공이 아니면, 광조가 배우고 가르침을 받을 데가 없었을 것이며, 광조가 옛 성현을 계승하여 심오한 이치를 계발하여 준 힘이 아니면, 곧 굉필의 학문이 다시 뒷세상에 전

329) 《국역 경현록》, 98~99쪽, 〈종사를 청하는 차자, 이준경〉.

함이 없었을 것입니다."330)라고 하여, 김굉필과 조광조를 조선 도학사에서 매우 중요한 위상으로 자리매김하고 있다. 즉 김굉필은 도학의 창시자로, 조광조는 도학을 완성시켜 후대에 전한 것으로 평가하고 있다.

대체로 조선 도학의 출발점을 보는 데는 정몽주로 보는 견해와 조광조로 보는 견해가 지배적이었는데, 다시 또 김굉필이 문제가 되고 있다. 목은 이색(牧隱 李穡)이 정몽주를 '동방 이학(理學)의 조(祖)'로 일컬은 이후 조선 유학의 도통에서 정몽주는 출발점으로 인식되어 온 것이 사실이다.

그런데 율곡은 "정포은(鄭圃隱)을 이학(理學)의 할아버지라 부르지만, 내가 보건대 사직을 편안하게 한 신하이지 유자(儒者)가 아니다. 그런즉 도학은 조정암(趙靜庵)으로부터 시작되었다."331)라고 하였다. 율곡의 이러한 평가는 매우 조심스런 것일 뿐 아니라, 이후 조선의 도학을 말하는 데 있어서 많은 파장을 불러왔다. 즉 조광조를 조선 도학의 창시자로 규정함으로써 그 스승인 김굉필은 자연스레 부각될 수밖에 없었고, 상대적으로 정여창은 도학의 맥에서 비켜갈 수밖에 없었다. 엄밀히 말해서 김굉필과 정여창의 학문과 인격을 누가 감히 비교할 수 있겠는가? 이는 매우 어려운 문제라 할 수 있고, 더구나 수백 년 후 오늘날 후학들이 변변치 못한 자료들을 토대로 이들의 위상을 비교해 말한다는 것은 매우 미안한 일이고 또 위험한 일이다. 다만 있는 자료들을 토대로 부득이 차별해 해 보고자 하는 데서 이러한 평가와 비교가 가능하다는 점을 밝혀 두고 싶다.

문제는 도학의 시기(始起)를 정몽주로 볼 것인가, 김굉필로 볼 것인가, 조광조로 볼 것인가인데, 이는 도학을 보는 관점과 척도에 따라 달라질 수밖에 없다고 생각된다. 율곡의 경우는 도학이라는 잣대를 엄격히 적용

---

330)《국역 경현록》, 99쪽, 〈從祀를 청하는 箚子, 李浚慶〉.

331)《栗谷全書》, 卷31, 〈語錄 上〉, "鄭圃隱號爲理學之祖 而以余觀之 乃安社稷之臣 非儒者也 然則道學自趙靜庵始起."

하는 특징이 있다. 퇴계가 회재 이언적(晦齋 李彦迪)을 선유(先儒)로서 존경하지만, 율곡은 그를 도학으로 부족하다고 평가한다.[332] 또 문묘종사에 있어서도 설총(薛聰), 최치원(崔致遠), 안향(安珦)은 도학과 무관하니 의리대로 정한다면 이들은 문묘에 배향함은 잘못이라 주장한다.[333] 그리고 율곡은 복희(伏犧)에서 시작하여 주자에서 끝을 맺었는데, 주자 이후에는 도통의 정맥(正脈)을 얻은 이가 꼭 누구라고 지적할 만한 사람이 없다 하였다.[334]

율곡은 "고려의 정몽주가 그 실마리를 열었으나 규구(規矩)가 정밀하지 못하고, 조선의 김굉필이 그 실마리를 이었으나 오히려 크게 나타나지 못하였더니, 광조가 도를 창명(倡明)함에 미치어 모두가 추앙하여 높이니, 오늘의 성리학이 있음을 아는 것은 광조의 힘이다."[335]라고 하였다.

이렇게 볼 때, 도학의 출발점을 누구로 볼 것인가 하는 것은 견해가 다를 수 있다. 정몽주도 가능하고 김굉필도 가능하고 조광조도 가능하다고 볼 수 있다. 다만 율곡의 말대로 도학이 정몽주에서 발단이 되었으나 아직 정밀하지 못하고, 그것을 김굉필이 계승했지만 또 크게 발휘되지 못했는데, 조광조에 이르러 도학의 이론과 실제가 드러났다고 보는 것이다. 조광조는 진정으로 도학의 이론을 체득하였고, 이를 실천하고자 진력하였으며, 특히 임금에게 도학을 지성으로 권면(勸勉)하여 도학의 정치적 실현을 도모하는 데 모범이 되었다고 높이 평가하는 것이다. 아울러 도학에 입각한 언행과 진퇴, 시비의 변별과 생사의 기로에서 도를 지키는 대절(大節)

---

332) 《栗谷全書》, 卷28, 〈經筵日記1〉, 隆慶元年 丁卯.

333) 《栗谷全書》, 卷29, 〈經筵日記2〉, 萬曆元年 癸酉.

334) 《栗谷全書》, 卷26, 〈聖學輯要8〉, 聖賢道統 第5.

335) 《栗谷全書》, 卷28, 〈經筵日記1〉, "前朝鄭夢周始發其端 而規矩不精 我朝金宏弼接其緒 而猶未大著 及光祖倡道學者 翕然推尊之 今之知有性理學者 光祖之力也."

의 기상이 조광조에게는 있었다고 보는 것이다. 이런 잣대로 보면 정몽주나 김굉필의 경우는 아직 미흡하다고 보는 것이 율곡의 평가다.

요컨대 도학의 학맥, 즉 조선의 도통에서 보면 조광조가 그 정점에 있기 때문에 자연스레 그 스승인 김굉필의 위상도 높이 평가되게 되었고, 상대적으로 정여창은 도통의 맥에서 비켜갈 수밖에 없는 부득이한 측면이 있었다고 볼 수 있다. 문제는 김굉필이나 정여창이나 두 양현은 자질과 역량에 비해 불행한 시대에 살면서 그들의 능력을 채 발휘해 보지도 못하고 생애를 마감한 아쉬움이 남는다. 물론 조광조가 38세에 죽었지만 후유(後儒)들에게 미친 영향과 당시의 위상을 돌이켜 보면 그에 대한 평가는 남다른 바 있다.

제3절 | 일재 이항(一齋 李恒)의 학문과 사상

1. 생애와 그 위상

이항(李恒: 1499~1576)은 16세기 호남의 대표적인 성리학이다. 그의 자는 항지(恒之), 호는 일재(一齋), 시호는 문경(文敬)이며 본관은 성주(星州)이다. 그는 서울에서 생장하여 40세 때 호남의 태인현으로 옮겨 살아 호남에 거주하게 되었다. 그는 천품이 강의(剛毅)하고 호협(好俠)하며 용맹이 있어 일찍이 무과에 뜻을 두고 무술을 연마하였으나, 백부 판서공(判書公) 이자건(李自健)의 꾸지람을 듣고 28세 때 비로소 학문에 종사하여 여러 경전을 독파하고 훌륭한 유학자가 되었다.

그는 어느 날 이웃사람 고한좌(高漢佐)의 집 벽에 걸어 놓은 〈주자십훈(朱子十訓)〉과 〈백록동규(白鹿洞規)〉가 기묘명현(己卯名賢)의 학문과정이라는 설명을 듣고, 크게 깨달은 바 있어 지난날의 잘못을 뉘우치고 분발하여 학문에 힘썼다. 도봉산 망월암(望月庵)에 올라가 마음을 가다듬고 단정히 앉아 암송하기도 하고 생각하기도 하면서 몸으로 체득하고 마음으로 터득하고자 하였다.[336] 이때 송당 박영(松堂 朴英: 1471~1540)이 학문이 높고 자신과 같이 무(武)로부터 도(道)에 나아갔음에 공감하여 스승으로 모

---

336) 《一齋集》, 附錄, 〈有明朝鮮國忠訓大夫掌樂院正一齋先生李公墓碣銘(盧守愼 撰)〉(이하 〈墓碣銘〉이라 함)

시고 배웠다.[337)

이항은 보림산(寶林山) 기슭에 정사를 짓고 '일재(一齋)'라 이름하고, 특별한 일이 없으면 늘 거기에서 기거하였으니, 그의 호는 여기서 유래한 것이다. 그는 말하기를, "사람이 오래 생각할 것이 무궁한데, 나의 이 집은 나의 행복이다."라고 했다.[338) 전라도 관찰사 규암 송인수(圭庵 宋麟壽)가 그를 방문하여 성리학을 토론하였고, 그의 주선으로 회재 이언적(晦齋 李彦迪)과 함께 세 사람이 여러 날 성리학을 토론하기도 하였다. 이로 인해 원근의 많은 학자들이 배우고자 하였다.

그는 1566년(명종 21년) 학행이 뛰어난 선비를 뽑을 때 수석으로 천거되어 사축서(司畜署) 사축(司畜)에 임명되었으며, 이어 의창고령(義盈庫令), 임천군수가 되었으나, 행정을 잘못한다는 비난을 받고 사퇴하였다. 선조 때 장령을 거쳐 장악원정(掌樂院正)에 임명되고, 그 후 다섯 차례 벼슬에 임명되었으나 병으로 사퇴하였다.

그는 당대의 거유인 송인수, 이언적, 기대승, 김인후(金麟厚), 노수신(盧守愼) 등과 학문교유를 하였는데, 기대승, 김인후와는 태극설(太極說)을 중심으로 학문적 소통을 했고, 기대승과는 태극을 주제삼아 토론하였다. 이항은 태극을 이(理)와 기(氣)가 겸한 것으로 보았고, 기대승은 천지만물의 이(理)를 태극이라 보았다. 또한 그는 기대승, 노수신과는 인심도심을 주제로 논변을 하기도 하였다. 당시 호남의 대표저인 유학자 이항, 기대승, 노수신, 김인후의 상호 학문교유는 16세기 성리학의 전성시대를 여는 데 큰 기초가 되었다. 후일 그는 이조판서에 추증되었고, 태인의 남고서원(南皐書院)에 제향되었다.

---

337)《一齋集》, 附錄, 〈墓碣銘〉.

338)《一齋集》, 附錄, 〈墓碣銘〉.

이항은 노진(盧禛), 김인후, 유희춘, 기대승과 더불어 '호남 5현'으로 불린다.[339] 그는 박영(朴英)의 문인으로 성리학에 조예가 깊어 일세의 명유(名儒)로 추중(推重)을 받았는데, 당시 '호남의 북에는 이항, 남에는 김인후'라는 평이 있을 정도였다.[340] 기대승은 이항에 관해 다음과 같이 평가하고 있다.

이항은 애초에 무인으로서 품행이 좋지 않았으나, 뒤에 크게 뉘우치고 학문이 좋다는 것을 알아 문을 닫고 독서를 했으며, 덕기(德器)도 크게 닦았다. 실로 엄연한 사람이 되었으니, 그 깨닫는 용기가 옛 성인과 다를 바 있겠는가마는 다만 만학을 한 까닭에 보는 바가 넓지 못할 따름이다.[341]

이처럼 이항은 처음에 무인의 길로 들어섰다가 뒤늦게 깨닫고 만학으로 학문에 종사하여 대성한 유학자라고 할 수 있다.

2. 이기일물(理氣一物)의 세계관

이항은 주자 성리학을 충실히 계승하면서도 이기(理氣)의 유기적 구조를 강조하는 특징적인 측면이 있다. 그러므로 많은 사람들이 그의 이기설

---

339) 고영진,《호남사림의 학맥과 사상》, 혜안, 2007, 49쪽.

340)《一齋集》, 附錄,〈遺事〉, "湖南則上道有李一齋 下道有奇高峰..."(出澤堂文集)

341)《高峰集》,〈論思錄〉, 上篇 "李恒則當初業武 妄行之人 悟而知學 閉門讀書 德器亦成 見之儼然 其勇與古人何異 但晚而爲學 故所見未能該通矣."

을 가리켜 명대 나흠순(羅欽順)을 닮았다고 하며,[342] 이기일물설(理氣一物 說), 이기혼연일물설(理氣渾然一物說), 이기일체설(理氣一體說), 이기일물일 체설(理氣一物一體說) 등 다양하게 말하고 있다. 이제 이러한 이항의 이기 설을 검토해 보기로 하자. 그는 다음과 같이 이기의 관계를 설명한다.

> 이기(理氣)는 비록 이물(二物)이나 그 체는 하나이다. 둘이라 하면 옳 지 않다. 고금의 학자들이 이(理)와 기(氣)를 혹 지나치게 나누어 둘이 라 하고, 혹 지나치게 합하여 하나가 된다 하였다. 특히 하나이면서 둘 이요 둘이면서 하나임을 알지 못한 것으로 이는 다른 까닭이 없는 것이 다.[343]

위 글에서 이항의 이기론적 입장이 무엇인가를 잘 알 수 있다. 그는 말 하기를, 이기는 비록 둘로써 이물이지만 그 체는 하나라 한다. 따라서 이 기를 둘이라 하면 옳지 않다고 한다. 고금의 학자들이 어떤 이는 이와 기 를 지나치게 나누어 둘이라고 하는데 이것도 옳지 않고, 또 어떤 이는 이 와 기를 지나치게 합하여 하나가 된다 하는데 이것도 옳지 않다고 하였 다. 이는 이와 기가 하나이면서 둘이요 둘이면서 하나임을 모르는 것이라 하였다. 여기서 그의 이기론에 대한 관점이 분명하게 드러난다. 즉 이와 기 는 비록 둘이라고 할 수 있지만 실제로는 하나의 몸 즉 일체로 존재한다 는 것이다. 이러한 이기의 관계를 그는 주자의 말을 빌어 '일이이 이이일(一 而二 二而一)'이라고 하였다.

---

342) 유명종, 〈이일재의 리기혼일철학〉, 《철학연구》, 제21집, 해동철학회, 1975 참조. 최영 성, 《한국 유학통사, 중》, 심산, 2006, 47쪽.

343) 《一齋集》, 書, 〈答南時甫彦經書〉, "理氣雖是二物 而其體則一也 二之則不是 古今學者 理與氣 或太分而爲二 或太合而爲一 殊不知一而二二而一焉 此無他故也."

이런 관점에서 그는 이기를 지나치게 일물로 보는 병폐를 비판하는가 하면, 또 이기를 지나치게 나누어 이물로 보는 병폐에 대해서도 비판하고 있다. 전자는 나흠순의 경우를 염두에 두고 하는 말인 듯하고, 후자는 퇴계류를 겨냥해 하는 말인 듯하다. 이렇게 본다면 이항의 이기론은 율곡과 가장 흡사하다. 문제는 이기를 독립된 실체개념으로 보느냐 아니면 무엇이라 할 수 없는 일물 속에서 단순히 일물로 달리 구별해 보느냐 하는 데 있다. 이에 관한 논쟁이 당시 이항을 중심으로 전개되었음을 알 수 있으니, 김인후, 이황, 기대승, 허엽 등과 주고받은 편지에서 잘 드러난다.

다음은 이항의 이기일물설에 대한 퇴계의 비판인데, 고봉과의 논변에서 찾아볼 수 있다. 그는 이항이 자기의 의견을 고집함이 지나치다 하고, 그의 병통은 이자(理字)를 해득(解得)치 못한 데 기인한 것이니, 만일 이 이(理)라는 것이 지극히 허(虛)하되 지극히 실(實)하며, 지극히 무(無)하되 지극히 유(有)하고, 동(動)하되 동이 없으며, 정(靜)하되 정이 없어서, 능히 음양오행과 만사만물의 근본이 되어 음양오행과 만사만물의 가운데에 얽매이지 않는 것임을 알면, 어찌 기와 섞어서 일체가 되며 일물이라 말하겠는가 하였다.[344]

퇴계는 이항이 자신의 견해를 고집함이 매우 심하다 비판하고, 그 원인이 이자(理字)를 올바르게 이해하지 못한 데 있다고 지적한다. 이(理)는 지극히 허하되 실하고 지극히 무하되 유하고 동하되 동이 없고 정하되 정이 없어서 음양오행 만사만물의 근본이 되어 음양오행 만사만물의 가운데에 얽매이지 않는다 하였다. 그러므로 이(理)는 기와 섞어 일체가 된다든지

---

344) 《退溪集》, 卷16, 〈答奇高峰書〉, "盖嘗深思 古今人學問道術之所以差者 只爲理字難知 故耳 若能窮究衆理 到得十分 透徹洞見 得此箇物事 至虛而至實 至無而至有 動而無 動 靜而無靜 潔潔淨淨地 一毫添不得 一毫減不得 能爲陰陽五行萬事萬物之本 而不 囿於陰陽五行萬事萬物之中 安有雜氣而認爲一體 看作一物耶."

일물이 될 수 없는 것이다. 퇴계는 이(理)를 지극히 높여 보는 입장에서 도리어 기를 이(理)와 섞어 보거나 일물로 보아서는 안 된다는 점을 강조하였다. 퇴계는 기대승에게 이(理)와 기(氣)의 관계를 끝내 하나로 본다면, 도(道)와 기(器)의 한계가 없게 되어 '도즉기 기즉도(道則器 器則道)'라 하는 편견에 이를 것이라 경계하였다. 이러한 퇴계의 설득은 그대로 이항에게도 해당하는 것이었다.

또한 김인후는 이항의 이기론에 대해 다음과 같이 비판하였다.

> 이와 기는 혼합하여 있다. 그러므로 천지 사이에 충만한 만물이 그 속으로부터 나오지 않음이 없고, 또 그것을 각각 구비하지 않음이 없다. 그렇다면 태극과 음양이 서로 분리되어 있다고 할 수 없다. 그러나 도(道)와 기(器)의 구별은 능히 한계가 없을 수 없으니, 태극과 음양을 한 물체라고 말할 수 없다. 주희가 '태극이 음양을 타는 것은 사람이 말을 타는 것과 같다' 했으니, 결단코 사람을 말로 여길 수 없다.[345]

김인후는 이와 기가 혼합해 있다 하고, 마찬가지로 태극과 음양도 서로 떨어져 있을 수 없다 하였다. 그러나 도와 기의 구별은 능히 한계가 없을 수 없으니 태극과 음양을 한 물체라고 말할 수 없다 하였다.

또한 이항은 허엽(許曄)에게 이기일체(理氣一體)가 불가하다고 하는 것에 대해 불만하고 다음과 같이 설명하고 있다.

> 이기가 일체가 된다는 것을 숙주(叔主)는 불가하다고 했다. 그렇다면

---

345) 《河西全集》, 卷11, 〈與一齋書〉, "蓋理氣混合 盈天地之間者 無不自其中出 而無不各具 不可謂太極之離乎陰陽也 然道器之分 不能無界限 則太極陰陽 恐不可謂一物也 朱子曰 太極之乘陰陽 如人之乘馬 則決不可以人爲馬也."

기 밖에 이(理)가 있는 것인가? 만약 기 밖에 이(理)가 있다면 천지 사이에 이(理) 일체가 있고 또 기 일체가 있어서 양체가 각각 있는 것이랴. 대개 조금만 도체(道體)를 안다면 이(理)가 기 속에 있다는 것도 거의 알 수 있다. 사람의 방촌(方寸) 사이에 또한 이(理) 일체가 있고 기 일체가 있어, 양체가 각각 있는 것인가? [346]

허엽이 이항의 이기일체설에 대해 비판을 하자, 그는 만약 이(理)가 기 밖에 있게 된다면 천지 사이에 이(理)의 일체가 있고 기의 일체가 있어 양체가 있게 되는 것이라 비판하였다. 그리고 인간의 심성세계도 이(理)의 일체, 기의 일체가 있는 것이 되니 어찌 옳겠느냐 하였다.

이항은 기대승과 김인후가 자신의 견해를 잘 이해하지 못하는 데 대해 불만을 토로하고 다음과 같이 설명하였다.

《주역》에서 '태극생양의(太極生兩儀)'라 하였는데, 대개 양의(兩儀)가 생기기 이전에는 양의가 어디에 있으며, 양의가 이미 생긴 뒤에는 태극의 이(理)가 어디에 있을까. 이 이면을 따라 깊이 생각하고 밝게 변별하면 이기가 혼연 일물임이 거의 드러날 뿐이다. 내가 보건대 태극이 양의를 아직 낳지 아니한 즈음에는 양의가 진실로 태극의 안에 존재하고, 태극이 양의를 생한 이후에는 태극의 이(理)가 또한 양의의 안에 있다. 그러므로 양의가 아직 낳기 전이든 이미 낳은 뒤이든 간에 원래부터 태극에서 떨어져 있지 않다. 만약 서로 떨어져 있다면 아무 물건도 없을 것이다. … 대개 천인(天人)은 일리(一理)이니, 예컨대 사람의 지각운동이

---

346) 《一齋集》, 書, 〈答許參議曄書〉, "理氣所以爲一體者 叔主以爲不可 然則氣外有理耶 若氣外有理 則天地之間 有理一體 又有氣一體 兩體各存焉歟 蓋縁知道體 則理之存乎氣中 庶可知矣 人之方寸之間 亦有理一體 氣一體 兩體各存焉歟."

나 청탁(淸濁)의 기가 한 몸에 충만한 것은 음양의 기요, 또 인의예지(仁義禮智)의 유(類)가 기 안에 갖추어 있는 것은 태극의 이(理)이다. 그러나 이(理)와 기는 한 몸 안에 있어야 할 것이다. 이를 이물이라 할 수 있겠는가. 그리고 이체(二體)인가 일체(一體)인가. 다시 자세히 체인함이 옳을 것이다. 그대(기대승)가 일찍이 나에게 말하기를, "형이상자는 도가 되고 형이하자는 기(器)가 되니, 태극과 음양을 일체라 할 수 없다."라고 하였는데, 대개 도와 기에 비록 상하의 나뉨이 있지만, 태극 양의의 경우 상하정조(上下精粗)가 원융무제(圓融無際)하여 일체가 된다. 심제(湛齋)(김인후) 역시 마찬가지로 도기(道器)에 상하의 나뉨이 있음을 가지고 이물(二物)이라 하니 탄식할 노릇이다.[347]

이처럼 이항의 이기일물설에 대해 김인후, 기대승, 이황, 허엽 등이 이해해 주지 않자, 그는 계한(界限)과 계분(界分)이라는 용어를 사용하여 이에 대한 자신의 견해를 더욱 확실하게 설명하였다.

대개 이기(理氣)는 비록 계분(界分)은 있으나 곧 혼연(渾然)한 일물(一物)이다. 이 계분으로 말한다면 이기만이 계분이 있는 것이 아니라 역시 태극의 이(理)에도 계분이 있다. 태극의 이(理)는 다른 사물의 이(理)가

---

347) 《一齋集》, 書, 〈贈奇正字大升書〉, "又亦曰 太極生兩儀 盖兩儀未生之前 兩儀存乎何處 兩儀已生之後 太極之理亦存乎何處 從這裏面深思明辨 則庶見理氣之渾然一物耳 余以爲太極未生兩儀之際 兩儀固存乎太極之度內 而太極已生兩儀之後 太極之理 亦存乎兩儀之中矣 然則兩儀之未生已生 元不離乎太極也 若相離則無物矣...且夫天人一理 如人之知覺運動强弱淸濁之氣充滿乎一身者 陰陽之氣也 又仁義禮智之類具在乎氣之中者 太極之理也 然則理與氣當在一身之內 是可謂二物耶 謂一體耶 謂二體耶 更精體認可也 君抑嘗謂余曰 形而上者爲道 形而下者爲器 然則太極陰陽 不可謂一體也 蓋道器雖有上下之分 然其太極兩儀 上下精粗 圓融無際而爲一體者也 湛齋亦狃而以道器之上下爲二物 可歎."

아니라 곧 원형이정(元亨利貞)이 이것이다. 원(元)의 이(理)가 있고 형(亨)
의 이(理)가 있고 이(利)의 이(理)가 있고 정(貞)의 이(理)가 있다. 이 사덕
(四德)에도 계분이 있는데, 이를 두 물건이라 할 수 있는가. 그렇다면 이
기에 비록 계분이 있더라도 역시 두 물건이라고 할 수 있는가. 그러므로
나는 이기는 비록 계분은 있으나 혼연한 일물이라고 말한다. 그대의 이
른바 계한(界限)은 역시 이(理)를 밝히기에 부족하다. 계분이라고 하면
괜찮지만 계한이라고 하면 안 된다. 이기에는 바로 계분은 있으나 진실
로 계한은 없다.348)

대개 이(理)와 기는 혼합되어 있는데, 천지간에 가득한 것들은 그로
부터 나오지 아니한 것이 없고, 각각 갖추지 않은 것이 없으니, 태극이
음양에서 분리된다고 말할 수 없다. 그러나 도(道)와 기(器)의 사이에서
계한이 없을 수 없다면, 태극과 음양이 일물이라고 할 수는 없을 것 같
다.349)

이렇게 볼 때, 이항이 말하는 계분은 하나의 사물에서의 경계선을 말하
고, 계한은 두 물건이 접해 있는 경계선을 말하는 것 같다. 즉 계분은 한
물건 안에서의 구분이고, 계한은 두 물건의 접합선(接合線)이다. 사람을
예로 든다면 계분은 한 사람 안에서 머리와 몸통 등의 구분을 말하고, 계

---

348) 《一齋集》, 書, 〈答湛齋書〉, "蓋理氣雖有界分 而乃渾然一物耳 以界分言之 則非徒理氣
有界分而已 抑亦太極之理有界分焉 太極之道 非他物理 乃元亨利貞是也 有元之理
有亨之理 有利之理 有貞之理 於此四德 亦有界分焉 是可謂二物乎 然則理氣雖有界分
亦可謂二物乎 余故曰 理氣雖有界分 而渾然一物也 君所謂界限字 亦燭理未盡 謂之
界分則可 謂之界限則未可也 理氣雖有界分而固無界限焉."
349) 《高峰全書 5》, 〈兩先生往復書〉, 卷1, 湛齋與一齋小束, "蓋理氣混合 盈天地之間者 無
不自其中出而無不各具 不可謂太極之離乎陰陽也 然道器之分 不能無界限 則太極陰
陽 恐不可謂一物也."

한은 두 사람이 서로 끌어안고 있는 중에 그 서로 만난 지점을 말하는 것이다.[350] 이항의 이기일물설(理氣一物說)은 이기가 서로 합하여 하나의 사물이 된다는 것으로, 동일체 안에서의 구분이 있는 것으로 보는 것이다.[351]

이상의 논의를 중심으로 검토해 보면 이항도 주자의 설에 따라 이기(理氣)를 '하나이면서 둘이요 둘이면서 하나(一而二 一而二)'로 보았다. 여기서 하나는 일체이고 둘은 계분상의 표현이다. 이항의 입장에서는 이(理)나 기(氣)는 그 홀로서는 불완전한 것이다. 이는 기가 필요하고 기는 이가 필요하다. 양자의 묘합을 통해 비로소 온전한 일체가 된다. 이러한 논리나 사유는 주자나 율곡과 결코 다르지 않다. 다만 이와 기를 독립된 실체개념으로 보느냐 아니면 불완전한 이와 기가 합해서 이 세계를 구성하는 것인가 하는 데 있다. 이와 기가 결코 동일자가 아니라는 데에는 이항이나 주자나 율곡이나 같은 입장일 것이다. 또 양자의 만남을 통해 비로소 한 사물이 존재 가능하고 이 세계가 존재한다고 보는 것도 마찬가지일 것이다. 다만 이항은 이와 기를 상보적 관점에서 보아 이기일물, 이기일체를 말하고 있다면, 김인후나 기대승의 경우는 이와 기를 독립된 실체로 보면서 양자의 묘합을 말하고 있는 것으로 보인다. 필자의 견해로는 이항의 일기일물설은 그 내용상으로 보면 율곡의 이기지묘(理氣之妙)와 다를 바 없는 것으로 이해된다. 문제는 이기를 상보적으로 보느냐 그렇지 않느냐에 있다고 보인다.

또한 이항의 경우는 '일이이 이이일(一而二 二而一)'을 계한과 계분의 관점에서 해석했다면, 여타 성리학자들의 경우는 대부분 '하나라는 것은 존

---

350) 윤용남, 〈일재 이항〉, 《한국인물유학사 2》, 한길사, 1996, 528쪽.
351) 윤용남, 〈일재 이항〉, 《한국인물유학사 2》, 한길사, 1996, 528쪽.

재 자체 즉 현상적 관점에서 하는 말이고, '둘'이라는 것은 존재 자체를 개념적으로 또는 가치적으로 구별해 볼 때 이와 기 둘로 나누어 본 것으로 이해된다. 아울러 이항은 하나의 측면과 둘의 측면을 아울러 말하고 있지만, 결과적으로는 주자가 말하는 이기불상리(理氣不相離)에 치중했다는 비판을 면하기 어렵고, 이기(理氣)의 묘합과 불상리(不相離)의 측면을 잘 체득한 것이라 하겠다.[352]

3. 마음과 감정에 대한 견해

이항은 인간의 심은 활물(活物)이라 하고,[353] 인심도심설에 대해 다음과 같이 설명하였다.

대저 인심도심의 설은 요순으로부터 대우(大禹)에게 전해졌다. 심성을 밝히고 기미를 살피고 그 중(中)을 잡으라는 것은 천지가 개벽한 이래 그 정밀하고 지극함이 이 같은 것이 없다. 이것은 성학의 할아버지요 도리의 근본이니, 여기에 통하지 아니하면 그 나머지는 보기에 부족하다.[354]

이와 같이 이항은 인심도심설은 성학의 할아버지요 도리의 근본이라

---

352) 최영성, 《한국 유학통사, 중》, 심산, 2006, 49쪽.
353) 《一齋集》, 書, 〈答許參議曄書〉, "蓋心是活物…"
354) 《一齋集》, 書, 〈答許參議書〉, "夫人心道心之說 自堯舜傳大禹也 明心性 察幾微 執其中者 自天開地闢以來 未有若是其精且至矣 此聖學之祖 道理之根本也 於斯不通 則其餘不足觀也."

하고, 요순에서 우에게 전승된 이 16자 심법은 가장 정밀하고 지극한 것으로 여기에 통하지 않으면 안 된다 하였다. 그는 말하기를, 인심과 도심은 모두 이(理)와 기(氣)가 마음속에서 갈마들며 발하고, 공과 사로 나뉘는 오묘한 작용이라 하고, 요순같이 타고난 성인이 아니면 비록 우처럼 매우 훌륭한 자질을 가지고도 힘써 공부하지 않을 수 없다 한다. 그러므로 순이 '오로지 정밀하고 오로지 한결 같으라'고 경계한 것이라 하였다.[355]

그러므로 이항은 "대개 인심과 도심은 아주 조금 발할 때부터 이(理)와 기가 함께 발한다. 공부하는 것으로 말하면 이는 선과 악의 차이다."[356]라고 하였다. 여기서 이항은 도심은 이(理)가 발하는 것, 인심은 기가 발하는 것으로 설명하고 있다. 율곡이 인심이나 도심을 모두 기발이승(氣發理乘)으로 설명하는 것과는 다르다. 오히려 퇴계식의 인심은 기발(氣發), 도심은 이발(理發) 같은 설명이라고 보인다.

요순은 타고난 성인이라 의(意)도 없고 기(幾)도 없으나, 우는 회복한 성인이므로 조금은 의(意)가 있고 기(幾)도 있다. 이는 선현들이 밝히지 못한 것이며, 내가 자득한 것이다. 반드시 가볍게 보지 말고 거듭 헤아리고 신중히 생각하면, 진실로 순과 우가 성(性)대로 한 것과 회복한 것의 차이를 알 것이고, 또한 인심과 도심의 차이를 알 것이다.[357]

---

355) 《一齋集》, 書, 〈與盧寡悔守愼書〉, "且人心道心 皆是理氣之交發於方寸之間 而公私幾微之妙用也 非堯舜生知之聖 雖大禹上智之資 未免這裏下工夫 故舜以惟精惟一戒之."

356) 《一齋集》, 書, 〈與盧君書〉, "且夫人心道心 理與氣俱發幾微之間也 在下學言之 此是善惡之間也."

357) 《一齋集》, 書, 〈禹曰 堯舜 生知之聖 無意無幾 禹 反之之聖 些小有意有幾 此前賢之所未發 而某之自得之言 須勿以泛觀 而更商愼思 則固知舜禹性反之間 而亦知人心道心之間也."

이항에 의하면 요순은 타고난 성인이므로 힘써 노력하지 않아도 자연히 항상 도심이 발한다. 그러나 우는 타고난 성인이 아니고 본성을 회복하여 된 성인이므로 사(邪)와 악(惡)으로 갈 기미가 있다. 따라서 사와 악의 기미를 버리고 공(公)과 선(善)을 확보하려는 노력이 필요하다. 즉 인심이 발하는 것은 좋지 않고 도심이 발하는 것은 좋은 것인데, 요순은 자연히 항상 도심뿐이므로 노력할 필요가 없으나, 우는 노력해야만 도심을 확보할 수 있다는 것이다. 이는 주자가 '성인도 인심이 있고, 가장 어리석은 자도 도심이 있다'는 말과는 다른 것이다.[358]

또한 이항은 사단의 정과 칠정의 정은 고금의 학자들이 혼동하여 분변하기 어려웠다고 한다. 예를 들면 측은(惻隱) 수오(羞惡)는 성이 발하여 순선한 것이고, 색을 좋아하고 맛을 즐기는 것은 이기가 함께 발하여 합한 것이므로, 선도 있고 악도 있으니 칠정이 이것이라 하였다.[359]

즉 성이 작용한 것에 네 가지가 있으니, 측은, 수오, 사양, 시비가 이것인데, 이것들은 불선한 것이 없다고 한다. 또 이기가 발해서 합한 것이 일곱 가지가 있으니, 희노애락애오욕(喜怒 哀樂愛惡欲)이 이것인데, 이것들은 선한 것도 악한 것도 있다고 한다. 그리고 정(情)과 욕(欲)은 마치 얼음과 숯처럼 같지 않음은 변명할 것 없이 명백하다고 하였다.[360]

이와 같이 이항은 사단칠정설에서 사단은 성이 발한 것으로 순선한 것이고, 칠정은 이기가 함께 발해서 합한 것으로 선악의 두 가능성이 있다고 하였다. 결국 사단은 이(理)가 발한 것, 칠정은 이기가 함께 발한 것으

---

358) 윤용남, 〈일재 이항〉, 《한국인물유학사2》, 한길사, 1996, 533쪽.

359) 《一齋集》, 書, 〈答金博士麟厚書〉, "且四端之情與七情之情 古今學者渾難辨矣 如惻隱 羞惡 性發而純善者也 悅色嗜味之類 則理氣竝發而合 故有善有惡 七情是也."

360) 《一齋集》, 書, 〈答金博士麟厚書〉, "然則性之所用有四 惻隱羞惡辭讓是非是也 此無有 不善者也 理氣發而合者有七 喜怒哀樂愛惡欲是也 此有善有惡者也…情與欲 如氷炭 之不同 不待卞而明也."

로 보아, 퇴계나 율곡의 사단칠정에 대한 견해와도 달랐다. 퇴계는 사단이나 칠정이나 모두가 이기가 합해 있는 정이지만, 이(理)에서 발한 것이 사단이고 기에서 발한 것이 칠정이라고 보았던 것이다. 또한 율곡의 경우는 사단이나 칠정이나 모두가 기발이승(氣發理乘)의 존재구조인데, 사단은 칠정 가운데 선한 정에 불과하다고 보아 칠정 속에 사단을 포함시켜 보았다. 이항의 이러한 사단칠정론은 비판의 여지가 있어 보인다. 즉 사단의 경우 사단도 정인데 기를 배제하고 이(理)만의 정을 말할 수 있는가 하는 문제가 제기되고, 또 하나는 칠정의 경우 이기가 함께 발한 것이라 하였는데 과연 이(理)의 발이 가능한 것인가 하는 문제가 남는다.

4. 주경(主敬)의 수기론

다음은 이항의 문집을 중심으로 그의 수기론을 검토해 보기로 하자. 성리학은 궁극적으로 '인간되어짐'에 목표가 있다. 이기론을 공부하고 심성의 존재를 탐구하는 이유도 인간다운 삶, 군자다운 인격의 함양에 그 목적이 있다.

이항은 학자는 반드시 성인이 되는 것을 기약해 미쳐야 한다[361] 하고, 입지(立志)를 성인으로 가는 공부의 우선으로 삼았다.

대저 옛 사람들이 오늘날 사람들보다 크게 나은 점은 그 재덕(才德)이 오늘날 사람들보다 나은 것이 아니라, 바로 학문하는 공이 오늘날 사람들보다 크게 낫기 때문이다. 무릇 고인의 학문은 입지(立志)가 성실하

---

361) 《一齋集》, 雜著, 〈自强齋箴〉, "學者以聖人爲可期及…"

고 규모가 원대하며 공부가 독실하여, 성인은 기약하면 반드시 이를 수 있는 것으로 여긴다. 이것이 고인이 고인되는 까닭이다. 오늘날의 학자는 입지가 성실하지 못하고 규모가 작으며 공부가 독실하지 못하여, 성인은 높고 먼 데 있어서 좇아가기 어렵기 때문에 기약하여도 미칠 수 없는 것으로 여긴다. 이것이 오늘날 사람들이 오늘날의 사람이 되는 까닭이다.362)

그는 옛 사람과 당시 사람들을 비교하여 옛 사람들의 학문하는 노력이 많아 재덕이 더 나은 것이라 평가하였다. 그리고 옛 사람들의 학문은 입지가 성실하고 원대하며 공부가 독실하여 성인을 기약하더라도 반드시 이룰 수 있는 것으로 생각했다 한다. 이항이 학문에 있어 성인을 목표로 삼고 입지를 가장 먼저 해야 할 것으로 삼은 것은 유학의 전통적인 수기론을 계승하고 있는 것이다.

또한 이항은 수기의 구체적인 방법의 하나로 경(敬)을 제시하여 중시하였다. 그는 말하기를, "경이란 성인이 되는 공부의 시작과 끝이다. 처음 학문을 하는 자부터 성현에 이르기까지 모두 주경(主敬)을 도에 나아가는 방법으로 삼는다. 배우면서도 주경공부가 빠지면 학문한다는 것은 거짓이다. 맹자가 '학문하는 방법은 다른 것이 아니라 방심(放心)을 수렴(收斂)하는 것일 뿐이다.'라고 한 것은 바로 이 주경공부이다."363)라고 하였다. 이항

362) 《一齋集》, 書, 〈書贈韓秀才〉, "凡古人所以大過今之人者 非其才德過今之人也 乃其學問之功 大過今之故也 夫古人之學 立志誠實 規模遠大 工夫篤勤 而必以聖人爲可期而至 此古人之所以爲古人也 今之學者 立志不誠 規模淺近 工夫不篤 而以爲聖人高遠難行 莫之期及 此今人之所以爲今人者也."

363) 《一齋集》, 書, 〈示金君永貞〉, "且敬者 聖學之成始成終者也 自初學以至聖賢 皆以主敬爲進道之方 學而欠主敬工夫 則其爲學僞矣 孟子曰 學問之道無他 收放心而已 此是主敬工夫."

은 경을 수기의 시작이면서 끝이라고 보고, 경은 초학자나 성현이나 모두가 도에 나아가는 방법으로 삼는다고 하였다. 아울러 맹자가 학문하는 방법은 다름 아니라 '구방심(求放心)' 즉 실종된 본심을 도로 찾는 것이라고 한 말이 결국은 주경공부라 해석하였다.

이항은 말하기를, 경에 처하여 경서를 궁구하는 것뿐이라 하고, 경에 거하면 총명과 지혜가 저절로 밝아지고, 경서를 궁구하면 만 가지 이치가 저절로 통한다고 한다. 또 성인이 되는 방도는 모두 이 '거경궁경(居敬窮經)' 네 글자에 있으니, 엎어지고 자빠지는 때나 위급한 때라도 항상 반드시 여기에 있어야만 된다고 하였다.[364] 여기서 말하는 거경궁경은 곧 거경궁리(居敬窮理)를 말하는 것이다.

그는 경의 공효에 대해 언급하면서 학문의 방도는 다름이 아니라 경에 부지런 할 뿐이라 하였다. 진실로 능히 경에 거하여 학문에 부지런하면 자연히 나날이 새로워져 달마다 새로워지고, 다달이 새로워져 해마다 새로워진다. 이치에 밝고 행실이 독실하면 성현의 경지에 들어가 뭇 의심이 저절로 통하고 온갖 병통이 저절로 낫는다고 하였다.[365]

이와 같이 그는 경을 학문의 종시(終始)로 삼고 진리탐구에서나 마음공부를 하는 데서나 경이 필요하다 하고, 또 경은 언제 어디서나 반드시 필요한 것임을 강조하였다. 아울러 경을 생활화하여 실천하면 날마다, 달마다, 해마다 새로워져 이치에 밝고 행실이 독실해져 성인의 경지에 이를 수 있다 하였다. 이와 같이 이항이 경을 학문의 종지(宗旨)로 삼고 중시하는 것은 정주(程朱) 이래 성리학의 전통적 공부론을 충실히 계승한 것이다.

---

364) 《一齋集》, 書, 〈答白光弘書〉, "居敬窮經而已 居敬則明睿自照 窮經則萬理自通 作聖之道 都在這箇四字 願須顚沛造次 常必於是可也."

365) 《一齋集》, 書, 〈答金博士麟厚書〉, "夫學問之道無他 敬勤而已 苟能居敬而勤學 則自然有日新而月新 月新而年新 理明行篤 浸入於聖賢之域 而群疑自通 百病自治矣."

제4절 | 추파 송기수(秋坡 宋麒壽)의 유학사상

1. 생애와 학문교유

추파 송기수(秋坡 宋麒壽: 1507~ 1581)는 16세기 조선조 사화시대의 대표적인 경세가이며 유학자이다. 그의 모친은 전주 이씨로 당대 도학군자로 추앙받던 주계군 이심원(朱溪君 李深源)의 딸이며, 상촌 신흠(象村 申欽: 1566~1628)은 그의 외손자가 된다. 그리고 을사사화 때 양재역 벽서사건(良才驛壁書事件)으로 희생된 규암 송인수(圭庵 宋麟壽: 1499~1547)는 그의 사촌 형이 된다. 그는 전형적인 묘당유(廟堂儒)로서 많은 관직을 두루 거치며 경세가로서 기여한 바 크다. 물론 을사사화 때 본의 아니게 녹훈을 받아 늘 부담이 되고 부끄러움이 되었지만, 사화시대라는 난세에 현실참여의 길을 걸으면서도 유학자로서의 정도를 걷고자 노력하였다. 그것은 그가 조광조, 송인수의 신원(伸寃)을 주청하고 또 을사사화 때 억울하게 희생된 사림들에 대한 신원을 주청한 데서도 입증된다. 또 난세의 국면을 전환시키기 위해 이황(李滉), 이준경(李浚慶) 등과 함께 유배되었다 석방된 백인걸(白仁傑), 김난상(金鸞祥), 노수신(盧守愼), 유희춘(柳希春) 등의 등용을 건의하기도 했다.

그는 현실정치에 깊숙이 참여했기 때문에 그에게서 학문적 자취를 찾아 평가한다는 것은 쉽지 않다. 그것은 그의 문집인 《추파집(秋坡集)》을 통해서도 입증된다. 그의 유학사상을 검토할 수 있는 자료로는 1537년(정유년) 31세에 모재 김안국(慕齋 金安國)에게 올린 〈상모재김선생안국(上慕齋金先生安國)〉과 북창 정염(北囱 鄭磏: 1506~1549)[366]과 주고받은 편지 〈답정북창염(答鄭北囱磏)〉, 〈여정북창(與鄭北囱)〉 등 4편, 1544년(갑진년) 회재 이언적(晦齋 李彦迪)에게 올린 〈상회재이선생언적(上晦齋李先生彦迪)〉 그리고 〈답혹인문목(答或人問目)〉, 〈만록(漫錄)〉 등이 대표적이다. 이 가운데 정염과 주고받은 편지는 그의 성리학을 알 수 있는 대표적인 글이며 매우 중요한 의미를 갖는다.[367]

비록 송기수가 퇴계, 율곡과 같은 사변적인 성리학자는 아니지만, 그의 생애에서 보면 소년기, 청년기에 유학 내지 성리학에 대한 공부를 많이 했음을 알 수 있다. 연보에 의하면 13~14세에 《논어》를 읽고 제자백가서에 두루 통했으며, 15~16세에는 성현의 학문에 뜻을 두고 동주 성제원(東洲成悌元)과 더불어 벗하여 의리를 강명하고, 위기지학(爲己之學)에 종사하여 《근사록(近思錄)》, 《심경(心經)》, 《성리대전(性理大全)》 등 성리학에 힘써 탐구했음을 알 수 있다.[368]

뿐만 아니라 동주 성제원(東洲 成悌元), 용문 조욱(龍門 趙昱), 퇴계 이황(退溪 李滉), 동고 이준경(東皐 李浚慶), 모재 김안국(慕齋 金安國), 미암 유희춘(眉庵 柳希春), 휴암 백인걸(休庵 白仁傑), 하서 김인후(河西 金麟厚), 남명 조식(南冥 曺植), 대곡 성운(大谷 成運), 일재 이항(一齋 李恒), 소재 노수

---

366) 을사사화의 주역인 정순붕(鄭順朋: 1484~1548)의 아들로 유교, 불교, 도가는 물론 천문, 음률(音律), 의술, 복서(卜筮), 문장 등 다방면에 능통했다.

367) 〈추파선생연보(秋坡先生年譜)〉에 선생 44세 경술년(1550년)에 '북창 정염(北囱 鄭磏)과 이기사단칠정(理氣四端七情)에 관한 논변을 하였다'는 기록은 잘못이라고 추정된다. 왜냐하면 문집에 수록된 정염과의 편지는 정유년(1537년)에 쓴 글로 표시되어 있고, 또 정염은 1549년에 세상을 떠났기 때문이다.

368) 《秋坡集》, 〈秋坡先生年譜〉.

신(蘇齋 盧守愼), 북창 정염(北囱 鄭磏), 상촌 신흠(象村 申欽), 규암 송인수(圭庵 宋麟壽) 등 당대 조선을 대표하는 유학자들과 학문교유를 하여 그의 교제 범위가 가히 영남, 기호를 망라하고 있음을 알게 된다.

2. '이기지묘(理氣之妙)'의 체인

송기수는 전문적인 학자는 아니다. 그는 사화시대 관료로서 유학자로서의 명분과 의리를 지키면서 현실에 참여했던 학자였다. 사촌형 송인수의 죽음은 그의 벼슬살이를 더욱 힘들게 했고, 을사사화 때 억지로 받은 공훈은 자신의 평생 멍에로 괴롭혔다. 송기수는 한가하게 성리학에 침잠한 사변적인 학자가 아니었다. 오히려 격동기 사화시대에 현실정치에 깊숙이 참여하여 나라와 민생을 걱정한 유학자였다.

그런데 송기수는 1537년(정유년) 31세 때 친우인 북창 정염과 성리학에 대해 깊이 있는 논의를 하였고, 1544년(갑진년) 38세 때 회재 이언적에게 올리는 글에서 조한보(曺漢輔)와 무극태극(無極太極)에 관해 논한 글을 읽고, "의리가 통달하고 변설이 명쾌하여 마치 청천백일과도 같다."라고 견해를 밝혔다.[369] 30대 초 그가 정염과 주고받은 편지 4편은 그의 성리학적 식견을 알 수 있는 귀중한 자료가 되는데, 이를 중심으로 그의 성리학에 대해 검토해 보기로 한다. 송기수는 다음과 같이 이 세계를 이기이원(理氣二元)으로 설명하면서, 이기(理氣)의 상호 역할, 기능에 대해 논리정연하게 논하고 있다.

---

369) 《秋坡集》, 卷6, 〈上晦齋李先生彦迪〉, 甲辰.

대저 이(理)는 형이상자요 기(氣)는 형이하자이다. 비록 형상형하(形上形下)라 말할지라도 또한 동에 있고 서에 있는 것이 아니다. 둘은 원래 서로 떨어져 있지 않아 혼륜해 사이가 없으니, 또한 선후본말이 없어서 이물(二物)이 됨을 볼 수가 없다. 왜냐하면 이(理)는 기(氣)가 아니면 의착할 바가 없고 기는 이가 아니면 근저(根柢)할 바가 없기 때문이다. 이는 기의 주재요 기는 이의 탈 바이다. 이는 비록 주재할지라도 지각, 운용, 조작이 없고 다만 소위 순수하게 선할 뿐이다. 기는 스스로 운동하는 것으로 오르고 내리고 드날려 섞여 들쭉날쭉하여 온갖 변화가 생긴다. 그러므로 이가 이미 기에 타면 이 또한 치우치고 선하고 악함이 있게 되는데, 치우치고 악함은 곧 이 기의 소위이다. 또한 비록 기의 소위라 할지라도 반드시 이(理)의 주재가 있으면 그 치우치고 악한 것은 또한 이 이(理)가 당연히 이와 같은 것이지, 이(理)가 이와 같지 않은데 기가 홀로 이와 같은 것은 아니다.[370]

그는 이 세계를 형이상의 이(理)와 형이하의 기(氣)로 설명한다. 비록 형상형하라 말하더라도 이(理)는 동쪽에 있고 기는 서쪽에 있는 것처럼 둘로 떨어져 있는 것은 아니라 한다. 둘은 원래 서로 떨어져 있지 않아 혼륜해 사이가 없으므로 선후본말이 없어 둘이 됨을 볼 수가 없다고 하였다. 이와 같이 송기수는 이 세계를 이(理)와 기(氣) 양자로 설명하면서도, 양자는 결코 떨어져 있는 것이 아니라 유기적 구조로 존재한다고 보았다. 그

370) 《秋坡集》, 卷7, 〈答鄭北囱礴〉, 丁酉, "夫理形而上者也 氣形而下者也 雖曰形上形下 而亦非在東在西底二者 元不相離 渾淪無間 亦無先後本末 而不見其爲二物也 何者 理非氣則無所依著 氣非理則無所根柢 理者 氣之主宰也 氣者 理之所乘也 理雖曰主宰而無知覺運用造作 而但所謂純善而已 氣則自是動底物事 升降飛揚 雜糅參差 萬變生焉 故理旣乘於氣 則理亦有偏全善惡 偏與惡乃是氣之所爲也 亦雖氣之所爲 而必有理爲之主宰 則其所以偏與惡者 亦是理當如此 非理不如此 而氣獨如此也."

러므로 시간적으로는 선후가 없고 공간적으로는 본말이 없다고 보았다. 이는《대학》에서 말하는 '물유본말 사유종시(物有本末 事有終始)'의 논리를 성리학적 존재론에 적용시킨 것이라 할 수 있다.

송기수는 또 "이(理)는 기(氣)가 아니면 의착할 바가 없고, 기는 이가 아니면 근본할 바가 없다." 하고, "이(理)는 기(氣)의 주재요 기는 이의 탈 바"라고 하였다. 이는 이(理)와 기(氣)를 상보적 관계 내지 대대적(對待的) 관계로 설명한 것으로, 그의 성리학에 대한 이해가 매우 세련되고 또 치밀한 수준에 이르렀음을 알게 한다. 이러한 이기(理氣) 설명은 율곡에 가서야 볼 수 있다는 점에서[371] 송기수의 성리학에 대한 이해가 높은 수준에 이르렀음을 알게 한다.

그는 또 "이(理)는 비록 주재할지라도 지각, 운용, 조작이 없고, 다만 소위 순수하게 선할 뿐이다. 기는 스스로 운동하는 것으로 오르고 내리고 드날려 섞여 들쭉날쭉하여 온갖 변화가 생긴다."라고 설명하였다. 이는 주자가 "기(氣)는 능히 응결(凝結), 조작(造作)하는 것, 이(理)는 정의(情意), 계탁(計度), 조작(造作)이 없는 것"[372]으로 본 것을 이렇게 설명한 것이다. 여기서 송기수는 주자와 같이 운동, 작용하는 것은 어디까지나 기(氣)로 보고, 이(理)는 결코 운동하거나 변화하지 않는 것으로 보았다. 인간의 심성 세계에서 이(理)는 지각하거나 운용하거나 조작하지 않고 오직 순수한 선으로 규정된다. 이에 반해 기(氣)는 그 스스로 운동 작용을 일삼는 것으로 온갖 변화가 수반된다고 보았다.

또한 송기수는 "이(理)가 이미 기(氣)에 타면 이 또한 치우치고 선하고 악함이 있게 되는데, 치우치고 악함은 곧 이 기가 한 바이다. 또한 비록 기

---

371)《栗谷全書》, 卷10, 書2,〈答成浩原〉, "夫理者 氣之主宰也 氣者 理之所乘也 非理則氣無所根柢 非氣則理無所依著."
372)《朱子語類》, 卷1,〈理氣〉, "蓋氣能凝結造作 理却無情意無計度無造作."

가 한 바라 할지라도 반드시 이(理)의 주재가 있으면 그 치우치고 악한 것은 또한 이 이(理)가 당연히 이와 같은 것이지, 이(理)가 이와 같지 않은데 기가 홀로 이와 같은 것은 아니다."라고 하였다. 이는 그가 이기의 불가분적 관계 즉 유기적 상관관계에서 이기의 상호 영향을 설명한 것이다. 이 세상 일체 존재는 이(理)와 기(氣)가 함께 존재한다. 송기수는 이를 이(理)가 기(氣)에 탄 '기발이승(氣發理乘)'으로 설명하는데, 이는 율곡의 존재설명과 같은 말이다. 이(理)가 이미 기(氣)에 타게 되면 이(理) 또한 천차만별의 차별상이 드러나게 된다. 선악, 맑고 흐림, 바르고 치우침 등 가치적 구별이 생기게 된다. 이때 가치적 차별상은 기의 한 바이다. 그렇지만 그것이 기가 한 바라 하더라도 이(理)의 주재 여하에 따라 기도 영향을 받는다. 그러므로 이기가 서로 떨어질 수 없는 유기적 관계하에서는 이(理)도 기에 기도 이(理)에 각각 영향을 미친다. 이렇게 이(理)와 기를 상보적으로 이해하는 관점은 송기수의 성리학적 이해가 매우 깊고 또 세련된 것임을 말해 준다.

같은 맥락에서 송기수는 "천하에 기 밖에 이(理)가 있지 아니하고, 또한 이(理) 밖에 기가 있지 아니하다."[373]고 한다. 이는 주자의 "천하에 이(理) 없는 기가 있지 아니하고, 또한 기 없는 이(理)가 있지 아니하다."[374]라는 말을 인용한 것이다. 여기서도 이(理)와 기는 상보적으로 또 대대적으로 설명되고 있다. 송기수는 이(理) 없는 기, 기 없는 이(理)를 인정하지 않는 것이다. 이(理)를 말해도 기와 함께 일컫는 것이요, 기를 말해도 마찬가지로 이(理)와 함께 일컫는 것이다. 이러한 존재관에서는 이(理)와 기는 그 홀로서는 불완전한 것이 된다. 반드시 이(理)는 기와 함께, 기는 이(理)와

373) 《秋坡集》, 卷8, 〈漫錄〉, "天下未有氣外之理 亦未有理外之氣."
374) 《性理大全》, 卷26, "天下未有無理之氣 亦未有無氣之理."

함께 있어야 하는 것이다. 이(理)는 기의 불완전성을 보구(補救)하는 것이요, 기는 이(理)의 불완전성을 보구하는 것으로 설명된다. 이(理)는 기를 통해 기는 이(理)를 통해 불완전성을 극복하고 온전해진다.375) 이러한 존재유형이 전형적인 이기이원론이며 주자, 율곡이 이에 해당하는데 송기수도 이 점에서 같은 범주에 속한다고 볼 수 있다. 송기수는 이러한 이기론을 통해 이기지묘(理氣之妙)의 경지를 통찰하고 있다.

> 대저 이기지묘(理氣之妙)는 보기도 어렵고 또 말하기도 어렵다. 배움에 따라 나아가 보고 좇아 보아 행동이 깊어지기를 반드시 기다려, 저 과실이 익으면 반드시 스스로 떨어지듯 해야 한다. 그러나 큰 원두처(原頭處)에서 불가불 어긋나고 어긋나지 않은 까닭을 알 것이니, 어찌 소소하게 같고 다른 것을 비교함으로써 필요 없이 급급하겠는가.376)

송기수는 "이기지묘(理氣之妙)는 보기도 어렵고 말하기도 어렵다."라고 하여 성리학의 오묘한 경지를 이렇게 표현하였다. 이는 마치 율곡이 "이기지묘는 보기도 어렵고 또한 설명하기도 어렵다. 대저 이(理)의 근원이 하나일 뿐이요 기의 근원도 또한 하나일 뿐이다. 기가 유행함에 들쭉날쭉해 같지 아니하니, 이(理) 또한 유행함에 들쭉날쭉해 같지 아니하다. 기가 이(理)를 떠나지 않고 이(理)가 기를 떠나지 아니하니, 이와 같으면 이기는 하나다."라고 한 말과 같다.

'이기지묘(理氣之妙)'는 율곡철학의 중핵이며 그의 철학적 입장이며 특

---

375) 황의동,《이율곡 읽기》, 세창미디어, 2013, 144~148쪽.

376)《秋坡集》, 卷7,〈答鄭北囱碌〉, 丁酉, "大抵理氣之妙 難見且難說 要在學隨 見進見由 行深必待 夫果熟自落 然大頭腦處 不可不理會於此 錯無不錯故也 豈比小小同異 不 必汲汲者乎."

징이라는 점에서[377] 송기수의 성리학적 안목이 높이 평가된다. '이기지묘'라는 용어를 간헐적으로 사용한 경우는 더러 있지만, 송기수처럼 '이기지묘'의 이론을 논리정연하게 전개한 경우는 흔치 않다는 점에서 주목할 필요가 있다.

3. 호발론(互發論)의 비판과 기발이승(氣發理乘)의 감정론

송기수가 정엽과 주고받은 편지에는 그의 인간 심성에 대한 논의가 담겨 있다. 물론 체계적인 논문은 아니지만 그래도 그의 심성론의 일단을 살펴보는 데는 문제가 없다. 성리학은 인간의 심성세계를 철학적으로 따져 묻는 데 목적이 있다. 마음, 본성, 감정, 의지 등 다양한 인간의 정신세계에 대한 철학적 성찰이라고 할 수 있다. 송기수는 기존 주자를 비롯한 송대 성리학자들의 심성론을 바탕으로 인간 심성에 논의를 시작하고 있다.

대개 사람이 태어남에 그 기의 바르고 통함을 얻었기 때문에 방촌(方寸) 사이에 허령통철(虛靈洞澈)하여 온갖 이(理)의 묘를 갖추어 만사의 변화에 응해 어둡지 않음이 있는 것이다. 이에서 그 본체를 가리켜 명덕(明德)을 삼으면 가히 요순(堯舜)이 될 수 있고, 천지에 참여하여 화육(化育)을 돕는 공 또한 여기에 벗어나지 않는다. 다만 물(物)은 치우치고 또한 막힌 것을 얻어 그 본체의 전부를 온전히 할 수 없다. 그러므로 《혹문(或問)》에 또한 말하기를, 사람이 태어남에 그 기의 바르고 통함을

---

377) 황의동, 《율곡사상의 체계적 이해1》, 서광사, 1998. 황의동, 《이율곡 읽기》, 세창미디어, 2013. 황의동, 《율곡 이이》, 살림, 2007.

제4절 추파 송기수(秋坡 宋麒壽)의 유학사상 **201**

얼어 그 성이 가장 귀한 것이 된다고 하였다. 그러므로 방촌(方寸) 사이에 허령통철하고 온갖 이(理)가 찬연하여 사물의 변화에 응함에 어둡지 않으니, 이것이 소위 명덕이다. 사람이 사람이 되는 까닭과 금수와 다른 것 또한 이 때문이다.378)

여기서 송기수는 인간과 사물을 구별하여 설명한다. 사람은 태어남에 기의 바르고 통함을 얻었기 때문에 방촌 사이에 허령통철하여 온갖 이(理)의 묘를 갖추어 만사의 변화에 응해 어둡지 않음이 있다고 한다. 그 마음의 본체를 가리켜 명덕(明德)을 삼으면 가히 요순이 될 수 있고, 천지에 참여하여 화육을 돕는 공 또한 여기에 벗어나지 않는다고 하였다. 그러나 사물은 기의 치우치고 막힌 것을 얻어 그 본체의 전부를 온전히 할 수 없다고 한다.

그는 또 《혹문》을 인용하여 사람이 태어남에 그 기의 바르고 통함을 얻어 그 성이 가장 귀한 것이 된다고 하였다. 그러므로 방촌 사이에 허령통철하고 온갖 이(理)가 찬연하여 사물의 변화에 응함에 어둡지 않으니, 이것이 소위 명덕이라 하였다. 사람이 사람이 되는 까닭과 금수와 다른 것 또한 이 때문이라 하였다.

이렇게 볼 때, 인간은 바르고 통한 기를 얻어 그 마음이 허령통철하고 온갖 이치를 알 수 있는 능력이 주어져 있는데 이것을 명덕이라 하였다. 그런데 사물은 치우치고 막힌 기를 얻어 본체의 전부를 알 수 없다 하였다. 따라서 인간과 사물의 구별이 명덕에 있고, 이것이야말로 사람이 사람

---

378) 《秋坡集》, 卷6, 〈上慕齋金先生安國〉, 丁酉, "蓋人之生乃得其氣之正且通者 故方寸之間 虛靈洞澈 有以具乎衆理之妙 應乎萬事之變而不昧也 於此指其本體而爲明德 其可以爲堯舜 參天地贊化育之功 亦不外焉 惟物則得氣之偏且塞焉 而不能全其本體之全矣 故或問亦曰 人之生乃得其氣之正且通 而其性爲最貴 故方寸之間 虛靈洞澈 萬理燦然 有以應乎事物之變而不昧 是所謂明德者也 人之所以爲人 而異於禽獸 亦以此."

일 수 있는 까닭이라 하였다.

이러한 송기수의 인간과 사물에 대한 인식은 새로운 것은 아니다. 주자 내지 송대 선유의 견해를 참고하고 인용한 것이라 할 수 있다. 다음은 송 기수의 감정에 대한 이해를 검토해 보기로 하자.

정은 비록 여러 가지이나 무엇이든 이(理)에 근원치 않는 것이 있겠는 가. 그런즉 이것을 가리켜 이(理)에 근본하지 않음이 없다 함은 옳으나, 이(理)의 본연이라고 함은 또한 옳지 못하다. 다만 그것이 원래 서로 떨어져 있는 것이 아니고, 그 흐름 또한 부득불 그러한 것이다. 만약 어떤 사람이 말하듯이 "이(理)와 기가 각각 스스로 발용함이 있어 이(理)가 발용할 때 기가 간섭하지 않고, 기가 발용할 때 이(理)가 간섭하지 않는 다."라고 이르는 것은, 어리석은 내가 보아도 끝내 또한 본말, 선후, 이합 (離合)의 탄식이 있고, 서로 떨어질 수 없음이 불가한 것이 분명하다. 또 "미발(未發)할 때에 이(理)는 이(理)대로 기는 기대로 따로 있게 되고, 발할 즈음에 한 이(理)는 선에서 발하고 한 기는 악에서 발한 것이 되고, 그런 후에 선과 악이 이에 나뉘게 된 것이다."라고 하여, 말은 비록 근사하나 그 실은 하늘과 땅만큼 현격한 차이가 있으니, 어찌 생각 못함이 심한 것이 아니리오.[379]

송기수는 인간의 감정은 비록 다양하지만 무엇이든 이(理)에 근원치 않

379)《秋坡集》, 卷7, 〈答鄭北囱碐〉, 丁酉, "情雖萬般 夫孰非原於理乎 然指此謂非不本於理 則可 謂之理之本然則亦不可也 但其原相離不得 其流亦不得不自爾耳 若如某人所謂 理氣各自有發用 而理發用時 氣不干涉 氣發用時 理不干涉云 則以愚看之 終亦可有本 末先後離合之嘆 而不可爲不相離也明矣 且未發之時 亦可有理自理 氣自氣之別 而發 之之際 一理自善發 一氣自惡發 而後善惡斯分矣乎 言雖似近 而其實有天淵懸殊者 豈 非不思之甚乎."

는 것이 없다 하였다. 그러므로 이것을 가리켜 감정이 이(理)에 근본하지 않음이 없다 하는 것은 옳지만, 이(理)의 본연이라고 하는 것은 옳지 못하다고 하였다. 다만 그것이 원래 서로 떨어져 있는 것이 아니고, 그 흐름 또한 부득불 그러한 것이라 하였다. 만약 어떤 사람이 말하듯이 "이(理)와 기가 각각 스스로 발용함이 있어 이(理)가 발용할 때 기가 간섭하지 않고, 기가 발용할 때 이(理)가 간섭하지 않는다."라고 하는 것은, 자신이 보아도 본말, 선후, 이합(離合)의 문제가 있다고 비판하였다. 이는 송기수가 사단칠정의 문제에 있어서 호발론(互發論)에 반대하고 있음을 분명히 한 것이다. 그는 이기(理氣)가 각기 스스로 발용하는데 이(理)가 발용할 때 기가 간섭하지 않고, 또 기가 발용할 때 이(理)가 간섭하지 않는다는 설은 이기의 격단(隔斷)을 가져오고 본말, 선후, 이합의 간극(間隙)을 면할 수 없다고 보았다. 또 "미발(未發)할 때에 이(理)는 이(理)대로 기는 기대로 따로 있게 되고, 발할 즈음에 한 이(理)는 선에서 발하고 한 기는 악에서 발한 것이 되고, 그런 후에 선과 악이 이에 나뉘게 된 것이다."라고 하여, 말은 비록 근사하나 실은 하늘과 땅만큼 현격한 차이가 있다고 비판하였다. 이는 송기수가 정염의 호발론의 문제점을 비판한 것인데, 퇴고사칠논변(退高四七論辯)이 시작된 해가 1559년임에 비추어 볼 때 약 20여 년이나 앞선 것이다.

다음은 송기수가 정염의 사단칠정론에 대해 비판한 글인데 이를 검토해 보기로 하자.

기(麒)의 이른바 "사단칠정이 선악을 겸하였다." 운운함을 너무 배척할 필요가 없다. 대저 사단은 이(理)에서 많이 발하고 칠정은 기에서 많이 발한다. 그러나 성인은 기질이 지극히 맑고 지극히 순수하여 비록 칠정이라도 진실로 굳이 기를 떤다는 말을 할 수 없는데, 중인은 사단도 또한 기가 주장하는 때가 많아서, 비록 삽시간이라도 혹 이(理)에서 발하

는 것을 능히 배양치 못하니, 마침내 중인에 머무를 뿐이다. 이제 성인
범인 여부를 불문하고 사단에는 일체 기자(氣字)를 금해야 하고 칠정에
는 일체 이자(理字)를 금해야 한다면, 밝은 거울과 백옥이 우연히 진흙
과 흠에 묻히고 더럽혀지려 한다는 것이랴. 만약 형의 정밀하고 자상함
으로 어찌 이를 살피지 못하였으리요. 시험 삼아 말하건대, 이제 국적
(國賊)을 죽임에 측은해 하며, 입고 먹는 것을 남같이 못함을 부끄러워
하고, 언행이 나에게 선한데도 미워하고, 작록(爵祿)을 당연히 사양하지
말아야 하는데도 사양하며, 사물을 마땅히 시비하지 말아야 하는데도
시비한다면, 또한 가히 일일이 이(理)에서 발했다고 말하겠는가. 하물며
칠정은 극단적인 논의를 기다리지 않고도 일간에 발용의 선한 것을 이
(理)에서 절대 금할 수 없는 것 같은지라, 남을 착하게 하고자 한다면,
착하지 않은 것을 보면 노하고, 친한 이를 보면 사랑하고, 상에 임하면
슬퍼하고, 선한 것을 보면 기뻐하고, 높고 어진 이를 보면 두려워함은,
또한 모두 이(理)를 주로 하여 말할 수 없는 것인가.[380]

　　여기서 송기수는 자신이 말한 바 "사단칠정이 선악을 겸하였다."라는 말
에 대해 너무 배척할 필요가 없다고 설득한다. 사단은 이(理)에서 발하는
경우가 많고 칠정은 기에서 발하는 경우가 많다고 한다. 그렇지만 성인은
기질이 지극히 맑고 지극히 순수하여 비록 정이라 하더라도 굳이 기를 섞

---

380) 《秋坡集》, 卷7, 〈與鄭北囧〉, "麒所謂四端七情兼善惡云者 不必深排 大抵四端多發於
理 七情多發於氣 然在聖人 則氣質極淸極粹 雖七情固不可帶氣言 而衆人則四端亦多
有主氣時節 雖其一霎時間 有或發理者 而不能培養 終止於衆人耳 今也不問聖凡與否
而四端一切禁氣字 七情一切禁理字 無乃明鑑白玉偶被塵瑕也耶 以若吾兄之精詳 乃
有此不察也 試言今之殺國賊而惻隱 服食不如人而羞之 言行善我而惡之 爵祿不當
辭讓而辭讓 事物不當是非而是非 則亦可一一言發理者乎 況七情則不待極論 而日間
發用之善者 似不可絶禁於理 如欲人之善 見不善而怒 見所親而愛 臨喪而哀 見善而
喜 見尊賢而畏懼者 亦皆不可主理言乎."

어 말할 수 없다는 것이다. 그러나 중인의 경우에는 사단도 기가 주장하는 때가 많아서, 비록 삽시간이라도 이(理)에서 발하는 것을 능히 배양치 못해 중인에 머무르는 경우가 많다는 것이다.

그러므로 성인이냐 범인이냐 여부를 떠나서 사단에는 일체 기자(氣字)를 금해야 하고 칠정에는 일체 이자(理字)를 금해야 한다면, 이는 밝은 거울이나 백옥이 우연히 진흙에 묻히고 흠에 더럽혀지는 것과 무엇이 다르냐고 하였다. 예컨대 이제 국적(國賊)을 죽임에 측은해 하며, 입고 먹는 것을 남같이 못함을 부끄러워하고, 언행이 나에게 선한데도 미워하고, 작록을 당연히 사양하지 말아야 하는데도 사양하며, 사물을 마땅히 시비하지 말아야 하는데도 시비한다면, 이는 일일이 이(理)에서 발했다고 말할 수 없다는 것이다. 더욱이 칠정은 발용의 선한 것을 이(理)에서 절대 금할 수 없는 것과 같으므로, 남을 착하게 하고자 한다면 착하지 않은 것을 보면 노하고, 친한 이를 보면 사랑하고, 상에 임하면 슬퍼하고, 선한 것을 보면 기뻐하고, 높고 어진 이를 보면 두려워함은, 또한 모두 이(理)를 주로 하여 말할 수 있는 것이라 하였다.

이렇게 볼 때, 송기수의 사단칠정론은 고봉 기대승이나 율곡 이이의 사단칠정론에 가깝다고 볼 수 있다. 그는 사단과 칠정 모두를 기발이승(氣發理乘)으로 보지만, 사단은 이(理)에서 발하는 경우가 많고 칠정은 기에서 발하는 경우가 많다 하였다. 그리고 사단이라 하더라도 부중절(不中節)의 경우를 상정할 수 있고, 또 칠정이라 하더라도 중절(中節)의 경우가 있을 수 있다는 것이다. 이는 사단칠정을 모두 기발이승으로 보기 때문에 사단이나 칠정이나 모두 기를 면할 수 없는 데서 부득이한 것이다.

송기수는 또 성(性)과 욕(欲)을 비교해 설명하면서 사단칠정의 발용 문제에 대해 다음과 같이 설명하였다.

《주역》에 말하기를 "고요히 움직임 없다가 느끼어 마침내 통한다."라고 하였고, 주자가 말하기를 "사람이 태어나 고요한 것은 하늘의 성이요, 사물에 느끼어 움직이는 것은 성의 욕이다."라고 하였다. 이제 사단이 마음속으로부터 스스로 발한다면 어찌 감동 없이 스스로 동함이 아니겠는가. 주자가 또 말하기를 "애연히 사단이 느낌에 따라 나타나나니, 어버이를 사랑하고 형을 공경하고 인군에게 충성하고 어른을 공경함은 이것은 천성의 떳떳함이라." 하는데, 만약 느낌이 없이 스스로 움직인다면 이는 어버이 없이 사랑이 발하며, 형이 없이 공경이 발하며, 임금이 없이 충이 발하며, 어른이 없이 공경이 발하는 것이니, 이것이 어찌 사람의 정이겠는가? 또 어버이, 형, 임금, 어른은 외물이 아니고 나의 마음 속에 스스로 있는 것인가? 모르긴 하지만 형은 어느 무엇으로 나를 가르치려는가?[381]

그는 《주역》의 "고요히 움직임이 없다가 느끼어 마침내 통한다.", 주자의 "사람이 태어나 고요한 것은 하늘의 성이요, 사물에 느끼어 움직이는 것은 성의 욕이다."라는 말을 인용해 마음의 본체와 현상, 미발(未發)과 이발(已發)에 대해 설명하였다. 즉 《주역》의 '적연부동(寂然不動)'은 마음의 본체인 성을 말한 것이고, '감이수통(感而遂通)'은 마음의 발용인 정을 말한 것이다. 또 주자의 경우는 사람이 이 세상에 태어나 고요한 상태는 하늘의 성이고, 외물에 감촉되어 마음이 움직인 것은 성의 욕이며 정이라 보았다.

그런데 사단이 마음속으로부터 스스로 발한다면 어찌 감동 없이 스스

---

381) 《秋坡集》, 卷7, 〈答鄭北囧〉, "易曰 寂然不動 感而遂通 朱子曰 人生而靜 天之性也 感於物而動 性之欲也 今也 四端由中而自發 則豈非無感而自動者耶 朱子又曰 藹然四端 隨感而見 愛親敬兄忠君悌長 是曰秉彝 若曰無感而自動 則是無親而愛發 無兄而敬發 無君而忠發 無長而悌發 此豈人之情乎 且親兄君長非外物 而乃吾中自有之物乎 未知 吾兄 何以教我."

로 움직이는 것이 아니겠느냐 반문하였다. 또 주자의 말을 인용해 "애연히 사단이 느낌에 따라 나타나나니, 어버이를 사랑하고 형을 공경하고 인군에게 충성하고 어른을 공경함은 이것은 천성의 떳떳함이라." 하는데, 만약 느낌이 없이 스스로 움직인다면 이는 어버이 없이 사랑이 발하며, 형이 없이 공경이 발하며, 임금이 없이 충이 발하며, 어른이 없이 공경이 발하는 것이니, 이것이 어찌 사람의 감정이겠느냐 하였다. 또 어버이, 형, 임금, 어른은 외물이 아니고 나의 마음속에 스스로 있는 것인가 반문하였다. 이와 같이 송기수는 사단칠정이 모두 외물의 느낌 없이는 발용할 수 없다는 것을 분명히 하였다. 이는 감정의 발용이 반드시 기에 근거할 뿐 아니라 이(理)와의 상호협력을 통해 가능하다는 것을 말한 것이다. 즉 사단이나 칠정이나 모두 이기를 함께 지니고 있는데, 기가 외물과 만나 발용함에 따라 다양한 감정의 표현이 가능하다고 본 것이다. 이는 그가 고봉이나 율곡처럼 사단칠정을 경험적 관점에서 이해하고 있음을 말해 주는 것이며, 아울러 어떠한 경우도 기와 상관없이 스스로 발용하는 감정은 불가하다고 본 것이다.

송기수는 또 "성을 논하고 기를 논하지 아니하면 성인과 도척의 구분이 없게 되고, 기를 논하고 성을 논하지 아니하면 하늘과 사람이 둘이 된다."[382]라고 하여, 성(性)과 기(氣)를 아울러 보는 그의 심성관을 보여 주고 있다. 이는 이미 정자(程子)가 "성(性)을 논하면서 기(氣)를 논하지 아니하면 갖추지 못한 것이고, 기를 논하면서 성을 논하지 아니하면 밝지 못하다."[383]라고 한 것을 인용한 것이다. 여기서 사실 성은 이(理)를 말한 것이므로 인간의 심이나 성이나 정은 모두가 이기(理氣)를 떠나 말할 수 없

---

382) 《秋坡集》, 卷8, 〈漫錄〉, "論性不論氣 則聖跖無分 論氣不論性 則天人有二..."
383) 《二程全書》, 卷6, "論性不論氣不備 論氣不論性不明 二之則不是."

음을 분명히 한 것이다. 성을 논하면서 기를 논하지 않는다면 이는 본연지성(本然之性)을 말하는 것이며, 이(理)를 성으로 보는 것으로 불비(不備)하다고 본 것이다. 또 기를 논하면서 성을 말하지 않는다면 이는 이(理)를 배제한 채 기만의 성을 말하는 경우로서 밝지 못한 것이 아닐 수 없다. 송기수는 송대 선유들의 성론(性論)에 입각해 균형 잡힌 심성론을 견지하고 있음을 알 수 있다. 이러한 성론은 율곡에 의해서 그대로 이어지고 있는 것이다.[384]

이상에서 송기수의 심성론을 검토해 보았는데, 주로 사단칠정을 중심으로 한 감정론이 주를 이루고 있다. 아직 퇴계와 고봉에 의해 사단칠정론이 논변되기 이전에 이에 관한 깊이 있는 논의를 하고 있다는 점에서 의미가 있다. 정염이 퇴계와 비슷한 호발론을 주장한 데 대해 송기수는 기발이승(氣發理乘)의 관점에서 이를 비판하고, 또 사단과 칠정의 가치론적 구별보다는 이기를 겸한 사단칠정이라는 관점에서 통합적인 감정론을 말하고 있는 것이 특징적이다.

4. 마음공부와 '경(敬)'

송기수의 수양론을 알 수 있는 전문적인 글은 없고, 다만 그의 편지 글과 경연에서의 강론 그리고 상소문을 통해 어느 정도 짐작해 볼 수 있다. 유학은 궁극적으로 '인간되어짐'의 학문이라 할 수 있다. 우주자연을 탐구하고 인간의 심성세계를 성찰하는 것도 결국 인간다운 삶, 행복한 삶을 살기 위한 하나의 도정에 불과하다. 이런 점에서 수기론은 매우 중요하다.

---

384)《栗谷全書》, 卷20,〈聖學輯要〉, 2.

송기수는 1572년 66세 때 좌참찬으로 경연에 참여하였는데, 이때 임금에게 경(敬)을 권면하였다.

"학문이 비록 단서가 많으나 그중에서 가장 긴요한 것은 '경(敬)'한 글자이니, 경이란 온갖 선의 머리로서 동정을 총괄하고 내외를 관철하는 공부입니다. 예부터 경에 대하여 논한 학설이 아주 많은데, 그중에는 이른바 '정제(整齊)하고 엄숙해야 마음이 문득 전일(專 一)할 것이니, 마음이 한결같다면 자연적으로 그릇됨과 간사함의 간섭이 없게 된다.'는 말로서, 이것이 더욱 긴밀하고 절실한 것이요, 정자께서 또한 그에 대한 공효를 논하면서 말하기를, '총명예지(聰明睿智)가 모두 이로 말미암아 나오게 되니, 이로써 하늘을 섬기고 상제를 흠향케 할 수 있다.' 하였으니, 이 말씀을 마땅히 전하께오서 염두에 간직하실 일입니다." 하시었다.[385]

송기수는 학문이 비록 단서가 많으나 그중에서도 가장 긴요한 것은 '경(敬)'한 글자라 하였다. 경은 온갖 선의 으뜸으로 동정을 총괄하고 내외를 관철하는 공부라 하였다. 그리고 그는 경에 관한 선유의 말로써 "정제하고 엄숙해야 마음이 문득 전일할 것이니, 마음이 한결같다면 자연적으로 그릇됨과 간사함의 간섭이 없게 된다."라는 말을 임금에게 강조하였다. 또 정자의 말을 인용하여 "총명예지(聰明睿智)가 모두 이로 말미암아 나오게 되니, 이로써 하늘을 섬기고 상제를 흠향케 할 수 있다."라고 경의 공효에 대해 말하였다.

이와 같이 송기수는 경을 학문의 방법 내지 수양의 방법으로 매우 중

---

385) 《秋坡集》, 〈秋坡先生年譜〉, 66歲 條.

시하였다. 경은 주자의 해석에 따르면 '주일무적(主一無適)'으로 마음이 어느 대상에 주로 하여 이리저리 나아감이 없는 것을 말한다. 마음이 전일하려면 정제엄숙(整齊嚴肅)이 필수적이다. 그리고 이 경은 움직일 때나 고요할 때나 일이 있을 때나 없을 때나 언제 어디서나 관통하는 것이다. 만약 고요한 정적(靜的) 상태에서 경을 찾는다면 이는 죽은 경, 즉 사경(死敬)이 된다. 진정으로 살아 있는 경은 동정, 내외를 불문하고 관통하는 것이다.

또한 그는 말하기를 "저 공도(公道)란 상하가 정립되는 까닭이요 또한 임금의 한 마음에 매었으니, 그렇다면 마음을 경하게 하지 않을 수 없을 것입니다. 주자께서 이르되 '마음이란 한 몸의 주재다.'라고 하였으니, 신은 망녕되게 주자의 그 말씀을 보충하여 이르건대 '경이란 한 마음의 주재다.'라 하겠습니다."[386]라고 하였다.

이와 같이 그는 정주(程朱)의 말을 인용하여, 마음은 한 몸의 주재요, 경은 한 마음의 주재라 하였다. 인간은 몸과 마음으로 이루어진 영육쌍전(靈肉雙全)의 존재이다. 마음이 몸을 주재한다고 보는 데서 인간은 금수와 구별되며 인간의 위상이 차별화된다. 그런데 그 마음의 주체가 바로 경이라고 보는 것이다. 경은 마음공부의 방법이지만 여기서처럼 때로는 경은 마음의 주체로 높여진다. 경이야말로 학문과 수기의 추뉴(樞杻)라 할 수 있다. 송기수는 같은 맥락에서 마음공부의 중요성을 다음과 같이 강조하고 있다.

옛 사람이 이르기를 "익힘이 지혜로 더불어 자라며 화함이 마음으로 더불어 이루어진다." 하였으니, 듣고 보는 바를 정도에서 떠나지 않으려

---

386)《秋坡集》,〈秋坡先生年譜〉, 66歲 條.

면 반드시 날로 어진 사대부를 접견하여 그 착한 말과 정직한 의논을 청취해서, 덕성을 함양하고 한가롭게 혼자서 있을 적에도 잠깐 사이라도 방심하고 소홀히 하지 않는 지경에 이르러야 됩니다. 옛 사람이 이르기를, "마음은 살아 있는 것이기 때문에 조금만 소홀히 하면 반드시 방탕해지고 안일해진다." 하였고, 또 이르기를, "'마음이란 출입이 무상해서 그 행방을 알지 못하므로, 잡아 두면 보존되고 놓아두면 없어지기 때문에 자수하는 도리는 방심(放心)을 수습하는 것이 중대한 일이다.' 하오니, 엎드려 원하옵건대 조수하고 성찰하는 공부를 잊지 마옵소서." 하였다.387)

그는 임금에게 마음공부의 중요성을 강조하고 "마음은 살아 있는 것이기 때문에 조금만 소홀히 하면 반드시 방탕해지고 안일해진다." 하였다. 또 "마음이란 출입이 무상해서 그 행방을 알지 못하므로, 잡아 두면 보존되고 놓아두면 없어지기 때문에 스스로 닦는 도리는 방심(放心)을 수습하는 것이 중대한 일이다."라고 하였다. 마음공부는 유학 수기론의 핵심이라 해도 지나치지 않는다. 이는 양명학뿐만 아니라 성리학의 경우에도 인심도심을 비롯한 심학에 많은 노력을 기울여 왔다. 송기수는 유가경전과 선유의 말을 인용하여 마음에 대해 설명하고 있다. 그는 마음을 살아 있는 활물(活物)로 보고 그것은 출입이 무상(無常)하여, 잡으면 있고 놓아두면 없어진다 하였다. 따라서 수기의 길은 마음을 잘 보존하는 것이라 하였다. 이른바 맹자의 '구방심(求放心)',388) '존심양성(存心養性)'389)이 바로 이것

---

387) 《秋坡集》, 〈秋坡先生年譜〉, 69歲 條.

388) 《孟子》, 〈告子 上〉, "孟子曰 仁人心也 義人路也 舍其路而不由 放其心而不知求 哀哉 人有鷄犬 放則知求之 有放心而不知求 學問之道無他 求其放心而已矣."

389) 《孟子》, 〈盡心 上〉, "存其心 養其性 所以事天也."

이다. 마음이란 그 본체는 성으로 믿을 수 있지만, 현상적인 마음은 이미 대상에 느끼고 흔들려 믿을 수 없는 것이다. 방심을 도로 찾는 '구방심(求放心)'이야말로 학문의 길이요 수기의 길이었던 것이다.

또한 송기수는 수기의 방법으로《대학》의 '격물치지 성의정심(格物致知誠意正心)'을 다음과 같이 강조하였다.

> 오호라! 격치성정(格致誠正)의 설은 후세사람들이 매양 노유(老儒)의 일상적인 말이라 내버려두는데, 천하의 일이 어찌 가히 궁격(窮格)을 다 했다고 말하겠습니까? … 엎드려 바라건대, 전하께서는 격치명성(格致明誠) 등의 설이 듣기 싫은 진언이라 거절하지 마시고, 거경궁리(居敬窮理) 존성천리(存誠踐履)를 정치의 본원으로 삼고, 마음에서 구하고 여러 가지 일에서 징험하여 의리에 함영(涵泳)하고 고치는 데 돈독(敦篤)하여, 반드시 광대고명(廣大高明)으로써 두루 운용함에 막힘이 없고 힘써 얻을 때가 되면, 이제(二帝)가 가히 셋이 될 수 있고 삼왕(三王)이 가히 넷이 될 수 있습니다.[390]

송기수는 사람들이《대학》의 '격물치지 성의정심(格物致知 誠意正心)'을 흔히 가볍게 보지만, 이것이 성학의 요체요 수기의 핵심요령이라 보았다. 정주는 이를 '거경궁리(居敬窮理)'로 대치시켜 설명하였는데, 이는 성리학의 학문방법이요 수기의 본령이라 할 수 있다. 그는 '거경궁리 존성천리(居敬窮理 存誠踐履)'를 정치의 본원으로 삼고, 마음에서 구하고 여러 가지 일에서 징험하여 의리에 투철하고 고치는 데 돈독하여, 반드시 넓고 크고

---

390)《秋坡集》, 卷2, 〈吏曹陳時事疏〉, "伏願殿下 絶勿以格致明誠等說 爲厭聞之陳言 以居敬窮理 存誠踐履 爲致治之本原 求諸心而驗諸事 涵泳乎義理 而敦篤乎遷改 必以廣大高明 周運無滯 爲得力之時 則二帝可以爲三矣 三王可以爲四矣."

높고 밝음으로써 두루 운용함에 막힘이 없고 힘써 얻을 때가 되면, 성학이 구현되고 왕도가 실현된다고 보았다. 여기서 격물치지, 즉 궁리는 지(知)의 문제라면, 성의정심 즉 거경은 행(行)의 문제로서 결국 지행(知行)의 문제가 되는 것이다. 유가철학의 전통을 계승하여 '거경궁리 존성천리'를 정치의 본원, 성학의 으뜸으로 보는 데서 그의 수기론이 유가의 정통에서 벗어나지 않음을 알 수 있다.

그는 또 "의리는 보는 것이 둔함을 두려워하지 말고, 단지 정밀하게 보지 못하는 것을 두려워하고, 행함이 더딤을 두려워하지 말고 단지 행함이 독실하지 못함을 두려워해야 한다."[391]라고 하여, 의리를 정밀히 아는 것과 독실히 행하는 것을 수기의 본령으로 이해하였다. 마찬가지로 "옛날의 학자는 눈으로 보고 마음으로 생각해 힘써 실천한 후에 말로 나타난다."[392]라고 하여, 말이 아니라 실천을 중시하는 유학 본래의 입장을 분명히 하였다. 이론에서 실천으로 가는 것이 아니라 실천을 통해 언어로 나타난다는 것이니, 체득실천을 중시하는 그의 학문관이 잘 나타나 있다.

또한 송기수는 1566년(병인년)에 올린 상소에서 여섯 가지 대책을 말하는 가운데 '성학에 힘써 정치의 근본을 세울 것(勉聖學以立治本)', '도학을 숭상하여 나아갈 방향을 정할 것(崇道學以定趣向)'[393]을 말하였다. 여기서 그가 성학을 정치의 근본으로 생각하고 도학의 숭상을 정치의 지표로 설정한 것은 그의 경세학이 표방하는 철학적 지향이 무엇인가를 잘 말해주는 것이다. 성학은 곧 유학 자체를 말하는 것이고, 또 유학의 이념을 개인과 사회, 국가에 실현해야 된다는 강한 의지를 담고 있는 것이다. 성학

---

391) 《秋坡集》, 卷7, 〈答權應時〉, "大抵義理不怕見得鈍 而只怕見得不精 不怕行得遲 而只
    怕行得不實…"
392) 《秋坡集》, 卷7, 〈與鄭北囱〉, "且夫古之學者 目見心思 力踐而後 乃發於言…"
393) 《秋坡集》, 卷2, 〈吏曹陳時事疏〉.

은 곧 수기치인지도(修己治人之道)요 내성외왕지도(內聖外王之道)로서 도학과 상통한다. 그리고 내면적인 수기와 사회적인 치인이 조화된 유학, 내성과 외왕이 잘 어우러진 유학이야말로 송기수가 지향하는 목표라고도 할 수 있다. 수기가 없는 외왕은 불완전한 것이고, 외왕이 결여된 수기는 반쪽 유학에 불과하다. 그러나 역시 수기는 만사의 근본으로 중요한데, 송기수 또한 이 점을 간과하지 않았다는 점에서 그의 학문과 처세가 유학의 정도를 결코 벗어나지 않았다고 평가된다.

5. 후대 평가와 위상

송기수는 사화시대의 난세를 살았던 학자 출신의 관료요 묘당유(廟堂儒)였다. 그는 사촌 형 송인수(宋麟壽)가 을사사화 때 억울하게 죽음을 당했는데, 자신은 중책의 벼슬살이를 했다는 점에서 항상 비교되어 평가되어 왔다. 게다가 본의는 아니었지만 사화의 위훈(僞勳)까지 받았으니 부끄럽고 무거운 멍에가 평생 짐이 되었다. 후세의 평가나 역사의 평가에서도 늘 박대되었고, 그에 관한 학문적 연구도 부진할 수밖에 없었다. 이런 즈음에 송기수에 대한 학문적 논의의 장이 펼쳐진 것은 매우 다행한 일이다.

조선 유학의 전통은 의리를 중시해 온 것이 사실이다.[394] 여말 정몽주 이래 길재, 김숙자, 김종직, 김굉필, 정여창, 조광조로 이어 온 의리적 학맥이 조선 유학의 정통으로 평가받아 왔다. 이 와중에서 현실 정치에 깊숙이 참여한 관료 출신의 묘당유에 대한 평가가 경시되고 소홀히 되었던 것은 부인할 수 없다.

---

394) 유승국,《한국 유학사》, 유교문화연구소, 2008, 203쪽.

그러나 이제 우리는 균형 잡힌 시각에서 역사를 보고 인물을 평가해야 한다. 일찍이 맹자가 말했듯이 "생(生) 또한 내가 하고자 하는 바요, 의(義) 또한 내가 하고자 하는 바이지만, 이 두 가지를 겸하여 얻을 수 없다면, 생을 버리고 의를 취하리라."[395]라고 하였다. 이 말은 유학의 가치적 지향점을 잘 말해 준다. 우리는 유학을 의리 일변도로 오해해 온 감이 없지 않다. 이는 아마도 《논어》의 '살신성인(殺身成仁)', 《맹자》의 '사생취의(舍生取義)'만 보고 이것이 유학의 가치적 이상인양 잘못 이해한 데서 기인한다. 유학은 도덕적인 의리와 경제적인 실리가 잘 조화됨을 이상으로 삼는다. 《맹자》에서도 지적하고 있듯이, 항산(恒産)과 항심(恒心)은 어느 한 가지도 결여되어서는 안 된다. 왕도정치도 민생의 안정과 도덕적 교화는 함께 가야 하는 것이다. 이것이 진정한 유학의 정신이요 유학의 이상이다. 이렇게 본다면 그동안 조선 유학을 지나치게 의리 중심으로 해석해 온 것은 반성해야 한다.

송기수는 전문적인 학자는 아니었다. 오히려 그의 생애 대부분을 관료로서 살았다. 더욱이 사화시대라는 난세에 정치가 내지 행정가로서 살았다. 이 때문에 그를 학문적, 철학적으로 연구하고 평가한다는 것은 애당초 한계가 있다. 그럼에도 불구하고 그의 제한된 자료를 통해 나타난 학문적 수준은 높이 평가받기에 부족함이 없다.

그의 문집으로 보면 그가 성리학에 관심을 갖고 쓴 글은 1537년 31세 때 친우인 북창 정염(北囱 鄭礏)과의 편지와 1544년 38세 때 회재 이언적(晦齋 李彦迪)에게 올린 글이 전부라고 할 수 있다. 그러나 이언적과의 학문적 교유 내용이 무엇인가는 구체적으로 드러나 있지 않아 알 수가 없다. 따라서 그의 성리학 내지 철학을 알 수 있는 유일한 자료는 정염과 주

---

395) 《孟子》〈告子 上〉, "生亦我所欲也 義亦我所欲也 二者不可得兼 舍生而取義者也."

고받은 편지뿐이다.

그런데 놀라운 것은 송기수의 성리학적 식견이 당대 누구와도 비교할 수 없을 만큼 높은 수준에 이르렀다는 점이다. 이 시대의 유학자로 서경덕(徐敬德: 1489~1546), 이언적(李彦迪: 1491~1553), 이항(李恒: 1499~1576), 조식(曹植: 1501~1572), 이황(李滉: 1501~1570)이 그의 선배가 되고, 동료로는 성제원(成悌元: 1506~1559), 김인후(金麟厚: 1510~1560) 등이 있다. 그는 당대 성리학의 대표적인 이론가였던 이언적, 이황과 교유했던 것이 문집에 보인다. 따라서 벼슬길에 나가기 전 30대 초 그의 학문적 기초는 탄탄했다고 짐작된다. 그것은 정염과 주고받은 편지가 이를 잘 말해 준다. 송기수의 성리학이 보여 주는 학문적 의미를 다음과 같이 정리해 볼 수 있다.

첫째, 이기(理氣)에 대한 상보적인 이해는 선구적인 것이다. 이기론이나 태극음양론에 대한 기본적인 논의는 이미 송대 성리학에서 갖추어진 바이지만, 그 논리적 완성도는 아직 미비된 바가 없지 않았다. 이러한 미비점을 보완한 것이 조선 성리학의 공헌이라 할 만하다. 이런 점에서 송기수가 이(理)와 기(氣)를 상보적 관점에서 논리정연하게 설명하고 있음은 주목할 만하다.

둘째, 이기지묘(理氣之妙)를 언급하고 그 구극처(究極處)를 통찰한 것은 높이 평가할 만하다. 이기지묘는 성리학에 있어 난해처(難解處)요 구극처라 할 수 있다. 이(理)와 기의 상호역할과 위상, 존재론적 이해와 가치론적 이해의 성찰, 합간(合看)과 이간(離看)을 아울러 보는 입체적 사유, 이기지묘의 가치적 이해 등 성리학의 정수(精粹)를 다 보여 주는 과제라 할 수 있다. 율곡에 의해 이 '이기지묘(理氣之妙)'가 강조되고 또 학문적 체계를 갖는데, 송기수가 이에 관해 선구적인 논의를 하고 있다는 점에서 높이 평가된다.

셋째, 심성론에 있어 호발론(互發論)에 대한 비판과 사단칠정론에 대한 견해를 일목요연하게 밝힌 것은 그 의미가 크다. 퇴계의 이기호발설(理氣互發說)이 고봉 기대승(高峰 奇大升)에 의해 비판되고, 또 이어 율곡 이이(栗谷 李珥)가 우계 성혼(牛溪 成渾)과 논변을 벌려 조선 성리학의 전성시대를 열었는데, 이보다 앞서 송기수가 정염과 이 문제를 중심으로 깊이 있는 논의를 했다는 점에서 그 의의가 있다. 물론 이 시기 일재 이항이나 하서 김인후 그리고 퇴계 이황을 통해 성리학적 논의가 일기 시작한 것은 사실이지만, 송기수도 이 대열에 참여하고 있음이 간접적으로 입증된 것이라 할 수 있다.

이렇게 볼 때, 만약 송기수가 퇴계나 율곡처럼 학문에 전념해 많은 저술을 남겼더라면 하는 아쉬움이 남는다. 그것은 얼마 되지 않는 그의 글 속에서 성리학의 핵심적인 과제를 논리정연하게 서술하고 있고, 이기지묘를 비롯한 이기론이나 심성론의 내용도 상당한 수준을 보여 주고 있기 때문이다.

끝으로 송기수의 성리학적 경향은 퇴계보다는 율곡 쪽에 가까워 보인다. 그것은 그의 이기론이 철저하게 이기이원론(理氣二元論)을 견지하고 있고, 이(理)와 기의 상보적 인식을 기초로 하고 있으며, 심성론에 있어서도 전인적 인간관을 보여 주고 있기 때문이다. 이러한 그의 성리학적 입장이 그가 현실정치에 적극적으로 참여하게 된 것과 무관하지 않을 것으로 짐작된다.

중요한 것은 그가 비록 사화시대의 난세에 벼슬을 하였지만 의리적 처신을 결코 잊지 않았다는 점이다. 그는 송인수와 조광조의 신원(伸寃)을 건의하고, 을사사화 때 희생된 사림들의 신원을 주청하기도 했다. 또 이황, 이준경, 백인걸, 김난상, 노수신, 유희춘 등 훌륭한 사림들의 등용을 건의하기도 하였다. 난세에도 누군가는 현실의 무거운 짐을 짊어져야 하고 더러운 티끌을 만져야 한다. 이것이 유학자의 길이기도 하다. 유학은 세상이 더럽다고 세상을 떠나지 않는다. '임중도원(任重道遠)'의 사명을 지고 묵묵히 세속의 중심에 서서 세상을 바꾸고 민생을 책임지고 나라를 일으키고 백성을 교화시켜야 하는 것이다. 이러한 유학자의 길을 걸었던 송기수의 학문적 평가는 새롭게 인식되어야 할 것이다. 특히 그의 성리학적 식견과 이해에 대한 새로운 평가가 요청된다.

제5절 율곡과 우계의 학문과 사상

1. 율곡과 우계

율곡 이이(栗谷 李珥: 1536~1584)와 우계 성혼(牛溪 成渾: 1535~1598)의 만남은 조선조 유학사에서 특이한 바 있다. 우계는 1535년(중종 30년) 서울에서 태어났고, 율곡은 1536년(중종 31년) 강원도 강릉 외가에서 태어났다. 그러나 율곡의 친가가 경기도 파주의 율곡촌(栗谷村)이었고, 우계의 친가 또한 경기도 파주였기 때문에 그들의 생장환경이 거의 비슷하였다. 여기에 구봉 송익필(龜峰 宋翼弼: 1534~1599) 또한 경기도 구봉산(龜峰山) 자락에서 생장하여 세 사람의 고향이 거의 같은 지역이고, 의기가 투합하여 평생을 학문적 동지로서 지냈다.

율곡은 모친 신사임당의 훈육 아래 어린 시절을 보냈고, 본격적인 학문은 사실 독학이었다고 볼 수 있다. 한편 우계는 부친 청송 성수침(聽松 成守琛)의 가르침을 받고 자랐으며, 퇴계를 매우 흠모하고 사숙하였다. 우계의 스승이자 부친이었던 성수침은 15세기 도학시대를 대표하는 정암 조광조(靜菴 趙光祖)의 문인이었다. 따라서 우계의 학통은 멀리 여말 포은 정몽주(圃隱 鄭夢周) - 야은 길재(冶隱 吉再) - 강호 김숙자(江湖 金叔滋) - 점필재 김종직(佔畢齋 金宗直) - 한훤당 김굉필(寒暄堂 金宏弼) - 정암 조광조(靜庵 趙光祖)의 학통에 닿아 있었다.

그런데 독학으로 일가를 이룬 율곡도 정암을 존숭하고 흠모했다는 점에서 보면, 율곡과 우계가 모두 정암에 연결되고, 또 여말 의리학파의 학맥에 직접 간접으로 연관되어 있음을 알 수 있다.

율곡과 우계는 1554년 이른바 도의지교(道義之交)를 맺음으로써 만나게 된다. 이때 우계는 20세이고 율곡은 19세이었다. 이들의 도의지교란 단순한 친우로서의 우정이 아니라, 유학을 공부하는 젊은 학도로서의 학문적 동지의 만남이요 진실한 우정의 약속이었다. 이들은 젊은 날의 이 우정을 평생 지켰고, 이를 통해 두 사람은 적어도 성공적인 인생을 살았다고 볼 수 있다. 그것은 이들이 조선조 유학사에서 기호학파의 쌍벽(雙璧)으로 일컬어지고 있고, 문묘에 배향된 '동국 18현'에 함께 포함되고 있다는 사실에서 분명해진다. 또한 정치적으로는 서인으로서 율곡과 우계가 같은 길을 걸어 문묘종사(文廟從祀)도 함께 되었고 출향(黜享)도 함께 받았고 또 복향(復享)도 함께 되었다. 그리고 대부분의 크고 작은 정치적 사안에서도 거의 견해를 함께했다고 볼 수 있다. 물론 이들 두 사람 외에도 율곡, 우계, 구봉이 삼총사가 되기도 했고, 또 율곡, 우계, 사암 박순(思菴 朴淳)이 삼총사가 되기도 했다. 그중에서도 역시 율곡과 우계, 우계와 율곡은 둘이 하나로 살았기에 많은 사람들의 주목을 받았다.

그러나 율곡과 우계가 항상 같은 길을 걷고 같은 생각을 가졌던 것은 아니다. 적어도 이들은 20대의 교유 이후 피차의 학문적 진보와 인격적 성숙을 위해 가혹하리만큼 냉정한 비판과 충고를 주고받았다. 더욱이 학문적으로는 평생 진지한 토론을 반복하면서 자신들의 이론과 논리를 계발하는 데 진력하였다. 이제 이들 두 사람의 진실한 우정, 아름다운 우정의 내면적 숨은 이야기를 더듬어 보고, 학문적 교유의 과정과 학문적 특성의 차이를 성리학을 중심으로 고찰해 보고자 한다.

2. 율곡과 우계의 아름다운 우정

1) 율곡의 우계에 대한 존경과 비판

율곡과 우계가 모두 학문에 일가를 이루고 있고, 그 도학적 품성에 있어서도 존경을 받고 있으나, 그런 가운데에서도 두 사람의 학문적 특성이나 기질의 차이는 있어 보인다. 우계는 대체로 그의 인품에 있어 별 시비가 없었던 것으로 보인다. 그는 효성이 지극한 효자로서의 모범을 보여 주었고,396) 그의 언행은 세상의 모범이 되어 명예와 절개를 소중히 여기고, 겸손을 자처했으며 이해를 매개로 남과 다투지 않았다고 한다.397) 이는 율곡이 "만약 견해의 이른 바를 논한다면 내가 조금 낫다 할 수 있으나, 몸가짐의 독실함에 있어서는 내가 미치지 못한다."398)라고 한데서 극명해진다. 마찬가지로 율곡은 우계의 장점과 자신의 결점을 말하기를, "의리를 아는 부분에 있어서는 내가 우계보다 나아 우계가 나의 말을 따른 것이 많으나, 나는 성품이 느슨하고 해이하여 비록 알면서도 실천하지 못하지만, 우계는 알고 나서는 곧 하나하나 실천하여 실제로 자기 것으로 만드니, 이는 내가 미치지 못하는 점이다."라고 하였다.399) 이와 같이 율곡은 자신이 성리의 오묘한 경지를 인식하는 데 있어서는 우계보다 조금 나을지 모르지만, 성리의 실천과 내면적인 자기수양에 있어서는 우계가 자신

---

396) 《牛溪先生年譜補遺》, 卷1, 〈德行〉, "門人申應榘每言 吾先生孝行 世人鮮有知之者 盖先生早以學行名 故不以一善見稱 實則眞孝子也."

397) 《牛溪先生年譜補遺》, 卷1, 〈德行〉, "尤重名節 激揚頹俗 而接物之際 卑以自牧 與人少涉爭競 卽棄去不顧."

398) 《牛溪先生年譜補遺》, 卷1, 〈德行〉, "栗谷嘗稱曰 若論見解所到 吾差有一日之長 操履篤實 吾所不及云."

399) 《牛溪先生年譜補遺》, 卷1, 〈德行〉, "然先生謂人曰 吾於義理上曉解處 優於牛溪 牛溪多從吾說 而吾性弛緩 雖知之而不能實踐 牛溪則旣知之 便能——踐履 實有諸已 此吾所以不及也(栗谷別集 下同)"

보다 낫다는 점을 솔직히 인정하고 있는 것이다. 이는 율곡의 적전(嫡傳)이 었던 사계 김장생(沙溪 金長生)의 우계에 대한 평에서도 잘 나타나 있다.

나는 율곡에게는 심복(心服)하여 이보다 더 나을 수 없다고 늘 생각 했지만, 우계에 대해서는 약간 차이 있게 보는 점이 없을 수 없었다. 그 런 때문에 우계의 문인들은 꽤 불평이 있었다. 그 후 우계에게 왕래하며 익숙해짐에 따라, 그의 기모(氣貌)를 보고 그의 의논을 듣고 나서야 율 곡이 그를 도의교(道義交)로 여겼던 것에는 까닭이 있었음을 알았 다.[400]

이처럼 사계도 처음에는 율곡과 우계를 차별적으로 이해하였음을 고백 하고, 우계의 문하를 넘나들며 점차 그의 인품을 알게 되었고, 율곡이 도 의로써 사귀게 된 이유를 이해하게 되었다고 하였다.

그럼에도 불구하고 율곡의 우계에 대한 비판과 충고는 계속되고, 또 율 곡 자신이 너무 지나쳤거나 친우 간의 예의를 범했다고 사과하기도 한다. 우선 율곡이 우계에게 충고하는 문제는 우계가 처사를 자처하며 지나치게 현실을 외면하고 있는 은거수지(隱居守志)의 처세에 대한 불만이다. 이에 대한 율곡의 충고를 보기로 하자.

호원(浩原)이 한결같이 물러날 것만 요구하는 것도 너무 고집하는 것 같습니다. 대저 억만창생이 물이 새는 바위에 있는 실정인데, 이를 구제 하는 책임이 실상 우리에게 있으므로 내가 그래서 차마 떠나지 못하는 것입니다.[401]

---

400) 《栗谷全書》, 卷38, 附錄, 〈諸家記述雜錄〉
401) 《栗谷全書》, 卷11, 書3, 〈答宋雲長〉.

율곡은 또 자신의 결점은 세상일에 어둡고 소홀함에 있고, 정철의 결점은 술을 지나치게 즐김에 있으며, 우계는 퇴보적인 데 있다고 걱정하였다.[402] 여기에서 우계의 퇴보적이라는 말 역시 소극적이고 은둔적인 처세에 대한 불만을 의미하는 것이다. 마찬가지로 친우 송익필에게 보내는 편지에서 자신이 벼슬에서 물러나지 못하는 이유와 우계의 벼슬을 사양하는 고집에 대한 불만을 이렇게 토로하고 있다.

나는 극도로 파리한 가운데 훼방은 날이 갈수록 더하여, 양사(兩司)에서 번갈아 글을 올려 논박하기에까지 이르렀는데도, 감히 물러날 계획을 세우지 못하여 수치도 모르는 사람처럼 되었으니, 이 인생이 참으로 괴로울 뿐입니다. 북쪽 변경의 보고는 날로 위급한데 군사는 고단하고 먹을 것도 적어 지탱할 수 없으니, 금년 겨울을 어떻게 수습해야 할지 모르겠습니다. … 호원(浩原)은 벼슬을 사양할 수 없어서 이제 장차 사은(謝恩)할 생각이나, 오히려 전임(銓任)은 한사코 사양키로 단정하니 이 사람의 고집이 걱정입니다. 선비들의 풍습이 날로 나빠지고 조정의 정사는 날로 어지러워지니, 이 걱정이 북쪽의 급보보다도 심한데, 묘당(廟堂)에서는 그저 잠자코 있으니 어찌해야 좋겠습니까? … 도적 괴수의 목을 베게 되면 나도 전원으로 돌아갈 것입니다. 다만 천재(天災)가 참혹하여 100년 이래로 처음 보는 것이니, 민생이 무슨 죄입니까? 걱정스럽습니다.[403]

국가의 안보와 민생의 위기를 걱정하는 율곡의 입장에서는 우계의 소극

---

402) 《栗谷全書》, 卷11, 書3, 〈答宋雲長〉.
403) 《栗谷全書》, 卷11, 書3, 〈答宋雲長〉.

적인 처세에 대해 답답함을 가질 뿐만 아니라 불만이었음을 알 수 있다. 이러한 관점에서의 율곡의 우계에 대한 불만은 계속된다.

> 호원은 참으로 특별한 대우를 받는 좋은 기회를 맞게 되어 다시 회피
> 할 길이 없는데도, 오히려 물러날 계획을 갖고 있으니 걱정입니다. 그러
> 나 끝내는 필시 돌아갈 수 없을 것입니다.[404]

다음은 율곡의 우계에 대한 학문적 비판에 대해 살펴보되, 구체적인 논점에 대해서는 뒤에서 별도로 다루기로 한다. 이미 율곡의 말을 통해 알 수 있듯이, 율곡과 우계의 성리논변은 퇴계와 고봉의 논변에 비하면 그 박진감이 좀 떨어진다. 그것은 퇴계와 고봉의 경우는 나이의 차이, 사제 간의 차이를 뛰어넘어 비교적 고봉이 당당하게 토론에 임하여 때로는 퇴계 자신이 고봉의 논리를 좇기도 하고 때로는 인간적 감정이 표출됨을 볼 수도 있었다.

그러나 율곡과 우계의 논변은 나이와 신분적 지위 등 비교적 대등한 입장에서의 토론이었지만, 율곡의 확고한 자기 신념과 우계의 겸양이 어우러져 손에 땀을 쥐는 토론으로 발전하지는 못하였다. 그럼에도 양자의 이 토론은 조용한 가운데 각자의 소신이 살아 숨 쉬는 의미 있는 토론이었다고 볼 수 있다.

율곡은 우계에게 자신의 주장과 논리를 가지고 설득하려 하지만, 우계가 이를 수용하지 않고 자신의 이론을 고집하자 마침내 다음과 같은 지나친 언사를 서슴지 않는다.

---

404) 《栗谷全書》, 卷11, 書3, 〈答宋雲長〉.

형이 학문에 뜻을 둔 지 20년에 성현의 글을 읽지 않음이 아니겠지
만, 아직도 심성정(心性情)에 대한 적실(的實)한 견해가 없는 것은 아마
도 이(理)와 기(氣) 두 글자에 대해 투철 하지 못한 데가 있는 까닭인 듯
합니다.405)

이 말은 우계의 입장에서 보면 매우 모독적인 언사임에 틀림없고, 율곡
으로 보면 학문적 오만과 친우에 대한 결례임이 분명하다. 그러므로 우계
의 비판과 충고가 뒤따르고, 마침내 율곡은 우계에게 자신의 경솔한 언행
을 사과하게 된다.

지난번 보내드린 나의 글에 성기(聲氣)를 너무 과격하게 하였는데, 생
각하니 부끄럽습니다. 보내온 글에 이른바 "귀일하는 데 급급한 것이 어
찌 억지로 될 수 있느냐. 또한 깊이 생각하고 완미(玩味)해 보기를 기다
려야 한다."는 말은 지극히 옳습니다.406)

전번의 편지에 "나의 설이 너무 업신여김이 있었다."고 한 것은 형의
말이 과연 당연하니, 깊이 사과합니다.407)

율곡의 자기 학설에 대한 신념이 너무 지나쳐, 우계의 입장에서는 동의
를 강요하는 것으로 비쳐 이러한 말이 나오게 되는 것이다. 이러한 맥락에
서 율곡은 자신의 인심도심과 이기설은 일관되며, 인심도심이 모두 기발
이승(氣發理乘)으로 하나라는 신념은 어느 누구도 돌이킬 수 없음을 다음

---

405) 《栗谷全書》, 卷10, 書2, 〈答成浩原〉.
406) 《栗谷全書》, 卷10, 書2, 〈答成浩原〉.
407) 《栗谷全書》, 卷10, 書2, 〈答成浩原〉.

과 같이 밝히고 있다.

나는 10여 년 전에 이 단서를 알고 그 뒤 차츰 생각을 거듭하고, 늘 경전을 읽을 때마다 번번이 서로 대조하곤 하였습니다. 당초에는 혹 맞지 않을 때도 있었으나 그 뒤 차츰 부합되어 오늘날에 와서는 완전히 융합하여 결연히 아무 의심도 없어졌으니, 많은 사람들의 웅변을 가지고도 결국 나의 견해를 돌릴 수 없을 것입니다.[408]

율곡은 자신의 성격이 세상과는 맞지 않아 사람들을 접촉함은 비록 많아도 서로 합하는 이가 적은데, 오직 우계만이 있을 뿐인데 소견이 오히려 같지 않다면, 이 학문의 외로움이 너무 심하지 않겠느냐고 토로하였다. 그리고 다른 견해가 혹 같지 않은 것은 배우는 이로서 면치 못하는 바이지만, 다만 이 도리의 대두뇌(大頭腦)로서 그 시비(是非)와 정사(正邪)가 나뉘는 곳은 같지 않을 수 없다고 하였다. 따라서 자신이 거듭 이렇게 말하는 것은 형을 위해서일 뿐 아니라 또한 바로 자신의 외로움을 스스로 민망하게 여기기 때문이라 하였다.[409] 이로 보면 율곡의 학문적 고독을 읽을 수 있고, 가장 친한 친우인 우계의 동의를 통해 그 외로움을 달래 보려는 인간적인 속내가 잘 나타나 있다.

그러면서도 율곡은 우계가 성(性)을 논함에 기(氣)에 치우쳐 이(理)를 보지 못한다고 보고 이를 신랄하게 비판하고 있다.

이제 형의 견해는 다만 기(氣)만 논하고 성(性)을 논하지 아니하여, 순

---

408) 《栗谷全書》, 卷10, 書2, 〈答成浩原〉.
409) 《栗谷全書》, 卷10, 書2, 〈答成浩原〉.

자(荀子)와 양웅(揚雄)에게 빠져 있습니다. 밝지 못한 것보다는 부족한 것이 낫지 않겠습니까? 도리는 보기 어려우니 일변에 집착하는 것을 가장 꺼립니다. 이 말을 보고도 오히려 합치하지 않으면, 잠시 각각 자기의 아는 바를 높이고 논변을 그만두고 적공(積功)을 기다린 뒤에 다시 논변하는 것이 어떻겠습니까?

이러한 율곡의 확신에 찬 웅변의 설득에도 불구하고 우계는 나름의 학문적 소신을 굽히지 않음을 주목해야 한다. 우계는 친우 송익필에게 율곡과의 성리논변에 대한 소회를 다음과 같이 토로하고 있다.

저는 금년에 병이 더욱 심해져 계속 혼몽한 상태로 지냅니다. 질병 때문에 독서를 하지 못하여 자연 털끝만한 소견도 없는데, 마침내 숙헌(叔獻)과 성리(性理)를 논변하는 내용을 주고받았으니, 이는 참으로 이른바 "소경이 저울의 눈금을 논한다."는 격입니다. 그리고 이에 대해서 또다시 혼미함을 고집하고 어리석은 소견을 지켜, 대번에 자신의 의견을 버리고 남을 따르지 못하니, 지둔(遲鈍)한 소자(小子)가 잘 변화하지 못함이 이와 같은 바, 참으로 안타깝습니다. 이 때문에 언제나 한번 고명하신 형을 뵙고 의심스러운 바를 질문하고 싶으나, 아득히 멀어 할 수 없습니다.410)

여기에서 우계는 자신의 질병과 학문적 겸양을 말하면서도 결코 자신의 주장을 쉽게 거둘 수 없음을 밝히고 있는 것이다. 이상에서 우리는 율곡의 우계에 대한 존경과 충고 그리고 우계의 입장에 대해서도 살펴보았다.

---

410) 《牛溪集》, 續集, 卷3, 簡牘, 〈與宋雲長〉.

2) 우계의 율곡에 대한 존경과 비판

율곡이 우계를 존경했던 것처럼 우계 또한 율곡을 존경하였다. 우계에게 있어 율곡은 한편 진실한 친우요 동지였으며, 다른 한편 학문적으로 늘 의지했던 스승이었다. 우계가 평생 스승으로 섬기고 벗으로 사귄 사람은 퇴계와 율곡이었다. 율곡과는 약관(弱冠) 시절에 도의지교(道義之交)를 맺고 성현의 떳떳한 교훈으로 스스로를 다스렸으며, 경적(經籍)을 토론하고 의리를 강마(講磨)하며 절차탁마해서 붕우 간에 도움을 주고받은 것이 가장 많았다. 우계는 언제나 말하기를 "율곡은 나의 벗이 아니고 바로 나의 스승이다."라고 하였으며, 기일(忌日)을 만나면 반드시 그를 위해 소식(素食)을 하곤 하였다.[411]

그러므로 우계의 율곡에 대한 기대는 매우 컸다. 다음 편지를 통해 우계의 율곡에 대한 우정이 얼마나 깊은가를 짐작할 수 있다.

> 지난번 꿈에 형을 뵙고는 아침에 일어나 사모하는 정이 지극하였는데, 뜻밖에 이 편지를 받고 세 번이나 반복하여 읽고 나니, 마음이 위로되고 후련합니다. 돌아오신 뒤에 근황이 한결 나아지셨다 하니, 그리워하는 마음 금할 수 없습니다.[412]

마치 연인을 그리워하는 듯한 표현이다. 우계는 율곡에게 "오직 자질이 아름다운 고명께서 잘못됨이 없이 잘 배워서 사문(斯文)을 전승(傳承)하는 중임(重任)을 맡기를 바란다."라고 말하는가 하면,[413] 또 "어리석은 저는 족하에 대한 바람이 매우 큽니다. 그리하여 중대한 임무를 맡고 원대

---

411) 《牛溪年譜補遺》, 卷1,

412) 《牛溪集》, 續集, 卷3, 簡牘, 〈與李叔獻〉

413) 《牛溪集》, 續集, 卷3, 簡牘, 〈與李叔獻〉.

한 경지에 이르기를 오직 족하 한 분에게 기대할 뿐입니다."414)라고 하였다. 이러한 우계의 율곡에 대한 신뢰와 기대는 달리 존경으로도 표현된다.

율곡선생을 조곡(弔哭)하였다. 선생이 애도하기를 "율곡은 도체(道體)에 있어서 큰 근원을 환하게 꿰뚫어 보았다. 이른바 '천지의 조화에는 두 근본이 없고 인심의 발현에는 두 근원이 없으며, 이(理)와 기(氣)는 서로 발할 수 없다.'는 등의 말은 참으로 나의 스승이었다. 그의 애군우국(愛君憂國)의 충정과 경세구민(經世救民)의 의지는 옛날 사람에서 찾아보아도 그와 필적할 만한 자가 적다. 참으로 그는 산하(山河)의 정기를 타고 났으며 삼대(三代)의 인물이었는데, 이 세상에서 제대로 쓰이지 못하고 뜻을 간직한 채 작고하였으니, 참으로 천도는 믿기 어렵도다."라고 하였다.415)

이처럼 우계는 율곡의 철학적 자질과 경세적 자질을 높이 평가하고, 그가 현실에서 제대로 뜻을 펴지 못함을 매우 아쉬워했다. 〈연보초고(年譜草稿)〉에 의하면 우계가 어느 날 율곡의 아들인 경임(景臨)에게 말하기를, "율곡은 참으로 500년 동안에 흔치 않게 걸출한 인물이었다. 내가 소시에 강론하면서는 친구라 생각하여 서로 버티고 하였는데, 노경(老境)에 와서 생각해 보니 참으로 나의 스승이었으며, 나를 깨우쳐 줌이 매우 많았다."416)라고 하였다 한다.

우계의 율곡에 대한 존경과 그의 죽음에 대한 슬픔은 다음 〈제문(祭文)〉에 잘 나타나 있다.

---

414) 《牛溪集》, 續集, 卷3, 簡牘, 〈與李叔獻〉.
415) 《栗谷全書》, 卷38, 附錄, 〈諸家記述雜錄〉, 牛溪年譜
416) 《栗谷全書》, 卷38, 附錄, 〈諸家記述雜錄〉, 年譜草稿

슬프다. 형과 나는 정은 형제와 같으나 의리는 사우(師友)처럼 중하였소. 약관에 서로 사귀어 지금 30년이 되었소. 그런데 형은 건강하여 세도(世道)의 중책을 맡고, 나는 병을 지녀 죽음과 이웃하고 있었는데, 오늘날 형이 죽고 내가 살아서 나로 하여금 목이 쉬도록 오래 부르짖고 하늘을 부르면서 통곡하게 할 줄 누가 알았겠소. … 슬프다. 형은 크고 원대하여 학문은 깊고 밝으며, 재주는 영민(英敏)하고 넉넉하여 도량은 크고 굳세니, 하늘이 인재를 태어나게 하는 것이 의도가 있는 것 같소. 대도(大道)의 근원을 일찍 깨쳤으나 스스로 만족하게 여기지 않았고, 생민(生民)의 책무를 스스로 맡았으매 자기 몸을 아끼지 않았으며, 일을 당해서는 세차게 밀고 나갔으므로 얽히고설켜 어려운 것이 그 생각을 얽맬 수가 없었으며, 남과 다툼이 없었으며, 소민(小民)과 얕은 사람은 그 도량을 엿볼 수 없었소. 이와 같은 것은 하늘이 과연 형으로 하여금 그 큰 소임을 짊어지고 천지가 만물을 생장시키는 마음을 우리 백성에게 미루어 미치게 한 것이오. … 나는 실로 어리석고 게다가 병까지 지녔었소. 처음 형을 만나고 나서 차츰 들은 바가 있었고, 요즈음 늘그막에는 정의가 서로 부합하여 더욱 깊었고, 강마(講磨)를 서로 의뢰하면서 더욱 간절하니, 내가 만약 형이 없었다면 자립하지 못하였을 것이 분명하오. 형은 또 나의 병을 근심하고 나의 죽음을 두려워 했으므로, 나도 형보다 먼저 죽어서 형으로 하여금 나의 전기를 짓게 할 것으로 여겼는데, 지금은 상도(常道)와 반대로 바뀜이 곧 이 지경에 이르렀으니, 이른바 하늘도 헤아릴 수 없고 이치도 알 수 없다는 것이오.[417]

도우(道友)의 죽음을 애통해 하는 제문이기는 하지만, 우계의 율곡에

417)《栗谷全書》, 卷37, 附錄5, 〈祭文〉, 成渾

대한 존경과 그리움이 진솔하게 표현되어 있음을 볼 수 있다. 이러한 우정이기에 우계는 친우 송익필에게 보낸 편지에서 "만약 군주를 무시한다는 죄목을 숙헌(叔獻)에게 가한다면 저는 반드시 그와 함께 죽을 것입니다."[418]라고 결연한 의지를 나타내고 있는 것이다. 친우를 위해 죽겠다는 우계의 단호한 의지에서 진정한 도의지교의 모범을 보게 된다. 얼마나 아름다운 우정인가.

그런데 우계가 항상 율곡을 존경만 한 것은 아니었다. 우계는 율곡의 철학적, 경세적 자질을 칭찬하고 그의 나라와 백성에 대한 우환의식을 높이 평가하지만, 다른 면에서 율곡의 성공을 위해 인간적인 비판과 충고를 서슴지 않는다. 이제 우계의 율곡에 대한 비판과 충고에 귀를 기울여 보자. 우선 우계는 율곡이 지나치게 과거에 집착하는 것은 유학자로서 문제가 있다는 지적이다.

과거는 근세에 벼슬로 나아가는 길이어서 현인군자들이 모두 나아가 응하였던 것입니다. 벼슬을 얻고 도를 행하다가 불가하면 그만두어야 하니, 애당초 우리 군주는 훌륭한 군주가 될 수 없다거나, 지금 세상은 잘 다스릴 수 없다는 마음을 두어서는 안 됩니다.

그러나 옛날 사람들은 과거를 중요시하지 않았는데, 족하는 반드시 과거를 중요시하고 있어 큰 차이가 있습니다. 족하는 또 연로하신 조모가 계신 것을 걱정하니, 이는 진실로 사람의 마음을 감동하게 합니다. 그러나 원하는 것을 이루기에만 급급하여 병이 있는데도 치료하지 않다가 장차 크게 슬퍼할 정도에 이른다면 이 어찌 존자모(尊慈母)께서 원하는 바이겠습니까? 가만히 있어도 굴러 들어올 것을 자신의 몸과 바꾼

---

418) 《牛溪集》, 續集, 卷3, 簡牘, 〈與宋雲長〉.

다면 어찌 비첩(卑妾)이나 하인들인들 이것을 바라겠습니까?[419)

더욱이 타고난 건강이 좋지 않은데 과거에 몰두하다 건강까지 해치는 어리석음을 범해서는 안 된다고 충고하였다. 아울러 유가의 학문이란 본래 위기지학(爲己之學)을 본질로 삼는데, 남에게 보이고 과시하기 위한 위인지학(爲人之學)의 우려를 하였다.

족하가 선비로 있을 때에 한 그릇의 밥과 한 표주박의 물이 없어서 조석의 곤궁함과 굶주림을 구제할 수 없다면, 품을 팔고 장사꾼이 되는 것이 나쁠 것이 없습니다. 그러나 만약 한 그릇의 밥을 먹고 한 표주박의 물을 마시는 것 때문에 그 근심을 감당하지 못하여, 장차 부귀와 영달을 구해서 편안히 살려 한다면, 족하의 이 마음은 이미 함께 요순(堯舜)의 도에 들어갈 수 없으니, 다른 것이야 오히려 어찌 말할 것이 있겠습니까.

족하가 진실로 하늘과 인간의 심오한 이치를 밝히고 성명(性命)의 본원을 추구하여 깊이 믿고 자득(自得)하여 우뚝 자립하게 되어, 자신이 원하는 것이 저 부귀영달보다 더한 것임을 실제로 아신다면, 문을 닫고 홀로 살더라도 그 즐거움이 무궁할 것이고, 산에 올라 굶주림을 참더라도 족히 견줄만한 것이 없을 것이니, 또한 어찌 잘살고 못 살고 하는 것을 따지겠습니까?[420)

이와 같이 우계는 최소한의 생계를 위한 수단이라면 과거가 문제되지

---

419)《牛溪集》, 續集, 卷3, 簡牘, 〈與李叔獻〉.
420)《牛溪集》, 續集, 卷3, 簡牘, 〈與李叔獻〉.

않겠지만, 가난을 견디기 어렵고 부귀영달을 위한 방편이라면 이는 학자로서의 할 바는 아니라는 충고다. 안연(顏淵)의 안빈락도(安貧樂道)로서 학문의 바른 길을 안내하고 있다.

율곡의 빈번한 과거응시는 당시에도 논란거리가 되었던 것으로 보인다. 한편 '구도장원공(九度壯元公)'이라는 영예가 그를 일약 유명하게 했지만, 다른 한편으로는 속유(俗儒)의 처세로 폄하되기도 했다. 여기에는 우계와 율곡 두 사람의 가정적 환경도 고려해 봄직하다. 우계의 경우는 벼슬에 나아가지 않아도 생계가 문제되지 않는 명문가였지만, 율곡의 경우는 그의 말대로 과거를 통해 생계를 잇고 신분적 상승을 도모해야 할 처지였다.[421]

또한 우계는 율곡이 학문이 성숙하기도 전에 자기 학설을 주장하고 저술하는 태도에 대해서도 따끔한 질책을 아끼지 않는다.

선생은 일찍이 주자의 글 가운데에서 중요한 말씀을 뽑아내어 배우는 자들에게 보여 주고, 제목을 '위학지방(爲學之方)'이라 하고 말씀하기를, "율곡은 비록 세상에 드문 고명(高明)한 재주가 있었으나 저술을 너무 일찍 하였으니, 이는 경계로 삼아야 하고 본받아서는 안 된다. 이제 내가 주자의 글을 초록(抄錄)한 것은 감히 저술한다고 자처한 것이 아니라, 다만 주자의 문하에서 배우고 가르치던 요점을 뽑아내어, 제군들로 하여금 준수하여 가슴속에 새겨 두게 하려고 해서일 뿐이다." 하였다.[422]

---

421) 김충렬, 〈우율사칠논변평의〉, 《성우계사상연구논총》, 우계문화재단, 1991, 21~22쪽.
422) 《牛溪年譜補遺》, 卷1, 〈德行〉.

이와 같이 우계는 율곡의 고명한 재주를 인정하면서도 너무 일찍 저술하는 데 대한 우려를 하고, 이를 문인들에게 하나의 경계로 삼고 있다. 이러한 우계의 비판은 다음 송익필에게 준 것으로 추정되는 편지에서도 나타난다.

숙헌(叔獻)의 뛰어남은 동류(同類)들이 진실로 따라갈 수 없으나, 그는 오늘날 이미 저술하는 사람으로 자처하니, 비록 지금 세상에 큰 식견을 지닌 자가 없어서 그가 자신하지 않을 수 없다고 하더라도, 그가 끝내 남보다 나은 재주 때문에 곤궁하게 되어, 함양하고 실천하는 공부를 달갑게 여기지 않을까 염려됩니다.[423]

여기에서도 우계는 율곡이 타인들이 좇을 수 없는 탁월한 자질을 지니고 있음을 인정하면서도, 남보다 나은 그 재주 때문에 함양하고 실천하는 내면적 수기가 소홀하지 않을까 우려하고 있다. 다음은 우계가 율곡에게 준 편지인데, 여기에서도 우계는 율곡이 건강이 좋지 않음에도 불구하고 지나치게 글을 많이 쓰고 과거시험에 전념하여 건강도 해칠 뿐 아니라 위인지학의 병폐에 빠지지 않을까 우려하고 있다.

그런데 외물을 사모하는 마음이 깊어서 생사를 도외시하고 있으니, 족하의 평생의 뜻은 바로 공자를 배우는 것인데, 털끝만한 차이로 인해 스스로 비루한 지아비에 가까워져 뜻을 잃게 될 것입니다. 문장의 잡박한 폐해가 사람의 마음을 훼손시킴이 이렇게 극도에까지 이르렀습니다. … 족하의 심신과 내면을 제가 감히 알 수 없으나, 족하의 행적을 가지

---

423)《牛溪集》, 續集, 卷5, 〈與人書〉, (或云與宋雲長),

고 옛 사람의 도에 맞추어 보면 족하의 행위는 실로 의심스러운 점이 있습니다. 바라건대, 족하는 은미한 생각을 깊이 살피고 사욕을 이기는 공부를 가하여, 풍뢰(風雷)의 유익함을 행해서 옛 습관을 깨끗이 버리고 새로운 뜻을 불러들여야 할 것입니다. 이렇게 한 뒤에 본원을 함양하고 경의(敬義)의 공부를 함께하여 위기지학(爲己之學)으로 마음을 세우는 요점을 삼고, 옳음을 구하는 것으로 일을 처리하는 법을 삼아, 내외빈주((內外賓主)의 구분과 나가고 들어가며 생소하고 익숙한 것의 절차를 깊이 살펴, 이익을 꾀하고 공을 따지는 마음을 끊어 버리고, 속임수와 부황(浮荒)한 것을 사모하는 습관을 끊어 버려, 대중지정(大中至正)한 법칙을 따라야 할 것입니다.[424]

여기에서 우계의 율곡에 대한 진실한 우정의 충고와 비판을 엿볼 수 있다. 우계의 비판과 충고는 학문적 논리나 내용에 있지 않고, 유학 본래의 입장에서 도학지사(道學之士)가 가야 할 위기지학(爲己之學)의 길을 제시하고 있는 것이다. 그러므로 우계는 말하기를, "형은 매진하는 기운이 남보다 뛰어나 남들이 추종할 수 없습니다. 그러나 자신의 깊어지는 것은 마땅히 열매가 익어 저절로 땅에 떨어질 때를 기다려야 하니, 너무 허장성세하여 조금이라도 스스로 높은 체하는 병통이 있어서는 안 됩니다."[425]라고 경계하였다. 이는 우계가 자만과 오만에서 오는 학문적 병폐를 우려하고, 겸양과 자기성찰을 통해 학문이 자연스럽게 무르익어야 한다는 점을 율곡에게 간곡히 충고한 것이다.

이상의 내용을 볼 때, 우계는 율곡에 대해 그 탁월한 자질을 인정하는

---

424) 《牛溪集》, 續集, 卷3, 簡牘, 〈與李叔獻〉
425) 《栗谷全書》, 卷10, 書2, 〈答成浩原, 附問書〉

동시에 큰 기대를 하고 있음에도 불구하고, 율곡의 조숙한 저술과 거침없는 자기주장 그리고 여러 차례의 과거시험 합격으로 인한 공명심, 우월감 등으로 혹시라도 위인지학(爲人之學)에 빠져서는 안 된다는 비판과 충고를 하였던 것이다. 이를 통해 우리는 진정한 우정의 모범을 볼 수 있고, 보인 (輔仁)의 도의지교(道義之交)를 확인할 수 있다.

3. 율곡 성리학과 우계 성리학

《율곡전서》에 의하면 율곡이 우계에게 보낸 시가 〈이기영기정우계도형 (理氣詠寄呈牛溪道兄)〉을 비롯하여 모두 9수가 있고, 율곡이 우계에게 보낸 편지가 4편, 우계의 편지에 답장한 것이 14편으로 모두 18편이 된다. 또한 《우계집》에 의하면 우계가 율곡에게 보낸 시가 〈차율곡운(次栗谷韻)〉을 비롯하여 모두 7수가 있고, 편지는 모두 13편인데, 이 가운데 4편이 분실되어 전해지지 않고 9편만이 전해진다. 다만 이 가운데 1편은 율곡에게 보낸 우계의 편지로 추정된다.

율곡의 〈연보〉에 의하면 율곡과 우계가 처음으로 학문적 토론을 한 것은, 1568년 율곡 33세, 우계 34세 때로 짐작된다. 이때의 토론 주제는 《대학》의 '지선(至善)'과 《중용》의 '중(中)' 그리고 안자(顔子)의 '격물치지 성의 정심(格物致知 誠意正心)' 해석에 대한 것이었다. 우계가 '중'을 체로, '지선' 을 용으로 삼고, 시중(時中)의 중을 솔성(率性)의 도로 삼으려 하니, 이에 대해 율곡이 변론한 것이다. 이 '지선'의 문제는 한 해 전인 1567년에 이미 율곡이 고봉 기대승(高峰 奇大升)과도 토론했던 문제였는데, 다시 우계와 재론하게 된 것이다.

율곡은 우계가 '중(中)'은 다만 내 마음에만 있고 사물에는 없다고 주장하는 데 대해, 율곡은 정자(程子)의 설을 인용하여 모든 사물에는 모두 자연의 중(中)이 있다 하고, 이것은 선유가 "중은 일정한 체가 없다."고 한 데서 입증된다 하였다.[426] 이처럼 율곡은 우계와는 달리 중이 마음에만 있는 것이 아니라 모든 사물에 적용된다고 보았다. 그리고 율곡은 지선도 십분 옳은 경지요 중도 십분 옳은 경지로서 같다고 보았다. 명덕(明德)에 지선이 있으니 명덕에도 중이 있고, 신민(新民)에 지선이 있으니, 신민에도 중이 있다고 보는 것이다.[427]

다음은 1572년 율곡 37세, 우계 38세 때 전개된 성리 전반에 관한 학술토론이다. 이 토론은 우계의 질문으로 시작되었는데, 왕복 9차례의 편지를 주고받은 것으로 추정된다. 《율곡전서》에 의하면 율곡이 우계의 질문에 답한 것이 8편이고 보낸 편지가 1편으로 보인다. 또한 《우계집》에 의하면 우계가 율곡에게 질문한 편지가 모두 9편인데, 그 가운데 제3서, 제7서, 제8서, 제9서 4편이 분실되어 전해지지 않는다. 이제 이들 두 사람의 왕복편지를 통해 양자의 성리학적 쟁점과 주장이 무엇인가를 검토해 보기로 하자.[428]

먼저 이기론(理氣論)에 관한 양자의 입장과 견해는 어떠한 것인지 살펴보기로 하자. 대체로 우계 이기설의 특징을 '이기일발(理氣一發)'로 표현하

---

426) 《栗谷全書》, 卷9, 書1, 〈答成浩原〉, "至善與中之論 大槪相合 其不合者 足下之意以爲中只在於吾心 而不在於事物故也 程子有言曰 事事物物 皆有自然之中 足下偶未之見耶…先儒多說中無定體 若只以在心者 謂之中 則未發之中 實體一定 烏可謂之無定體耶."

427) 《栗谷全書》, 卷9, 書1, 〈答成浩原〉, "至善 是十分是處 中亦十分是處 明德有箇至善 則明德有箇中 新民有箇至善 則新民有箇中 何不言之有."

428) 이에 관해서는 논자가 〈우계 성리학의 이해 -퇴계, 고봉, 율곡과의 비교적 관점에서-〉《우계학보》, 제7호, 1992)를 발표한 바 있는데, 이를 중심으로 요약 정리하기로 한다.

고 있다.[429] 우계의 '이기일발'이란 본체상에서의 이기(理氣) 묘합의 구조를 전제한다. 이(理)와 기(氣)는 시간적으로 선후가 없고 공간적으로 이합(離合)이 없다. 이기가 발용하기 시작한 순간에야 비로소 주리(主理) 주기(主氣)에 따라 사단, 칠정, 인심, 도심의 구별이 있게 되는 것이다. 우계에 있어서의 이발(理發), 기발(氣發)은 동시적인 발(發)이라는 데 특징이 있다.[430]

그러면 우계의 이기일발(理氣一發)과 율곡의 기발이승일도(氣發理乘一途)와는 어떻게 다른가? 우계가 이(理)의 발을 승인하고 율곡이 이(理)의 발을 부정하고 있는 점에서는 양자가 다르다. 다만 우계나 율곡이 모두 근원처를 깊이 체인하고 있는 점은 공감되는 면이다.

또한 우계 이기론의 형식은 '이승기(理乘氣)'라 할 수 있는데,[431] 이는 율곡의 '기발이승(氣發理乘)'의 구조와 같은 상하의 존재형식이다. 이(理)가 기 위에 얹혀 있고 올라 타 있는 존재형식이라는 점에서는 우계와 율곡이 같다. 다만 우계는 이(理)의 발을 인정하고 율곡은 부정하기 때문에, 우계는 이기(理氣)의 동시 일발(一發)을 주장하게 되고, 율곡은 기발이승 하나의 길 만을 주장하게 된다.

다음은 율곡과 우계의 주리, 주기적 관점에 대해 고찰해 보기로 하자. 율곡의 이기설에 있어서는 엄밀히 말하면 주리도 아니고 주기도 아니다. 그것은 그의 철저한 이기지묘적(理氣之妙的) 관점 때문이다. 즉 기가 아니면 발할 수 없고, 이(理)가 아니면 기가 발할 바가 없다고 한다.[432] 또 이

---

429) 김충렬, 배종호, 유명종, 성교진 등 우계 성리학을 연구하는 학자들이 대체로 이에 공감하고 있는데,《성우계사상연구논총》, 우계문화재단, 1991) 논자도 이에 동의한다.
430) 성교진, 〈성우계 성리사상연구〉, 건국대대학원(박사논문), 133쪽.
431)《牛溪集》, 卷4, 〈第4書〉.
432)《栗谷全書》, 卷14, 〈人心道心圖說〉, "非氣則不能發 非理則無所發."

(理)가 아니면 기는 근본할 바가 없고, 기가 아니면 이(理)는 의착할 바가 없다고 한다.[433] 따라서 이(理)가 있으면 기가 있어야 하고, 기가 있으면 이(理)도 있어야 하는 것이다. 이(理) 없는 기나 기 없는 이(理)는 율곡 성리학에서는 인정되지 않는다. 이(理)도 중요하지만 또한 기도 중요하다는 것이 율곡의 생각이다. 이(理)가 기의 존재상, 발용상 근본이 되고 주재가 된다 하지만, 기 또한 이(理)가 있어야 할 현실적 기반이 된다는 점에서는 상보적이다.

퇴계의 후학이나 영남의 많은 학자들이 율곡의 '이무위(理無爲)'를 마치 무용지물(無用之物)로 보아 율곡을 주기론자(主氣論者)로 규정했지만, 이는 사실 오해이거나 곡해라고 볼 수 있다. 왜냐하면 위에서 본 것처럼 율곡이 이(理)를 작위함이 없는 것으로 보거나 발함이 없는 것으로 본 것은, 이(理)가 아무런 역할과 기능을 하지 못하는 무능의 무용지물로 본 것이 결코 아니기 때문이다. 오히려 율곡은 이(理)를 그 스스로는 작위하지 않으면서도 발하는 기의 근본이 되고 주재가 되는 것으로 보았다. 따라서 만약 이(理)가 없이 기 홀로 있다면 기의 고유능력인 그 발용성, 실현성도 발휘될 수 없다. 기의 발용성이란 어디까지나 이(理)와의 유기적 관계 속에서만 발휘된다. 그러므로 기의 발용성은 이(理)와의 관계하에서만 가능하다는 제한적 의미를 갖게 된다. 이렇게 본다면 이(理)의 무위((無爲)가 결코 아무런 일도 하지 못하는 무능이거나 무용지물이 아님을 알 수 있다.

이에 대해 우계는 어떠한가? 다음 글로 우계의 입장을 이해할 수 있다.

어제 유기(柳磯)에 나가서 손으로 물을 치면서 "물이 아래로 내려가는 것은 이(理)요, 부딪쳐서 손에 뛰어오르는 것은 기(氣)의 하는 바이

---

433) 《栗谷全書》, 卷10, 書2, 〈答成浩原〉, "非理則氣無所根柢 非氣則理無所依著."

다. 그러면 기는 작용할 때도 있고 호발(互發)할 때도 있는 것인가? 이모(李某)의 한 짓은 죄가 크고 악이 극도에 이르렀는데도 마침내 목숨을 보존한 것은 천도의 무죄함이니, 이 또한 기의 작용인가?"를 생각해 보았고, 이윽고 또 "만약 기의 작용이 일정한 것이 없고 이(理)가 주재함이 없다면, 지금에 와서 해와 달이 빛이 없고 천지가 추락한 지 이미 오래일 것이다. 어찌 그릇된 것이 아니겠는가?"를 생각해 보았다.434)

여기에서 우계는 물이 아래로 흐르는 것은 이(理)요 부딪쳐 손에 뛰어오르는 것은 기의 하는 바라 하고, 이 아무개라는 사람은 극악무도함에도 불구하고 그가 목숨을 보존하고 사는 것은 천도의 무죄함이니, 이것도 기의 작용이냐고 스스로 묻고 있다. 아울러 만약 기의 작용에 있어 일정한 원칙이 없고 이(理)의 주재함이 없다면 아마도 해와 달이 빛을 잃고 천지가 추락한 지 이미 오래되었을 것이라 하였다. 이러한 우계의 관점은 윤리적 입장에서의 가치론적 규정이라고 볼 수 있다. 즉 윤리적 입장에서 기의 운동과 작용을 주재하고 기에 대한 이(理)의 주도성을 강조하는 우계의 입장이 잘 나타나 있다.

이렇게 볼 때, 우계가 이기(理氣)의 동시 일발(一發)을 말한 것은 율곡의 이기지묘(理氣之妙)의 정신과 부합한다고 볼 수 있다. 그것은 우계가 퇴계의 호발설을 비판한 데서도 잘 알 수 있다. 그는 퇴계의 호발(互發)을 계승하면서도 율곡과의 논변을 통해 이기의 시간적 선후를 교정하려 한 흔적이 엿보인다. 그러나 우계와 율곡의 철학적 관점의 차이, 즉 율곡은 철저하

---

434) 《牛溪集》, 卷4, 〈第4書〉, "昨出柳磯 以手激水 而思之曰 水之就下理也 至於激而在手 氣所爲也 然則氣有作用時 有互發時耶 李某之所爲 罪大惡極 而卒保首領 天道無知 是亦氣之作用耶 旣而又思曰 如以氣之所作無底定 而無理以爲主宰 則到今日月無光 天地隆落已久矣 豈不誤耶."

게 존재론적 사유를 지켜가지만, 우계의 관심은 윤리적 입장에서 가치론을 중시하게 된다. 이는 율곡이 우계를 통해 퇴계를 비판하는 논점에 있어서도 마찬가지이다. 율곡의 눈에는 적어도 존재론적 이기론의 해명이 근본적인 문제이다. 율곡은 천인합일의 관점에서 우주자연의 이기론적 해명을 통해 인간 심성의 존재론적 구조를 이해하려 한다. 율곡의 경우 우주자연이 기화이승(氣化理乘)이듯이 인간의 심성도 기발이승(氣發理乘)이라야 한다고 보았다. 여기에서 중요한 것은 존재론에 있어서의 논리적 정합성이다. 율곡의 철학적 관심은 일차적으로 여기에 있다.

그러나 우계의 경우는 퇴계와 마찬가지로 이기론이나 심성론을 존재론의 틀 안에서 보기보다는 가치론적 시각에서 접근하고 있다. 율곡에게 있어서는 존재의 이기론적 구조와 상호 역할과 기능이 문제였지만, 우계의 경우는 윤리적 관점에서 모든 것을 이해하고자 한다. 이(理)의 통제와 규제가 없는 기의 작용에 대한 불안감이 전제되어 있고, 무위(無爲)의 이(理)에 대한 불신이 자리하고 있다. 따라서 우계의 경우는 이기론을 말해도 결국은 가치론적 시각에서 이(理)의 주도성을 강조하게 된다. 즉 윤리적 입장에서 주리론적 시각을 견지하고 있다. 이에 비해 율곡의 경우는 가능한 한 존재론적 시각에서의 이기론을 전개하고자 한다. 그리고 그것은 이기지묘로 드러나 이(理) 없는 기가 없고 기 없는 이(理)가 없다고 말하게 된다. 또 이(理)와 기는 잠시도 떨어질 수 없으며, 양자의 관계는 시간적으로 선후가 없고 공간적으로 조금의 간극(間隙)도 없다고 보았다. 특히 존재론적으로 이(理)와 기 양자는 상호의존적이며 보완적인 관계하에 있다고 본 점에서 퇴계나 우계와는 약간의 차이가 있다. 유학 자체가 가치론적으로는 주리론의 범주 안에 있다고 말할 수 있고, 또 율곡도 그 예외가 아니라고 말할 수 있다. 그러나 율곡의 경우 그의 '이기지묘(理氣之妙)'라는 근본 입장에 따라 기를 결코 부정적으로 보지 않을 뿐 아니라 기도 이

(理)만큼 중요한 의미가 있다고 본다. 그것은 바로 그의 존재론이 이(理)와 기의 상호의존성을 전제하기 때문이다. 그렇다고 율곡이 이(理)보다 기를 중시하거나 강조했다고 보는 것은 잘못이다. 이(理)와 기의 균형과 조화라는 존재론의 기본 이념이 가치론에 있어서도 늘 자리하고 있음을 알 수 있다.

다음은 우계와 율곡의 심성론에 관해 검토해 보기로 하자. 율곡은 퇴계와 고봉의 사단칠정에 관한 논변에 대해 평하기를, 퇴계가 고봉과 사단칠정의 설을 논한 것이 무려 1만여 자가 되지만, 고봉의 이론은 분명하고 직절(直截)해서 마치 대나무를 쪼개는 듯하였고, 퇴계는 변설이 비록 상세하였으나 의리가 밝지 않아, 반복하여 음미해 보아도 결국 적실(的實)한 맛이 없다고 하였다.[435] 그는 또 〈논심성정(論心性情)〉에서 퇴고사칠논변(退高四七論辯)에 대해 다음과 같이 평하였다.

내가 강릉에 갔을 때 기명언(奇明彦)이 퇴계와 더불어 사단칠정을 논한 편지를 보았다. 퇴계는 "사단은 이(理)에서 발하고 칠정은 기(氣)에서 발한다."고 하였고, 명언은 "사단칠정은 원래 두 개의 정이 아니고 칠정 중의 이(理)에서 발한 것이 사단이다."라고 하여, 왕복한 편지가 무려 1만여 언인데, 마침내 서로 맞지 않았다. 내가 보기에는 명언의 논리가 바로 나의 의견과 일치한다. 대개 성(性)에는 인의예지신(仁義禮智信)이 있고, 정(情)에는 희노애락애오욕(喜怒哀樂愛惡欲)이 있으니, 이와 같을 따름으로 오상(五常)밖에 따로 성이 없고, 칠정 이외에 다른 정이 없다. 칠정 가운데서 인욕이 섞이지 않고 순수하게 천리에서 나온 것이 바로

---

435)《栗谷全書》, 卷10, 書2, 〈答成浩原〉, "退溪與奇明彦論四七之說 無慮萬餘言 明彦之論 則分明直截 勢如破行 退溪則辯說雖詳 而義理不明 反覆咀嚼 卒無的實之滋味…"

사단이다.436)

이와 같이 율곡은 고봉의 견해에 전적으로 동의하고 퇴계의 설에 반대하였다. 그것은 율곡이 인간의 정을 칠정의 범주 속에서 이해하고, 칠정 가운데 인욕이 섞이지 않고 순수하게 천리에서 나온 것이 바로 사단이라고 보았기 때문이다. 이는 사단을 칠정 속에서 이해하는 '칠포사(七包四)'의 논리라고 할 수 있다. 이는 사단과 칠정을 가치적으로 엄격히 구별해 보려는 퇴계의 '칠대사(七對四)'의 논리와는 구별되는 것이다.

또한 율곡은 사단이나 칠정이 모두 기발이승(氣發理乘)의 감정이라고 보았다. 즉 어린아이가 우물에 빠지려는 것을 보고 측은한 마음이 생기는 것은 외감(外感)으로서의 기발(氣發)이고, 측은한 마음이 있을 수 있는 근본은 인(仁)으로서의 내출(內出)이요 이승(理乘)인 것이다.437) 율곡은 천인합일의 입장에서 천지자연을 기화이승(氣化理乘)으로 보듯이, 사단칠정도 기발이승(氣發理乘)의 구조라고 보는 것이다. 이는 퇴계가 사단을 '이(理)가 발함에 기가 따르는 것', 칠정을 '기가 발함에 이(理)가 타는 것'으로 나누어 구별한 것과는 다른 것이다.

그러면 우계는 사단칠정을 어떻게 이해하고 있는가? 우계는 근본적으로 퇴계가 사단을 이(理)의 발, 칠정을 기의 발이라 한다든가, 또 사단을 주리, 칠정을 주기라 하여 상대적으로 비교해 보는 데 대해 동의한다. 인심

---

436) 《栗谷全書》, 卷14, 〈論心性情〉, "余在江陵 覽奇明彦與退溪論四端七情書 退溪則以爲四端發於理七情發於氣 明彦則以爲四端七情元非二情 七情中之發於理者爲四端耳 往復萬餘言不相合 余曰明彦之論正合我意 蓋性中有仁義禮智信 情中有喜怒哀樂愛惡欲如斯而已 五常之外無他性 七情之外無他情 七情中之不雜人欲 粹然出於天理者 是四端也."

437) 《栗谷全書》, 卷10, 書2, 〈答成浩原〉 "見孺子入井然後 乃發惻隱之心 見之而惻隱者氣也 此所謂氣發也 惻隱之本則仁也 此所謂理乘之也."

도심의 발용은 그 소종래가 주리 주기의 구별이 있음이 이미 요순시대에도 있어 왔고, 성현의 종지에도 모두 두 가지로 나누어 말하였으니, 이제 퇴계가 사단칠정의 그림을 만들면서 "이(理)에서 발하고 기에서 발한다."고 한 것이 무엇이 잘못이냐고 반문하였다.[438] 또한 성(性)에 있어서 주리와 주기로 나누어 말할 수 있다면, 정으로 발함에 있어서도 어찌 주리와 주기의 다름이 없겠느냐고 반문하였다.[439] 이처럼 우계는 처음에는 소종래의 주리 주기를 말하였던 것인데, 〈제6서〉에서는 이를 수정하여 이미 발한 이후에 있어서의 주리 주기만을 말하고 있다.[440] 이는 율곡과의 논변을 통해 소종래에서의 주리, 주기는 자칫 두 근원처를 인정하는 문제가 있다는 점을 수정한 것이라 생각된다.

우계의 입장에서 보면 사단칠정을 상대적으로 들어서 말한다면 "사단은 이(理)에서 발하고 칠정은 기에서 발한다."라고 하는 것이 옳다 하겠으나, 성정(性情)의 그림을 만들 때는 분개(分開)해서는 안 되고, 다만 사단칠정을 함께 정의 권내에 두어 말하기를, "사단은 칠정 가운데 이(理)의 한 변이 발한 것을 가리켜 말함이요, 칠정이 절도에 맞지 않는 것은 기가 지나치거나 미치지 못하여 악에 흐른 것"이라 한다면, 이(理)와 기가 발하는데 혼동되지 않고 또한 두 갈래로 분개될 염려도 없을 것이라 하였다.[441]

---

438)《牛溪集》, 卷4, 〈第1書〉, "人心道心之發 有所從來 固有主氣主理之不同 在唐虞 無許多議論時 已有此說 聖賢宗旨 皆作兩下說 則今爲四端七情之圖 而曰發於理發於氣 有何不可乎."

439)《牛溪集》, 卷4, 〈第2書〉, "愚以爲於性 亦有主理主氣之分言 則於發於情也 何以無主理主氣之異乎."

440)《牛溪集》, 卷4, 〈第6書〉, "...非未發之前 有兩箇意思也 於纔發之際 有原於理 生於氣耳."

441)《牛溪集》, 卷4, 〈第1書〉, "愚意以爲 四七對擧而言 則謂之四發於理七發於氣可也 爲性情之圖 則不當分開 但以四七 俱置情圈中 而曰四端指七情中理一邊發者而言也 不中節 是氣之過不及 而流於惡云云 則不混於理氣之發 而亦無分開二歧之患否耶."

이를 통해서 볼 때, 우계는 퇴계처럼 사단칠정을 상대적으로 비교해 보는데 동의하면서도, 존재상에 있어서는 칠정 속에서 사단을 보는 '칠포사(七包四)'의 논리를 인정하고 있음을 알 수 있다. 사단은 칠정 가운데 이(理)의 일변이 발한 것이다. 그러나 퇴계는 호발(互發)의 방식에서 사단칠정을 찾지만, 우계는 이기(理氣) 동시일발(同時一發)에서 사단칠정을 찾는 것이다. 우계의 관점에서는 이기일발(理氣一發)이야말로 퇴계의 호발에 있어서의 혼동과 두 갈래로 분개되는 폐단을 막을 수 있는 길이라고 보았다.

그런데 우계가 율곡의 기발이승일도(氣發理乘一途)에 끝까지 동의하지 않고 사단칠정, 인심도심의 상대적인 비교 방식을 고집하는 데는 《서경》〈대우모편(大禹謨篇)〉의 인심도심, 주자의 《중용장구(中庸章句)》서문에 보이는 '혹생어형기지사 혹원어성명지정(或生於形氣之私 或原於性命之正)' 그리고 진북계(陳北溪)의 설에 영향 받은 바 크다.[442] 특히 우계의 경우 퇴계의 영향은 매우 컸던 것으로 보인다. 율곡의 논리에 공감하면서도 퇴계의 호발에 긍정적 태도를 취했던 것은 그의 퇴계에 대한 존경과 흠모가 컸기 때문이기도 하다. 그러므로 우계는 퇴계의 호발설이 천하의 정리(定理)가 되었으니 퇴계의 보는 바가 정당한 것 아니냐 하였다.[443] 이를 통해 당시의 학문적 풍토를 쉽게 짐작할 수 있다. 퇴계의 호발설이 학계의 정설로 거의 받아들여졌던 상황에서 율곡이 이에 반하는 기발이승일도설을 가지고 설득코자 했으니, 우계로서는 선뜻 동의하기 어려웠을 것이다. 그렇다고 우계가 전적으로 퇴계의 설에 동의했던 것도 아니다. 다음 글은 이를 잘 말해 준다.

---

442) 《牛溪集》, 卷4, 〈第1書〉, "人心道心之說 旣如彼其分理氣之發 而從古聖賢皆宗之 則退翁之論 自不爲過耶."《牛溪集》, 卷4, 〈第4書〉, "奈何朱子之說曰 或生於形氣之私 或原於性命之正 陳北溪之說曰 這知覺 有從理而發者 有從氣而發者 正如退溪互發之說何耶."

443) 《牛溪集》, 卷4, 〈第1書〉, "理與氣之互發 乃爲天下之定理 而退翁所見 亦自正當耶."

비록 그러나 퇴계의 호발설은 도를 아는 이가 보아도 오히려 그것을 잘못 알까 근심이 되는데, 모르는 이가 읽으면 사람을 잘못되게 함이 적지 않을 것이다. 더욱이 사단칠정의 이기(理氣) 자리를 나눈 것과 양발수승(兩發隨乘)의 단을 나눈 것은 말의 뜻이 순조롭지 않고 명리(名理)가 온당치 못하니, 이것이 내가 기뻐하지 않는 까닭이다.444)

이처럼 우계가 퇴계의 설에 불만을 갖는 이유는 두 가지로 요약된다. 하나는 사단칠정에 대한 표현상의 문제로서, 사단의 경우 '이발(理發)' 뒤에 '기수지(氣隨之)'를 덧붙인 것은 너무 길게 끌어 대어 논리에 맞지 않는다는 것이요, 또 하나는 사단과 칠정을 각기 이기(理氣) 자리를 나누어 표현하고, '이발(理發)'과 '기수지(氣隨之)', '기발(氣發)'과 '이승지(理乘之)'의 단을 나눈 것은 말의 뜻이 순조롭지 못하고 명분과 의리가 온당치 못하다는 것이다. 이러한 우계의 퇴계설에 대한 비판을 통해 우계의 성리학적 입장을 엿볼 수 있다. 우계에 의하면 사단이나 칠정이나 발하기 전에 있어서는 이기묘합(理氣妙合)의 구조하에 있으므로 주리 주기로 나눌 수 없고, 또 사단칠정이 모두 하나의 감정이지 두 가지 이름이 있을 수 없다는 것이다. 사단칠정이라는 두 이름이 있고 주리 주기의 분대(分對)가 있는 것은 어디까지나 발용 이후의 문제라고 보았다. 그러므로 우계는 그의 일발(一發) 방식에 따라 퇴계의 호발설을 이해하여, 퇴계의 호발이라는 것이 어찌 율곡의 말대로 "이기(理氣)가 각기 다른 곳에 있어 서로 발용한다."라는 말이겠느냐고 반문한다. 다만 일물로 같이 뭉쳐 있으나 이(理)를 주로 하고 기를 주로 하여, 안에서 나오고 밖에서 감응되어 먼저 두 가지 의미

---

444) 《牛溪集》, 卷4, 〈第6書〉, "雖然退溪互發之說 知道者見之 猶憂其錯會 不知者讀之 則 其誤人不少矣 況四七理氣之分位 兩發隨乘之分段 言意不順 名理未穩 此渾之所以不 喜者也."

가 있다는 것이다. 따라서 어찌 이른바 "사람과 말이 각각 서 있다가 문을 나선 뒤로 서로 따라 간다."라는 말이겠느냐고 반문하였다.[445] 이는 우계가 퇴계 호발의 진의와는 관계없이 그 자신의 입장에서 퇴계의 호발을 이해한 것이니, 여기에서 우계 나름의 독창의 목소리를 볼 수 있다.

그러면 우계는 율곡이 사단칠정을 모두 기발이승(氣發理乘)으로 보는데 대해 어떻게 생각하고 있는가?

> 형은 반드시 "기발이승(氣發理乘)뿐 다른 길이 없다."고 하였는데, 나는 반드시 미발(未發)일 때에는 비록 이기가 각각 발용하는 싹이 없다 하더라도, 겨우 발한 즈음에 의욕이 움직이는 것은 마땅히 주리(主理) 주기(主氣)가 있음을 말할 수 있다. 그러나 각각 나온다는 것이 아니라, 한 가지 길에서 그 중요한 쪽을 취하여 말한 것으로, 이것이 곧 퇴계가 말한 호발(互發)의 뜻이요 형이 말한 바, "말이 사람의 뜻을 따르고 사람이 말의 다리를 믿는다."는 설이며, "성명(性命)이 아니면 도심(道心)이 발하지 않고, 형기(形氣)가 아니면 인심(人心)이 발하지 않는다는 설이다."라고 할 것이다.[446]

이를 통해 우계의 입장이 분명하게 드러난다. 우계에 의하면 아직 발하지 않았을 때에는 이기(理氣)가 각각 발용하는 싹이 없다 하더라도, 겨우

---

445) 《牛溪集》, 卷4, 〈第6書〉, "退溪之所云互發者 豈眞如來喩所謂理氣各在一處 互相發用耶 只是滾在一物 而主理主氣 內出外感 先有兩箇意思也 渾之所謂性情之間 元有理氣兩物 各自出來云者 亦看如此也 豈所謂人馬各立 出門之後 相隨追到耶."

446) 《牛溪集》, 卷4, 〈第6書〉, "吾兄必曰 氣發理乘無他途也 渾則必曰 其未發也 雖無理氣各用之苗脈 纔發之際 意欲之動 當有主理主氣之可言也 非各出也 就一途 而取其重而言也 此卽退溪互發之意也 卽吾兄馬隨人意 人信馬足之說也 卽非性命 則道心不發 非形氣 則人心不發之言也."

발하자마자 마땅히 주리 주기의 구별이 있고, 따라서 사단칠정, 인심도심의 구별이 가능하다는 것이다. 우계는 율곡의 기발이승일도설이 간편하고 깨닫기 쉬운 학설임을 모르는 바 아니나, 성현들의 말을 참고해 보건대 모두가 양변설(兩邊說)을 주장하여 율곡과 다르므로 감히 따를 수 없음을 고백하는 것이다.447) 여기에서 우계가 말하는 성현이란 순(舜), 주희(朱熹), 진북계(陳北溪)를 말함은 물론이다. 우계는 이들 선유의 설을 근거로 퇴계의 호발설과 율곡의 기발이승일도설을 비판하는 동시에 자신의 이기일발(理氣一發)이라는 독자적인 이론을 주장하였다.

그러나 우계가 아직 발하기 전의 이기(理氣)의 묘합 구조를 철저하게 고수하고 있는 점은 율곡의 기발이승일도와 상통되는 점이고, 또 이미 발한 이후의 주리 주기, 사단칠정, 인심도심을 상대적으로 나누어 보는 것과 함께 이(理)의 발을 인정한 것은 퇴계의 호발설과 상통되는 것이다. 따라서 우계의 이기일발의 설은 절충적 성격이 매우 짙다고 생각된다.448)

다음은 인심도심론을 중심으로 우계와 율곡의 설을 비교 검토해 보기로 하자. 먼저 율곡의 인심도심설을 살펴보자. 율곡에 의하면 인간의 마음은 하나인데 그것이 어떠한 목적으로 발하느냐에 따라 인심도심으로 구별된다고 보았다. 인심과 도심이 비록 두 가지 이름이지만, 그 근원은 단지 한 마음인데, 그것이 발함에 혹 이의(理義)를 위한 것과 혹 식색(食色)

---

447)《牛溪集》, 卷4, 〈第6書〉, "吾兄前後勤喩 只曰性情之間 有氣發理乘一途而已 此外非有他事也 渾承是語 豈不欲受用以爲簡便易曉之學 而參以聖賢前言 皆立兩邊說 無有如高誨者 故不敢從也."

448) 성낙진, 〈성우계의 이기일발 사상〉,《성우계사상연구논총》, 우계문화재단, 1991, 227쪽. 유명종, 〈절충파의 비조 우계의 이기철학과 그 전개〉, 같은 책, 342쪽. 성교진, 〈성우계의 성리사상연구〉, 건국대대학원(박사논문), 1983. 황의동, 〈우계 성리학의 이해〉,《우계학보》, 제7호, 1992, 18쪽.

을 위한 것이 있기 때문에 그 발함에 따라 이름이 다른 것이라 한다.[449] 도의를 위해 발한 마음이 도심이고, 식색을 위해 발한 마음이 인심이다. 도심은 마음의 발용에 있어서 도의로 인하여 감발된 마음으로, 순수한 천리의 소산인 까닭에 오직 선하고, 인심은 마음의 발용에 있어서 형기로 감발된 마음으로, 천리적인 면과 인욕의 면이 함께 있기 때문에 선할 수도 있고 악할 수도 있다.[450] 이처럼 그 근원은 한마음이지만 그 발함에 따라 인심도심이 구별된다. 율곡은 이러한 논거로서 주자의 '혹원혹생(或原或生)'의 설이 이미 발한 것을 토대로 입론한 것이라 이해하였다.[451]

그러면 율곡은 인심도심을 이기론적으로 어떻게 설명하고 있는가? 그는 처음에는 도심을 기와 관계없이 곧장 발출한 마음으로 보았으나,[452] 후에는 이를 수정하여 도심도 인심과 마찬가지로 기발이승(氣發理乘) 내지 이기지묘(理氣之妙)의 구조로 이해하였다.[453] 우계와의 논변과정에서 주자의 '혹원혹생'이 문제가 되었던 것인데, 율곡은 '혹원(或原)'이란 이(理)를 중심으로 말한 것이요, '혹생(或生)'이란 기(氣)를 중심으로 말한 것일 뿐, 당초에 이기(異氣)의 두 싹이 있는 것은 아니라 하였다.[454] 따라서 인

---

449) 《栗谷全書》, 卷10, 書2, 〈答成浩原〉, "人心道心雖二名 而其原則只是一心 其發也 或爲理義 或爲食色 故其發而異其名."

450) 《栗谷全書》, 卷14, 〈人心道心圖說〉, "道心純是天理 故有善而無惡 人心也有天理也人欲也 故有善有惡."

451) 《栗谷全書》, 卷10, 書2, 〈答成浩原〉, "其所謂或原或生者 見其既發而立論矣."

452) 《栗谷全書》, 卷9, 書1, 〈答成浩原〉, "其發直出於正理 而氣不用事 則道心也 七情之善一邊也."

453) 《栗谷全書》, 卷10, 書2, 〈答成浩原〉, "但道心雖不離乎氣 而其發也爲道義 故屬之性命 人心雖亦本乎理 而其發也爲口體 故屬之形氣 方寸之中 初无二心 故發道心者氣也 而非性命則道心不生 原人心者理也 而非形氣則人心不生 此所以或原或生公私之異者也."

454) 《栗谷全書》, 卷10, 書2, 〈答成浩原〉, "或原者 以其理之所重而言也 或生者 以其氣之所重而言也 非當初有理氣二苗脈也."

심도심이 비록 주리 주기의 다름은 있으나, 그 근원은 이(理)이고 발하는 것은 모두 기(氣)이다.[455] 이른바 주자의 '혹생혹원'이란 이미 발한 이후를 보고 특별히 중요한 것을 취해 이름을 세운 것이라 하였다.[456]

그런데 율곡은 인심과 도심을 결코 겸할 수 없고 상대적인 것으로 보면서도,[457] 인심과 도심의 상호 가능성을 인정하여 인심도심상위종시설(人心道心相爲終始說)을 주장하고 있다. 즉 지금 우리의 마음이 처음에는 성명(性命)의 바름에서 바로 나오다가도 혹 순응할 수 없어 마침내 그 사이에 사의(私意)가 섞이면 이것은 도심으로 시작해서 인심으로 끝마치게 되는 것이다. 혹은 형기(形氣)에서 나왔으나 바른 이치에 어긋나지 않으면 진실로 도심에 어긋나지 않는 것이다. 혹 바른 이치에 어긋나더라도 그릇된 줄 알고 고쳐 욕심에 따르지 않으면 이것은 인심으로 시작해서 도심으로 끝나는 것이다.[458] 이와 같이 인심과 도심은 이미 결과한 마음이지만, 의지를 겸한 것이므로[459] 고정화된 것이 아니라 인심의 도심화와 도심의 인심화가 가능하다.[460] 이렇게 볼 때, 율곡의 인심도심설에 있어 상호가능성의 이론적 근거가 바로 인심도심을 의지를 겸한 감정 내지 마음으로 보는 데 있다.

다음은 우계의 인심도심설에 대해 검토해 보기로 하자. 우계도 율곡과

---

455) 황의동, 〈우계 성리학의 이해〉, 《우계학보》, 제7호, 21쪽.

456) 《栗谷全書》, 卷10, 書2, 〈答成浩原〉, "其所謂或原或生者 見其旣發而立論矣."

457) 《栗谷全書》, 卷10, 書2, 〈答成浩原〉, "蓋人心道心相對立名 旣曰道心則非人心 旣曰人心則非道心 故可作兩邊說下矣."

458) 《栗谷全書》, 卷9, 書1, 〈答成浩原〉, "人心道心相爲終始者何謂也 今人之心直出於性命之正 而或不能順而逐之間之以私意 則是始以道心 而終以人心也 或出於形氣而不咈乎正理 則固不違於道心矣 或咈乎正理而知非 制伏不從其欲 則是始人心而終以道心矣."

459) 《栗谷全書》, 卷9, 書1, 〈答成浩原〉, "蓋人心道心兼情意而言也."

460) 황의동, 〈우계 성리학의 이해〉, 《우계학보》, 제7호, 21쪽.

마찬가지로 주자의《중용장구》서문에 '혹원혹생(或原或生)'의 인심도심설에 근거를 두고 입론한다. 다만 우계는 퇴계의 호발설을 깊이 믿고 또 주자의 '혹생혹원'의 뜻을 근원처에서 보아, 인심과 도심의 발은 그 소종래가 본래 주리와 주기의 다름이 있다고 생각한 데서 비롯되었다. 이는 그의 초기의 설로 아직 발하기 전에 이미 이기의 싹이 있어 이(理)가 발한 것이 도심이요 기(氣)가 발한 것이 인심이라는 것이었다. 그러나 이러한 견해는 율곡과의 논변과정을 거쳐 〈제6서〉에서 다음과 같이 수정된 견해를 제시하였다.

> 형은 반드시 "기발이승(氣發理乘)뿐 다른 길이 없다." 하였는데, 나는 반드시 "미발(未發)일 때에는 비록 이기가 각각 발용하는 싹이 없다 하더라도, 겨우 발할 즈음에 의욕이 움직이는 것은 마땅히 주리 주기가 있음을 말할 수 있다." 그러나 각각 나온다는 것이 아니라, 한 가지 길에서 그 중요한 쪽을 취하여 말한 것으로, 이것이 곧 퇴계가 말한 호발의 뜻이요 형이 말한 "말은 사람의 뜻을 따르고 사람은 말의 발을 믿는다." 는 설이며, "성명(性命)이 아니면 도심이 발할 수 없고, 형기가 아니면 인심이 발할 수 없다."는 말이다.461)

이와 같이 우계는 아직 발하기 전의 마음은 하나인데, 이미 발한 이후에 인심도심으로 구별된다고 생각했는데, 이는 율곡과 같은 생각이다. 다만 율곡은 인심도심을 모두 기발이승의 구조로 보고 발하는 것은 기요

---

461)《牛溪集》, 권4, 〈第6書〉, "吾兄必曰 氣發理乘無他途也 渾則必曰 其未發也 雖無理氣 各用之苗脈 纔發之際 意欲之動 當有主理主氣之可言也 非各出也 就一途而取其重而 言也 此卽退溪互發之意也 卽吾兄馬隨人意人信馬足之說也 卽非性命則道心不發 非 形氣則人心不發之言也."

발하는 소이가 이(理)라고 보는 데 대해, 우계는 이미 발한 때에 이기가 한 길에서 동시에 발하는데, 그 중요한 쪽을 취하여 인심 도심의 구별이 있게 되는 것이라 하였다.

특히 우계는 율곡의 "말이 사람의 뜻을 따르고 사람이 말의 발을 믿는다."는 설이나, "성명이 아니면 도심이 발하지 못하고, 형기가 아니면 인심이 발하지 못한다."는 설에 대해서, 퇴계나 자신의 양변설(兩邊說)에 가깝다 생각하고, 이 한 구절을 보고 뜻이 합치되었으며 그 말의 표현이 정밀하고 타당한 데 탄복하였다고 하였다.462)

이상의 논의를 종합해 볼 때, 인간의 마음은 하나인데 형기에서 생긴 마음이 인심이고, 성명에 근원하여 나온 도덕적 마음이 도심이라고 한 것은 율곡이나 우계나 마찬가지다. 다만 율곡은 인심도심을 모두 기발이승의 구조로 이해하는 데 대해, 우계는 아직 발하기 전의 마음을 '이승기(理乘氣)'로 보고, 다만 이미 발한 이후에 동시 일발(一發)하는 데서 인심도심의 구별이 있다고 보았다. 따라서 우계의 인심도심설은 아직 발하기 전의 이승기(理乘氣)와 이미 발한 이후에 있어서의 인심도심을 말하는 것은 율곡과 상통되고, 이발(理發) 기발(氣發)에서 인심도심을 찾는 것은 퇴계와 상통된다.

또한 율곡은 칠정은 인심과 도심을 합한 것이라고 보았는데, 우계는 사단칠정은 성에서 발한 것이고, 인심도심은 심에서 발한 것이므로 인심을 칠정이라고 함은 옳지 않다 하였다.

이렇게 볼 때, 우계의 인심도심설은 인간의 도덕성을 강조하는 측면에서 도심으로서의 이발(理發)을 강조하여 퇴계를 계승하고, 일면 아직 발하

---

462) 《牛溪集》, 권4, 〈第6書〉, "又讀今書 有曰發道心者氣也 而非性命 則道心不發 原人心者性也 而非形氣 則人心不發 以道心原於性命 以人心生於形氣 豈不順乎 渾見此一段 與之意合 而嘆其下語之精當也 雖然於此亦有究極之未竟者焉."

기 전의 마음에 있어서 이기 묘합의 구조를 고수하면서, 이미 발한 이후에 있어서 인심도심의 구별을 생각한 것은 율곡의 영향을 받은 것 같아 절충적 성격이 매우 짙다.[463]

4. 율곡과 우계의 만남, 그 역사적 의미

율곡과 우계의 만남은 개인적으로는 보인(輔仁)의 뜻 깊은 우정이었지만, 한편 역사적인 의미를 갖는 만남이었다. 퇴계와 고봉의 사단칠정에 관한 논변이 한국 성리학에 있어 본격적인 학술토론의 모범이 되고, 이를 통해 퇴계와 고봉 두 사람의 성리학이 이론적으로 심화되었으며, 한국 성리학의 수준을 한 단계 끌어올리는 중요한 계기가 되었다고 볼 수 있다. 그 뒤를 이어 전개된 율곡과 우계, 우계와 율곡의 성리논변은 다시 퇴계와 고봉의 성리논변의 연장이었다 해도 과언이 아니다. 왜냐하면 우계가 퇴계의 설을 주장하고 그 입장을 계승하였으며, 이에 대해 고봉의 성리학에 전적으로 동의했던 율곡이 우계를 통해 퇴계의 학설을 비판하였기 때문이다. 물론 그렇다고 우계가 퇴계를 그대로 좇은 것도 아니고, 율곡이 고봉을 그대로 좇은 것만도 아니다. 그러나 그 철학적인 기저와 정신은 대체로 같은 맥락에 있었다고 보인다. 우계와 퇴계의 철학적 기반은 인간학이며 윤리학에 있었다. 따라서 존재론보다는 가치론이 문제시되며, 이(理)와 기(氣)의 가치적 구별과 함께 사단칠정의 구별, 인심도심의 구별을 강조하게 된다. 이는 인간의 본질에 있어서도 도덕이성의 순수성을 중시하는 태도이며, 감성이나 욕구욕망과 같은 신체적 본성에 대한 윤리적 불신이 자리

---

463) 황의동, 〈우계 성리학의 이해〉, 《우계학보》, 제7호, 24쪽.

하고 있기 때문이다. 따라서 사단이라는 도덕적 특수감정과 칠정이라는 일반적 감정을 혼동해서는 안 되며, 도심이라는 도덕적 마음과 인심이라는 생리적인 마음을 혼동해서는 안 된다는 것이다.

이러한 점에서 우계와 퇴계는 성리학적으로 주리론의 범주에 있는 것이며, 윤리적 가치를 중시하는 철학적 입장에 있다. 다만 우계는 율곡과의 논변 과정을 통해 '이기일발(理氣一發)'이라는 독자적 성리 이론을 계발하였고, 이를 바탕으로 그의 심성론을 설명해 나갔다. 따라서 기본적으로는 퇴계와 같이 가치론 내지 윤리적 관점에 경도되어 있지만, 율곡과의 토론을 통해 존재론적 미비점을 보완하는 절충적 태도를 보여 주었다.

또한 율곡은 우계라는 친우를 통해 퇴계의 학설에 대한 전면적인 검토의 기회를 가질 수 있었고, 이를 통해 자신의 이론을 정립하고 심화하는 계기를 마련할 수 있었다. 사실 《율곡전서》를 통해서 볼 때 율곡의 성리이론을 체계적으로 볼 수 있는 자료가 바로 우계와의 논변에서 오고간 왕복 편지였음은 물론이다. 율곡과 우계와의 이 토론은 당시 퇴계의 학설이 거의 정론화(定論化)되다시피 했던 상황에서 최초의 학문적 도전이었다는 데 의미가 있다. 이를 통해 이후 영남지역의 퇴계 후학들에게 자극을 주었고, 17세기 이후 한말까지 조선조 성리학자들의 깊은 관심과 연구대상이 되었다. 아울러 율곡의 대표적인 성리학설이라 할 수 있는 '기발이승(氣發理乘)', '이통기국(理通氣局)', '이기지묘(理氣之妙)'의 이론이 모두 우계와의 논변과정에서 창출되었다는 점에서 두 사람의 만남이 빛난다.

율곡의 성리학적 지평은 천인합일의 관점에서 우주자연과 인간을 이기지묘 내지 기발이승의 존재로 보았다는 데 있다. 이에 따라 성은 기질지성 속에서 본연지성을, 정은 칠정 속에서 사단을, 심은 인심과 도심을 구별하되, 의지를 겸한 정으로 보아 인심의 도심화와 도심의 인심화를 인정하였다. 이러한 그의 인간관은 전인적 인간관을 보여 주는 것이며, 덕성,

지성과 함께 감성, 욕구도 긍정적으로 보는 관점이다. 율곡은 존재론에 충실했던 학자였고, 이를 바탕으로 존재를 인식하고 심성을 기르며 가치를 찾고자 했다. 그러므로 '이기지묘(理氣之妙)'라는 존재론의 입장에서 인간의 삶과 가치를 생각하는 데서 윤리와 경제의 조화, 이론과 실천의 조화, 이상과 현실의 조화, 이성과 감성의 조화를 추구했던 것이다. 이는 우계나 퇴계에서 보이는 주리론에 입각한 윤리 지향적 태도나 내성(內聖) 중심의 철학적 태도와는 구별되는 점이다.

더욱이 율곡과 우계는 기호학파의 쌍벽으로 일컬어지며, 이후 양 학파의 전개에 있어서도 어느 정도의 구별을 볼 수 있다. 율곡학파나 우계학파가 모두 영남학파에 비해서는 비교적 자유분방하고 개방적이었지만, 기호학파 내에서의 전개양상으로 보면 율곡학파보다 우계학파의 개방성이 더욱 돋보인다. 우암 이후 율곡학파, 특히 율곡 직계계열에 있어서는 율곡학설의 계승과 보수 그리고 이를 위한 이론적 천착에 몰두한 경향이 있다. 그리고 이 과정에서 자설의 옹호와 타설에 대한 비판을 통해 경직화되고 보수화된 색채를 보여 주었다.

그러나 우계학파의 경우에는 그 학맥의 연원이 여말 포은 이래 사림파에 닿아 있고, 성삼문의 순절 이후 '은거자수(隱居自守)'의 학풍을 가학으로 지켜 왔던 것이다. 이러한 학풍은 우계의 사위인 팔송 윤황(八松 尹煌)을 통해 파평 윤씨(坡平 尹氏)로 이어져 노서 윤선거(魯西 尹宣擧), 명재 윤증(明齋 尹拯)으로 이어져 왔다. 그리고 이 학맥에는 초기 양명학자들이 많이 관련되어 있었으며, 특히 하곡 정제두(霞谷 鄭齊斗)를 통해 강화학파(江華學派)를 형성하게 되었던 것이다.

또한 정치적으로는 우계와 율곡이 모두 서인에 속하였으나, 송시열과 윤증, 박세채(朴世采)와의 갈등 이후 노론과 소론으로 갈라져 율곡학파는 노론으로, 우계학파는 소론으로 정치적 입장을 달리하게 되었다. 이렇게 볼 때, 우계와 율곡의 만남은 단순한 개인으로서의 만남이 아니라, 한국 유학사에서 그리고 정치적으로도 매우 의미 있는 만남이었던 것이다.

제6절 | 사계 김장생 예학의 특성과 그 의의

1. 시대배경과 예학의 대두

사계 김장생(沙溪 金長生: 1548~1631)은 우리나라 '예학의 종장(宗長)'[464]으로 기호유학의 중심적 위치에 있다. 그는 율곡과 구봉 송익필(龜峰 宋翼弼)의 문하에서 성리학과 예학을 수업하여 율곡 문하의 적전(嫡傳)이 되었고 후일 문묘(文廟)에 종사되어 '동국 18현'으로 추앙되었다. 그는 학문에 있어서도 뛰어났지만 그의 인품 또한 출중하여 사표가 되었던 것으로 전해진다. 사계는 성학의 종지(宗旨)를 참답게 알고 실천하여 전 생애를 통해 위기(爲己)와 무실(務實)로 도학을 구현한 유학자였다.[465]

그런데 사계의 학문적 특성은 주로 예학에서 잘 발휘되어, 그는 정암(靜菴)의 덕치(德治), 퇴계(退溪)의 도학(道學), 율곡(栗谷)의 학문(學問), 우암(尤菴)의 의리(義理)와 함께 예학으로 조선조 5현(五賢)으로 추앙되기도 했다.[466] 사계를 중심으로 그의 문하에서 일었던 기호지역에서의 예학풍은

---

464) 유승국, 〈사계 김장생의 예학에 관한 연구〉, 《한국사상과 현대》, 동방학술연구원, 1988, 107쪽.

465) 유승국, 〈한국예학사에 있어서의 사계의 위치〉, 《사계사상연구》, 사계신독재양선생기념사업회, 1991, 38쪽.

466) 任憲晦, 《五賢粹言》.

한국 유학사에서 매우 의미 있었다. 한국 유학사의 전개에 있어서 17세기는 학문적인 예학의 성립기였고, 예학사상이 시대 사조를 지배한 이른바 예학의 시대였다.[467]

그러면 17세기에 이르러 예학이 대두하게 된 역사적, 사상적 배경은 무엇인가? 먼저 역사적인 배경을 검토해 보면, 동서로 대립되었던 당쟁이 17세기에 이르러 남인, 북인으로 분파되어 정쟁이 더욱 심화되었고, 광해군의 폐정(廢政)으로 인조반정이 일어나 정치적 격동을 겪게 되었다. 인조반정의 명분은 대북파 정권의 패륜행위와 대명(對明)외교에서의 대의(大義)의 상실을 바로잡는다는 것이었다.

또한 임진(1592년), 정유(1597년)왜란의 여독이 가시기도 전에 청의 침략을 받아 정묘(1627년), 병자(1636년)호란을 당해야 했다. 사회적 측면에서는 임꺽정(林巨正)의 난, 이괄(李适)의 난이 일어나 민심의 불안이 가중되었고, 가뭄과 기근으로 민생이 극도로 궁핍한 시대였으니 가히 17세기는 위기였다고 할 수 있다. 그러므로 임란 중 피난 가는 왕의 행렬에 돌을 던지고, 노비문서를 보관한 장예원(掌隸院)이 민중에 의해 불태워지는 등 민심의 이반(離叛) 현상이 심각하였다.

아울러 이 시대에 있어 예학이 발전하게 된 역사적 배경은 인조반정 이후 숙종까지의 왕실예를 둘러싼 예 논쟁을 지적할 수 있다. 예송(禮訟)이 일면 당쟁과 결부되어 역기능적 부작용을 초래하기도 하였지만, 본질적으로 이 예 논쟁은 한국 유학사에서 예학의 발전을 촉진하는 매개가 되었다.

또한 이러한 정치적 동요와 사회적 불안 속에서 윤리 재건을 위한 지식층의 자구적인 노력이 활발하게 이루어졌던 것도 예학시대 형성의 중요한

---

467) 한기범, 〈사계 김장생과 신독재 김집의 예학사상 연구〉, 충남대대학원(박사), 1991, 43쪽.

요인이 되었다. 즉 임란과 호란을 전후하여 전국 곳곳에 향안(鄕案)과 향약(鄕約) 및 동약(洞約)이 일반화되고 서원이 급증하고,《가례(家禮)》의 연구와 보급 운동이 전개되었다.[468]

다음 예학시대 발흥의 사상적 배경에 관해 검토해 보면, 우선 16세기 성리학의 발달로 인한 예학의 필요성을 지적할 수 있다. 성리학이 절정에 도달한 것은 인간의 성정(性情)에 대한 근거 확립이었고, 그 다음은 그것을 실천하는 문제가 시대적 요청이었으므로 예학의 대두는 자연스런 것이었다.[469] 아울러 호란과 인조반정, 당쟁과 민란, 민생의 궁핍으로 인한 인간성의 위기와 국가적 기강의 해이, 윤리강상의 위기 속에서 이를 바로잡기 위한 윤리재건 운동이 예학의 형태로 전개된 것이라고 볼 수 있다.[470]

그동안 사계의 예학에 관한 연구 성과는 괄목할 만하다. 이를 통해 사계 예학의 내용과 특성, 그리고 그 위상과 의의가 많이 밝혀졌다고 볼 수 있다. 그럼에도 사계 예학의 특성이나 그 의의, 그리고 사계 예학의 사상사적 위상에 관한 연구는 아직도 많지 않은 편이다.[471] 따라서 논자는 기존 연구 성과를 참고하여 사계의 예학사상을 그의 대표적인 저술을 중심으로 정리해 보고, 이를 통해 사계 예학의 특성과 그 의의를 검토해 보고자 한다.

---

468) 한기범, 위 논문, 43~48쪽 참조.

469) 배종호, 〈한국 유학사에 있어서의 사계의 위치〉,《사계사상연구》, 32쪽. 조준하, 〈사계 김장생의 예학사상〉,《사계사상연구》, 106쪽. 노인숙, 〈사계 예학고〉,《사계사상연구》, 154쪽.

470) 배종호, 위의 글, 31쪽. 조준하, 위의 글, 106쪽. 노인숙, 위의 글, 154쪽.

471) 여기에 관한 연구로는 한기범의 〈사계 김장생과 신독재 김집의 예학사상 연구〉, 배상현의 〈조선조 기호학파의 예학사상에 관한 연구〉, 이문주의 〈사계 예설의 특질〉, 유승국의 〈한국 예학사에 있어서의 사계의 위치〉 등이 대표적이다.

2. 사계의 예학사상

사계는 예행(禮行)을 몸소 실천하여 문인과 동료들로부터 존경을 받았을 뿐 아니라, 학문적으로 예학의 연구에 정진하여 우리나라 예학의 개척에 선구적 역할을 담당하였다. 그는 1583년 그의 나이 36세 때 《상례비요(喪禮備要)》를 저술하였고, 1599년 52세 때에는 《가례집람(家禮輯覽)》을 완성하였다. 또한 1624년 77세 때에는 국가전례(國家典禮)에 대한 자신의 견해를 밝힌 《전례문답(典禮問答)》을 썼으며, 만년까지 그의 문인 친우들과 함께 예에 관하여 강론하고 문답한 내용을 엮은 《의례문해(疑禮問解)》를 저술하였다. 이와 같이 그는 방대한 분량의 예서를 저술하여 예학시대의 기초를 마련하였는데, 이제 저술별로 그 속에 담겨진 예학사상을 간략히 정리해 보고자 한다.

1) 《상례비요(喪禮備要)》를 중심으로

《상례비요》는 그의 친구 신의경(申義慶)의 《상례비요》를 원본으로 한 것인데, 거기에 주체적인 관점에서 자신이 첨삭(添削)을 가하고 정밀한 고증 작업을 하였으며, 이후 지속적인 연구를 거쳐 이루어진 저술이다. 이에 대한 〈사계연보〉의 설명을 보기로 하자.

《상례비요》가 완성되다. 서본(書本)은 신공(申公) 의경(義慶)이 《가례(家禮)》 〈상례편(喪禮 篇)〉을 기본으로 삼고, 여기에 고금의 예와 제가의 설을 참고하여 조(條)를 따라서 보충해 넣고, 사이사이에 또한 시속(時俗)의 제도를 첨부하여 실용에 편하게 한 것인데, 신의경의 수정(修整)이 더해지지 못했고 빠진 것이 많았으므로, 이때에 이르러 선생이 다시 그것을 취하고 첨삭증정(添削證定)하여 드디어 이 책을 이루었다. 그리고 길제(吉祭), 개장(改葬) 2조는 《가례》에 없는 것인데, 역시 고례(古禮)와 구준(丘濬)의 《의절(儀節)》에서 뽑아서 첨보 (添補)하였다.[472]

여기에서 우리는 사계가 《상례비요》를 저술함에 있어서 《가례》〈상례편〉을 기본으로 삼고 여기에 고금의 예와 제가의 예설을 참고하여 보충하였음을 알 수 있고, 또 당시 시속(時俗)의 제도를 고려하여 쓰기에 편리하도록 실용성에 유의하였음을 알 수 있다. 아울러 《가례》에도 없는 길제와 개장의 2개조를 고례와 《의절(儀節)》에서 뽑아 첨삭 보충하였음을 알 수 있다.

이러한 저술의 의도는 《상례비요》의 다음 서문에서도 잘 나타나 있다.

주자의 《가례(家禮)》에 실려 있는 바가 진실로 상세히 갖추어져 있으나, 혹은 고금의 마땅함이 다르고 시용(時用)에 합당하지 않음이 있어서 시골의 선비들이 능히 그 요점을 이해하지 못하여 그 변상(變常)을 통하지 못함이 병통이다. … 몽학지사(蒙學之士)로 하여금 이 책을 열면 환하게 알아 갑자기 일을 당하였을 때에 참고할 바가 있어서 실수하는 일이 없게 하고자 한다.[473]

여기에서 사계는 《상례비요》의 저술 목적을 분명하게 제시하고 있다. 주자의 《가례》에 상례의 상세한 내용을 갖추고는 있으나 때에 따라 마땅함이 다르고 때에 따라 쓰임이 합당하지 않음이 있으므로, 시골의 선비들이

---

472) 《沙溪年譜》, 36歲 條.
473) 《喪禮備要》,〈序〉, "朱子家禮所載 固已詳備 而或有古今異宜 不合於時用者 委巷之士 有不能領其要 而通其變常 以是病焉…愚…欲使蒙學之士 開卷瞭然 倉卒之間 有所考据而無失."

실제로 정상적인 상황과 비상적인 상황에 적의하게 대처할 수 없는 문제점을 안고 있다고 보았다. 따라서 이들로 하여금 갑자기 상사를 당하였을 때 당황하거나 실수함이 없도록 하기 위해 이 책을 짓게 되었다는 것이다.

또한《상례비요》의 범례에서는 이 책이 비록《가례》를 조술(祖述)한 것이지만, 그 사이에 부득이 하여 덧붙일 것은 덧붙이고 고칠 것은 고치고 옮길 것은 옮기었다고 하였다.[474] 이는 사계가《가례》를 조술하였다고 하면서도 사실은 덧붙이고 고치고 옮김으로써 창작에 가까운 작업을 하였음을 말해 주는 것이다. 이는 공자의 이른바 '술이부작(述而不作)'에 가까운 겸손의 표현이라 하겠다.

2)《가례집람(家禮輯覽)》을 중심으로

사계는 주자의《가례》를 보완하는 의미에서《가례집람》을 저술하였는데, 그의 서문에 그 취지와 경과가 잘 설명되고 있다. 그는 어려서부터《가례》를 받아 읽었는데, 능히 환히 알지 못함을 병통으로 여겨 친우인 신의경(申義慶)과 몇 해 동안 강론하고 또 스승에게 나아가 질정(質正)하여 마침내 그 대략을 알게 되었다 한다. 이에 함께 제가의 설을 취하여 각 조목 아래에 주를 달고 하나의 책을 엮어《가례집람(家禮輯覽)》이라고 하였다 한다.[475]

그리고 그는 주자의《가례》체제를 존중하면서도 그대로 좇지 않고 자신의 의견을 반영하여 보충하였으며, 철저한 고증은 물론 자신의 견해를 덧붙이는 방식을 취하였다. 또 국속(國俗)의 경우도 그것이 편리한 것이

---

474)《喪禮備要》,〈凡例〉, "此書 雖祖述家禮 而其間或有不得已 可補者補之...可改者改之...可移者移之."

475)《沙溪遺稿》, 卷5,〈家禮輯覽序〉, "余自幼受讀家禮 嘗病其未能通曉 旣而從友人申生義慶 與之講論 積有年紀 又就正于師門 遂粗得其梗槪 因共取諸家之說 要刪纂註於逐條之下 編爲一書 名以家禮輯覽."

면 모두 기록하여 사용함에 편리하도록 배려하였다. 그러므로 그는 권 머리에 도설(圖說)을 붙이고 어려운 용어나 문자는 쉽게 풀어 설명하였으며, 생소한 인명에 대해서는 〈소전(小傳)〉을 붙여 초학자라도 쉽고 편리하게 사용하도록 저술하였다. 그리고 이를 편집함에 있어서는 약 80여 종에 이르는 국내외의 관계서적을 들어 고증하고 그 인용 서목(書目) 및 예설의 예가(禮家)를 자세히 밝히고, 곳곳에 '안(案)'이라 하여 자기의 예설을 첨가하였다. 이러한 그의 고증적 자세는《가례집람》에서 주자《가례》의 〈가례도(家禮圖)〉가 원래 주자의 작이 아님을 밝힌 데에서도 분명하게 드러난다.

또한 사계의《가례집람》은 구봉 송익필의《가례주설(家禮註說)》과 구성면에서 비교해 볼 때,《가례주설》은《가례》에 주설(註說)을 달되 그가 필요하다고 생각되는 항목에 대해서만 선별적으로 채록하고 있어 세목(細目)이 총체적으로 일목요연하게 구비되어 있지는 못하고 그 주설도 매우 간단한 것인 데 비해,《가례집람》은《가례》의 체제에 따라 그 전체 내용을 수록하고 이에 대한 각 항목 각 조별로 관계되는 주설을 집대성하였으며, 또 고증을 겸한 자신의 예설을 곳곳에 첨가한 매우 상세한 것이어서 조선의 예학이 사계에 이르러 학문적인 수준에 이르게 되었음을 알 수 있다.

또한 사계는《가례집람》에서《가례》에 관한 중국인의 예서와 예설을 집성(集成)했음은 물론, 이에 관한 조선 학자들의 여러 예설과 조선사회의 예제 및 속례(俗禮)를 널리 수집하여 이를 집성하는 노력을 겸하였다. 이를 통해서 볼 때《가례집람》의 저술은 단순히 주자《가례》의 완성에만 목적이 있었던 것이 아니고, 한국적인 가례를 만들고자 함에 있었음을 알 수 있다. 그의 이러한 노력은《가례》에 대한 조선인의 예설과 조선의 가례를 정리하는 계기를 마련하여 마침내 '조선적인 가례의 집성'이 이루어질

수 있었다.476)

그런데 이러한 사계의 《가례》에 관한 적극적인 관심과 연구노력은 그의 도통의식에 근거하고 있다는 점이다. 그의 〈연보〉에 의하면 《가례》는 본래 초본(草本)으로서 주자가 미처 수정작업을 마치지 못한 미완의 글이었다는 것이며,477) 주자가 늘 예서의 미비함을 한탄한 것을 사계가 근심하여 만년에 예서의 연구에 전념하였다는 것이다.478) 이는 다음 송시열의 〈가례집람후서(家禮輯覽後序)〉를 통해 잘 알 수 있다.

대개 이 책은 초본으로서 미처 다시 수정하지 못한 것이어서 후세의 의논이 감히 주자가 편술(編述)한 것이 아니라 하는 등 그 오류가 더욱 심했다. 그런데 관혼(冠婚)의 예절은 이미 〈통해(通解)〉의 머리에 나타냈으므로 학자들이 그 본말을 추구하더라도 후세의 분분한 논란은 족히 염려될 바 아니었다. 오직 상제(喪祭) 이례(二禮)는 다시 수정할 겨를이 없었다. 면재 황간(勉齋 黃幹)의 〈속편(續篇)〉이 비록 매우 상세하고 정밀하나 학자들이 오히려 주자의 감수(監修)를 받지 못한 것을 유감으로 여겼다. 그러므로 선생이 이 상제 이례에 깊이 공을 쏟아 물을 담아도 새지 않을 정도가 되게 했으니, 이 책은 가히 황면재의 〈속편〉과 더불어 주문(朱門)에 도움이 크다 할 것이다.479)

---

476) 한기범, 위의 글, 126~129쪽 참조.

477) 《沙溪年譜》, 52歲 條, "九月 家禮輯覽成 家禮之書 出於草創亡失之餘 讀者病其未能通曉."

478) 배상현, 〈사계 김장생의 예학사상고〉, 《사계사상연구》, 98쪽.

479) 〈家禮輯覽〉後序〉(宋時烈 撰), "蓋以此卽草本 而未及再修者 故後世之議論 敢到而至 或以爲 非夫子之所編 則其謬益甚矣 然冠婚之修 旣冠於通解之首 則學者自可推本求末 而後世紛紛不足慮矣 惟喪祭二禮未暇及焉 勉齋續編 雖甚詳審精密 然學者猶以未經夫子之手 不能無遺憾焉 以故先生於此二禮 用功尤深 雖謂之置水不漏可也 然則是書也 可與勉齋續編 共爲輿衛於朱門也審矣."

이와 같이 당시에 있어서도 주자의 《가례》가 초본이고 또 주자의 온전한 감수를 거치지 아니한 점이 지적되고 있었다. 특히 상례와 제례의 경우 더욱 그러하여 이를 한스럽게 여긴 사계가 힘써 보완하여 《가례집람》을 완성하게 되었던 것이다. 이는 "주자가 만년에 뜻을 둔 것은 오직 예서에 있었으니 후학이 이에 마음을 다하는 것이 참으로 마땅하다."[480]라는 사계의 말에서 그의 도통적 사명의식이 더욱 극명해진다.

3) 《의례문해(疑禮問解)》를 중심으로

사계의 예학에 대한 관심과 연구는 거의 평생을 일관했다 해도 지나치지 않는데, 《의례문해(疑禮問解)》는 이러한 그의 노력을 실증하기에 족하다. 《의례문해》는 사계가 그의 문인이나 친우들과 함께 예에 관하여 토론하고 문답한 내용을 모아 엮은 책이다. 그는 《가례집람》과 함께 이 책에 대한 수정 보완작업을 만년에까지 계속한 것으로 그의 〈연보〉는 말해 주고 있다.[481] 이 책은 양에 있어서도 8권에 이르는 방대한 예 문답서이고, 또 그의 만년의 역작이라는 점에서 그의 예학사상이 가장 잘 표현된 예서이다.

《의례문해》의 내용을 살펴보면 상제례(喪祭禮)에 관한 내용이 80%가 넘고, 특히 상례가 71%나 된다. 예에 관해 질문한 자 13명 가운데 그의 문인 동춘당 송준길(同春堂 宋浚吉)의 질문이 240건으로 44.3%가 되고, 그의 주요 문인이라 할 수 있는 송시열(宋時烈), 송준길, 이유태(李惟泰)의 질의가 295건이나 되어 전체의 반을 넘고 있다.

또한 예 문답에서 인용되고 있는 조선 학자들의 예서 및 예설이 무려

---

480) 〈家禮輯覽後序〉, "…常以爲朱夫子晚年所致意者 惟在禮書 則後學於此 尤當盡心."
481) 《沙溪全書》, 卷45, 〈語錄〉.

134회나 되고, 특히 《상례비요》, 《격몽요결(擊蒙要訣)》 등의 예서가 30여 회나 인용되고 있음을 볼 수 있다. 또한 그는 예서의 해당 사례에 관한 예문(禮文)이 잘 구비되어 있지 못한 것이나 그 적용이 애매한 경우에는 자신의 집에서 실행하고 있는 자가례(自家禮)를 예로 들어 설명을 보충하고 있다.

또한 사계는 이 책에서 주자의 《가례》 체제를 따르면서도 한국적인 변례(變禮)를 보충 삽입하였고 철저한 고증을 덧붙였다. 특히 그가 《의례문해》에서 질문자와 그 내용을 모두 수록한 것은 《가례집람》에서 우리나라 학자들의 예설을 집성한 것과 상통하는 것으로 조선 예학의 성립과 정리에 크게 기여한 것으로 평가된다.[482]

4) 《전례문답(典禮問答)》을 중심으로

사계는 1624년 당시 유림의 대(大)원로로서 국가 전례에 관한 자신의 견해를 편지 형식으로 밝혔고, 또 다른 사람들의 예론에 대한 자신의 견해와 복제(服制), 추숭(追崇)에 대한 고증을 한 바 있었는데 이러한 글들을 모아 《전례문답(典禮問答)》이라 한다.

먼저 그는 유교적 종법(宗法)을 중시하는 입장에서 정통(正統)의 확립을 강조하였다. 본래 인조는 광해군의 폭정을 응징한 인조반정을 통해 임금이 되었고, 선조의 다섯째 아들인 정원군(定遠君)의 아들이지만 할아버지인 선조의 뒤를 이어 임금이 되었다. 인조 원년 5월 인조가 사묘(私廟)에 친제(親祭)하려 할 때, 당시 예조판서 이정구(李廷龜)와 부제학 정경세(鄭經世) 등이 대신들과 더불어 사친(私親)에 대해 '고(考)'라고 칭하고 임금 자신을 '자(子)'라고 칭해도 무방하다고 진언한 데 대해서, 사계는 이의 부

---

482) 한기범, 위의 글, 132~138쪽 참조.

당성을 상소로서 논증하였다.

지금 성상께서 선조의 왕통을 계승하고서 또 사친(私親)을 계승하려고 한다면, 이는 이른바 소종(小宗)으로 대종(大宗)에 합하려는 것으로 윤리를 어지럽히고 예를 잃는 것이 되는 것입니다. 또 이미 '고(考)'라 칭하면 반드시 삼년상(三年喪)을 지내야 할 것이니, 어찌 대통(大統)을 계승하고 또 사친을 위하여 삼년상을 지낼 수 있겠습니까?[483]

여기에서 사계는 인조가 비록 선조의 손자이지만, 선조의 왕통을 계승한 이상 부자(父子)의 도가 있으므로 사친(私親)에 대해 '고(考)'라 칭할 수는 없고 사친을 위하여 더욱이 삼년상을 지낼 수는 없다고 보았다.

또한 1624년(인조 2년) 영월군수 박지계(朴知誠)가 상소를 통해 정원군(定遠君)을 위해 사묘(私廟)를 세우고 삼년상을 지내고, 이때 백관(百官)도 따라서 복을 입게 할 것을 청하였고, 또 그 뒤를 이어 박지계의 문인인 이의길(李義吉)이 정원군의 추숭(追崇)을 청하였다. 이에 사계는 경전과 역사와 선유들의 제설을 참고하고 축조(逐條) 논변하여 편지를 만들어 제공에게 보내어 왕가의 종통(宗統)을 바로잡고자 하였다.

또한 1626년(인조 4년)에는 인조의 생모인 계운궁(啓運宮: 仁獻王后)의 상을 맞아 이에 인조의 복제문제가 발생하였다. 인조의 복을 3년으로 할 것인가 아니면 장기(杖朞)와 부장기(不杖朞) 가운데 어느 것을 택할 것인가로 의논이 분분할 때 사계는 상소를 올려 다음과 같이 진언하였다.

무릇 천자나 제후가 그 소생모(所生母)를 위하여 강등(降等)하는 것

---

483) 〈沙溪行狀〉, "聖王繼承宣祖之統 又以私親上繼祖廟 則正所謂以小宗合大宗 亂倫失禮者也 且旣稱之爲考 必爲三年喪 豈有入承大統 而爲私親之理乎."

은, 이미 종묘사직의 주인이 되었는데도 만일 사친(私親)을 위하여 삼년 상을 지낸다면 그 동안 종묘에 제사를 드 릴 수 없기 때문입니다. … 정이 비록 지극히 중한 것이나 3년 동안 조종(祖宗)의 제사를 폐하는 것은 미안한 일이 아니겠습니까?[484]

이와 같이 사친을 위한 삼년상이 불가한 이유는 3년 동안 왕실의 제사를 중단할 수 없다는 현실적인 이유에서였다. 그리고 그는 주자의 이른바 "남의 후계로 들어가 대통을 계승한 자는 소생 부모를 위하여 부장기(不杖朞)로 한다."라는 이론적 근거를 제시하였고, 이는 또 《의례(儀禮)》에도 보인다고 하였다.[485]

이를 통해서 볼 때, 사계는 제왕가의 예와 사대부의 예를 구별하려는 입장에 서 있었다고 볼 수 있는데, 이는 후일 복제예송에서 남인들의 3년설에 기초적인 논리가 되기도 했다. 그런데 이 예송에서 그의 문인이었던 송시열, 송준길 등이 오히려 종법의 보편성을 강조하여 사계의 분별주의적 입장과 상반됨은 주목할 만한 일이다.[486]

3. 사계 예학의 특성

이제까지 사계의 예서를 중심으로 그의 예학사상을 간략히 살펴보았

---

484) 《典禮問答》, 〈答申敬淑(欽)書〉, "凡天子諸侯 爲其所生母降等者 旣爲宗廟社稷之主 若 爲三年喪 則不得祭宗廟也…情雖至重 三年廢祖宗之祀 無乃未安乎."
485) 《典禮問答》, 〈答申敬淑書〉, "朱子以爲 入繼大統者 爲其所生父母 不杖朞 此說亦見儀禮."
486) 이영춘, 〈사계 예학과 국가전례〉, 《사계사상연구》, 1991, 174쪽.

다. 이를 통해서 사계 예학사상의 특성이 무엇인가를 검토해 보기로 하자.487) 기존 연구 성과를 참고하여 정리해 보고자 한다.

첫째, 주자의《가례》를 중심으로 그의 예학이 펼쳐지고 있다. 그는 어려서부터《가례》를 읽었는데, 그것을 밝게 알지 못함을 병으로 여겨, 친우인 신의경(申義慶)과 여러 해 동안 토론하고 또 사문(師門)에 나아가 지도를 받고서야 그 대개의 뜻을 이해하게 되었다 한다.488) 이처럼 사계는 어려서부터《가례》를 배웠고 이에 대한 독실한 연구를 해 왔음을 알 수 있다. 여기에서 우리는 구봉 송익필(龜峰 宋翼弼)의 예학적 영향을 짐작할 수 있고, 그가 문인들의 교육에서《소학》과《가례》를 최우선의 교과목으로 삼아 가르친 점에서도 잘 나타난다.

이러한 그의《가례》에 대한 관심은 마침내《가례집람》의 저술로 나타났고,《상례비요》,《의례문해》또한《가례》가 그 중심이 되고 있다.

둘째, 상례와 제례를 중시했다.489) 그는 관혼상제(冠婚喪祭)의 사례(四禮) 중에서도 가장 어려운 상례와 제례에 많은 노력을 기울였다. 그는《상례비요》서문에서 다음과 같이 상례의 중요성을 언급하고 있다.

예는 보통 길상(吉常)의 때에는 행하기 쉬우나 갑자기 당하는 흉변(凶變)의 경우에는 빠뜨리는 것이 많다. 그러므로 평소에 강습(講習)하여

---

487) 사계 예학의 특성에 관해 한기범은 (1) 수신위주의 예학 (2) 가례와 상제례를 위주로 한 예학 (3) 종법주의적 성격이 강한 예학 (4) 실용성을 지닌 계몽적 예학 (5) 학문적 수준을 갖춘 최초의 전문적인 예학 (6) 호서예학파의 형성에 기초를 제공한 예학이라 규정하고 있고(한기범, 위의 글, 153~155쪽), 배상현은 (1) 종법을 통한 통(統)의 수립 (2) 합리성의 추구 (3) 실용성의 추구 (4) 고증학을 통한 변정(辨訂)으로 설명하고 있다.(배상현, 위의 글, 99쪽)

488)《沙溪全書》, 卷5,〈家禮輯覽序〉, "余自幼受讀家禮 嘗病其未能通曉 旣而從友人申生義慶 與之講論 積有年紀 又就正于師門 遂粗得其梗槪."

489) 노인숙,〈사계 예학고〉,《사계사상연구》, 164쪽.

둔 바가 아니면 합의(合宜)하기가 어려우며 행하여야 할 절목을 하나라도 빠뜨리면 나중에 후회해도 바로잡을 기회가 없다. 이것이 바로 효자가 유감없이 이를 다행 하려 하고, 사례 중에서 중요하고 절실하게 여기는 까닭이다.[490]

이와 같이 길(吉)하고 정상적인 예는 행하기 쉬우나 상례와 같이 갑자기 당하는 흉변(凶變)의 예는 절차대로 지키기가 어렵기 때문에 평소에 강습하지 아니하면 실수하게 되고 또 반드시 후회를 남기게 된다는 것이다. 따라서 상례에 대한 자상한 절목의 이해와 실천은 매우 중요하다고 보고 그는《상례비요》를 저술했던 것이다. 이러한 특성은 그의 서초(書鈔)와 문인 등과 토론한 글 중에서도 상례와 제례에 관한 내용이 가장 많은 데서도 입증된다.[491]

셋째, 자주적이고 주체적인 예학풍이다.[492] 그는 주자의《가례》를 매우 존신(尊信)하면서도 그대로 묵수(墨守)만 한 것은 아니었다. 그는《상례비요》를 저술함에 있어서도《가례》에도 없는 '길제(吉祭)', '개장(改葬)'의 2개조를 첨가 보충하였고,[493] 주자의《가례》도 고금의 마땅함이 다르고 때에 맞게 쓰임에 합당하지 않음이 있으므로 우리 현실에 맞도록 고치지 않을 수 없다고 보았다.[494] 그리고 덧붙일 것은 덧붙이고, 고칠 것은 고치고,

---

490) 〈喪禮備要序〉, "禮之用 易行於平間吉常之時 而多失於急遽凶變之際 苟非素所講習 則難以合宜而應節 一有所失 悔不可追 此孝子之所以必欲自盡 而在四禮爲尤重且切 焉者也."

491) 노인숙, 〈사계 예학고〉, 163쪽.

492) 노인숙, 위 논문, 164쪽. 조준하, 위의 글, 122쪽.

493)《沙溪年譜》, 36歲 條.

494) 〈喪禮備要序〉

옮길 것은 옮기어 거의 창작에 가까운 노력을 하였다.[495] 《의례문해》도 《가례》의 체제를 따르면서도 한국적인 변례(變禮)를 보충 삽입하였으며, 《가례집람》의 저술에서도 권 머리에 '도설(圖說)'을 붙이고 예제상의 어려운 용어나 문자는 쉽게 풀어서 설명하였고, 자신의 견해를 붙여 자주적인 《가례》의 정립을 시도하였다.

또한 사계는 예설에 있어서 스승인 구봉 송익필, 선유인 퇴계 이황, 한강 정구(寒岡 鄭逑)는 물론 주자의 설까지도 과감히 비판하는 학문적 자주성을 보여 주었고,[496] 《가례부주(家禮附註)》를 지은 양복(楊復)의 설에 대해서도 비판을 아끼지 아니하였다.[497] 그의 예설이 《가례》를 기본으로 하면서도 우리나라 현실에 맞도록 주체적인 노력을 하였으며, 스승이나 선유의 설이라도 권위에 구애되지 않고 자주적 입장에서 예학을 정립하려 했다. 주체적 입장에서 한국적인 《가례》, 한국적인 예학을 정립하고자 했던 사계의 노력은 이후 그의 문인들에 의해 계승되어 예학시대를 열어 갔다.

넷째, 고증적인 학문 태도와 합리성의 추구에 있다.[498] 그는 《상례비요(喪禮備要)》를 지음에 있어서도 신의경(申義慶)의 《상례비요》를 저본(底本)으로 했지만, 자신이 다시 첨삭(添削)을 하고 고증을 하였고, 특히 '길제(吉祭)', '개장(改葬)'의 2개조를 새로 넣음에 있어서도 고례(古禮)와 구준(丘濬)의 《의절(儀節)》에서 뽑아 넣었던 것이다.[499] 또 《가례집람(家禮輯覽)》의

---

495) 《喪禮備要》, 〈凡例〉.

496) 배상현, 위의 글, 83쪽.

497) 배상현, 위의 글, 96쪽.

498) 배상현, 위의 글, 89쪽.

499) 《沙溪年譜》, 36歲 條.

저술에 있어서도 제가의 설을 취하여 각 조목 아래에 주를 달았으며,[500] 이를 편집함에 있어서도 약 80여 종에 이르는 국내외의 관련 서적을 들어 고증하고, 그 인용 서목 및 예설의 예가(禮家)를 자세히 밝혔다. 그의 이러한 고증적인 학문 태도는 《가례》의 〈가례도(家禮圖)〉가 원래 주자의 작이 아님을 고증한 데서도 분명해진다.[501] 또한 《의례문해(疑禮問解)》의 저술에 있어서도 그는 주자 《가례》의 체제를 따르면서도 한국적인 변례(變禮)를 보충 삽입하였고, 철저한 고증을 덧붙였다.

이러한 고증적인 학문 태도는 그의 《전례문답(典禮問答)》에서도 잘 나타나 있다. 그는 1624년 박지계(朴知誡)와 그의 문인 이의길(李義吉)이 인조의 생부인 정원군(定遠君)에 대해 삼년상을 지낼 것과 추숭(追崇)을 청한 데 대해, 고금의 경전과 역사 그리고 선유들의 제 학설을 참고하고 축조 논변하여 그 부당성을 지적하였다. 여기에서도 그의 빈틈없는 고증적인 학문 태도는 유감없이 발휘되었던 것이다. 이러한 그의 고증적인 학문 태도는 곧 예의 합리성을 확보하려는 노력의 하나였다고 볼 수 있다. 본래 예는 일면 인정에 기초해야 하지만 또한 합리성을 갖추어야 한다. 사계의 고증적인 학문 태도와 예학에서의 합리성의 추구는 그의 예학이 '학문적인 예학'의 수준으로 제고되는 데 기초가 되었던 것이다.

다섯째, 실용성의 추구이다. 예는 합리적이어야 하며 사용하기에 쉽고 편해야 한다. 사계의 예학은 이러한 실용성을 바탕으로 하고 있다. 그는 《상례비요》의 저술에서 고금의 예와 제가의 설을 참고하여 조(條)를 따라 보충해 넣고, 그 사이 사이에 시속(時俗)의 제도를 첨부하여 실용에 편리하도록 배려하였다.[502] 또 《가례집람》의 저술에 있어서도 주자 《가례》의

---

500) 《沙溪遺稿》, 卷5, 〈家禮輯覽序〉.

501) 한기범, 위의 글, 127쪽.

502) 《沙溪年譜》, 36歲 條.

체제를 존중하면서도 국속(國俗)의 경우 그것이 편리한 것이면 모두 기록하여 사용자가 선택해서 쓸 수 있도록 하였고,[503] 권 머리에 도설을 붙이고 어려운 용어나 문자는 쉽게 풀어 설명하였으며, 생소한 인명에 대해서는 〈소전(小傳)〉을 붙여 초학자라도 쉽고 편리하게 사용하도록 하였다. 이러한 그의 실용성 추구는 다음 김상헌(金尙憲)의 평가를 통해서도 잘 드러난다.

의심나는 일이나 문의 사항이 있으면 시비를 가릴 것 없이 한번 이 책을 열면 마치 얼음이 녹는 것 같고, 밝은 스승과 유익한 친구가 좌우에서 논하고 입으로 외는 것 같아, 비록 시골에서 독학하는 사람이라도 고루하여 통하지 못하는 근심이 없어지게 되었다.[504]

이와 같이 사계의 《의례문해》는 예에 관한 궁금증을 풀어 주는 편리한 안내서였던 것인데, 이는 무엇보다 일상적인 예행(禮行)에서의 구체적인 예 문답서였기 때문이다. 그리고 예의 실용성을 추구하는 그의 학문적 정신이 잘 반영되었던 것이다.

여섯째, 종법(宗法)을 통한 통(統)의 확립과[505] 분별주의적 입장이다.[506] 이러한 그의 입장은 이른바 《전례문답(典禮問答)》을 통해 잘 나타나 있다. 그는 1623년 인조 원년 인조가 사묘(私廟)에 나아가 친제(親祭)하

503) 《家禮輯覽》, 〈凡例〉, "…然有俗制之便宜者 則幷存之 使其用者 有所擇焉."
504) 《疑禮問解》, 〈序〉, "使人心有所疑事 有可質不待聚訟 一開卷而渙然氷釋 有若名師益友近在 左右面論而口訟之 雖窮鄕獨學 擧無固陋未達之患."
505) 노인숙, 〈사계 예학고〉, 164쪽. 이문주, 〈사계예설의 특질〉, 221쪽.
506) 이영춘은 제왕가의 예와 사대부의 예를 분리하여 이해하려는 입장을 '분별주의 예학의 입장'이라 부르고 있는데, 필자도 이에 따라 그렇게 부르고자 한다.(이영춘, 〈사계 예학과 국가전례〉, 《사계사상연구》, 172쪽)

려 할 때, 이정구(李廷龜), 정경세(鄭經世) 등이 사친에 대해 '고(考)'라 칭하고 임금 자신은 '자(子)'라 칭해도 무방하다고 진언한 데 대해, 사계는 인조가 비록 선조의 손자이지만, 선조의 왕통을 계승한 이상 부자의 도리가 있으므로 사친에 대해 '고'라고 칭함은 불가하고, 더욱이 사친을 위해 삼년상을 지내는 것은 부당하다고 비판하였다.[507] 아울러 1624년 인조 2년에 박지계와 그의 문인 이의길이 인조의 생부인 정원군(定遠君)을 위해 사묘(私廟)를 세워 삼년상을 지내고 정원군의 추숭(追崇)을 청함에 대해서도, 사계는 경전은 물론 선유의 제설을 고증하여 그 부당성을 지적하고 왕통을 바로잡고자 하였다. 또한 1626년 인조 4년 인조의 생모인 계운궁(啓運宮)이 죽음에 인조의 복제(服制)가 문제되자, 사계는 사친을 위한 삼년상은 불가하다 하고 그것은 3년 동안 왕실의 제사를 중단할 수 없기 때문이라 하였다. 이와 같이 그는 제왕가의 예와 사대부의 예를 혼동해서는 안 된다는 입장에서 엄격히 구별하였다. 이는 종통(宗統)의 확립이 곧 국가기강, 사회질서의 확립과 직결된다고 보았기 때문이며, 당시 17세기 조선조의 국가 전반적인 기강 해이를 우려한 데서 나온 충정이었다.

이러한 그의 종통론(宗統論)은 비록 인조에 의해 무산되고 말았지만, 그 시비는 전후 13년간이나 꾸준히 계속되었고, 또 후대의 예송(禮訟)이 이와 유사한 종통론적 예 논쟁이었다는 점에서 한국 예학사상 중요한 의미가 있다.[508]

일곱째, 실천적 예학풍이다. 그를 일러 '동방 예학의 종장(宗匠)'이라 일컫는 것은 저술에 드러난 해박한 지식만을 가리켜 말함이 아니라, 평소의 마음가짐과 행동거지가 예법에 맞아 모범이 되었기 때문이다.[509] 그의

507) 〈沙溪行狀〉
508) 한기범, 위의 글, 151쪽.
509) 유승국, 〈한국 예학사에 있어서의 사계의 위치〉, 39쪽.

〈행장〉에 의하면 사계는 평상시 가정에서 매일 아침 일찍 일어나 세수하고 머리 빗고 의관을 바르게 하고 가묘(家廟)에 나아간 다음, 물러와 서당에 처하여 고요히 책상에 대하여 조금도 사물로써 마음을 동요하지 않았다 한다.510) 이처럼 그는 평소 절제된 생활로 일관하여 수도에 가까운 자기수양을 하였음을 알 수 있고, 이러한 그의 예행은 예학의 이론과 하나가 됨으로써 관념적인 예학이 아닌 실천적인 예학풍을 열었다.

또한 그는 《의례문해》에서 예서에 그 해당 사례에 관한 예문이 구비되어 있지 못한 경우라든가 그 적용이 애매한 경우에는 자신의 집에서 실행하고 있는 예(禮)를 예(例)로 들어 설명을 보충하고 있다. 이는 예학의 대가인 사계 자신의 예행(禮行)이 곧 당시 예 실천의 한 모범으로 정착되고 있었음을 시사해 주는 바이다.511) 그의 이러한 실천적인 예학풍은 이후 그의 문인들에 의해 계승되었고, 당시 국가기강과 사회질서가 혼란했던 상황에서 예학의 사회적 기능이 가능했던 것이다.

4. 사계 예학의 의의

첫째, 예학을 상식적인 수준에서 학문적 수준으로 끌어올렸다.512) 사계 이전의 예학은 문헌에 의한 고증 없이 묻는 데 따라 대답하는 형식으로 이루어져 확실한 전거가 없이 사견(私見)에 빠질 가능성이 많았다. 그런데 사계에 의해 주도면밀한 고증이 이루어지고 제가의 설을 비교, 논증함으로써 학문적 차원의 예학으로 승화하였다. 이렇게 볼 때, 우리나라의 예학

---

510) 《沙溪全書》, 卷48, 〈行狀〉.

511) 한기범, 위의 글, 138쪽.

512) 한기범, 위의 글, 154쪽.

은 사계에 의해 비로소 체계화되었다고 볼 수 있다.[513] 이는 예학의 학문화 내지 철학화가 이루어졌다는 것으로 한국 유학사에 있어서 매우 중요한 의미를 갖는다.

둘째, 한국적 예학의 기초를 수립하였다. 사계는 《상례비요》, 《가례집람》, 《의례문해》, 《전례문답》 등 그의 예서에서 주자의 《가례》를 기본적으로 존신(尊信)하면서도 한국적 적용의 문제를 늘 염두에 두었다. 즉 주체적인 학문 자세를 견지하였다. 따라서 그는 선유의 설이나 제가의 설을 두루 섭렵, 참고하는 가운데 예설을 정립하였으며, 특히 당시 국속(國俗)의 예나 시속(時俗)의 예를 결코 소홀히 하지 아니하고 이를 십분 활용함으로써 한국적인 예학의 기초를 세웠다. 더욱이 예는 그 실행면에서 상황성이 중요하다고 볼 때 한국적인 예학의 정립을 위해 노력한 것은 한국 유학의 정체성의 측면에서도 매우 의미 있는 일이다.

셋째, 예의 대중화, 사회화에 크게 기여하였다.[514] 사계에 의해 수정 보완된 《상례비요》는 내용이나 실용면에서 다른 예서를 압도하고 지역, 학파, 당색을 떠나 생활예로서 널리 활용케 되었다.[515] 이는 조인영(趙寅永)이 "《가례》를 이어 예를 말한 것으로는 조선에서 《상례비요》가 가장 절실하고 긴요하며 사대부들이 모두 준행(遵行)한다."[516]라고 말한 데서도 잘 입증된다. 특히 사계 자신의 집안에서 준행된 자가례(自家禮)를 통해서 예의 사회화 내지 대중화의 일면을 짐작할 수 있다. 더욱이 사계 이후 그의 문인들에 의해 활발하게 전개된 예학풍은 단지 학문적 관심에서 뿐만 아니라, 17세기가 직면한 윤리 재건의 자구적인 노력에 일익을 담당하였던

---

513) 조준하, 〈사계 김장생의 예학사상〉, 《사계사상연구》, 123쪽.

514) 한기범, 위의 글, 154쪽. 조준하, 위의 글, 123쪽.

515) 배상현, 위의 글, 76쪽.

516) 趙寅永, 〈四禮便覽跋〉, "繼家禮而言禮者 在我東惟喪禮備要爲最切 今士大夫皆遵之."

것이다.

넷째, 기호예학 내지 예학시대 전개의 길을 열었고, 기호예학과 영남예학의 소통을 도모할 수 있었다. 사계의 예서 저술과 예학적 관심은 17세기 예학시대를 여는 데 결정적인 계기를 마련해 주었고, 김집(金集), 송준길(宋浚吉), 송시열(宋時烈), 이유태(李惟泰), 윤선거(尹宣擧), 유계(兪棨) 등 그의 문인들에 의해 기호예학파의 형성을 보게 되었다.[517] 특히 그의 문인이었던 송준길은 장인인 우복 정경세(愚伏 鄭經世)의 예학까지도 접하게 되었고, 사계는 그를 통해 영남예학을 접함으로써 기호예학과 영남예학의 소통이 어느 정도 이루어질 수 있었다.[518] 송준길은 사계에게 가장 많은 예 질문을 하고 있었다는 점에서 그 의미는 더욱 크다 할 것이다.

---

517) 한기범, 위의 글, 155쪽.
518) 배상현, 위의 글, 96쪽.

제7절 만회 권득기(晚悔 權得己)의 철학사상

1. 가계와 학연

권득기(權得己: 1570~1622)는 조선조 중기 호서의 유학자로 자는 중지(重之), 호는 만회(晚悔)로 이조판서 권극례(權克禮)의 아들이다. 권득기는 아직 우리 학계나 일반 대중에게 생소한 인물이다. 1610년(광해군 2년) 과거에 급제하여 예조좌랑이 되었으나 광해군이 인목대비를 유폐하는 등 패륜을 저지르자 고산찰방을 사임하고 야인으로 일생을 마쳤다.

그는 고려 말 성리학의 개척자인 국재 권보(菊齋 權溥), 양촌 권근(陽村 權近)의 후예이며 숙부인 풍담 권극중(楓潭 權克中: 1560~1614)으로부터 배웠는데, 권극중은 우계 성혼(牛溪 成渾)[519]의 문인이다. 이런 점에서 이들은 우계학파(牛溪學派)에 속한다고 볼 수 있다.[520]

권득기는 성리학에도 조예가 깊었고 특히 친우인 잠야 박지계(潛冶 朴知誡: 1573~1635)와 벌인 '격물치지(格物致知)'에 관한 논변은 조선조 유학사에서도 높이 평가된다. 권득기는 '구시(求是)', '공심(公心)', '공도(公道)'의 철

---

519) 우계 성혼(1535~1598)은 16세기 조선의 대표적인 유학자로 율곡 이이와 성리학에 관해 논쟁을 하였다. 그는 이론보다 실천을 중시하고 마음공부를 중시하였는데, 뒤에 윤황, 윤선거, 윤증 등을 통해 그의 학문이 계승되어 우계학파를 낳았다.

520) 황의동,《우계학파연구》, 서광사, 2005, 209~216쪽 참조.

학을 가학으로 전수하여 아들 탄옹 권시(炭翁 權諰: 1604~1672)에 의해 계승되었는데, 이는 사회윤리 내지 사회철학적 성격을 띠고 있어 현대적으로도 매우 중요한 의미를 갖는다.

권득기는 광해군의 인목대비 유폐(幽閉)에 분노하여 벼슬을 버리고 충청도 태안으로 들어간 것처럼 의리에 밝고 강직했으며, 학문에 있어서도 사변적인 성리학이 아니라 실사구시(實事求是)의 실학적 면모와 함께 '진리', '정의', '공정'이라는 가치를 몸소 실천하고 평생 강조한 실천적 지성이었다.

2. 주리적(主理的) 자연이해

권득기는 사변적인 성리학자는 아니었던 것 같다. 그럼에도 불구하고 성리학에 대한 조예는 매우 깊어 보인다. 그의 문집에서 성리학에 대한 언급은 《참의(僭疑)》와 〈논사단칠정상숙부교관대인변의(論四端七情上叔父教官大人辨疑)〉, 〈집사책(執事策)〉이 대표적이다. 그는 여기에서 이기론, 심성론, 수기론 등 성리학 전반에 관해 폭넓은 논의를 하고 있다. 먼저 그의 우주자연에 대한 형이상학적 이해에 대해 살펴보기로 하자.

천지 사이에 가득 차 있는 것은 이(理)일 뿐이다. 혼돈(混沌)한 시초에 아직 현황(玄黃: 천 지)이 갈라지지 아니하고 혼혼융융(渾渾融融)하여 아무런 조짐도 드러나지 아니하며, 어떤 형상도 있지 아니한데, 먼저 이 이(理)가 있었다.521)

---

521) 《晚悔集》, 附錄, 卷2, 〈執事策〉, "盈天地之間者 理而已 混沌之初 玄黃未剖 渾渾融融 兆朕未先 未有是形 先有是理."

그는 하늘과 땅 사이에 가득 차 있는 것이 이(理)일 뿐이라고 말한다. 서경덕(徐敬德)이 우주자연에 빈틈 없이 꽉 차 있는 것이 기(氣)라고 하는 것과 대조적이다.[522] 천지가 아직 드러나지 않고 만물이 아직 생성되지 않은 혼돈의 시초에는 오직 이(理)밖에 없었다고 말한다. 따라서 "이 이(理) 가운데 허다한 사물이 포함되어 있으므로 이(理)가 있음에 기(氣)가 생하였다."[523]라고 하였다.

권득기는 우주자연의 시원(始源)을 이(理)로 설명한다. 이 이(理)에는 온갖 사물의 이치가 포함되어 있기 때문에 이 이(理)로부터 기가 생하였다고 설명한다. 이는 일종의 이일원론(理一元論)[524]으로 권근(權近), 이언적(李彦迪), 이황(李滉)을 비롯한 주리론(主理論) 성리학에서 흔히 볼 수 있는 견해다. 그는 다음과 같이 부연해 이(理)와 기로써 현상세계의 전개를 설명한다.

그 이른바 이(理)는 기(氣)를 기 되게 하는 까닭으로서의 이(理)이니 형이상의 도(道)요; 그 이른바 기는 이(理)가 생한 바의 기이니 형이하의 기(器)이다. 이(理)가 비록 많은 실마리가 있지만 그 이(理)되는 소이는 일음일양(一陰一陽)이라는 것에 불과할 뿐이다. 그러므로 기는 이(理)에서 생하니 그 기 되는 소이 또한 일음일양이라는 것에 불과할 뿐이다.[525]

---

522) 《花潭集》, 卷2, 〈原理氣〉, "太虛湛然無形 號之曰先天 其大無外 其先無始 其來不可究 其湛然虛靜 氣之原也 彌漫無外之遠 逼塞充實 無有空闕 無一毫之可容間也."

523) 《晚悔集》, 附錄, 卷2, 〈執事策〉, "是理之中 包得許多事物 故理之所在 而氣生焉."

524) 신동호, 〈권만회의 리일원론적 철학체계〉, 《도산학총서(만회선생편)》, 경인문화사, 2010.

525) 《晚悔集》, 附錄, 卷2, 〈執事策〉, "其所謂理 氣之所以爲氣之理야 形而上之道也 其所謂氣 理之所生之氣也 形而下之器也 理雖多端 而其所以爲理 不過曰一陰一陽而已 故

우주 시원에 있어서는 이(理) 하나일 뿐이지만, 천지가 열리고 사람이 생기고 만물이 전개되는 현상계에서는 형이상의 이[道]와 형이하의 기[器]가 문제가 된다. 이(理)는 기를 기 되게 하는 까닭이며, 기는 이(理)가 생한 바의 기이다. 그는 《주역》〈계사(繫辭)〉의 '일음일양지위도(一陰一陽之謂道)'를 가지고 이(理)와 기를 설명하는데, 음양 자체는 기이지만 그 음양으로 하여금 기의 역할을 하도록 하는 것은 태극이요 이(理)라는 것이다. 권득기는 다시 우주만물의 구체적 전개양상을 다음과 같이 설명하였다.

양의(兩儀)가 열림에 미치어 음양(陰陽)이 비로소 나누이니, 기의 가볍고 맑은 것은 위로 올라가 하늘이 되고, 무겁고 탁한 것은 아래로 엉기어 땅이 되며, 이 둘 사이에서 천지의 기를 받아 출생하여 천지와 더불어 병립하여 셋이 되는 자가 있으니 이를 사람이라 이른 다. 하늘, 땅, 사람은 모두 기가 생한 것인데, 이 기를 그렇게 되게 하는 까닭이 이(理)다. 그렇다! 이 이(理)가 있은 연후에 이 기(氣)가 있는 것이며, 이 기가 모이는 데에 이 이(理) 또한 따라서 주어지는 것이니, 이 이(理)가 없고 이 기가 없다면 하늘이 하늘 될 수 없고, 땅이 땅 될 수 없으며, 사람이 사람 될 수 없다. 그러므로 천지가 천지 되는 까닭은 기인데 이(理)가 그렇게 하는 것이며, 사람이 사람 되는 까닭 또한 기인데, 이(理)가 그렇게 주어진 것이다. 삼재(三才)의 도가 이 범위 안에 있으니 천하의 사사물물(事事物物) 어느 것이 이를 벗어날 수 있겠는가?[526]

氣生於理 而其所以爲氣 亦不過曰一陰一陽而已."

526)《晚悔集》, 附錄, 卷2, 〈執事策〉, "及其兩儀旣闢 陰陽始分 氣之輕淸者 上騰而爲天 重濁者 下凝而爲地 於其兩間 又有稟天地之氣以生 而與天地竝立而爲三者則謂之人 天也地也人也 皆是氣之所生 而是氣之所以然 理也 噫 有是理然後有是氣 是氣之所聚 則是理亦從而賦焉 無是理 無是氣 則天不得以爲天 地不得以爲地 人不得以爲人 故天地之所以爲天地 氣也 而理之所爲也 人之所以爲人亦氣也 而理之所賦也 三才之道

즉 음양이 비로소 열려 음기(陰氣)와 양기(陽氣)로 나뉘게 된다. 그리고 기의 가볍고 맑은 것은 위로 올라가 하늘이 되고, 무겁고 탁한 것은 아래로 엉겨 땅이 되며, 천지 사이에서 천지의 기를 받아 출생한 것이 사람이라고 한다. 하늘, 땅, 사람이 모두 기가 생한 것인데, 이 기를 그렇게 되게 하는 까닭이 이(理)라는 것이다.

그는 이 이(理)가 있은 후에 이 기(氣)가 있으며, 이 기가 모이는 데에 이 이(理) 또한 따라서 주어지는 것이니, 이 이(理)가 없고 이 기가 없다면 하늘이 하늘 될 수가 없고, 땅이 땅 될 수가 없으며, 사람이 사람 될 수가 없다고 하였다.

이렇게 볼 때, 권득기의 우주자연에 대한 견해는 이일원(理一元)과 이기이원(理氣二元)의 이중적 설명이 가능해진다. 우주시원을 중심으로 보면 태초에 이(理) 하나뿐이라 한다. 이 이(理)로부터 기가 파생되었다는 것이다. 이렇게 보면 이(理)는 이 세계의 시원적 근원으로서 기를 포함한 만물이 그로부터 나왔다. 그러나 음양의 작용에 의해 천지만물이 생성되는 현상계를 중심으로 보면 형이상의 이(理)와 형이하의 기로 된 세계임에 틀림없다. 현상세계는 이(理)와 기로 된 세계이며, 양자의 유기적 관계에서만 만물의 생성변화가 가능하다. 여기에서 이(理)는 이중성을 갖게 된다. 이일원의 이(理)는 기와 관계없이 초월적으로 존재하는 이(理)이다. 현상세계에서의 이(理)는 기와 함께 더불어 존재하는 이(理)다. 전자는 절대리(絶對理)라면 후자는 상대리(相對理)라고 할 수 있다. 이러한 이(理)의 이중성, 또 이일원의 세계관과 이기이원의 세계관을 아울러 보는 것은 주리론 성리학에서 보편적으로 나타는 현상이다. 이런 점에서 보면 권득기의 이기관이나 우주자연관은 주리적 색채가 짙은데, 아마도 선조인 권근의 영향

既圉於是 則天下之事事物物 孰有能外於是哉."

때문이 아닌가 생각된다.[527]

3. 주리적 인간이해

권득기가 인간 심성에 대해 성리학적 논의를 한 것은 《참의(僭疑)》와
〈논사단칠정상숙부교관대인변의(論四端七情上叔父教官大人辨疑)〉에서라고
할 수 있다. 《참의》의 〈논어〉, 〈맹자〉, 〈근사록(近思錄)〉 부분에서 성리에 관
해 언급하고 있지만, 자신의 심성론에 대한 견해를 명쾌하게 밝히고 있는
글은 〈논사단칠정상숙부교관대인변의〉이다. 이제 이 글을 중심으로 그의
사단칠정론, 인심도심론에 대해 검토해 보기로 하자.

사단칠정이 그 발하는 것은 기(氣)요 발하게 하는 까닭은 이(理)다.
인심도심 또한 그러하니 비록 형기의 사(私)에 근원하였으나 만약 이 이
(理)가 없다면 기가 무엇을 좇아 발하겠는가. 대개 귀로 소리를 듣는 것
과 눈으로 빛을 보는 것과 코로 냄새를 맡는 것과 입으로 맛을 보는 것
이 모두 이 이(理)가 있기 때문이다. 그러므로 기가 각기 느낌에 따라 발
한다. 비록 이 이(理)가 있어서 예로써 절제하여 그 바름을 잃지 아니하
면 곧 이것이 본연의 바른 이(理)다. 그러므로 소리, 빛, 냄새, 맛이 발함
에 또한 예로써 절제하고자 하는 마음이 있다면, 이 마음의 발 또한 기
이나 발하게 하는 것 또한 이(理)다. 그 함부로 음탕한 짓을 해서 절제
할 줄 알지 못하는 자는 그 형기를 좇아 바른 이(理)를 상실한 것이다.
그러나 이러한 일종의 도리에 어긋나는 사람 역시 이(理)가 없을 바가

---

527) 權近, 《入學圖說》, 〈天人心性合一之圖〉, "人獸草木 千形萬狀 各正性命者 皆自一太極
中流出 故萬物各具一理 萬理同出一源 一草一木 各一太極 而天下無性外之物."

없으니, 선이 있으면 반드시 악이 있는 것 이것이 진실로 이(理)다.[528]

권득기는 사단칠정이 발하는 것은 기(氣)요 발하게 하는 까닭은 이(理)라고 말한다. 뿐만 아니라 인심도심도 비록 형기의 사사로움에 근원하였으나 만약 이 이(理)가 없다면 기가 무엇을 좇아 발하겠느냐고 하여 역시 주리적 견해를 보여 주고 있다. 인간의 감정이나 마음이 드러나는 그 자체는 기의 소위이나 그렇게 하는 까닭은 이(理)라고 보아 이(理)의 주재성 내지 근원성을 강조하였다. 율곡의 경우는 사단이나 칠정이나 발하는 것은 기요 발하게 하는 소이는 이(理)로서, 이(理)와 기의 역할을 상보적으로 이해한다.[529] 이에 비해 권득기의 경우는 사단칠정이 발하는 것은 기요 발하게 하는 것은 이(理)라고 하면서도, "이 이(理)가 없다면 기가 무엇을 좇아 발하겠느냐"고 하여 이(理)의 역할에 더욱 강조점을 두고 있다.

그는 인간의 감정이나 마음의 작용에 있어서 이기(理氣)의 역할과 그로 인한 선악의 관계를 이렇게 설명하고 있다. 대개 귀로 소리를 듣는 것과 눈으로 빛을 보는 것과 코로 냄새를 맡는 것과 입으로 맛을 보는 것이 다 이 이(理)가 있기 때문이다. 그러므로 기가 각기 느낌에 따라 발한다. 비록 이 이(理)가 있어서 예로써 절제하여 그 바름을 잃지 아니하면 곧 이것이 본연의 바른 이(理)다. 그러므로 소리, 빛, 냄새, 맛이 발함에 또한 예로써 절제하고자 하는 마음이 있다면, 이 마음의 발 또한 기이나 발하게 하는

---

528) 《晚悔集》, 卷2, 雜著, 〈論四端七情上叔父教官大人辨疑〉, "四端七情 其發者氣也 所以發者理也 人心道心亦然 雖原於形氣之私 若無是理 則氣何從而發乎 盖耳於聲 目於色 鼻於臭 口於味 皆有是理 故氣各隨感而發 雖有是理 而節之以禮 不失其正者 乃是本然之正理 故於聲色臭味之發也 又有欲節以禮之心發焉 則此心之發亦氣 而所以發者亦理也 其荒淫而不知節者 循其形氣而喪失正理 然有此一種悖理之人 亦是理之所不能無也 有善必有惡 是固理也."

529) 《栗谷全書》, 卷14, 雜著1, 〈人心道心圖說〉, "發之者 氣也 所以發者 理也 非氣則不能發 非理則無所發."

것 또한 이(理)다. 그 함부로 음탕한 짓을 해서 절제할 줄 알지 못하는 자는 그 형기를 좇아 바른 이(理)를 상실한 것이다. 그러나 이러한 일종의 도리에 어긋나는 사람 역시 이(理)가 없을 바가 없으니, 선이 있으면 반드시 악이 있는 것 이것이 진실로 이(理)다.[530]

그런데 권득기는 퇴계의 '사단 이발이기수지 칠정 기발이이승지(四端 理發而氣隨之 七情 氣發而理乘之)'의 이기호발설(理氣互發說)에 대해 다음과 같이 평가한다.

> 퇴옹(退翁)이 이른바 이발기발(理發氣發)은 다만 그 용처(用處)만 가리켜 말한 것이라. 사단과 칠정이 비록 모두 기가 발한 것이나 사단은 다 이(理)의 바른 것으로 애초에 형기의 사사로움이 없으므로 이발(理發)이라 하였으니, 인심 가운데 사람으로서 행해야 할 옳은 길을 행하고자 하는 마음을 가리켜 도심(道心)이라고 한 것과 같다. 이같이 말하면 또한 해로울 것이 없으나, 다만 '기수(氣隨)' 두 글자가 온당치 못한 것 같다. 도심 또한 인심이다. 먼저 "인심은 오직 위태롭다."라고 말한 것은, 도심은 밝히기 어려우므로 인심은 악으로 흐르기 쉽다는 것이다. 또 말하기를, "도심은 오직 은미하다."라는 것은, 인심 가운데 나아가 도심은 밝히기 어려움을 가리켜 그 인심이 오직 위태로운 까닭을 말한 것이다.[531]

530)《晚悔集》, 卷2, 雜著,〈論四端七情上叔父教官大人辨疑〉.

531)《晚悔集》, 卷2, 雜著,〈論四端七情上叔父教官大人辨疑〉, "退翁所謂理發氣發 亦無乃但指其用處而言耶 四端七情 雖皆氣發 然四端皆理之正 初無形氣之私 故曰理發猶就人心中指義理之心爲道心也 如此言之 似亦無害 但氣隨二字似未穩 道心亦是人心也 先曰人心惟危者 以道心之難明 故人心易流於爲惡也 又曰道心惟微者 就人心中指出道心之難明而言 其人心所以惟危之故也."

그는 퇴계의 사단에 대해서 발하는 것은 기이지만, 처음부터 형기의 사사로움이 없이 모두 이(理)의 바른 것으로 이를 이발(理發)이라 했다고 본다. 이는 마치 인심 가운데 인간이 행해야 할 올바른 길을 가고자 하는 마음을 가리켜 도심이라고 한 것과 같다고 설명하였다. 그런데 퇴계가 사단을 설명하면서 "기가 따른다.(氣隨)"라는 표현은 온당치 못하다고 비판하였다. 여기서도 그는 사단을 오로지 '이발(理發)'로 보고자 하는 주리적(主理的) 가치관을 여실하게 보여 주고 있다. 다음은 그의 인심도심에 대한 견해를 살펴보기로 하자.

인심도심을 세속의 말로 말하면, 선하고자 하는 마음은 도심이 되고, 추워서 입고 주려서 먹고 싶은 마음은 인심이니, 이것이 두 마음이 아니요 성인이 우연히 분별해 말한 것뿐이다. 추워서 입고 주려서 먹고 싶은 것은 본래 악한 마음이 아니다. 악에 흐르기 쉽기 때문에 위태하다고 말한 것이지, 만약 본래 악한 마음이라면 성인이 어찌 다만 위자(危字)만 두었겠는가?532)

여기서 그는 인심은 추우면 옷을 입고 싶고 배고프면 밥을 먹고 싶은 마음이고, 도심은 선하고자 하는 마음 즉 도덕적 욕구의 마음이라 설명하였다. 그리고 이 인심도심은 본래 두 마음이 아니라 성인이 우연히 분별해 말하게 된 것이라 하였다. 또한 인심은 본래 악한 마음이 아니고 악으로 흐르기 쉽기 때문에 "위태롭다."라고 말한 것이라 하였다. 이러한 권득기의 인심도심에 대한 견해는 새로운 것은 아니고, 송유(宋儒)나 조선조 성리학

---

532)《晩悔集》, 卷2, 雜著,〈論四端七情上叔父敎官大人辨疑〉, "人心道心 以俗語言之 則欲善之心爲道心 寒衣飢食之心爲人心 此非二心也 聖人偶分別言之耳 寒衣飢食本非惡心易流於惡 故曰危 若本惡心 則聖人豈但下危字邪."

의 인심도심설을 그대로 원용한 것이라 할 수 있다.

4. '구시(求是)', '공도(公道)'의 철학정신

권득기의 철학사상에서 독특한 것이 있다면 '구시(求是)', '공도(公道)', '공심(公心)'으로 표현되는 사회윤리사상이다. 물론 이 '구시(求是)'사상은 멀리 《한서(漢書)》〈하간헌왕전(河間獻王傳)〉에 연원하는 것이고, '공도(公道)', '공심(公心)'의 이론은 송유(宋儒)들의 인(仁)에 대한 해석에서 연역된 것이기도 하다. 정자(程子)는 인(仁)의 이(理)를 공(公)으로 해석하였고,[533] 주자도 공(公)을 인(仁)의 도리라 하고, 공(公)하면 인(仁)하므로 공이 없으면 인행(仁行)이 어렵다 하였다.[534] 인(仁)은 인심의 고유한 이치이므로 공평하면 인하지만 사사로우면 인할 수 없는 것이다. 그러므로 사사로움이 없은 연후에 인이 되고, 인이 된 연후에 천지만물과 더불어 일체가 되는 것이다.[535]

유가철학의 종지(宗旨)가 인(仁)이라 할 수 있는데, 이는 한편 인간의 본심 내지 본질을 가리키는 것이지만, 인간이 인간답게 살아가야 할 도리로서의 총체적 윤리를 일컫는 말이다. 이 인은 곧 인도로서 사심의 극복을 통해 공정성, 공평성, 공공성을 지향한다. 권득기는 이러한 유학 본래의 인의 사상을 바탕으로 구시, 공심, 공도의 철학을 제시하였다.

먼저 그의 구시사상에 대해 검토해 보고 그 현대적 의미를 생각해 보기로 하자. 권득기는 아들에게 보낸 글에서 다음과 같이 학문의 태도를 당

---

533)《性理大全》, 卷33,〈仁〉, "程子曰...仁之道要之只消道一公字 公只是仁之理."
534)《性理大全》, 卷35,〈仁〉, "公是仁底道理 故公則仁...無公則仁行不得."
535)《性理大全》, 卷35,〈仁〉, "惟無私然後仁 惟仁然後與天地萬物爲一體."

부하였다.

내 장차 죽을 때 꼭 너희에게 말하지 못할까 걱정이 되어 이제 한마디 말을 남기니, 너의 가슴속에 모름지기 착한 마음(善心)을 가질 것이요, 한 터럭의 불선한 마음도 갖지 말 것이며, 몸으로 모름지기 착한 일(善事)을 행할 것이요, 한 터럭의 불선한 일도 행하지 말 것이다.

그러나 선이란 또한 달리 방법이 없다. 다만 하나의 '시자(是字)'일 뿐이다. 무릇 일에서 만일 극진히 '옳은 곳'에 이르지 못하면 시(是)는 옳지 못한 것이며 착하지 못한 것이다. 그러므로 만약 다시 그 차선책을 생각한다면 곧 옳지 못함으로 떨어지고 만다.[536]

다만 일마다에서 반드시 옳은 곳을 구할 것이요, 차선을 찾지 말기를 바란다. 천금같이 자중하고 함부로 이름을 좇지 말며, 망녕되게 교유하지 말 것이다.[537]

이는 그가 아들에게 유언처럼 당부한 말이다. 모름지기 착한 마음을 갖고 한 터럭의 불선한 마음도 갖지 말 것이며, 착한 일을 행할 것이요, 한 터럭의 불선한 일도 행하지 말라는 것이다. 즉 마음에는 늘 착한 마음을 갖고 몸은 늘 착한 행동을 해야 한다는 말이다.

그러면 착함(善)이란 무엇인가? 그는 착함을 곧 '옳음(是)'으로 해석한다.

---

536) 《晚悔集》, 卷5, 〈寄次兒心書〉, "我恐將死時 未必與汝有言 故今遺汝一言 汝胸中須着善心 不可着一毫不善心 身上須行善事 不可行一毫不善事 然所謂善者 亦無他法 只是一箇是字而已 凡事若未到極盡是處 卽是不是不善也 故若更思其次 則便陷於不是矣."

537) 《晚悔集》, 卷5, 〈寄次兒心書〉, "但願每事必求是處 毋尋第二義 以千金自重 不妄逐名 不妄交遊."

우리가 일을 함에 만일 극진히 '옳은 곳'에 이르지 못하면 시(是)는 옳지 못한 것이며 착하지 못한 것이라 한다. 그러므로 만약 다시 그 차선책을 생각한다면 곧 옳지 못함으로 떨어지고 만다고 경계하였다.

그는 사위 심원지(沈源之)에게도 구시(求是)를 훈유하면서 다음과 같이 구체적인 설명을 하고 있다.

> 지금 말하고자 하는 것은, 그대가 매사에 반드시 옳은 곳을 취하여 제이의(第二義)에 떨어짐이 없게 하기를 다만 원할 따름이다. 《대학》에 말하기를, "지선(至善)에서 그친다."라고 하였으니, 저 《대학》은 학문을 처음 배우는 사람의 일인데, 곧 지선으로 원대한 책임을 지우는 것은 너무 이르지 아니한가. 대개 지선 이외 다시 다른 방법이 없으니, 겨우 차선이라고 하면 곧 선이 아니다. 무릇 천하의 모든 사물은 다 자연의 일정한 중용이 있나니, 여기서 한 걸음만 떨어져도 불선에 빠지므로 다시 그 다음을 생각한다고 말하는 것은 모두 잘못된 것이다. 만약 말하기를, 이 일은 비록 잘못되었으나 다른 일을 잘한다면 불가하지 않고, 금일은 비록 그르나 내일 고치면 늦지 않다고 하는 것은 심히 불가하니, 이렇게 마음을 두면 능히 얻고 능히 고칠 때가 마침내 없으리라.[538)]

여기서 권득기는 구시를 《대학》의 '지어지선(止於至善)'과 연관시켜 설명하고 있다. 《대학》은 "지선(至善)에 그친다(止於至善)."는 것을 명명덕(明明德)과 신민(新民) 양 측면에서 적용하고 있다. 즉 개인적인 명명덕도 지선

---

538) 《晩悔集》, 卷2, 〈贈沈源之文〉, "今之欲言者 但願子 每事必求是處 毋落第二義而已 大學曰 止於至善 夫大學乃初學之事 而遠以至善責之 不已早乎 蓋至善之外 更無他法 纔曰次善 則便非善矣 凡天下之事事物物 皆有自然一定之中 離此一步 則便陷於不善 故凡曰 更思其次者皆非也 如曰 此事雖失 而他事得之 未爲不可 今日雖非 而明日改之 未爲晚也 則甚不可 以此存心 終無能得能改之時矣."

에 그쳐야 하고, 사회적, 정치적인 신민(親民)도 지선에 그쳐야 한다는 말이다. 지선은 무엇인가? 그 상황에 가장 적의한, 가장 알맞은 도리를 말한다. 그러므로 이 지선을 중(中)으로 설명하기도 한다. 지선은 다름 아닌 시중지도(時中之道)인 것이다. 권득기가 오로지 옳음을 구해야 하지 그 다음 차선을 찾아서는 안 된다 함은 지선 이외에 다른 길이 없음을 말한 것이다. 위에서 예를 들어 설명했듯이, 이 일은 비록 잘못되었으나 다른 일을 잘하면 된다든지, 오늘은 비록 잘못했으나 내일 잘하면 된다는 식의 논리는 옳지 않다는 것이다.

그는 자녀들에게 항상 경계하기를, "내가 밤낮으로 너희들이 성공하기를 바라는 것은 너희들이 과거에 급제하여 벼슬에 나가기를 요구함이 아니라, 다만 너희들이 착한 사람이 되어 털끝만큼 아주 작게라도 착하지 못한 일이 없기를 바라는 것이다."라고 하였다.539) 그는 자식들이 과거시험에 합격하여 높은 벼슬길에 나가 출세하기를 원치 않고, 착한 사람이 되어 조그마한 악행이라도 없기를 소망하였다.

이와 같이 권득기는 아들에게 착한 마음(善心), 착한 일(善事), 착한 행동(善行)을 말하면서 선이란 다른 것이 아니라 옳음(是)에 지나지 않는다 하였다. 만일 일을 함에 있어서 극진히 옳은 곳[是處]에 이르지 못하면 시(是)는 옳지 못한 것이며 착하지 못한 것이라고 규정하였다. 아울러 그것은 최선이라야지 차선이어서는 결코 안 된다 하였다. 여기서 권득기는 착함[善]과 옳음[是]을 동일 궤에서 해석함을 알 수 있다. 사실 선이란 도덕적 가치이고 시(是)란 진리적 가치를 말하는데, 그는 도덕과 진리가 하나로 회통되고 이해되는 지평에서 말하는 것이다. 이 말은 옳음이어야 도덕적인 선도 가능하다는 말이고, 반대로 옳지 않은 것은 결코 도덕적인 선

---

539)《晩悔集》, 附錄,〈家狀〉.

이 될 수 없다고 본 것이다.

이러한 구시의 철학은 아들 탄옹 권시(炭翁 權諰)에게 계승되어 전해졌다. 다음 권기(權愭)가 쓴 〈가장(家狀)〉에 의하면 당시 예송(禮訟) 등을 놓고 벌어진 당쟁의 갈등에서 보여 준 권시의 생각이 잘 나타나 있다.

뒤에 양송(兩宋)540)과 더불어 도의를 익히고 닦으면서 뜻이 같고 도가 합하였으나 크고 작은 논의에서는 역시 다른 데가 많이 있었다. 그의 젊은 제자들의 공격과 배척을 받자 부친은 분개해서 말씀하셨다. "대체 사람이 성인의 경지에 이르렀다면 혹 다르고 같음이 없을 수도 있을 터이지만, 위대한 현인 이하의 경우에는 차이가 없을 수 없다. 이것이 친우가 서로 익히고 닦는 까닭이다. 이제 반드시 논의를 달리하지 않음을 좋게 여긴다면 이는 군자의 참된 교제가 아니요, 곧 소인끼리 서로 도와 잘못을 감추는 무리인 것이다. … 옳고 그름과 다르고 같음은 이미 사람으로서는 없을 수 없는 일인데, 그것을 달리하는 자를 공격한다면 친우들 사이가 마침내 분열되고 말 것이다."541)

당시 권시는 송시열(宋時烈)이나 송준길(宋浚吉)과 서로 교유해 소통하고 지냈지만, 세부적인 측면에서는 견해를 달리하는 경우가 없지 않았다. 이 과정에서 피차의 논의가 필요하고 토론을 통해 시비를 가리고 의리를 강구해야 하는데, 우암이 시비 자체를 꺼리고 토론을 죄악시하는 것은 옳은 태도가 아니라 비판하였다. 자기와 생각이 다르다 해서 이를 미워하고 공격한다면 이는 진정한 친교의 도리가 될 수 없다 하였다.

---

540) 송시열과 송준길을 가리킴.
541) 《炭翁集》, 附錄, 〈家狀〉.

그러므로 학문의 도는 다른 것이 아니라 다만 마음에 조금이라도 거짓된 일이 없게 하는 것이며, 한낱 옳음을 구하는 것뿐이라 하고, 늘 사람으로서 매사에 반드시 옳음을 구할 것이니 차선에 떨어지지 말라 하였다.[542] 이는 부친 권득기의 가르침이면서 동시에 권시 자신의 학문정신이요 진리탐구의 태도였다.

권시는 예 논쟁에 대해서도 송시열과 송준길의 예설을 옳지 않다고 생각하면서도 무서워서 말하지 못하는 실상을 비판하고, 이는 나라를 위해서나 그들을 위해서나 결코 바람직하지 않다고 걱정하였다. 그리고 송시열이 "효종을 서자라 해도 잘못될 것이 없다."라고 한 말은 크게 잘못된 말이라 비판하고, 도리어 윤선도(尹善道)를 '용감히 말하는 선비'라 평가하기도 하였다.[543]

이렇게 볼 때, 권득기, 권시 부자의 옳음을 구하는 구시정신은 진리탐구의 학문태도를 말한 것으로 현대적으로도 매우 중요한 의의를 갖는다. 17세기 당파 간의 분쟁과 학파 간의 갈등이 심화되었던 상황에서 권득기, 권시 부자의 구시정신은 매우 합리적인 처방이라 할 만하다. 그것은 당파 간의 이해나 개인의 선입견, 이해를 떠나 객관적인 진리를 추구하고자 하는 것이기 때문이다. 특히 이들 부자가 유교의 경전이나 성현의 말씀 그리고 주자의 권위에 맹종하지 않고 철저하게 의심하고 묻고 따져서 진리의 본원을 추구하고자 한 그 정신은 매우 소중한 것이며 철학하는 자세와 심법을 그대로 보여 준 것으로 평가된다. 권득기와 권시는 옳음을 구하기 위해서 공론의 장이 활발하게 마련되어야 하고, 거리낌 없는 언로가 활짝 열

---

542)《炭翁集》, 附錄,〈家狀〉, "先公少而學於家庭 參判府君 篤於爲己之學 謂學問之道無他 只心要無一毫虛僞 事要求一箇是而已 每令人每事必求是 無落第二義 先公自幼少時 已知爲學之要不可他求矣."

543)《炭翁集》, 卷3,〈論大王大妃服制及尹善道按律疏〉

려야 한다고 보았다. 이러한 권득기, 권시 부자의 옳음을 구하는 정신은 이 시대에도 매우 유용한 의미를 갖는다.

'옳음을 구한다'는 이 정신은 학문세계뿐만 아니라 모든 영역에서 보편적으로 적용 가능하다. 옳음은 진리요 정의요 참이다. 이보다 더 높은 가치는 없다. 현대사회는 거짓, 부정, 비리, 부실로 인해 인간성이 황폐화되고 사회가 병들어 가고 있다. 학문도 옳음에 근거해야 하고 정치도 진실과 정직에 기초해야 한다. 또 경제도 올바름이 전제되어야 공리(公利)로서 선한 가치가 된다. 과학기술도 옳음에 근거해야 하고 올바르게 사용되어야 한다.

또한 권득기는 공평한 마음(公心)과 공평한 도리(公道)를 자기 철학의 핵심정신으로 삼고 있는데 이에 관해 검토해 보기로 하자. 권득기는 "군자의 이익은 천하가 공평한 것으로 이익을 삼기 때문에 의(義)라고 한 것이다. 소인의 이익은 자기의 사사로운 것을 이익으로 삼기 때문에 단지 이(利)라고 하는 것이다."[544]라고 하였다. 사람은 누구나 이익을 좋아하고 손해를 싫어한다. 권득기는 군자의 이익과 소인의 이익을 구별하고, 군자의 이익이란 천하가 공평한 것으로 이익을 삼지만, 소인의 이익이란 사사로운 개인의 이익을 말한다 하였다. 《예기》에서도 '천하가 공평함'인 대동(大同) 세계를 말하고 있는데, 권득기도 '천하가 공평한 것'을 이익으로 삼는 군자의 이익을 말하고 있는 것이다.

권득기는 이로움과 해로움, 옳고 그름의 관계를 상관시켜 설명하였다. 나 자신만의 이익을 추구하면 다른 사람에게 손해를 끼치게 된다는 것이다. 또 시비를 가리지 않고 오직 이익만을 다투면 힘으로 싸우고 빼앗는 약육강식의 동물적 사태가 야기된다고 보았다. 그러므로 오직 나의 이기

544) 《僭疑》, 卷4, 張1

적인 마음을 미루어 남들에게 공공의 것이 되게 하며, 다른 사람들 또한 이와 같이 하면 서로 이로움이 큰데 이것이 곧 의(義)라 하였다. 여기서 이 익이 사사로움을 극복하고 공공의 이익으로 나아갈 수 있는 것은 오직 옳 음에 있다. 이익이 의리와 조화되고 의리에 맞는 것일 때 이익은 공적인 이익으로 선한 가치를 갖는다.

권득기는 공도(公道)란 나라의 원기(元氣)라 하고, 그것이 밝아지면 다스 려지고 어두우면 어지러워지는 것은 고금의 떳떳한 이치라 하였다.[545] 다 음은 공도에 관한 그의 설명이다.

하늘은 사사롭게 덮어 줌이 없고 땅은 사사로운 베풂이 없는 것은 천지의 공도(公道)입니다. 사사로움이 없는 의리를 받들고 천지를 본받 아 인류의 표준을 세우는 것은 임금의 공도입니다. 하늘은 이 도로써 만물을 덮어 주고, 땅은 이 도로써 만물을 이루며, 임금은 이 도로써 이 세상을 유지하는 것이니, 만약 이러한 도가 없으면 하늘이 만물을 낳을 수 없고, 땅이 만물을 이룰 수 없으며, 임금도 나라를 평화롭게 다 스릴 수 없을 것입니다.[546]

그는 하늘과 땅이 만물에 대해 공평하게 베푸는 것이 천지의 공도라 하 고, 이 천지의 공도를 본받아 인류의 표준을 세우는 것이 임금의 공도라 하였다. 따라서 이 공도가 없으면 천지는 만물을 생성변화시킬 수 없고 임금은 나라를 평화롭게 다스릴 수 없다 하였다.

---

545) 《晚悔集》, 策, 卷2, 〈執事策〉, "公道者 國家之元氣也 明則治 晦則亂 古今之常理也."
546) 《晚悔集》, 策, 卷2, 〈執事策〉, "竊謂天無私覆而地無私載者 天地之公道也 奉无私之義 法天地而建極者 人君之公道也 天以是道而覆萬物 地以是道而載萬物 王者以是道而 維持斯世 苟无是道 則天不得以生物 地不得以成物 王者不得以平治國家矣."

그러므로 임금이 이 도로써 아랫사람을 거느리고 신하가 이 도로써 위를 받들어, 지극히 공평하고 사사로운 마음이 없이 큰 중용의 도를 넓혀 마음을 보존하고 다스림으로 나아감에, 막히고 인색한 사사로움에 매임이 없고, 일체의 행동이 어느 한쪽에도 치우치지 않은 도를 따르면, 쓰이고 버림받고 나가고 물러섬이 하나도 마땅함을 얻지 못함이 없을 것이니, 이른바 천하의 공도라는 것이 그렇다 하였다. 무릇 공도를 행하면 어질고 어리석은 이가 알맞은 자리를 얻어 정치를 하면 밝아지고, 공도가 시들면 간사함과 정직함이 거꾸로 되어 공업(功業)이 무너진다. 표준과 모범이 되는 자리에 있어서 인재의 저울질을 맡은 자가 공도를 넓히는 것으로 일삼지 않을 수 있겠느냐 하였다.[547]

구시와 공심, 공도는 하나로 연관된다. 옳음을 구한다 함은 가장 알맞은 도리를 선택하는 것이며, 착한 마음으로 착한 행동을 하는 것이다. 옳음의 시처(是處)는 시중(時中)의 자리이며 지선(至善)의 자리이다. 권득기는 옳음을 곧 착함으로 해석하여, 진리가 곧 선이요 선이 곧 진리라는 등식을 제시하였다. 그리고 공심, 공도의 공(公)은 인(仁)에서 비롯된다. 인은 천지가 만물을 생하는 마음으로 보편적인 사랑이며, 그것은 차별 없는 공심이다. 이 공심으로 일을 처리하고 정치를 하고 살아가는 도리가 공도인 것이다. 구시, 공심, 공도는 권득기 그리고 그의 아들 권시에서 보이는 특징적인 사상이다. 이는 모두가 사회윤리로서의 성격을 지니고 있다는 점에서 현대적 의미도 크다. 오늘날 현대사회는 극단적인 개인주의, 이기주의 그리고 물신(物神)주의가 팽배한 가운데 사심이 공심을 이기고 자기만

---

547) 《晩悔集》, 策, 卷2, 〈執事策〉, "是故 君以是道而率乎下 臣以是道而承乎上 秉至公之心 恢大中之道 存心出治 无固滯係吝之私 擧措云爲 循蕩蕩平平之道 則用舍進退 无一不得其當 而所謂天下之公道者然也 夫公道行 則賢愚得所而政治明 公道晦 則邪正倒置而功緒壞 居表則之地 而掌人物之權衡者 可不以恢張公道爲務乎."

의 이익을 위해 공공의 질서가 무너지는 사회윤리의 위기에 직면해 있다. 이러한 문제 해결을 위한 대안으로서 권득기, 권시의 구시, 공심, 공도의 윤리는 매우 값진 것이라 생각된다.

5. 우환의식과 경세론

권득기가 비록 현실 정치에 깊숙이 참여하지 않은 처사형 유학자라 하더라도 나라와 백성을 위한 그의 우환의식은 철저하였다. 그는 〈집사책(執事策)〉에서 현실에 대한 자신의 소회를 다음과 같이 피력하였다.

> 다만 충효(忠孝)의 일념이 마음속에 뿌리박아 늘 염려되어 마음에 잊지 못해, 혼자 몰래 신분에 맞지 않는 근심으로 어리석은 마음을 이기지 못하여, 속으로 품은 작은 뜻에 항상 나라가 위태로워 망하려 하는 재앙이 조석에 다가와 있는 것 같아, 매양 생각이 여기에 미치면 심장과 간장이 찢어지는 듯한지라, 대궐의 문을 한 번 두드리고자 생각하여 전하께옵서 몹시 두려운 마음으로 고치고 살피시어 근심으로 헤아림을 고치시어 앞선해 서둘러 옮기시기를 원하고자 하였으니, 이것이 미신(微臣)이 깊이 감추어 둔 마음에 평소 생각한 바입니다.[548]

그는 나라가 위태로워 망하려 하는 재앙이 조석에 다가와 있는 것을 생각하면 심장과 간장이 찢어질 듯하다고 하고, 이를 걱정해 대궐의 문을 두드려 임금에게 말하고 싶었다고 술회하고 있다. 그는 마찬가지로 나라의

---

548)《晩悔集》, 卷2, 〈戊午十月高山察訪除授擬謝恩後陳疏病不能職不果〉.

위태로운 상황을 다음과 같이 임금에게 말하고 있다.

신의 얕은 생각으로는 방금 나라의 형세가 비유하건대, 한 가닥의 실로 천 석(千石)의 무거운 것을 묶어 천 길이나 되는 위에 달아매고 다시 큰 돌로 아래에서 눌러 놓는 것과 같습니다. 지금 와서 개혁을 시도하더라도 오히려 미치지 못할까 두려워하겠거늘, 하물며 다시 지연하여 하루가 하루보다 심한 즉 어찌 능히 바라는 바가 있겠습니까. 신이 가만히 보건대, 방금 하늘의 변고가 거듭 보이고, 인심이 위태함을 근심하고, 서울은 스스로 어지러워지며, 변방 수비가 조심성이 부족하여 그릇되어 밖에서 오는 모욕을 방어하기 어렵게 되었으니, 오늘의 형세가 위급하다고 가히 말하겠는데, 전하께서 여기에 대응하심에 두렵고 위태롭고 근심하고 부지런한 실상을 신이 보지 못하였습니다.[549]

그는 당시 나라가 처한 상황을 가리켜 "한 가닥의 실로 천 석의 무거운 것을 묶어 천 길이나 되는 위에 달아매고 다시 큰 돌로 아래에서 눌러 놓는 것"에 비유하였다. 또 개혁에 미온적인 처사를 비판하며 당시의 상황이 여러 가지 측면에서 위급한 상황임을 말하고 이에 대한 임금의 성실한 대응을 요청하였다.

특히 그는 당시 광해군이 인목대비를 유폐시킨 데 대해 심히 분노하고 이에 대한 의리적 처세를 보여 주었는데, 아들이 쓴 〈가장(家狀)〉을 통해 이를 잘 알 수 있다.

정사년(丁巳年) 겨울 대비(大妃)가 폐출된 후로는 잔치모임에 나가지

---

549) 《晩悔集》, 卷2, 〈戊午十月高山察訪除授擬謝恩後陳疏病不能職不果〉.

않고, 혼례장의 가운데에 앉지 않고 질병과 상사(喪死)로서 부득이한 일이 아니면 서울에 들어가지도 않았다. 무오년(戊午年) 시월 고산찰방(高山察訪)에 제수되었으나 나가지 않으니, 첨정(僉正)이 나가라고 권하되 선자가 말씀하되 "오늘은 강상(綱常)이 없어졌으니 벼슬하지 않으면 야인이거니와, 벼슬을 하면 아무리 작은 벼슬이라도 하루도 침묵할 수 없으니 몸과 말이 함께 나가야 한다." 하고 드디어 상소 수천 언을 초하였다.[550]

권득기는 광해군의 인목대비 유폐가 이루어진 후 유자(儒者)로서의 부끄러움을 스스로 짊어지고 고산찰방을 거부하고 충청도 태안으로 은거해 침묵으로 저항했던 것이다. 벼슬에 나가라고 권하자 "오늘은 강상이 없어졌으니 벼슬하지 않으면 야인이거니와, 만약 벼슬을 하면 아무리 작은 벼슬이라도 하루도 침묵할 수 없으니 몸과 말이 함께 나가야 한다."라고 하였다. 당시의 상황을 '강상이 없어진 세상'이라고 하는 데서 인목대비의 유폐가 그에게 얼마나 큰 충격을 주었는가를 짐작할 수 있다. 그리고 조그마한 벼슬이라도 한다면 결코 침묵할 수 없고 해야 할 말을 다해야 한다는 데서 그의 강직한 면모를 볼 수 있다.

그는 무릇 사람이 일을 처리하는 데 있어서는 반드시 천리에 순응하고 인심에 합한 연후에 가히 길고 오래도록 유지될 것이라 하고, 천리에 순응하지 않고 인심에 합하지 않고서 능히 화란(禍亂)이 없기를 보장할 자는 없다고 하였다. 그리고 지금 인목대비를 폐하자는 논의는 심히 부당하며, 그 의논이 과연 천리에 순응하고 인심에 합한다고 할 수 있는가 반문하였

---

550) 《晚悔集》, 附錄, 〈家狀〉.

다.[551]

　권득기에 의하면, 인목대비를 폐하자는 논의는 처음에는 대개 한두 신하가 사사로운 욕심을 마음껏 채워 보려는 데서 나왔는데, 그 모의가 퍼져 터무니없이 현혹되어 말을 만들어 강박하고 위협하니, 또한 성덕(聖德)에 누(累)가 없지 아니하였는데도 사대부들이 녹을 유지하고 자리를 보존하려고 감히 이의도 못 하고 동의도 못 하니, 이익을 즐기고 염치없는 자들이 쓰러지듯 쏠려 좇았고, 또 널리 유생들을 꾀여 과거에 급제하는 것으로 맛보게 하니, 염치를 잃고 고난을 무릅쓰고 힘껏 앞으로 나아가기를 도모하는 자들이 무리를 지어 그들의 말에 북을 치고 노래를 불렀다고 진단하였다.[552] 그러므로 인목대비(仁穆大妃)의 의논을 배척하고 끊어 사설(邪說)로 임금의 총명을 어지럽게 함이 없도록 하고, 전 재상들이 의논한 바 절목을 조정에서 태워 버려, 천지종묘와 온 백성들에게 사죄하고 인목대비를 받드는 옛날의 예법을 회복하라 하였다.[553]

　또한 권득기는 민심에 기초한 정치를 임금에게 진언하였다. 만약 임금이 경사대부(卿士大夫)와 수많은 백성들에게는 모두 그 마음을 얻지 못하고 홀로 몇 사람의 임금이 된다면 또한 위태롭지 않겠느냐 하고, 임금이 비록 몇 사람과 더불어 마음을 같이하고 덕을 같이한다 해도, 어찌 경사대부와 수많은 백성의 마음이 떠나 배반함을 이기겠느냐고 하였다.[554] 그는 또 임금에게 다음과 같이 무실(務實)의 정사를 추구하였다.

　　옛 사람이 하늘에 대응하되 실(實)로써 하지 형식적으로 하지 아니하

551)《晩悔集》, 卷2,〈戊午十月高山察訪除授擬謝恩後陳疏病不能職不果〉.
552)《晩悔集》, 卷2,〈戊午十月高山察訪除授擬謝恩後陳疏病不能職不果〉.
553)《晩悔集》, 卷2,〈戊午十月高山察訪除授擬謝恩後陳疏病不能職不果〉.
554)《晩悔集》, 卷2,〈戊午十月高山察訪除授擬謝恩後陳疏病不能職不果〉.

나니, 임금이 궁전을 피하고 반찬을 줄이고 풍악을 폐하며 신하의 바른 말을 구하는 일은 형식적인 것이요, 이로 인하여 실심(實心)과 실공(實功)을 구하여 정사에 나타나는 것은 그 실지입니다. 지금 기상의 괴변(怪變)을 대응하는 데 비록 형식적인 일마저도 역시 없어졌으니 하물며 그 실지가 있기를 바라겠습니까.[555]

　권득기는 당시 임금의 정사가 실(實)이 없다고 비판하고, 매사에 실심(實心)과 실공(實功)을 힘써야 한다고 주장하였다. 이러한 무실(務實)의 강조는 율곡 이래 강조되어 온 것으로, 특히 우계학파(牛溪學派)의 정체성으로 전승되었다. 무실은 "실을 힘쓴다."라는 말로 실(實)의 추구를 말한다. 실(實)은 '진실(眞實)의 실(實)'로 거짓을 버리고 매사 참되어야 한다는 의미이고, 또 '실천(實踐)의 실'로 공리공론이 아니라 실천을 강조한 말이다. 아울러 실은 '실용(實用)의 실'로써 형식적인 것이나 허례허식, 명분이 아닌 실질적인 성과와 실적을 중시하는 것이다. 이처럼 권득기가 임금에게 무실을 강조한 것은 당시 병자호란 후 북벌의리와 대의명분론이 대세였던 풍토에서 실학의 중요성을 일깨운 것이다.
　그런데 주목되는 것은 그의 당쟁에 대한 입장이다. 그는 동서 당쟁의 계기를 만든 이가 율곡이라고 보고 있다.

　동서의 이름이 비록 오래되어 이에 이르렀지만, 동서의 다툼은 오직 이공(李公: 율곡)에게 있을 뿐이다. 이공을 돕는 이는 서라고 불리고 아닌 사람은 동이라고 한다.[556]

---

555) 《晩悔集》, 卷2, 〈戊午十月高山察訪除授擬謝恩後陳疏病不能職不果〉.

556) 《晩悔集》, 拾遺, 〈黨原〉, "東西之名 其來雖久 至是則 東西所爭者 惟李公耳 右李公者 謂之西 非是則 謂之東."

권득기는 '동서(東西)'의 이름이 비록 오래되었지만, 동서의 다툼과 갈등은 율곡에서 비롯되었다고 보는 것이다. 율곡의 편에 서는 이는 서인이고, 율곡을 비판하고 반대하는 이는 동인이라 하였다. 이러한 권득기의 역사인식은 논란의 여지는 있어 보인다. 적어도 율곡의 입장에서는 억울한 측면이 있을 수 있고, 또 실제로 율곡은 당시 당쟁의 해소를 위해 그 자신 많은 노력을 했기 때문이다. 이러한 권득기의 율곡에 대한 평가를 통해서 보아도 그는 분명히 율곡학파를 벗어나 있고, 오히려 성혼(成渾)-권극중(權克中)-권득기(權得己)로 이어지는 우계학파(牛溪學派)에 연원해 있다고 보인다.

또한 권득기는 정치에 있어서 공론(公論)의 중요성을 경전과 선유의 말에 근거해 다음과 같이 말하고 있다.

방금 의리가 밝지 못하고 사람들이 각각 주의를 기울여 전하를 위하여 언책(言責)을 맡은 자 이미 스스로 공론이라고 하면, 백성이 모여 사는 곳에서 사사로이 의논하는 자 역시 스스로 공론이라고 하니, 이것은 바로 시인(詩人)이 《시경》에서 말한바 서로 내가 성인이라 고하는 것이옵니다. 공자가 말씀하기를, "천하에 도가 있은 즉 평범한 백성이 서로 공론하지 하니한다." 하시었는데, 송의 선비 주희(朱熹)가 《집주(集註)》에서 말하기를, "위에서 잘못한 정치가 없으면 아래에서 사사로이 하는 의논이 없는 것이지, 그 입을 다물게 하여 감히 말을 못하게 한 것이 아니다."라고 하였습니다.[557]

천하에 도가 바로 서 있지 못하면 백성들이나 벼슬하는 사람들이나 저

---

557) 《晚悔集》, 卷2, 〈乙卯夏三司重論言完平擬伸救會停啓不果〉.

마다 공론을 빙자해 떠든다는 것이다. 반대로 천하에 도가 서 있으면 일반 백성들이 함부로 공론을 일삼지 않는다 하였다. 이러한 공자의 말에 대해 주자는 부연해 설명하기를, 위에서 잘못한 정치가 없으면 아래에서 일반 백성들이 사사로이 모여 공론을 일삼지 않는 것이지 말을 못하게 입을 막는 것은 아니라 하였다. 즉 백성들에게 시국이나 정치현실에 대해 말할 수 있는 자유는 주어지지만 함부로 공론을 일삼아 국론을 분열시키지는 않는다는 것이다.

그는 또 성(誠)을 정치의 원리로 제시하고 진실한 마음으로 진실한 정치를 할 것을 주장하였다.

무릇 천지 사이에 오직 성(誠)만이 사람을 복종시키는지라, 전(傳)에 말하기를, "성(誠)이 지극하고서 움직이지 못하는 자 있지 아니하니, 성하지 못하면 능히 움직일 자가 있지 아니하다." 하였고, … 하늘은 거짓을 용납하지 않고, 백성은 지극히 어리석으나 신과 같습니다. 오직 하늘과 오직 백성은 마침내 가히 속일 수가 없으니, 엎드려 원하옵건대 임금의 밝으신 덕을 신비롭게 머물게 하소서.[558]

여기서 성(誠)은 진실, 참을 말한다. 주자는 성을 '진실하여 거짓이 없는 것'[559]이라 해석하였다. 《중용》에서는 "성(誠)은 사물의 끝이요 시작으로, 성이 없으면 어떤 사물도 존재할 수 없다."[560] 하였다. 또 "성은 천도의 본질이고 이 천도의 성을 본받아 살아가는 것이 인간의 도리"[561]라고 하였

---

558) 《晩悔集》, 卷2, 〈丁巳十一月擬陳疏不果〉.
559) 《中庸》, 第20章, 朱子註, "誠者 眞實無妄之謂 天理之本然也."
560) 《中庸》, 第25章, "誠者 物之終始 不誠 無物."
561) 《中庸》, 第20章, "誠者 天之道也 誠之者 人之道也."

다. 또《맹자》에서는 "지극히 성하고서 움직이지 아니하는 자 있지 않고, 성되지 아니하면서 능히 움직이는 자 있지 않다."[562]라고 하였다. 권득기는 유학의 성(誠)을 정치의 원리 내지 심법으로 제시하였다. 백성을 심복시키고 민심을 얻는 길이 바로 성에 있다고 보았다. 임금의 마음이 진실하고 하는 일이 진실하면 백성들은 임금을 믿고 그 정치를 믿는다는 말이다. 백성의 신뢰를 받으면 임금은 존경받고 그 권력은 정치적 권위를 갖게 된다. 그리고 그것은 곧 민심에 기초한 강력한 힘이 된다. 그는 또 하늘은 거짓을 용납하지 않고 백성은 지극히 어리석은 것 같으나 신과 같아 속일 수 없다 하였다. 진실, 참, 정직, 신의를 기초로 한 도덕정치, 왕도정치야말로 권득기가 추구하는 정치의 이상이요 구경지라 할 것이다.

---

562)《孟子》,〈離婁 上〉, "至誠而不動者 未之有也 不誠 未有能動者也."

제8절 우암 송시열(尤庵 宋時烈)의 도학적 경세론

1. 우암 경세론의 유학적 배경

우암 송시열(尤庵 宋時烈: 1607~1689)은 기호학파 내지 율곡학파의 적전(嫡傳)으로 17세기 조선 중기의 대표적인 학자이다. 그는 사계 김장생(沙溪 金長生)의 문인으로 율곡의 학문과 사상을 계승 발전시키는 데 크게 기여하였고, 율곡학파가 퇴계학파와 구별되는 학파적 정체성을 갖는 데 그 중심적 역할을 수행하였다. 특히 그는 율곡의 학설에 대한 영남유학의 도전에 대해 이론적으로 맞서 대항했고, 이를 위해《주자언론동이고(朱子言論同異攷)》의 저술에 착수하기도 하였다.

한편 우암은 효종의 사부(師傅)로서 17세기 민족적, 국가적 위기 속에서, 대외적으로는 민족적 자주를 지향하고, 대내적으로는 사회정의의 구현에 힘썼다. 청의 침략을 당해 '복수설치(復讐雪恥)'의 신념으로 효종과 함께 북벌을 계획했고, 정치적, 사회적, 경제적 위기 앞에 무너져 버린 국가적 기강과 사회적 윤리질서의 재건에 혼신의 노력을 경주하였다.

이러한 그의 노력은 17세기 조선조를 지탱하는 '태산교악(泰山喬嶽)'으로 칭송되고, 정신적으로는 '대로(大老)'의 존숭을 한 몸에 받으며 당대의 정계와 학계에 지대한 영향을 미쳤지만, 당쟁의 와중에서 갈등과 대립의 장본인으로 비난의 대상이 되기도 했다.

우암은 "주자는 후세의 공자요 율곡은 후세의 주자니, 공자를 배움에 있어서는 마땅히 율곡으로부터 시작해야 한다."라는 부친 송갑조(宋甲祚)의 가르침에 따라 평생 주자와 율곡의 학문을 존신(尊信)하였다. 그리하여 그는 《송자대전(宋子大全)》이라는 방대한 저술을 남길 만큼 학문에 독실하여 성리학, 예학, 의리학, 경세학에 뛰어났다. 율곡의 삶이 그랬듯이 우암도 학문과 정치를 함께했고, 성리학, 예학, 의리의 계발과 함께 경세제민의 실학을 병행하였다. 시대적 배경의 탓도 있지만, 우암은 율곡학파 가운데에서도 가장 적극적으로 주자학과 율곡학의 계승에 앞장서 온 까닭에 많은 갈등을 야기하였고, 이로 인해 상처를 입고 유배를 당하기도 하였다.

유학은 신도 아니고 자연도 아니고 '인간' 그리고 그들이 모여 사는 '사회'를 근심 걱정한다.[563] 또 유학은 인간의 본성을 철저히 캐묻고, 그 본성을 현실에서 온전하게 실현하여 인간다운 삶을 영위함에 목적이 있다. 이를 위해 유학은 방법적으로 수기와 치인을 말하게 된다. 일차적으로 인간은 누구나 자기 자신을 참되고 올바른 존재로 세워야 한다.[564] 이를 위해 지행(知行)의 노력이 필요한데, 구체적으로는 격물(格物), 치지(致知), 성의(誠意), 정심(正心)의 노력이 요구되는 것이다. 이것이 바로 수기(修己)요 정기(正己)요 성기(成己)요 명명덕(明明德)의 내성지사(內聖之事)다. 그러나 수기에만 멈추는 것은 진정한 유학이 아니요 그것은 반쪽의 유학에 불과하다. 진정한 자기 확립을 통해 남에게로 나아가야 한다. 즉 나에게 주어진 선한 본성과 능력을 가정과 사회, 세계에 펼쳐야 한다.[565] 이것이 바로

---

563) 《대학》에서는 유학의 범주를 格物, 致知, 誠意, 正心, 修身, 齊家, 治國, 平天下로 설정하고 있는데, 이를 통해서도 잘 알 수 있으며, 그 밖에 유가경전들의 내용도 인간과 사회에 대한 관심이 그 주류를 이루고 있다.

564) 《大學》, "自天子至於庶人 壹是皆以修身爲本."

565) 《孟子》에서는 이를 '推恩'이라 했고, 《論語》에서는 '忠恕'라 했고, 《大學》에서는 '絜矩之道'라 하였다.

치인(治人: 安民)이요 물정(物正)이요 성물(成物)이요 신민(新民)의 외왕지사(外王之事)이다. 따라서 참된 유학은 '수기치인지도(修己治人之道)'이어야 하고 '내성외왕지도(內聖外王之道)'일 때 온전해진다. 이와 같이 유학은 자기 수양을 근본으로 생각하지만, 이에 머물지 아니하고 가정과 사회와 국가 그리고 인류세계에 대한 끝없는 우환의식을 갖는 데 그 특징이 있고, 이점에서 도가나 불교와 구별되는 바 있다.

그러면 유학이 추구하는 정치의 이상은 무엇인가? 유학은 이를 '왕도(王道)'라 하기도 하고, '대동(大同)'이라 부르기도 한다. 유학의 왕도정치는 왕자(王者), 즉 유교적 성인에 의한 정치를 말한다. 요(堯), 순(舜), 우(禹), 탕(湯), 문왕(文王), 무왕(武王) 등의 정사를 역사상 왕도라 일컫는다. 이를 위해서는 치자 자신의 인격수양과 도덕적 모범이 전제된다. 따라서 큰 덕을 지닌 자라야 하늘의 명을 받아 지도자가 될 수 있고,[566] 그러므로 치자가 되기 위해서는 부단한 자기 수양의 노력이 요청된다. 유학의 정치론에 있어 중요한 특징 가운데 하나가 바로 치자의 도덕성, 자질, 심법을 중시하는 데 있다.[567]

유학의 왕도정치는 그 내용으로 볼 때, 윤리사회의 건설과 경제적 복지사회의 구현에 있다. 이는 맹자가 왕도정치의 출발점을 민생의 안정이라 하고, 왕도정치의 완성을 윤리의 확립에 둔 것으로도 알 수 있고,[568] 또 《예기》의 대동사회가 바로 윤리에 기초한 복지사회의 실현에 있다는 데서 입증된다.[569]

---

566) 《中庸》, "大德者 必受命."

567) 황의동, 《위기의 시대 유학의 역할》, 서광사, 2004, 53~86쪽 참조. 황의동, 《유교와 현대의 대화》, 예문서원, 2002, 제3부, 제4장 '유교의 정치학' 참조.

568) 《孟子》, 〈梁惠王 上〉.

569) 《禮記》, 〈禮運〉, "大道之行也 天下爲公 選賢與能 講信修睦 故人不獨親其親 不獨子其子 使老有所終 壯有所用 幼有所長 鰥寡孤獨廢疾者皆有所養 男有分 女有歸 貨惡其

특히 유학이 추구하는 왕도정치나 대동사회는 윤리 내지 도덕이 충만한 수준 높은 문명사회를 지향하고 있다는 점이다. 물론 여기에서 경제를 결코 소홀히 하지 않음은 물론이다.[570] 문제는 아무리 경제가 풍족해도 윤리적 수준이 향상되지 않으면, 그 경제가 악의 원천이 되고 사회적 갈등의 원인이 되며 공동체의 위기를 가져온다는 점이다. 그러므로 유학은 도처에서 의리[義]와 이익[利]의 조화, 윤리와 경제의 병행을 강조하고 있다.[571] 만약 이익이나 경제가 의리 내지 도덕의 잣대에 어긋날 때는 부정한 경제가 되고, 경제적 불평등이 초래된다. 이러한 유학의 정치철학은 21세기 현대 사회에서도 유효하다.

그러면 이러한 유학의 왕도정치는 어떻게 가능한가? 유학의 왕도정치는 성선(性善)의 인간관을 기반으로 하고 있다.[572] 인간은 누구나 천부적인 선한 본성을 지니고 있다. 그것을 인(仁), 명덕(明德), 인의예지(仁義禮智), 양지(良知), 양심(良心)이라고도 한다. 치자가 자신의 선한 본성, 착한 마음을 사회와 나라와 세계에 펼칠 때 왕도는 가능하다고 본다. 그러므로 치자는 자신의 본성과 본심이 사욕에 의해 가려지지 아니하고 온전히 발휘되도록 하는 마음공부가 필요하고, 이 마음을 가지고 백성을 생각해 정치를 한다면, 인정(仁政)이 가능하고 왕도가 가능하다고 보는 것이다. 이런 이유에서 유학의 정치에서는 치자의 도덕적 자질을 연마하고 왕도의 의지

棄於地也 不必藏於己 力惡其不出於身也 不必爲己 是故謀閉而不興 盜竊亂賊而不作 故外戶而不閉 是謂大同."

570) 유학은 《대학》의 '德者本也 財者末也', 《논어》의 '足食 足兵 民信之', 《서경》의 '正德, 利用, 厚生', 《맹자》의 '恒心과 恒産' '王道之始로서의 민생의 안정과 王道之終으로서의 윤리의 확립'에서 보듯이, 항상 윤리와 경제가 함께 具足해야 한다는 것이지 경제는 없어도 된다는 말은 아니다.

571) 《論語》, 〈憲問篇〉, "見利思義." 《周易》, 〈乾卦 文言傳〉, "利者 義之和也."

572) 《孟子》, 〈公孫丑 上〉, "...以不忍人之心 行不忍人之政 治天下 可運於掌上."

를 굳건히 하는 성학이 일관해 권면(勸勉)되었다. 이를 위해 왕세자에 대한 정치교육이 어렸을 때부터 강화되었고, 경연제도가 활성화되고, 학문과 덕행을 갖춘 관료들의 보필과 비판이 늘 뒤따랐던 것이다. 이런 점에서 유학의 정치사상은 도덕주의에 기반한 경세론이라 규정할 수 있고, 덕치(德治)를 통한 문명사회의 구현에 특징이 있다고 볼 수 있다. 오늘날 현대사회가 법치를 지향하고 있지만, 이는 문명사적으로 보면 차선일지언정 최선은 아니다. 유학은 국민 모두가 저마다 지닌 천부적인 인권을 소중하게 생각하고, 그 본성과 본심을 가지고 살아갈 때 나와 남이 평화롭게 공존하며 경제적으로도 나누며 돕고 사는 아름다운 세계가 가능하다고 보는 것이다. 유학은 사회질서의 유지를 인간의 자발적인 본성에 의존하지만, 법치는 국가의 법률적 강제력에 의존하고 있다는 점에서 구별된다. 무엇보다 법치는 외과적 치료법으로 가시적인 성과는 있을지라도 근본적인 치유는 될 수 없는 데 비해, 유학의 덕치는 비록 더디고 그 효과가 미흡하지만 가장 근본적인 사회질서 유지의 방법이라는 데서 그 현대적 의미를 찾을 수 있다.[573]

또한 유학의 왕도정치 사상은 천(天)을 빌어 민(民)을 중심으로 한 정치를 지향하고 있다. 유학에서의 왕권은 천을 대행한다는 의미를 갖는다. 그러나 그 천은 명분이고 실질은 백성에 있다. 그러므로 하늘은 백성이 보는 것을 통해서 보고 백성이 듣는 것을 통해 듣는다.[574] 또 하늘의 뜻을 말하고 하늘의 마음을 운위하지만, 사실은 백성의 뜻과 백성의 마음이 중요한 것이다. 따라서 하늘은 우리 백성들이 하고자 하는 것을 반드시 좇는다고 말하게 된다.[575] 여기에서 유학의 왕도정치는 백성이 정치

---

573) 《論語》, 〈爲政篇〉, "道之以政 齊之以刑 民免而無恥 道之以德 齊之以禮 有恥且格."
574) 《孟子》, 〈萬章 上〉, "天視自我民視 天聽自我民聽."
575) 《春秋左傳》, 〈襄公〉, 31年條, "民之所欲 天必從之."

의 중심으로 자리하고, 백성이 정치의 가장 중요한 가치로 확인된다. 이는 맹자가 백성이 가장 귀하고, 사직(社稷)이 그 다음이고, 임금은 가장 가벼운 존재라고 규정한 데서 알 수 있다.[576] 다만 중국이나 조선이나 역사적으로 왕도의 실현이 미흡하고 민주시대를 열지 못한 것은 이와는 별개의 문제이다. 왜냐하면 유학의 이념과 현실은 다르기 때문이다. 그러므로 유학의 정치사에서는 위민(爲民), 민본(民本), 보민(保民), 안민(安民), 이민(利民)의 이념을 바탕으로 백성을 중심으로 한 이론과 정책들이 구체화되었던 것이다.

2. 17세기 조선조의 위기와 나라 걱정

16세기 말에 임진왜란이라는 큰 전쟁을 겪은 조선사회는 정치적, 경제적, 사회적, 문화적인 여러 측면에서 심각한 타격을 입었다. 선조를 이어 집권한 광해군은 명, 청 사이에서 유연한 외교를 펼치며 나름대로 정치력을 발휘했지만, 패륜을 자행한 군주로서 내치(內治)에 실패해 결국 인조반정에 의해 실각되고 말았다. 이즈음 당쟁은 더욱 노골화되어 지도층의 분열이 심각해지고, 신흥 청나라의 위협이 노골화되는 상황이었다. 국력의 피폐, 민심의 동요, 강상(綱常)의 이완 등 임란의 여독이 가시기도 전에 또 다시 조선은 정묘, 병자의 호란을 당해야 했다. 이로 인해 인조는 치욕적인 수모를 당해 민족적 자존이 여지없이 무너져 버렸고, 봉림대군(鳳林大君)을 비롯하여 삼학사(三學士), 최명길(崔鳴吉), 김상헌(金尙憲) 등 많은 지도층이 청에 끌려가 고초와 수모를 겪었다. 설상가상으로 유행병이 창궐

---

576)《孟子》〈盡心 下〉, "民爲貴 社稷次之 君爲輕."

하고 가뭄과 기근이 계속되고, 이괄(李适)의 난 등 백성들의 분노가 극에 달하였다. 이렇게 볼 때, 17세기의 조선조는 국가적 위기였다고 해도 지나치지 않는다.

이때 우암은 효종의 스승으로 왕의 총애와 두터운 신임을 받고 있었고, 효종의 북벌계획에 있어 더없는 동반자였다. 효종은 우암에게 의지했고, 우암은 효종을 도와 북벌을 성사시켜 민족적 자존을 회복하고자 하였다. 효종이나 우암의 북벌계획이 비현실적이라는 역사학계의 비판이 없지 않지만, 유학자로서의 우암에게 있어서는 북벌의 성패보다는 명분이 중요하였다. 당시 지도층이나 학계의 여론도 양분되었다. 우암을 비롯하여 많은 사람들이 북벌에 뜻을 같이 하고, 복수설치(復讐雪恥)의 각오를 다졌지만, 최명길을 비롯한 일부 학자들은 힘의 논리를 내세우며 무모한 대의명분론을 경계하였다. 이는 청과의 협상과정에서 주전(主戰)과 주화(主和)의 갈등으로 현실화되었다. 이런 와중에서 우암은 춘추의리에 바탕을 둔 대청(對淸) 북벌의리(北伐義理)를 천명하고 그 앞장에 섰다. 〈기축봉사(己丑封事)〉, 〈정유봉사(丁酉封事)〉 등 그의 상소문 곳곳에서는 이러한 그의 의지가 분명하게 제시되어 있다. 이제 우암의 현실 인식과 그의 우환의식에 대해 살펴보기로 하자. 우암은 우의정을 사직하는 글에서 다음과 같이 나라에 대한 걱정과 근심을 토로하고 있다.

또 한 가지 신이 양대 임금께 은총을 받고 늙고 병들어 곧 죽게 되었으나, 앞으로 쓰러져 신음하는 중에서도 위로는 국사를 생각하고 근심하는 것이 만 가지나 되어, 밤새도록 자지 못하고 때로는 앉아 진실로 한 번 지척되는 땅에 이르러 어리석은 속마음을 털어 놓기를 원하오나 얻지 못했는데, 이제 천둥벽력이 또 심히 놀랄 만한지라 신이 뛰어 일어나 놀라고 두려워 살고 싶지 않을 지경이나, 병을 애써 참고 억지로 일어나 급히 붓과 벼루를 가져다 삼가 누추한 의견을 왼쪽과 같이 늘어놓아, 혹시 이것으로 성은(聖恩)의 만분의 일이라도 갚고 돌아가 성고(聖考)를 지하에서 뵐까 하오니, 엎드려 바라건대 성명(聖明)께서는 함께 살펴심을 주시옵소서.577)

이와 같이 우암은 늙고 병든 몸을 이끌고 나라 걱정에 밤잠을 못 이루며, 시국에 대한 자신의 우국충정을 임금에게 밝히고자 하는 뜻을 분명히 하고 있다. 우암은 지금 나라의 형세가 위급한 지 오래 되어, 백성과 신하가 모두 임금의 각오를 바라고 있으나, 임금의 정사에 게으름이 전과 같고, 직언 듣기를 싫어함도 전과 같고, 천지의 재변을 두려워하지 않음도 전과 같다고 한탄하였다. 또한 시국의 폐단이 많은데도 고치고 바꿀 의지가 없으며, 조정의 기강이 문란해도 떨칠 뜻이 없다 하고, 한 가지만 있어도 족히 나라가 망할 텐데 하물며 두 가지가 함께 겹쳐 있으니 어떠하겠느냐고 한탄하였다.578) 우암은 구체적으로 당시 일곱 가지의 망할 일과 일곱 가지의 죽을 일을 다음과 거론하고 있다.

지금 사람들에게 일곱 가지 망할 일이 있으니, 홍수와 가뭄의 재앙이 하나요, 세금을 무겁게 징수하는 것이 둘째요, 탐욕한 아전들이 빼앗는 것이 셋째요, 힘 있는 자들이 잠식(蠶食)하는 것이 넷째요, 가혹한 아전들의 부역이 다섯째요, 도둑을 막기 위해 부락에서 북을 두드리는 것이 여섯째요, 도적의 강탈이 일곱째인데, 일곱 가지 망할 일은 그래도 괜찮

---

577) 《宋子大全》, 卷第14, 疏箚, 〈辭右議政 三疏〉.
578) 《宋子大全》, 卷13, 〈遇災陳戒箚〉, "目今國勢之危急久矣 中外臣民 皆望聖明尙庶幾其覺悟 而殿下之怠於政事猶前 惡聞直言猶前 不畏天變猶前 時弊雖多 而無矯革之志 朝綱已紊 而無振擧之意 有一於此 足以覆亡 況其兼有之耶."

은데, 또 일곱 가지 죽음이 있습니다. 혹독한 아전의 때려죽임이 첫째요, 형벌의 심각한 것이 둘째요, 죄 없는 자를 원통하게 모함하는 것이 셋째요, 도둑이 횡행하는 것이 넷째요, 원수 있는 자들끼리 서로 죽임이 다섯째요, 흉년이 들어 굶어 죽는 것이 여섯째요, 돌림병에 걸려 죽게 되는 것이 일곱째입니다.[579]

이와 같이 당시 민생의 위기는 매우 심각한 수준으로, 우암은 망할 수밖에 없는 일곱 가지 조건과 죽음과 같은 일곱 가지 경우를 예를 들어 설명하고 있다. 우암은 이러한 현실을 가리켜 '성난 파도에 부서지는 배', '달걀 위에 달걀을 쌓고 바둑알 위에 바둑알을 올려놓은 위태로운 형세'로 비유하고, 황급히 서둘러 불에 타는 사람을 구하듯이, 물에 빠진 사람을 구하듯이 서두르지 않으면 안 된다고 하였다.[580] 이러한 그의 현실인식과 우환의식은 임금을 향해 개혁을 촉구하게 되었고, 구체적인 경세대안으로 나타나게 되었다.[581] 이제 우암의 도학적 경세사상에 대해 검토해 보기로 하자.

---

579) 《宋子大全》, 卷5, 〈丁酉封事〉, "今人有七亡 水旱爲災一也 重責賦稅二也 貪吏取受三也 豪强蠶食四也 苛吏徭役五也 部落鼓鳴六也 盜賊劫略七也 七亡尙可 又有七死 酷吏毆殺一也 治獄深刻二也 寃陷無辜三也 盜賊橫發四也 怨讐相殘五也 歲惡饑餓六也 時氣疾疫七也."

580) 《宋子大全》, 卷6, 〈辭職仍陳戒箚〉

581) 황의동, 〈우암의 개혁론〉, 《송자학논총》, 제3집, 송자연구소, 1996 참조.

3. 우암의 도학적 경세론

1) 도의정치의 실현

유학은 왕도정치를 그 이상으로 삼고, 대동사회의 실현을 추구한다. 그 본질은 인간의 내면에 자리한 선한 본성과 본심을 가지고 가정과 사회 나아가 국가와 세계에 실현함에 있다. 이는 곧 인(仁)에 의한 인정(仁政)이요 명덕(明德)에 의한 덕치(德治)를 의미한다. 우암도 유학의 전통적인 정치철학에 근거하여 인간성이 온전하게 실현된 도의사회를 염원하였다.

우암은 천하국가란 대륜(大倫)을 밝히고 대법(大法)을 세우는 것을 말한 것에 불과하다 하고, 소위 대륜(大倫)이란 부자(父子), 군신(君臣), 부부(夫婦)요, 소위 대법(大法)이란 이 세 가지 관계에서 행해지는 도리를 말한다고 하였다. 이 세 가지가 하나라도 밝지 못하고 세 가지 사이에서 행해지는 도리가 하나라도 미진함이 있으면, 중국이 오랑캐에 빠지게 되고 인류가 금수에 들어가게 된다고 하였다. 그러므로 성인이 사람을 가르침에 있어, 이것으로부터 먼저 하지 않음이 없는 것이라 하였다.[582] 또한 그는 삼강오상(三綱五常)은 하늘과 땅의 법칙으로 사람이 사람 되는 까닭이고 나라가 나라 되는 까닭인데, 그중에서도 가장 크고 더욱 간절한 것은 "인(仁)은 부자간보다 더 큰 것이 없고, 의(義)는 군신간보다 더 큰 것은 없다."라는 것이라 하였다.[583] 이처럼 우암에게 있어 삼강오상(三綱五常), 삼강오륜(三綱五倫)의 질서는 인간과 사회 국가를 관통하는 대원칙으로 중시되

---

582) 《宋子大全》, 卷13, 〈請神德王后祔廟箚〉, "伏以爲天下國家者 不過曰明大倫立大法而已 所謂大倫者 父子君臣夫婦也 所謂大法者 所以行乎三者之間者也 斯三者 一有不明 而所以行乎三者之間者 一有未盡 則中國淪於夷狄 人類入於禽獸 故聖人之所以自爲 與敎人者 蓋莫不以是爲先也."

583) 《宋子大全》, 卷5, 〈丁酉封事〉, "三綱五常 天之經地之義 人所以爲人 國所以爲國者也 於其中 又有最大而尤切者 所謂仁莫大於父子 義莫大於君臣是也."

었다. 이는《맹자》에서 성인이 인간이 동물로 전락되는 것을 근심하여 부
자유친(父子有親), 군신유의(君臣有義), 부부유별(夫婦有別), 장유유서(長幼
有序), 붕우유신(朋友有信)의 오륜을 만들어 가르쳤다는 것에 근거를 두고
있다.584)

우암은 인간본성으로서의 인의예지(仁義禮智)가 바로 인간답게 살아가
야 할 윤리라고 보았고, 부자, 군신, 부부, 장유, 붕우 간에 지켜가야 할 오
륜의 질서가 인간의 기본윤리요 사회질서 유지의 기본이라고 보았다. 이
는 달리 말하면 예의에 의한 사회질서의 확립을 말하는 것인데, 예로써
다스리면 나라가 다스려지고, 예가 어지러우면 나라가 어지러워지므로,
예가 천하국가의 치란(治亂)에 관건이 된다고 보았다.585) 예는 다름 아닌
인간과 인간 사이의 질서다. 법과는 달리 인간의 본성에 기초한 자발적인
규범이라는 데 특징이 있고, 문명사적으로 보면 법보다 한 단계 우위에
있는 규범이다. 우암은 가정과 사회, 그리고 국가와 세계가 인간의 도덕적
양심에 의해 지배되고 자율적으로 규율되는 도의사회를 추구한 것이다.
하늘로부터 주어진 인간의 선한 본성은 인류의 보편적 가치이며, 그 본성
을 온전히 유감없이 발휘하는 데서 인간의 존재의미가 드러나며 인간의
위대성이 실현된다고 보았다. 이러한 관점에서 우암의 경세론은 도학적 성
격을 갖는다. 인간 개인의 도덕적 실천뿐만 아니라 가정과 사회, 나아가 국
가, 세계인류가 모두 도덕화되어야 한다는 염원이 깔려 있다.

그런데 이러한 도의사회는 사심과 사욕이 극복되어 천리가 곧 공의(公
義)가 되는 사회이다. 우암은 만약 정치를 잘하고자 한다면 다른 데서 구

---

584)《孟子》,〈藤文公 上〉, "人之有道也 飽食煖衣 逸居而無教 則近於禽獸 聖人有憂之 使契
　　爲司徒 教以人倫 父子有親 君臣有義 夫婦有別 長幼有序 朋友有信."
585)《宋子大全》, 卷17,〈論文廟從祀疏〉, "誠以禮治則國治 禮亂則國亂 其有關於天下國家
　　也."

할 것이 아니라, 자기의 사심과 사욕을 버리고 천리를 회복함에 있다 하고, 사심과 천리는 서로 소장(消長)해서 국가의 치란안위(治亂安危)에 관계된다고 하였다.[586] 무릇 인심의 같은 바는 곧 천리의 있는 바로서, 인심은 진실로 거스를 수 없는 것인데, 하물며 천리를 어길 수 있겠느냐 하였다.[587]

우암에 의하면 사람의 성냄은 일이 여의치 못한 데서 생기는 경우가 많다. 뜻이 싹튼 바가 대부분 그 사사로움으로 인하여 발생하니, 이 '사(私)' 한 글자가 실로 백 가지 병의 근본이 된다는 것이다. 진실로 이것을 통절히 살펴 용감히 끊지 않으면 이로 인해 뜻이 일어나고, 뜻에 인해 필요가 생기고, 필요함을 얻지 못하면 인하여 분노가 생기는 것이라고 하였다.[588] 이처럼 인간에게 있어 분노의 원천도 궁극적으로는 '사(私)' 한 글자에 달려 있다고 진단하였다.

그러면 어떻게 사욕을 이기고 천리를 회복할 수 있는가? 이에 대한 우암의 말을 보기로 하자.

엎드려 원컨대, 전하께서는 한갓 말만 익히지 마시고, 반드시 모름지기 마음에 체득하고 몸에 징험(徵驗)하시어, 평소 일이 없으면 반드시 경(敬)으로써 이 마음을 존양(存養)하여 그 담연허명(湛然虛明)한 본체가 혹 물욕에 흔들림이 없도록 하고, 그 염려가 싹터 움직일 때는 반드시

---

586) 《宋子大全》, 卷16, 〈進修堂奏箚〉, "然如欲有爲 則不在他求 實在於去己私復天理而已 己私天理相爲消長 而國家之治亂安危係焉."

587) 《宋子大全》, 卷9, 〈論柳後聖事箚〉, "夫人心之所同 卽天理之所在 人心固不可拂 天理況可違乎."

588) 《宋子大全》, 卷10, 〈辭職仍陳戒箚〉, "臣又竊思惟 人之慍怒 多生於事不如意 而意之所萌 例因其有私而發 此一私字 實百病之所根也 苟不於此 痛察而勇斷 則因此而起意 因意而起必 必之不得 則怒因生焉."

경으로 그 기미를 정밀하게 살펴, 과연 천리라면 한결같이 확충하기를 생각해 반드시 나라를 다스림에 있어 육합(六合)에 가득 차기를 기약하고, 과연 인욕이라면 힘써 극치(克治)하여 조금이라도 쌓이지 말게 하십시오. 이와 같으면 청명(清明)함이 몸에 있고 지기(志氣)가 신과 같아서, 호령을 시행하고 사물을 응접함에 각기 그 마땅함을 얻어, 만백성이 기쁘게 복종할 것입니다.[589]

이와 같이 우암은 임금에게 경(敬)으로써 천리를 확충하고 인욕을 막는 공부에 매진할 것을 간곡히 권면하였다. 우암은 또 임금에게 사사로운 뜻을 버리고 공도(公道)를 회복하라 하였는데,[590] 이 또한 "인욕을 막고 천리를 보존하라.(遏人欲 存天理)"는 말과 상통하는 말이다. 요컨대 우암이 이처럼 치자의 사심, 사의를 버리고 공도를 회복하고 천리를 보존하라는 것은, 결국 도의정치의 관건이 사욕의 극복에 있기 때문이었다. 그리고 여기에는 치자의 심법이 공명정대해야 공도가 실현되고 공정한 행정이 가능하다는 신념이 깔려 있다. 치자의 도덕성이 전제될 때 그 정사도 바르고 깨끗할 수 있다는 것이다.

한편 그의 이러한 도의정치에 대한 신념은 청의 침략을 맞아 민족 자주의식으로 나타났으니, 이에 대한 우암의 견해를 보기로 하자.

이른바 정사를 바르게 하여 이적(夷狄)을 물리쳐야 한다는 것은, 공자

---

589) 《宋子大全》, 卷17, 〈進心經釋疑箚〉, "伏願殿下毋徒講說 而必須體之於心 驗之於身 平居無事 則必以敬存養此心 使其湛然虛明之體 無或爲物欲之波動 其念慮萌動之時 則必以敬精察其幾 果天理也 則一意擴充 必期於御家邦而彌合 果人浴也 則用力克治 勿使少有留滯 如此則淸明在躬 志氣如神 以之發號施令 以之應事接物 各得其宜而萬姓悅服矣."

590) 《宋子大全》, 卷16, 〈請去私意恢公道仍論追錄諸勳箚〉.

가 《춘추》를 지어 대일통(大一統)의 의리를 천하 후세에 밝혔으니, 무릇
혈기 있는 무리는 중국을 당연히 높여야 하고 오랑캐를 추하게 여길 것
을 알지 못하는 이 없습니다. … 엎드려 원하건대, 전하께서는 마음은
굳게 정하시고, 오랑캐는 군부(君父)의 원수이므로 맹세코 차마 같은 하
늘 아래 함께 있을 수 없다 생각하시어, 감정을 기르시고 원한을 쌓으시
며, 아픔을 참으시고 원통함을 품으셔야 합니다. 공손한 말씀 속에도 분
노가 더욱 쌓이고, 금폐(金幣) 속에서도 신담(薪膽)이 더욱 간절하여, 추
기(樞機)의 은밀한 것은 귀신도 측량할 수 없고, 지기(志氣)의 굳게 정함
은 분육(賁育)도 빼앗지 못하게 하시어, 기약하기를 5년, 7년으로, 10년,
20년에 이르도록 게으르지 마십시오.[591]

이와 같이 우암은 효종을 향해 춘추의리에 입각한 복수설치(復讐雪恥)
의 각오를 간곡히 권면하였다. 그러면 《춘추》 대일통 의리의 의의는 무엇
인가? 우암에 의하면 《춘추》로부터 《강목(綱目)》에 이르기까지 한결같이
대일통을 주장한 의미는, 대개 대통(大統)이 밝혀지지 않으면 인도가 어그
러져 어지럽게 되고, 인도가 어그러져 어지러워지면 나라가 따라서 망하
게 되는 것이라 한다. 그런데 조선은 정묘, 병자호란 이후 인심이 점점 어
두워져 거짓을 참이라 하고 참람한 것을 바른 것이라 하는 가치 전도의
현상이 나타나게 되었다는 것이다.[592] 결국 의리가 바르게 밝혀지지 아니

---

591) 《宋子大全》, 卷5, 〈己丑封事〉, "所謂修政事以攘夷狄者 孔子作春秋 以明大一統之義
　　於天下後世 凡有血氣之類 莫不知中國之當尊 夷狄之可醜矣…伏願殿下 堅定於心曰
　　此虜者君父之大讐 矢不忍共戴一天 蓄感積怨 忍痛含冤 卑辭之中 忿怒愈蘊 金幣之中
　　薪膽愈切 樞機之密 鬼神莫窺 志氣之堅 賁育莫奪 期以五年七年 以至於十年二十年
　　而不解."
592) 《宋子大全》, 卷5, 〈丁酉封事〉, "臣按 春秋以至綱目 一主於大一統 蓋大通不明 則人道
　　乖亂 人道乖亂 則國隨而亡 我國自丙丁以後 人心漸晦 以僞爲眞 以僭爲正者多矣."

하면 인륜이 어지럽게 되고, 이에 따라 나라도 망하게 된다는 우환의식이 깔려 있다. 우암은 효종이 인조의 치욕을 아프게 여기고, 관과 신발이 거꾸로 뒤바뀐 것을 분하게 여겨, 밤낮으로 마음속에 맹세하고 뜻으로 힘쓴 것이 오직 '복수설치(復讐雪恥)' 네 글자 뿐이었다고 강조하였다.[593]

이렇게 볼 때, 우암의 경세사상은 도학적 성격을 강하게 갖는다. 치자의 도덕성을 전제하면서 도의정치를 추구하는 것인데, 사회와 국가 그리고 세계가 인간의 보편적인 양심에 의해 다스려져야 한다는 것이다. 이것이 바로 왕도요 대동세계로서 유학이 궁극적으로 추구하는 정치의 이상이라고 보았다.

2) 치자의 입지와 학문

유학 정치사상의 특징 중의 하나가 치자의 의지와 심법을 중시한다는 점이다. 우암의 경우도 유가의 전통을 계승하여 치자의 입지와 수양을 강조한다. 정치의 성패는 일차적으로 치자가 어떤 생각을 갖고 무엇을 뜻하느냐가 매우 중요하다. 우암은 〈기축봉사(己丑封事)〉에서 다음과 같이 임금의 한 마음이 얼마나 중요한가를 말하고 있다.

신이 올리는 바는 모두 전하의 한 마음에서 주장하는 것이오니, 진실로 능히 한가한 때 편히 계신 중에 마음을 붙들고 기르시어, 사람을 등용하고 일을 처리하는 사이에 살펴보시면, 천하가 비록 넓고 억조창생이 비록 많으나, 그 다스리는 바는 이것에 벗어나지 않음을 아시고, 참으로 요, 순, 주공, 공자가 서로 전하신 요점을 얻을 것이니, 엎드려 원컨대, 전하께서는 깊이 성인의 뜻을 두시고 소홀이 하지 않으시면 종묘사

---

593) 《宋子大全》, 卷16, 〈進修堂奏箚〉, "至於我孝宗大王痛聖考之危辱 憤冠履之倒置 日夜之所以誓於心勵於志者 罔非復讐雪恥四字而已."

직이 매우 다행이겠고, 생민이 매우 다행이겠습니다.[594]

우암은 임금의 한 마음이 바로 종묘사직과 생민의 안녕에 관건이 된다고 보고, 왕도에 대한 뜻을 세우고 꾸준히 마음공부를 부지런히 해야 한다 하였다.

그러면 마음공부는 어떻게 해야 하는가? 이에 대한 우암의 설명을 보기로 하자.

대개 한 마음이 이미 바르면 몸으로부터 조정에 이르고, 조정으로부터 주현에 이르기까지 바른 것으로 하나가 되지 않음이 없어, 인심이 믿고 복종하여 국세(國勢)가 저절로 강하게 될 것입니다. 이것이 임금의 정치하는 도리에 간절함이니 어찌 이에 더 보탤 것이 있겠습니까?[595]

이와 같이 우암은 치자의 마음이 바르면 그 영향이 조정은 물론 주현에 이르기까지 미쳐, 모든 백성이 믿고 복종하는 덕치(德治)의 공효가 나타나게 될 것이라 하였다. 마찬가지로 임금의 한 마음이 참되고 바르고, 한결같이 자기를 진실하게 닦아 안과 밖이 환하게 밝아 조금도 의논할 것이 없으면, 조정의 신하 중에 누가 감히 공경하고 결백하지 않아, 아름다운 덕을 받들지 않겠느냐고 하였다. 그리고 제왕의 도는 단연코 이것밖에 있지 않으니, 주자도 비록 세속의 임금들이 듣기 싫어하는 바임을 알면서도

594)《宋子大全》, 卷5,〈己丑封事〉, "故臣之所進 皆主乎殿下之一心 誠能持養於燕閒蠖濩之中 而省察於用人處事之間 則知天下雖廣 兆民雖衆 所以治之者 不外乎此 而眞得堯舜周孔相傳之要法矣 伏願殿下深留睿意毋忽 則宗社幸甚 生民幸甚."

595)《宋子大全》, 卷5,〈丁酉封事〉, "蓋一心旣正 則自身而至於朝廷 自朝廷至於州縣 莫不一於正而人心信服 國勢自强矣 此其切於人君爲政之道者 豈有加於此哉."

반드시 이것으로 드리는 글을 삼았던 것이라 하였다.[596]

우암은 이러한 관점에서 임금에게 성학(聖學)에 힘쓸 것을 간절히 권면하고, 뜻을 공손하게 하고 학문에 민첩함은 수기입정(修己立政)의 근본이라 하였다.[597] 또한 모름지기 성학에 힘써 총명을 열고지지(志氣)를 발하고, 그 기초를 두텁게 하고 그 근본을 깊게 하며, 사사로운 자기를 극복하고 그 홀로 있을 때를 삼가라 하였다. 그러면 천리가 날로 밝아져 인욕이 날로 사라진 후에 가히 말을 두고 일을 결단할 수 있고 패연히 여유가 있어, 천하의 일이 장차 억지로 족하게 만드는 일이 없을 것이라 하였다.[598] 이처럼 우암은 도처에서 '무성학(懋聖學)'을 권면하는데, 성학이란 곧 성현의 도요 공맹의 도를 의미한다. 치자 자신이 부단히 유학에 힘써 제왕의 자질을 함양하고, 왕도에 뜻을 세우고 도의에 입각한 정치를 해야 한다는 것이다.

이러한 관점에서 우암은 '내수외양(內修外攘)'을 강조한다.[599] 우암은 당시 조선조의 현실에서 안으로는 정사를 닦고, 밖으로는 오랑캐를 물리쳐야 하는 것이 정치의 핵심이라고 보았다. 도학의 핵심이 '수기치인'이라 할 때, 수기가 근본이고 치인으로 확장하듯이, 우암이 당시 정치의 정도로 제시한 '내수외양'은 내수가 근본이며 외양은 내수의 확장이어야 한다는

---

596) 《宋子大全》, 卷5, 〈丁酉封事〉, "若殿下一心誠正 一己誠修 表裏洞徹 無少可議 則廷臣 孰敢不祗慄精白 以承休德哉 帝王之道 斷不外此 此朱子所以雖知世主之所厭聞 而必 以此爲獻也."

597) 《宋子大全》, 卷7, 〈辭召命兼論聖學疏〉, "臣伏聞 殿下比來 益懋聖學 一日三御經筵 蓋 將遜志時敏 以爲修己立政之本也."

598) 《宋子大全》, 卷12, 〈請懋聖學立大志箚〉, "必須懋聖學 以開聰明 以發志氣 以厚其基 以深其根 以克其己 以愼其獨 使其天理日明 而人欲日消 然後可以措辭斷事 沛然有裕 而天下之事 將無足爲者矣."

599) 《宋子大全》, 卷7, 〈辭召命兼論聖學疏〉, "...務以內修政事 外攘夷狄."

것이었다.**600)** 여기에서 대내적으로 정사를 닦는다는 것은 치자의 심법을 바르게 하고 성학을 힘쓰며, 공정한 인사, 기강의 확립, 민생의 개혁 등을 통해 내치의 근본을 충실히 하는 것이다.

또한 밖으로 오랑캐를 물리쳐야 한다는 것은 우암이 살았던 당시의 시대적 상황에 대한 대처를 의미한다. 정묘, 병자의 치욕을 겪고 난후 국가 안보의 필요성이 고조되었고, 특히 외침으로 민족적 자존에 큰 상처를 입은 데 대한 치유의 방안이었다. 철학은 시대의 반영이라 하듯이, 우암의 '복수설치'나 '북벌의리'는 전쟁의 치욕을 겪은 시대적 소산이다.

그러므로 우암은 무엇보다 내수를 위해 치자의 심법과 도덕성을 갖추고, 성학에 부지런히 힘쓰는 동시에 내정의 개혁을 도모해야 된다고 생각하였다.

3) 다양한 민본대책

우암도 율곡과 마찬가지로 현실에 대한 우환의식이 투철하였고, 시국의 폐단과 민생의 위기를 극복하기 위한 구체적인 대안을 제시하였다. 우암은 많은 상소를 올려 자신의 시국에 대한 견해와 그 대책을 밝혔는데, 특히 〈기축봉사(己丑封事)〉, 〈사우의정소(辭右議政疏)〉, 〈조진시정차(條陳時政箚)〉, 〈환도성외대죄소 이소(還到城外待罪疏 二疏)〉에서 구체적인 경세대안을 제시하고 있다. 이제 이를 중심으로 해서 그의 민본적 정책론과 개혁론을 검토해 보기로 하자. 우선 우암이 이들 대표적인 소차에서 제시한 경세론 내지 개혁론의 내용을 요약 정리해 보면 다음과 같다.

---

600) 김문준, 〈우암의 정치사상〉, 《송자학논총》, 제6, 7합병호, 송자연구소, 2000, 230쪽.

〈기축봉사(己丑封事)〉

1. 슬픔을 억제하여 건강에 유념할 것.
2. 예를 깊이 살펴 장례를 신중히 거행할 것.
3. 열심히 노력하여 마음가짐을 바르게 할 것.
4. 수신을 바탕으로 안정된 가정의 유지에 힘쓸 것.
5. 아첨하는 무리를 멀리하고, 충직한 사람들을 가까이 할 것.
6. 사사로운 은혜를 억제하여 공정한 길을 회복할 것.
7. 어질고 능력 있는 인물을 등용시켜 체통을 바르게 할 것.
8. 기강을 바로잡아 풍속을 아름답게 할 것.
9. 세정(稅政)을 바르게 하여 백성들의 생활을 안정시킬 것.
10. 경제적인 절약으로 나라의 경제적 기반을 튼튼히 할 것.
11. 검약을 소중히 하여 사치스런 일이 없도록 할 것.
12. 훌륭한 스승을 선정하여 왕자의 교육을 담당하게 할 것.
13. 군정(軍政)을 튼튼히 하여 외침에 대비할 것.[601]

〈사우의정소, 삼소(辭右議政疏, 三疏)〉

1. 흉년을 맞아 빈민(貧民)에 대한 구휼(救恤)을 조속히 할 것.
2. 재해보고 및 조사에 대한 아전들의 농간을 방지할 것.
3. 부세(賦稅) 책정과 징수에 있어 백성들의 형편을 고려할 것.
4. 면포(綿布) 징수의 부정을 방지할 것.
5. 도적의 발호를 방지할 것.
6. 진휼(賑恤)의 부정을 방지하고 이에 신속히 대처할 것.
7. 극빈자에 대한 의식주의 대책을 세울 것.

---

601) 《宋子大全》, 卷5, 〈己丑封事(8月)〉.

8. 빈곤층에 대한 면세조치를 할 것.

9. 상례(喪禮)를 예법에 맞도록 준수할 것.[602]

〈조진시정차(條陳時政箚)〉

1. 수령의 선택에 신중을 기할 것.

2. 청백리 제도를 다시 검토해 볼 것.

3. 수령의 실적을 평가하여 상을 주고 장려할 것.

4. 수차의 제도를 적극적으로 검토 시행할 것.

5. 아전을 감원할 것.

6. 조정 관료와 아전이 결탁하는 부정행위를 방지할 것.

7. 지나친 사치의 풍습을 금지시킬 것.

8. 광주(廣州) 수어사(守禦使)를 변통할 것.

9. 사치스런 결혼풍습을 고칠 것.

10. 면포의 승새나 자수는 5승(升)에 35척(尺)으로 할 것.

11. 과도한 음주습관을 금지시킬 것.

12. 소의 도살과 쇠고기 음식을 금지할 것.[603]

〈환도성외대죄소, 이소(還到城外待罪疏, 二疏)〉

1. 슬픔을 절제하여 몸을 보존할 것.

2. 예를 익혀 상례를 신중히 할 것.

3. 학문에 힘써 마음을 바르게 할 것.

4. 몸을 닦아 가정을 바르게 할 것.

---

602) 《宋子大全》, 卷14, 〈辭右議政疏, 三疏, (辛亥 10月 23日)〉

603) 《宋子大全》, 卷17, 〈條陳時政箚(癸亥 正月)〉.

5. 아첨하는 측근들을 멀리하여 충직한 자를 가깝게 할 것.

6. 사사로운 은혜를 억제하여 공도(公道)를 넓힐 것.

7. 인재를 정밀히 가려 뽑아 체통을 밝힐 것.

8. 기강을 떨쳐 풍속을 닦을 것.

9. 재용(財用)을 절약하여 나라의 근본을 튼튼히 할 것.

10. 훌륭한 스승을 선택하여 왕세자를 잘 보양(輔養)할 것.

11. 공안(貢案)을 바르게 하여 백성들의 힘을 펴 줄 것.

12. 검소한 덕을 숭상하여 사치의 풍습을 고칠 것.

13. 무비(武備)를 닦아 외침을 막을 것.[604]

이상의 구체적인 경세론 내지 개혁론을 분석해 보면, 첫째는 치자의 심법과 수양에 관한 문제, 둘째는 인사문제, 셋째는 예의의 실천과 풍속의 개혁에 관한 문제, 넷째는 민본적 개혁안 등으로 구별된다.[605]

먼저 치자의 심법과 수양에 관해 살펴보면, 우암은 임금 자신의 건강, 정심(正心)과 성학을 통한 치자의 자질 함양, 훌륭한 스승을 선택하여 왕세자의 교육에 힘쓸 것 등을 강조하였다. 다음 인사에 관한 대책을 살펴보면, 인사에 있어 도덕적 능력(賢)과 전문적인 식견(能)을 기준으로 할 것, 군자를 등용하고 소인배를 멀리할 것, 청백리 제도를 부활 시행해 볼 것, 행정실적을 심사하여 표창할 것, 측근인사나 정실인사를 하지 말 것 등을 제시하였다. 또한 예의 실천과 풍속의 개혁에 대한 견해로는 장례, 상례를 예법에 맞도록 시행할 것, 기강을 바로잡아 풍속을 아름답게 할 것, 검소

---

604) 《宋子大全》, 卷6, 〈還到城外待罪疏, 二疏(己丑 6月 28日)〉.

605) 지두환은 〈우암 송시열의 정치적 활동과 경세사상〉에서 우암의 경세사상을 정치사상, 사회사상, 경제사상으로 구분하고, 정치사상으로는 심학에 입각한 왕도정치, 산림재상과 사림정치론을, 사회사상으로는 노비종모종양론(奴婢從母從良論), 양반호패론을, 경제사상으로는 대동법론, 구휼정책을 구체적으로 제시하였다.

의 미덕을 장려하고 사치의 풍습을 개혁할 것, 과도한 음주습관을 고칠 것, 소의 도살과 쇠고기의 음식을 금할 것을 제시하였다. 끝으로 민본적 개혁안으로는 공물제도를 개정하여 백성들의 힘을 펴 줄 것, 절약과 검소를 통해 국고를 튼튼히 할 것, 군정을 튼튼히 해 외침에 대비할 것, 도적의 발호를 방지할 것, 진휼(賑恤)의 부정방지 및 신속한 대응, 빈곤층에 대한 면세 조치, 극빈자에 대한 의식주 대책 마련, 면포(綿布) 징수의 부정 방지, 세금 책정과 징수에 있어 백성들의 형편 고려, 재해 보고 및 조사에 있어 아전들의 농간 방지, 수차제도의 도입 시행, 아전의 감축과 부정 방지, 광주(廣州) 수어사(守禦使)의 변통, 면포의 크기 조정 등을 제시하였다.

이를 통해서 볼 때, 우암의 경세론에는 크게 두 가지 특성을 발견할 수 있다. 하나는 도학적 경세론의 특징이다. 우암이 임금에게 간곡히 권면하는 바는 치자의 도덕성과 그 도덕성에 입각한 도의정치였다. 이를 위해 치자 자신이 성학에 열중해야 하고, 마음공부를 돈독히 해야 한다는 것이다. 아울러 그는 당시 조선조 사회의 전반적인 부정과 부패구조에 대해 개혁의 필요성을 강조하고 있고, 인사의 공정성, 기강의 확립, 건전한 풍속과 예속의 진작, 사회정의 확립을 통해 정신적으로 건강한 도의사회를 구현해야 한다고 보았다.

또 하나는 민본적 경세론의 특징을 볼 수 있다. 이는 우암이 백성을 가리켜 어리석은 것 같지만 신과 같다고 한 그의 인간관에서도 알 수 있지만,[606] 그는 도처에서 가난한 자, 불쌍한 자, 약한 자에 대한 배려와 구휼을 힘써 강조하고 있다. 그가 공안이나 군정 등의 개혁을 주장하는 것도 가난하고 불쌍한 백성들이 겪고 있는 고통을 해소하고 그들에게 조금이나마 실질적인 경제적 혜택을 주고자 함이었다. 특히 그는 율곡이 제시했

---

606) 《宋子大全》, 卷8, 〈辭職兼論事箚〉, "斯民也 至愚而神…"

던 노비종모종양법(奴婢從母從良法), 즉 어머니가 양인이면 아버지가 노비라도 자식은 양인이 되게 하여, 노비를 점차 양인으로 만들어 가는 제도를 건의하여, 숙종 10년(1681년)에 마침내 법제화를 이루었던 것이다.[607] 또한 그는 양인이 지는 군역(軍役)의 문제점을 해소하기 위해 호패법의 시행을 주장하고, 이에 따라 양반인 사족이 군역을 부담하도록 하는 양반호포론(兩班戶布論)을 적극 주장하였으니,[608] 이 또한 불우계층에 대한 관심과 대책이라는 측면에서 중요한 의미가 있다. 우암이 비록 신분제의 철폐나 노비해방과 같은 급진적인 대책은 내놓지 못했다 할지라도, 17세기 조선조 사회에 대한 냉철한 분석을 통해 그 해결책을 강구한 것은 나름대로 큰 의미가 있다.

---

607) 지두환, 위 논문, 43쪽.
608) 지두환, 위 논문, 44쪽.

제9절 동춘당 송준길(同春堂 宋浚吉)의 철학정신

1. 삶의 자취와 인품

　동춘당 송준길(同春堂 宋浚吉: 1606~1672)은 17세기 조선조의 대표적인 성리학자요 예학자로서, 문묘에 종사된 '동국 18현'의 한 사람이다. 그는 우리나라 '예학의 종장(宗匠)'으로 일컬어지는 사계 김장생(沙溪 金長生)과 그의 아들 신독재 김집(愼獨齋 金集: 1574~1656)의 문인으로 율곡-사계, 신독재로 이어지는 기호학파 내지 율곡학파의 정맥을 계승하였다. 그는 정치적으로는 우암과 뜻을 함께 한 서인이었고, 학문적으로도 평생 같은 길을 걸어, 세상에서는 이들을 '양송(兩宋)'이라 부르기도 했다.[609] 동춘당과 우암은 은진 송씨를 대표하는 유학자로서, 가까운 집안이었고 숙질의 관계였으므로 평생 매우 친밀한 관계를 유지하였다.

　그동안 송준길의 위상은 사실 송시열에 가리어 그의 학문과 정신이 온전하게 파악되지 못한 면이 없지 않다. 그것은 동춘당과 우암에 대한 연구 성과만으로도 많은 차이가 난다.[610] 동춘당은 성리학, 예학, 경세학, 서예

---

609) 《顯宗改修實錄》, 卷5, 顯宗2年 6月, 己丑條.

610) 우암에 대한 연구는 철학계와 역사학계를 중심으로 1970년대부터 저서, 석 · 박사논문, 일반논문 등 전반적으로 매우 활발하게 이루어져 왔다. 이에 비해 동춘당에 관한 연구는 1995년 충남대학교 유학연구소에 의해 〈동춘당의 체계적 조명〉이라는 주제로

미학 등의 측면에서 학문적 접근이 가능하지만, 특히 예학에 있어 높은 평가를 받는다. 동춘당에 관한 연구 성과를 분석해 보면 철학계와 역사학계의 연구가 주류를 이루는데, 내용면에서는 생애, 철학, 역사, 경세, 예학, 문학 등 비교적 균형 있는 연구가 이루어지고 있는 것은 다행한 일이다.611)

<hr />

국제학술대회가 이루어진 이후 한남대 충청학연구소에 의해 지속적으로 학술대회가 이루어지고 관련 논문이 발표되고 있는 실정이다. 우암에 대한 연구가 전국적으로 폭넓게 이루어지고 있는 데 비해, 동춘당에 관한 연구는 충청지역에 국한된 면이 없지 않다. 이는 동춘당과 우암의 학문적 폭과 깊이에 따른 결과라고도 볼 수 있다.

611) 동춘당에 관한 대표적인 연구 성과로는 저서로《동춘 선생 언행록과 유사》(계성회, 1999)가 있고, 다음과 같은 논문들이 있다. 송인창의 〈동춘당 송준길 유학사상의 자주정신〉(《유학연구》, 제1집, 충남대 유학연구소, 1993), 〈동춘당 송준길의 인품과 철학사상〉(《백제연구》, 제25집, 충남대 백제연구소, 1995), 〈탄옹과 동춘당 도의사상의 비교연구〉, 《도산학보》, 제5집, 도산학술연구원, 1996), 〈동춘당의 경세사상〉(《동춘당사상의 체계적 조명》, 충남대 유학연구소, 1995, 11, 11), 〈동춘당 송준길의 경 사상〉(《한국사상과 문화》. 제15집, 한국사상문화학회, 2002), 〈동춘당 송준길의 교육사상〉(《충청학연구》, 제3집, 한남대 충청학연구소, 2002), 윤사순의 〈동춘당의 유학사적 위상〉(《동춘당사상의 체계적 조명》, 충남대 유학연구소, 1995, 11, 11), 성주탁의 〈동춘당 송준길선생의 생애와 유물, 유적〉(《동춘당사상의 체계적 조명》, 충남대 유학연구소, 1995, 11, 11), 이남영의 〈동춘당의 도학정신〉(《동춘당사상의 체계적 조명》, 충남대 유학연구소, 1995, 11, 11), 강맹산의 〈동춘당의 역사의식〉(《동춘당사상의 체계적 조명》, 충남대 유학연구소, 1995, 11, 11), 좌등공열의 〈동춘당의 주자학과 일본의 주자학〉(《동춘당사상의 체계적 조명》, 충남대 유학연구소, 1995, 11, 11), 서원화의 〈동춘당의 수양론〉(《동춘당사상의 체계적 조명》, 충남대 유학연구소, 1995, 11, 11), 정병련의 〈동춘당의 예학사상〉(《동춘당사상의 체계적 조명》, 충남대 유학연구소, 1995, 11, 11), 사재동의 〈동춘당의 문학정신〉(《동춘당사상의 체계적 조명》, 충남대 유학연구소, 1995, 11, 11), 한기범의 〈동춘당 송준길의 예학사상〉(《한국사상과 문화》, 제18집, 한국사상문화학회, 2002), 〈동춘당 송준길의 향촌활동과 사회사상〉(《충청학연구》, 제3집, 한남대 충청학연구소, 2002), 〈동춘당 송준길의 예학과 연구과제〉(호서사학회,《호서지방사연구》, 경인문화사, 2003), 〈송준길의 예설과 예 사상〉(《대전문화》, 제12집, 대전시시사편찬위원회, 2003), 〈기호학맥과 동춘당의 학문연원〉(《동춘당 송준길의 학문연원》, 한남대 충청학연구소, 2005, 4, 30), 우인수의 〈동춘당 송준길의 정치활동과 국정운영론〉(《조선사연구》, 제10집, 조선사연구회, 2001), 〈동춘당 송준길의 신림활동과 정치사상〉(《충청학연구》, 제2집, 한남대 충청학연구소, 2002), 〈동춘당 송준길의 영남인과의 접촉과 그 추이〉

동춘당의 문집을 보면 대체로 성리학과 예학이 주류를 이룬다. 성리학의 경우는 전문적인 논문이 보이지 않고, 그의 편지나 경연에서의 강의를 통해 겨우 그 내용을 알 수 있다. 이는 우암이 성리학의 이론적 계발에 많은 노력을 기울인 것과는 대조적이다. 앞에서 동춘당과 우암은 정치적으로나 학문적으로 같은 길을 걸었다고 했지만, 여러 문헌들을 고려해 보면 기질면이나 학풍의 면에서 약간의 차이를 발견할 수 있다. 동춘당의 경우는 성리의 이론적 천착보다는 오히려 예학의 계발과 함께 내면적인 마음공부를 더욱 중시한 감이 없지 않다. 따라서 동춘당의 학문세계는 논리나 이론이 아니라, 그의 생애에서 우러나온 고결한 인품과 함께 실천중시의 도학풍에서 찾아야 한다.612) 이러한 관점에서 그의 생애와 학문 활동에

《동춘당 송준길의 학문연원》, 한남대 충청학연구소, 2005, 4, 30), 송용재의 〈동춘당 일기를 통해서 본 동춘당의 생애〉,《충청학연구》, 제3집, 한남대 충청학연구소, 2002), 황의동의 〈동춘당의 이기심성론〉《유학연구》, 제4집, 충남대유학연구소, 1996), 〈동춘당 철학의 현대화와 유교박물관〉《충청학연구》, 제3집, 한남대 충청학연구소, 2002), 김세봉의 〈동춘당 송준길의 생애와 정치사상〉《중재 장충식박사 화갑기념논총: 역사학편》, 논총간행위원회, 1992), 지두환의 〈동춘당 송준길의 사회경제사상〉《한국사상과 문화》, 제22집, 한국사상문화학회, 2003), 〈동춘당 송준길의 북벌운동과 정치사상〉《동춘당 송준길의 사상과 예술》, 한남대 충청학연구소, 2004, 4, 24), 성봉현의 〈동춘당 송준길가의 가계와 혼인〉《동춘당 송준길의 학문연원》, 한남대 충청학연구소, 2005, 4, 30), 최근덕의 〈동춘당의 유학사적 위치〉《동춘당 송준길의 사상과 예술》, 한남대 충청학연구소, 2004, 4, 24), 김문준의 〈동춘당의 기해예송과 예송의식〉《동춘당 송준길의 사상과 예술》, 한남대 충청학연구소, 2004, 4, 24), 정경훈의 〈동춘당 송준길의 비지문 연구〉《동춘당 송준길의 사상과 예술》, 한남대 충청학연구소, 2004, 4, 24), 정태희의 〈동춘당 송준길의 서예세계〉《동춘당 송준길의 사상과 예술》, 한남대 충청학연구소, 2004, 4, 24) 등이 있다.

612) 송시열이 쓴 〈동춘당묘지(同春堂墓誌)〉에 의하면 동춘당은 평생 지평(持平) 3회, 진선(進善) 6회, 집의(執義), 찬선(贊善) 각 7회, 대사헌(大司憲) 26회, 참찬(參贊) 12회, 이조판서(吏曹判書) 3회에 제수되었으나, 번번이 사퇴해 조정에 선 날자는 겨우 1년여였다고 한다. 이와 같이 그는 현달(顯達)보다는 학문, 영예를 추구하기보다는 묵천(默踐)을 택했던 것이다.(최근덕, 〈동춘당의 유학사적 위치〉,《동춘당 송준길의 사상과 예술》, 한남대 충청학연구소, 2004, 4, 24, 15쪽)

서 드러나는 철학 정신을 살펴보고, 그것이 현대적으로 어떤 의미를 갖는지 검토해 보고자 한다. 물론 그것이 전통유학 내지 선유의 것을 넘어서는 것은 아니지만, 현대적 안목으로 새롭게 조명해 본다는데 의미가 있다.

1) 학문형성의 배경

동춘당의 학문과 사상이 형성되는 데 있어서는 먼저 그의 7세조인 쌍청당(雙淸堂) 송유(宋愉: 1389~1446)의 영향을 언급하지 않을 수 없다. 그는 유정(幽貞)의 덕과 고고한 절개를 지녔던 인물로, 일찍이 벼슬에 나갔다가 신덕왕후(神德王后)를 태묘(太廟)에 제사하지 않는 것은 의리에 어긋난다 하여, 바로 사퇴 귀향하여 회덕 백달촌(白達村)에 은거하면서 평생을 지낸 백이풍(伯夷風)의 유학자였다. 그는 초당(草堂) 주변에 푸른 소나무와 대나무를 심어 놓고 하객을 모아 문예로써 친구들과 도를 즐겼으며, 모친 유씨(柳氏) 부인에게 효성이 지극하였고, 제사에는 항상 정결(精潔)을 힘쓰고 예행(禮行)에는 반드시 고제(古制)를 준행(遵行)하였다. 그러므로 그 당(堂)을 단종을 위해 수절한 박연(朴堧: 1378~1458)이 '쌍청당(雙淸堂)'이라 편명(扁名)하여 시로 학행(學行)을 예찬했으며, 안평대군이 이에 화답하였고, 이어 단종을 위해 절의를 지키다 죽은 박팽년(朴彭年: 1417~1456)이 기문(記文)을 지어, 그의 고고청명(孤高淸明)한 덕행과 의리를 칭송했던 것이다. 이렇게 볼 때, 박팽년의 기문에 전하는바 쌍청당의 의의는 "천지간 풍월의 청명함과 쌍청당 송유의 덕광(德光)이 함께 맑게 된다."라는 뜻으로서, 이러한 송유의 우정(幽貞)의 덕과 고고한 절개의 정신이 그대로 후손에게 전승되어, 동춘당의 예학사상과 우암의 대의정신으로 집대성되었던 것이다.[613]

---

613) 유남상, 〈여말선초의 유학과 대덕〉, 《대덕군지》, 대덕군지편찬위원회, 1979, 494~495쪽 참조.

이와 같이 동춘당의 학문형성에 있어서 쌍청당 송유의 '종용취의 물아쌍청(從容就義 物我雙淸)'의 도학정신은 많은 영향을 미쳤으니, 그의 당명(堂名)이요 호(號)인 '동춘(同春)'이 바로 이러한 정신을 계승한 '물아무간 여물동춘(物我無間 與物同春)'에서 연유했다는 것을 주목할 필요가 있다.[614]

또한 18세에 사계 김장생의 문하에 들어가 수학하였고,[615] 사계가 세상을 떠남에 그 아들 신독재 김집의 문하에서 예학을 배웠다. 그는 사계에게서 《소학》, 《가례》 등을 배웠는데, 그는 동춘당에 대해 "이 사람이 훗날 반드시 예가(禮家)의 종장(宗匠)이 될 것이다."라고 칭찬하였다.[616] 또한 동춘당은 스승 신독재 김집의 학문적 위상에 대해 다음과 같이 평가하고 있다.

생각건대 우리 노선생(老先生: 김장생)은 실로 이문성공(李文成公: 율곡)의 적전(嫡傳)으로 오로지 박실(朴實)한 데에 노력하였는데, 선생(김집)이 그 지결(旨訣)을 계승하였으니, 문로(門路)가 심히 바른 즉, 통(統)을 전함이 거의 폐단이 없다고 이르겠다.[617]

이와 같이 그의 학문형성 특히 예학적 측면에서 사계, 신독재 부자의 영

---

614) 황의동, 〈동춘당의 이기심성론〉, 《동춘당 사상의 체계적 조명》, 충남대 유학연구소, 1995, 11, 11, 56쪽.
615) 《同春堂先生文集, 續集》, 卷6, 附錄1, 〈年譜〉, 癸亥 條.
616) 《同春堂先生文集, 續集》, 卷6, 附錄1, 〈年譜〉, 癸亥 條, "沙溪方以禮敎人 喜曰此哥佗日必作禮家宗匠…"
617) 《同春堂集》, 卷21, 〈崇政大夫判中樞府事愼獨齋金先生(集)諡狀〉, "惟吾老先生實得李文成公嫡傳 專於朴實頭用功 而先生承其旨訣 門路甚正 則庶或傳之無斁云."

향은 매우 컸던 것이다.[618]

또한 그는 성리학에 있어 율곡을 계승하였고, 그의 학문과 정신을 배우고자 하였다. 그는 율곡의 말은 고명통투(高明通透)한데, 《성학집요(聖學輯要)》의 학문을 하고 정치를 하는 도리는 가장 절실하고 중요하여 익히지 아니할 수 없다고 하였다.[619] 그는 또 율곡의 《격몽요결(擊蒙要訣)》 가운데 격언 수십여 조를 방에 써 놓아 독서의 순서로 삼고 학도를 교수하는 데 참고하였으며, 〈은병정사학규(隱屏精舍學規)〉를 제시하여 아침저녁으로 살피도록 하였다.[620]

이와 같이 동춘당의 학문 형성에 있어서 율곡, 사계, 신독재는 중요한 위치에 있었는데, 이는 그가 바로 율곡학파 내지 기호학파의 학문적 전통을 계승하고 있었기 때문이다.

뿐만 아니라 그는 영남의 퇴계 이황(退溪 李滉: 1501~1570)과 우복 정경세(愚伏 鄭經世: 1563~1633)를 매우 존숭하여, 이들의 학문적 영향을 간과할 수 없다. 그는 퇴계의 학문적 장점이 정밀하고 자세하고 신중함에 있다고 칭송하고,[621] 퇴계를 평생 스승으로 삼았다.[622] 그리하여 그가 세상을 떠나던 해 꿈속에서 퇴계를 뵙고, 다음과 같은 시를 써서 기렸던 것이

---

618) 한기범, 〈기호학맥과 동춘당의 학문연원〉, 《동춘당 송준길의 학문연원》, 한남대충청학연구소, 2005, 4, 30, 33~39쪽 참조.

619) 《同春堂集》, 別集, 卷1, 〈經筵日記〉, "浚吉曰...李珥之言 高明通透矣...李珥所進聖學輯要 於人君爲學爲治之道 最爲切要 不可不講也."

620) 《同春堂集》, 卷7, 附錄, 〈遺事〉, 黃世禎 錄, "先生取栗谷先生擊蒙要訣中格言數十餘條書之座隅 常目在之 而先生以爲其讀書次第 尤可爲學者法 敎授學徒之際 亦遵其制焉 先生在道山墳菴時 學徒多聚 先生以朱夫子白鹿敎條 及栗谷先生隱屏精舍學規文憲書院學規等 文字揭之楣間 以爲朝夕觀省之地..."

621) 《同春堂集》, 別集, 〈經筵日記〉, "浚吉曰 精詳愼密 李滉長處..."

622) 《同春堂集》, 別集, 卷9, 附錄, 〈墓誌文〉, 宋時烈, "...於本朝則李文純公滉 爲終身師法之地..."

니, 이를 통해서도 그의 퇴계에 대한 존경과 흠모를 엿볼 수 있다.

평생토록 퇴계 선생님 공경해 우러르니
세상 떠나셨어도 그 정신 오히려 감통시키네.
오늘밤 꿈속에서 가르침 받았는데,
깨어 보니 달빛만 창가에 가득하네.[623]

아울러 정경세는 그의 장인으로 동춘당의 예학에 영향을 미쳤는데,[624] 정경세는 유성룡(柳成龍: 1542~1607)의 문인이요 유성룡은 퇴계의 문인으로 퇴계학맥의 중심에 자리하고 있다. 그 밖에도 선유 가운데 이연평(李延平: 1093~1163)을 사모하고 높이 평가하여,[625] 그를 율곡, 우계와 함께 문묘에 종사시킬 것을 현종에게 소청하기도 했다.

이상에서 살펴본 것처럼 동춘당의 학문과 사상은 7대 선조 쌍청당 송유의 가학적 전통과 율곡, 사계, 신독재의 기호학파 선유의 가르침과 퇴계와 장인 우복의 영남 선유, 그리고 송대 이연평에 대한 사숙을 통해 형성되었다.

2) 동춘당의 인품

한 인간에 대한 평가는 그의 생애를 통해 이룬 외면적인 업적도 중요하지만, 그의 삶 내면에 자리한 인격에 대한 평가를 간과해서는 안 된다. 더

---

623)《同春堂集》, 續集, 卷6,〈年譜〉, 壬子, 45年, 先生 67歲 條, "平生欽仰退陶翁 沒世精神尙感通 此夜夢中承誨語 覺來山月滿牕櫳."

624) 한기범,〈기호학맥과 동춘당의 학문연원〉,《동춘당 송준길의 학문연원》, 한남대 충청학연구소, 2005, 4, 30, 38~39쪽 참조.

625)《同春堂集》, 別集, 卷9, 附錄,〈墓誌文〉, 宋時烈, "...又於先儒最慕延平之質懿精明 常以不得祀於聖廟爲慊..."

욱이 유학의 입장에서 보면 아는 것도 중요하지만, 어떻게 사는가가 더욱 중요하기 때문이다. 그리고 유학은 궁극적으로 수기를 통해 군자가 되고 성인과 같은 인격을 함양하여, 가정, 사회, 국가 그리고 세계인류를 위해 봉사, 헌신함에 학문의 목표가 있기 때문이다. 따라서 한 인간의 삶에 투영된 내면적인 인간면모를 밝히는 작업은 매우 중요한 의미를 갖는다. 이러한 관점에서 동춘당의 삶에 드리운 인격의 모습을 가늠해 보고자 한다.

동춘당의 문집 속에 있는 〈연보(年譜)〉, 〈유사(遺事)〉 그리고 남궁원(南宮垣)이 쓴 〈동춘당언행록(同春堂言行錄)〉 등을 검토해 볼 때, 동춘당은 온화함과 냉철함을 겸비하였을 뿐 아니라 세속에 초연한 삶과 함께 유가적 도덕사회의 구현을 위한 현실참여의 삶을 살았다.

송시열은 동춘당의 인격을 설명하면서, 사람을 대함에 온화하였다 하였고,[626] 남궁원은 〈동춘선생언행록〉에서 다음과 같이 그의 원만한 인품을 설명하고 있다.

선생은 안색이 온화하시고 말씀이 즐거우시고, 그 인품이 옥 같으시고 용모가 그 마음 같으시니, 세상이 모두 춘풍좌상(春風座上)이라고 하였다. 일찍이 빠른 말씀과 급한 태도를 나타내지 않으시고, 또한 남의 장점과 단점을 듣지 않으시며, 사람이 혹 남의 과실을 논하면 마음으로 매우 좋지 않게 여기시고 응답을 하지 않으셨다. 시골에 살며 일을 처리하매 늘 아름다운 말과 착한 행실로써 하시고, 겸손함이 몸에 체질화하였다.[627]

---

626) 《同春堂集》, 〈遺事〉, "公接人溫和..."

627) 《同春先生言行錄》, 南宮垣, "先生顏色溫和 言辭樂易 其人如玉 貌如其心 世皆謂春風座上 未嘗見疾言遽色 亦未聞論人長短 人或言人過失 則心甚非之 不爲應答 居鄉處事 每以嘉善 而矜不能爲主."

이와 같이 동춘당의 인품은 '춘풍좌상(春風座上)'이라 불릴 만큼 온화하고 넉넉하며, 남의 장점과 단점을 시비하지 않으며, 겸양의 덕을 체질화했던 것이다. 이러한 그의 인품은 그의 호인 '동춘(同春)'을 통해서도 잘 드러난다. 포저 조익(浦渚 趙翼: 1579~1655)은 〈동춘당기(同春堂記)〉에서 '동춘'의 의미를 다음과 같이 쓰고 있다.

> 무릇 하늘의 덕에는 원형이정(元亨利貞) 네 가지가 있는데, 원(元)이 그 첫째이고, 그 기(氣)의 흐름 또한 춘하추동 넷이 있는데, 봄이 그 첫째이다. 그러니 봄이란 원이 제때에 맞추어 나오는 것이므로, 원(元)은 봄이며 인(仁)은 하나인 것이다. … 송군이 동춘(同春)을 그 당(堂)의 이름으로 한 것은 인(仁)을 구하는 데 있음을 알겠다. 무릇 인(仁)은 천지의 공변됨이요 모든 착함의 근본이다.628)

이와 같이 그의 당호(堂號)인 '동춘'의 의미가 유학의 중심이념인 인(仁)과 상통되는 것인데, 천지가 만물을 낳는 착한 마음이 동춘 속에 내재해 있다. 따라서 동춘당은 자신의 호인 '여물동춘(與物同春)'의 정신을 체득하고자 노력하였고, 봄바람같이 훈훈한 인정과 넉넉한 도량을 몸소 함양 실천하였다. 그러므로 수암 권상하(遂庵 權尙夏: 1641~1721)는 〈동춘당연보〉의 서문에서 "옛적에 회옹부자(晦翁夫子)께서 일찍이 명도(明道) 선생을 찬하여 말하기를, '상서로운 해와 구름이요 온화한 바람과 단비'라 하였다.

---

628) 《浦渚集》, 卷27, 〈同春堂記〉, "夫天之德有四 而元其首也 其氣之流行亦有四 而春其首也 然則春者 元之行乎時者也 人之仁 卽出於此 故元也春也仁也一也 程子曰 靜後觀萬物 皆有春意 又曰 萬物之生意最可觀 此元者善之長也 斯所謂仁也 夫天地以生物爲心 元者天地生物之心也 春者天地生物之氣也 萬物之生 皆受之天地 故萬物皆有生意也 所謂春意 乃生意也 仁者 人之生物之心也 宋君以同春名其堂 則可見其志在於求仁也 夫仁 天地之公 萬善之本也 宋君之志乃在於此 其志豈不大哉."

어리석은 내가 항상 이 글을 읽으면서 무릎 치며 탄복해 말하기를, '백세 후에 누가 능히 이 말씀과 같다 할 것인가?' 하였더니, 가만히 엎드려 생각하니 우리 동춘 선생이 거의 이와 같으셨다."[629]라고 하였다. 이처럼 동춘당의 인품은 송대 정명도와 비슷하게 일컬어졌던 것이다.

또한 그는 자기주장만이 옳다고 주장하거나 자기 문호를 내세워 경쟁하거나 다투지 아니하고, 대립과 갈등을 뛰어 넘어 상보적 관점에서 전체를 보고자 했다.

> 선생은 평생에 스스로 '옳다' 하는 성격이 없으시고, 이기기를 좋아하는 마음이 없으시고, 일찍이 남들이 각각 문호를 내세우는 것을 미워하시고, 자기주장을 내세워 높은 체 하지 않으시고, 겉만 힘써 명예를 요구하지 않으시고, 먼저 실천하시고 후에 의논하시므로 사람을 취하되 반드시 먼저 겸양하고 공손한 것을 본받고, 겉모양만 꾸미고 만들어 이루고 헐뜯고 칭찬하며 엎치락뒤치락 하는 자는 끊고 내 마음을 주지 말도록 하였다.[630]

여기에서 동춘당의 원만한 인품과 사소한 시비를 초월한 대인의 풍모를 읽을 수 있다. 더욱이 자기편을 만들어 남들과 싸워 이기는 것을 미워하고, 겉보다는 내실을 중시하고, 말보다는 실천을 중시하며, 겸양과 공손이 체질화된 동춘당의 면모를 잘 알 수 있다.

그러나 이러한 동춘당의 인품은 자칫 오해될 수도 있다. 즉 자기주장이

---

629) 《同春堂年譜》, 序, 權尙夏, "昔晦翁夫子嘗贊明道先生曰 瑞日祥雲 和風甘雨 愚常誦此 而擊節曰 由百世而後 誰能彷彿乎斯言 竊伏思之 我同春先生庶幾焉."

630) 《同春先生言行錄》, 南宮垣, "先生平生 無自是之癖 無好勝之心 嘗疾人各立門戶 不立 異以爲高 不務外以要名 先踐履後談論 故取人必先謙讓恭謹者 修飾作爲 抑揚反覆者 絶勿與許."

없다든가 마음만 좋아 맺고 끊는 과단성이 없다는 평을 받을 수도 있는 것이다. 동춘당은 이런 점에서 따뜻하고 온화한 성품을 지녔으면서도 추상같은 냉철함과 과단성을 지녀 조화로운 인품을 지녔던 것으로 짐작된다. 남궁원은 농암 김창협(農巖 金昌協: 1651~1708)의 동춘당에 대한 평을 다음과 같이 소개하고 있다.

> 을해년(乙亥年) 간에 내가 농암(農巖) 김대감과 더불어 동호(東湖)에 같이 배를 탔다. 농암 대감이 선생의 덕을 매우 칭송해서 말하기를, "일에 임하여 흔들리지 않으시고, 끊기를 칼같이 하시고, 악한 것 보기를 더럽힐 것같이 하시며, 미워하기를 원수같이 하시고, 강하시며 굳센 집념은 남들이 미칠 바가 아니다." 하고, "세상 사람들은 한갓 양기(陽氣)가 온화함의 하나만 알았지 참으로 선생의 덕은 알지 못한다."라고 하였다.[631]

이와 같이 동춘당의 인품은 세상 사람들이 아는 대로 봄바람같이 훈훈한 인품, 좋은 사람만으로 보아서는 안 된다는 것이다. 온화한 성품 속에 시시비비를 준엄하게 가리는 냉철함이 있고, 선악정사를 엄정하게 변별하며, 굳센 집념과 강한 추진력을 겸비하고 있다는 것이다. 문인 황세정(黃世楨)은 동춘당의 인품을 "온후함은 봄볕과 같고, 엄숙함은 가을 서리와 같다."라고 묘사하였으며,[632] 남궁원은 "선생의 성품은 비록 너그럽고 온화하지만 악을 미워하기를 원수와 같이 하였고, 종족 향인이 혹 과실이 있

---

631) 《同春先生言行錄》, 南宮垣, "乙亥年間 余與農巖金台 同舟東湖 農台盛稱先生之德曰 臨事不撓 斷之如刀 見惡若浼 嫉之如讐 剛毅之執 非人所及 而世之人 徒知一於陽和 非眞知先生之德者也."

632) 《同春堂集》, 別集, 卷9, 〈遺事〉, 黃世楨, "溫厚則春陽也 嚴肅則秋霜如也…"

으면 앞에서 크게 책망하고 반복해 훈계하여 성의를 다하였다."[633]라고
술회하였다. 이는 동춘당의 인품이 겉으로는 부드럽지만 속으로는 강하였
음을 말해 주는 것이고, 또 따뜻함과 차가움, 온화함과 냉철함을 겸비했
음을 알 수 있다. 위에서 살펴본 대로 그의 인품을 통해 살아있는 교훈과
삶으로 드러난 생활철학을 배울 수 있다.

2. 동춘당의 철학정신

1) 성인됨과 왕도의 실현

유학은 본래 내성외왕(內聖外王)을 학문의 목표로 삼는다. 개인적으로
는 누구나 수기를 통해 성인의 인격을 갖추는 데 학문의 목적이 있고, 나
아가서는 현실사회에 왕도를 실현함을 궁극의 목표로 삼는다. 이는 유학
의 학문적 차서와 규모를 제시한 《대학》에 잘 나타나 있으니, 명명덕(明明
德)이 성인이 되기 위한 수기라면, 신민(新民: 親民)은 왕도의 실현을 의미
한다. 아울러 격물(格物), 치지(致知), 성의(誠意), 정심(正心), 수신(修身)은
수기의 일이라면, 제가(齊家), 치국(治國), 평천하(平天下)는 왕도의 일이다.
이러한 내성외왕의 정신은 유가 경전에 보편적으로 반영되어 있다. 즉《논
어》에서는 '수기(修己)'와 '안민(安民: 安百姓)'을,《맹자》에서는 '정기(正己)'와
'물정(物正)'을,《중용》에서는 '성기(成己)'와 '성물(成物)'을 일컫고 있다. 이처
럼 유학은 본래 개인적으로는 부단한 수기를 통해 성인과 같은 인격을 갖
추어야 하는 것이며, 그러한 성인의 자질을 가지고 가정, 사회, 국가, 세계
에 왕도를 실현해야 한다.

---

633)《同春先生言行錄》, 南宮垣 錄, "先生性雖寬和 嫉惡如讐 宗族鄕人 或有過失 則當面
切責 反覆規戒 務盡誠意."

동춘당은 이러한 유학의 전통을 계승하여 학문의 목표, 삶의 목표를 성인됨과 왕도의 실현에 두었다. 그는 임금에게 성인이 되기를 스스로 기약할 것과 하은주(夏殷周) 삼대(三代)의 왕도정치를 실현할 것을 정치적 입지로 제시하였다. 이를 위해 인재를 발굴하여 마땅하게 임용하면 민심이 복종하게 될 것이라 하였다. 또한 법제를 변통(變通)하여 백성들의 근심을 구제하고, 극기(克己)로서 선도(善道)를 좇으면 폐습이 제거되어 그 영향이 멀고 가까운 곳에 두루 미치게 될 것이라 하였다. 또한 자주 경연을 베풀어 훌륭한 신하들과 친하고 도를 익히면 임금의 덕이 날로 높아지고, 정치의 실효가 날로 새로워질 것이라 하였다.[634] 이처럼 동춘당에 있어 학문과 정치의 목표는 일차적으로는 성인이 되기 위해 임금의 덕을 높이는 데 있고, 훌륭한 인재를 발굴하고 법제 개혁을 통해 백성들의 아픔을 해결하고 정치의 실질적인 혜택을 베푸는 데 있었다.

그러므로 그는 임금을 향해 천지를 위해 마음을 세우고, 생민을 위해 이념을 세우고, 지난 성인들을 위하여 끊어진 학문을 계승하며, 만세를 위해 태평한 세상을 열어야 한다 하였다. 이는 송나라의 유학자 장횡거(張橫渠)의 말을 인용한 것으로 그의 철학정신이 잘 표현된 것이다. 그리고 이 뜻을 굳게 견지하고 변함없이 물러섬 없이 먼저 5년, 7년의 규모를 세우고 1년에 반드시 1년의 공부가 있으니, 뜻과 일이 세워지고 일에 따라 뜻이 이루어져서, 장차 전하가 하고자 하는 바를 하게 될 것이라 하였다.[635]

유학에 있어서의 학문적 목표는 천지에 입각한 마음의 정립이며, 정치

---

634) 《同春堂集》, 卷1, 〈應旨兼辭執義疏〉, "...然殿下旣以聖人自期 三代爲治 則根本立矣 知人善任 擧錯得宜 則民心服矣 變通以救民隱 克己以從善道 則弊習可祛而遠邇風動矣 頻於經筵 親賢講道 則聖德日躋 而治效日新矣."

635) 《同春堂集》, 卷1, 〈應旨兼辭執義疏〉, "惟殿下爲天地立心 爲生民立極 位去聖繼絶學 爲萬世開太平 堅持此志 無變無退 先立箇五年七年規模 一年必有一年工夫 則志與事 立 事隨志成 將惟殿下之所欲爲矣."

나 학문의 목표가 생민을 위해 이념을 세운다는 것이다. 이념의 내용이 무엇이며 색깔이 어떠한가가 문제가 아니라 '생민'을 위한다는 목적이 중요하다. 이는 다름 아닌 지나간 성인들의 정신을 계승하는 것이요 단절된 유학의 도통을 계승하는 것으로, 궁극적으로는 만세토록 태평한 세상을 여는 데 있다. '만세태평'의 왕도실현이야말로 유학의 이상이며 동춘당의 철학정신이다. 또 이를 위해서는 먼저 성인과 같은 자질을 함양하기 위해 부단히 노력해야 하는 것이다. 개인적 수기와 사회적 왕도의 실현이라는 두 가지의 목표는 유학의 지향점이자 동춘당의 철학정신이다.

2) 윤리세계의 구현

동춘당의 평생에 걸쳐 그가 추구한 정신은 윤리세계의 구현에 있다. 천부적인 본성에 입각하여 인간의 양심, 인의(仁義)의 질서가 구현되는 세상을 희구하였다. 물론 그것은 동춘당만의 염원은 아니고 유학 본래의 정신이기도 하다. 그는《논어》에서 공자의 말대로 정령(政令)이나 형벌로 정치를 하게 되면 백성들은 벌을 면하려고만 하고 죄에 대한 부끄러움은 없게 된다고 보았다. 따라서 덕(德)과 예(禮)로써 정치를 해야 죄에 대한 부끄러움도 갖고 바르게 될 수 있다고 보았다. 그리고 동춘당은 이에 대한 주자의 해석을 좇아 덕과 예는 정치가 나오는 근본이고, 덕은 예의 근본이라고 보았다.[636] 이와 같이 동춘당이 소망하는 정치는 덕과 예에 의해 질서지어지는 사회다. 덕이란 무엇인가? 인의의 본성이요 천부적인 양심이다. 인간의 선천적인 도덕률에 의해 정치권력이 행사되고, 양심에 의해 사회질서가 유지되는 것이다.

---

636)《同春堂集》, 卷1,〈應旨兼辭執義疏〉, "孔子曰 道之以政 齊之以刑 民免而無恥 道之以德 齊之以禮 有恥且格 朱夫子釋之曰 政者爲治之具 刑者 輔治之法 德禮所以出治之本 而德又禮之本也 聖賢所論 可行之萬世而無斃."

그는 공자의 말을 인용하여 능히 예양(禮讓)으로써 한다면 나라를 다스림에 무슨 어려움이 있겠느냐 하고, 예양으로써 나라를 다스릴 수 없다면 예는 해서 무엇 하느냐고 하였다. 또 《예기》의 말을 인용하여 예가 다스려지면 나라가 다스려지고 예가 어지러우면 나라도 어지러워지며, 예가 있으면 나라도 있고 예가 없으면 나라도 없다 하였다. 따라서 위로는 임금으로부터 아래로는 백성에 이르기까지 상하가 모두 예를 숭상하고 공경과 양보하는 미덕이 흥행하면, 조정과 시골에서 날마다 쓰는 언행이 예로 말미암지 않음이 없게 된다 하였다.[637] 이처럼 동춘당은 《논어》와 《예기》에 입각하여 예의 사회적, 정치적 기능을 강조하고, 모든 백성이 예를 숭상하고 서로 공경하고 양보하는 윤리사회를 구현할 때, 수준 높은 정치가 이룩되고 일류 문화국가가 된다고 보았다. 그러므로 그는 우리나라 예학의 종장(宗匠)으로 일컬어지는 김장생, 김집 문하에서 예학을 배워 예서에 정밀하고 박학하였다. 그리하여 김장생은 동춘당에게 "이 사람이 후일 반드시 예가의 종장이 될 것이다."라고 격려하기도 하였다.[638] 동춘당은 이러한 기대에 부응하여 당대 예학을 대표하는 위치에 있었고,[639] 경연과 예 문답 등을 통해 예학의 계발과 예 문화의 보급에 적극 노력하였다.

그는 우암과 더불어 기해예송(己亥禮訟)의 중심에 서 있었는데, 종통(宗統)과 대통(大統)의 계승문제를 별개로 생각하여, 효종이 이미 대통을 계

---

637) 《同春堂集》, 卷1, 〈謝特賜儀禮經傳通解及圖疏〉, "且嘗聞之 孔子之言曰 能以禮讓 爲國乎何有 不能以禮讓爲國 如禮何 記曰 禮治則治 禮亂則亂 禮存則存 禮亡則亡...上下崇禮 敬讓興行 朝廷閭巷 日用云爲 無不由禮..."

638) 《同春堂年譜》, 癸亥, 先生 18歲條, "受學於沙溪金先生之門 沙溪先生卽先生表從叔也 先受啓蒙書 自是往來 盡通諸書 且於禮書精博 如誦己言 沙溪方以禮敎喜曰 此哥佗日 必作禮家宗匠."

639) 현상윤, 《조선 유학사》, 민중서관, 1948, 180쪽. 이병도, 《한국 유학사》, 아세아문화사, 1987, 296~311쪽 참조.

승하여 인의(仁義)를 실현하려고 노력하였으므로, 효종의 경우 왕통(王統)과 종통(宗統)의 일치문제를 중요하게 생각하지 않았다. 천명사상에 입각한 왕의 지위를 강조하여, 인조가 선왕의 적장자가 아니라도 왕위계승은 문제될 것이 없다는 것이다. 왕통의 문제에 있어서는 종통의 문제보다 인의에 입각한 천명의 문제가 더욱 중요하다고 생각한 것이다. 이러한 동춘당과 우암의 주장은 인조와 효종의 왕위계승에서 왕통과 종통을 별개로 하여, 종통은 종법에 입각하고, 왕통은 덕위일치(德位一致)에 의한 천명사상에 따른다는 주장으로 한국 사림정치의 본령을 보여 주었다.[640]

또한 그는 가정과 사회가 두루 윤리가 바르고 은의(恩義)가 돈독해야 한다 하였다. 옛날의 성제명왕(聖帝明王)은 먼저 대궐을 엄숙하게 하고 가법(家法)을 정제(整齊)하는 것을 힘쓰지 아니함이 없었다 하고, 《주역》가인괘(家人卦)의 "윤리를 바르게 하고 은의를 돈독하게 한다.(正倫理 篤恩義)"는 말을 인용하여, 무릇 "은의(恩義)를 돈독하게 한다."는 것이 어찌 가인(家人)의 본실(本實)이 아니겠느냐 하고, 성인은 반드시 윤리를 바르게 하는 것으로 먼저 하였다고 하였다. 진실로 고금을 통해서 윤리가 바르지 않고 은의가 독실한 자는 없다 하고, 비록 사대부일지라도 오히려 이와 같거늘, 하물며 제왕가(帝王家)에 있어서야 말할 것이 없다고 하였다.[641] 이처럼 동춘당은 왕실은 말할 것도 없고 가정과 사회 전반이 윤리가 바르게 실현되고 은의가 충실한 윤리사회를 실현해야 한다고 보았다. 이러한 동춘당의 철학정신은 비록 새로운 것은 아니지만, 유학의 정신과 이상이 그

---

640) 김문준, 〈동춘당의 기해예송과 예송의식〉, 《동춘당 송준길의 사상과 예술》, 한남대 충청학연구소, 2004, 4, 24, 49쪽.

641) 《同春堂集》, 卷6, 〈應求言別諭仍乞解職疏〉, "古之聖帝明王 莫不以嚴肅宮禁整齊家法爲先務 在易家人之傳曰 正倫理篤恩義 夫所謂篤恩義者 豈非家人之本實 而聖人必以正倫理先之者 誠以古往今來 未有倫理不正而恩義能篤者 雖於搢紳大夫 猶尙如此 況在帝王家乎."

러했듯이 인간의 자율적인 도덕률에 의해 사회질서가 유지되고 국가가 운영되어야 한다고 보았다. 이는 오늘날 현대사회가 법치를 자랑으로 삼지만, 법치조차도 실현하지 못하는 것을 생각할 때, 진정한 문화국가를 향한 동춘당의 강한 의지를 읽을 수 있다.

3) 마음공부의 중요성

동춘당은 도덕적 인간, 도덕적 사회 그리고 도덕적인 세계를 실현하기 위해서는 마음공부가 중요하다고 보았다. 그는 임금의 한 마음이 만화(萬化)의 근본이라 하고,[642] 천하만사가 한 가지도 임금의 마음에 근본하지 않는 것이 없다고 하였다.[643] 정치에 있어 치자의 한 마음이 정치의 성패를 좌우한다는 말이다.[644] 동춘당은 인군은 마땅히 학문으로써 근본을 삼아야 하는데, 학문의 근본은 마음에 있다고 하여,[645] 마음공부가 인군에게 가장 중요한 근본문제임을 강조하였다. 마음이란 나가고 들어감에 때가 없고, 요동치고 흩어져 잃기 쉽고 보존하기 어려우니, 반드시 서책을 친근히 하여 이 마음으로 하여금 한가로이 즐겨 그 가운데에 침잠해 유지하여, 날이 가고 달이 오면 점점 돈독함이 굳게 쌓인 연후에, 거의 달아나는 근심이 없고 길이 편안하게 이루는 효과가 있게 될 것이라 하였다.[646]

---

642)《同春堂集》, 卷6,〈應求言別諭仍乞解職疏〉, "人有恒言 人主一心 萬化之源."

643)《同春堂集》, 卷7,〈因別諭宣召具陳所懷兼辭職名疏〉, "臣聞天下萬事 無一不本於人主之心."

644) 서원화,〈동춘당의 수양론〉,《동춘당사상의 체계적 조명》, 충남대 유학연구소, 1995, 11, 11, 99쪽.

645)《同春堂年譜》, 丁酉30年, 先生 52歲, 8月 己丑日, "人君當以學問爲本 而學問之本在心..."

646)《同春堂集》, 卷7,〈因別諭宣召具陳所懷兼辭職名疏〉, "蓋心之爲物 出入無時 搖動散渙 易失而難保 必須親近書冊 使此心優游悅豫 浸灌於其中 以維持而湊泊之 日往月來 積漸純固 然後庶無走作之患 永有安成之效矣."

마찬가지로 사람의 마음은 나아가고 들어감이 때가 없어 잡고 버림이 무상하니, 존양성찰(存養省察)의 돈독함 또한 그치지 아니하니, 실로 이것이 천하에 어려운 일이라 하였다.[647] 이처럼 인간의 마음은 활물(活物)로서 출입에 때가 없고 변화무상(變化無常)하여 그 본심을 잡기 어려운 것이다. 그러므로 독서에 침잠하여 마음공부를 독실하게 하는 방법도 있고, 존양성찰의 노력을 통해 본래의 마음을 붙들고 지키는 방법도 있는 것이다.

동춘당은 선유들이 그랬듯이, 《서경》의 이른바 16자 심법을 만세 심학의 근본이라 하여 매우 중시하였다.[648] 즉 "인심은 오직 위태롭고 도심은 오직 은미하니, 오직 정밀하게 살피고 오직 한결같아 진실로 그 중을 잡으라(人心惟危 道心惟微 惟精惟一 允執厥中)"라는 16자의 심법은 요(堯), 순(舜), 우(禹)에 걸쳐 서로 전해준 심법으로 제왕의 마음공부는 물론 개인적 수기의 근본이 된다고 보았다.

그런데 동춘당에 있어 마음공부는 결국 극기공부를 말한다. 극기란 사사로운 자기를 이기는 것이다. 욕심과 이기심을 극복하는 것이다. 임금에게 사심이 있으므로 사재(私財)가 있고, 사재가 있으므로 사인(私人)이 있게 되니, 이것이 고금의 뜻있는 선비가 통한(痛恨)하여 깊이 분개한 바라 하였다.[649] 사(私)란 온갖 병의 근원이다. 필부에게 이것이 있어도 수기와 제가에 방해가 되는데, 하물며 인군은 밖으로 징험이 드러나니, 열 눈이 볼 뿐 아니라 열 손가락이 가리키는 것처럼 명백한 것이다. 그러므로 동춘당은 임금이 즉위한 이래 정사가 모두 사에 따라 움직이고 관계되어, 안팎

---

647) 《同春堂集》, 卷7, 〈辭召命仍陳戒疏〉, "惟人此心 出入無時 操舍無常 存養省察 純亦不已 實是天下難事."

648) 《同春堂年譜》, 丁酉, 30年, 先生 52歲, 10月 壬午日, 壬午入侍夕講, "對曰...十六言者 萬世心學 實本於此..."

649) 《同春堂集》, 卷8, 〈內司奴婢請勿復戶許允編伍斜付啓〉, "人主有私心 故有私財 有私財 故有私人 此古今志士之所痛恨而深慨者."

의 사람들이 모두 '사(私)' 한 글자를 임금의 고질이라고 말한다는 것이다.[650] 이와 같이 사는 개인적 수기나 제가는 말할 것도 없고, 정치에 있어서도 모든 병폐의 근원인 것이다. 사로 인해 사심이 생기고, 이 사심, 사욕으로 인해 사사로운 재물을 탐내 도모하게 되고, 나아가 사사로운 내 사람까지 갖게 되는 것이다. 결국 이 사는 공정성, 공익성, 공평성을 해친다. 그리고 공동체의 안정과 평화를 파괴한다.

동춘당은 이 사(私)를 극복하는 방법으로 경(敬)을 제시하였다. 경하면 마음이 곧 하나가 된다. 하나란 곧 성(誠)이다. 성이라고 말한 것은 실(實)일 따름이다. 실심(實心)으로써 실사(實事)를 행하여 한 터럭의 사의(私意)가 그 사이에 섞이지 아니하면, 이것을 주일(主一)이라 하고 무적(無適)이라 하는 것이다.[651] 동춘당의 이 설명은 사(私)와 성(誠)과 경(敬)의 관계를 매우 요령 있게 설명한 것으로, 그의 성리에 대한 탁월한 식견을 짐작하게 한다. 우리의 마음이 경(敬)을 실천하면 마음이 곧 하나가 된다는 것이다. 하나가 된다는 말은 다름 아닌 성(誠)이요, 그 성이란 말은 곧 거짓이 없는 참을 말한다. 따라서 진실한 마음을 가지고 진실한 일을 해서 조금도 사사로운 생각을 갖지 아니하면, 그것이 곧 주일(主一)이요 무적(無適)이라는 것이다. 정이천(程伊川)과 주자에 의해 경은 '주일무적(主一無適)'으로 설명되어 왔다.[652]

650) 《同春堂集》, 卷5, 〈辭憲職兼論君德疏〉, "蓋私者 百病之源也 匹夫而有此 猶足以妨乎 修齊之道 況人君則其符驗之著於外者 不翅十目之視 十手之指而已也 殿下自卽位以 來 凡政事施措 動涉於私 中外之人 皆謂私之一字 實爲殿下之痼疾."

651) 《同春堂年譜》, 丁酉, 30年, 先生 52歲, 10月 甲午日, 甲午 入侍召對進袖箚, "對曰 敬 則心便一 一卽誠 誠之言實而已矣 以實心行實事 無一毫私意 參錯於其間 便是主一 便是無適."

652) 《二程遺書》, 第15, "敬 只是主一也." 《朱子語類》, 卷96, 〈程子之書2〉, "主一之謂敬 無 適之謂一 敬主於一…"

동춘당에 의하면 주일(主一)은 곧 지경(持敬)공부다. 주자가 이 마음으로 하여금 잡된 생각과 어지러운 생각을 없게 해서 하나를 주로 하였으니, 일(一)이라는 것은 성(誠)이다. 성이 아니면 물(物)이 없으니, 무슨 일을 하겠느냐고 하였다.[653] 주자는 우리의 마음이 하나를 주로 한다고 할 때 그 하나가 바로 참으로서의 성(誠)이라고 보았다.

이렇게 볼 때, 사심, 사욕을 버리고 방지하는 데 있어 경은 중요한 것이고, 그 경은 다름 아닌 진실한 마음을 가지고 거짓을 하지 않는 것이었다. 그러므로 그는 범사에 실(實)이 귀한 것이라 하고,[654] 대학공부는 지(知)와 행(行)과 추(推)인데, 격치(格致)는 지(知)가 되고, 성(誠), 정(正), 수(修)는 행(行)이 되고, 제(齊), 치(治), 평(平)은 추(推)가 된다고 하였다. 그리고 성의(誠意)가 자기 수양의 머리가 되어 상하를 관통하니, 능히 뜻이 참되지 못하면 지(知), 행(行), 추(推)를 모두 할 수 없다고 하였다.[655] 동춘당은 격물, 치지는 지(知)의 공부가 되고, 성의, 정심, 수신은 행(行)의 공부가 되는데, 성의(誠意)가 자기수양의 으뜸이 된다는 것이다. 그리고 수기를 미루어 제가, 치국, 평천하까지 나아가야 하는데, 수기치인(修己治人), 내성외왕(內聖外王), 지(知), 행(行), 추(推)를 관통하는 것이 성의(誠意)라고 보았다. 성의란 뜻이 참된 것이니, 위에서 말한 마음공부로서의 경과 상통하는 것이다. 따라서 "홀로 있을 때를 삼가라."는 《중용》의 '신독(愼獨)'은 천고에 성현들이 서로 전한 지결(旨訣)이라 하고, 반드시 성(誠)하고 반드시 경(敬)하기를 아침저녁으로 하고, 또 날마다 게을리하지 않고 더욱 공경한다면, 청

---

653) 《同春堂年譜》, 丁酉, 30年, 先生 52歲, 12月 辛巳日, 辛巳 入侍召對, "對曰 主一乃持敬工夫 朱子欲使此心 無胡思亂想 以主于一 一者誠也 不誠無物 何事可做."

654) 《同春堂集》, 卷6, 〈應求言別諭仍乞解職疏〉, "凡事唯實之爲貴也."

655) 《同春堂年譜》, 己酉, 42年, 先生 64歲 2月, 己巳入侍召對, "講正心章附註 先生曰 大學工夫 知行推也 格致爲知 誠正修爲行 齊治平爲推 誠意爲自修之首 通貫上下 不能誠意 則知行推皆無可爲矣."

명(淸明)이 몸에 있고 지기(志氣)가 신과 같아, 일이 마땅히 해야 하는 것과 마땅히 해서는 안 되는 것이 심목(心目) 사이에 분명하지 않음이 없게 된다고 하였다.[656] 이러한 동춘당의 마음공부는 비록 유학의 전통을 계승하고 있는 것이지만, 유학의 수기론을 명확하게 설명한 것이라고 볼 수 있다.

이렇게 볼 때, 동춘당은 인군의 정치나 개인의 수기에 있어서 마음공부 특히 경(敬)이 가장 중요한 것임을 강조하였고,[657] 구체적으로는 사심의 극복을 위해 경(敬), 성(誠), 성의(誠意), 신독(愼獨) 등 유학 본래의 수양론을 제시하였던 것이다.

---

656) 《同春堂集》, 卷7, 〈遺疏〉, "君子愼其獨 此實千古聖賢相傳旨訣…必誠必敬 朝焉夕焉 日復一日 不懈益虔 則淸明在躬 志氣如神 事之當爲而不容已與不當爲而不容不已者 無不瞭然於心目之間…"

657) 송인창, 〈송준길의 유학사상과 자주정신〉, 《기호학파의 철학사상》, 예문서원, 1995, 444쪽. 송인창, 〈문정공 동춘당 송준길〉, 《동국18현》, 율곡사상연구원, 1999, 565쪽.

제10절 | 임헌회(任憲晦)와 전우(田愚) 그 계승과 창신

1. 학문적 연원

간재 전우(艮齋 田愚: 1841~1922)는 19세기에서 20세기에 이르는 격동기의 역사에서 유교의 정통을 지키고자 지성을 다했던 대표적인 유학자였다. 이 시대는 서구문화의 도전과 함께 서구 열강의 힘의 논리가 민족자주를 위협했던 시기였으며, 또 다른 한 편으로는 일본의 침략 앞에 민족의 생존이 위태로웠던 위기의 시대였다. 아울러 이념적으로는 서학의 도전 앞에 유교의 정통성이 위협을 받는 그러한 시대였다.

무엇보다 민족의 생존 앞에서 "유교의 도가 중요한가 민족의 생존이 더 중요한가?" 하는 의리의 선택적 고민이 당시 지성사회에 불어 닥친 현실의 과제였다. 이 와중에서 전우는 온갖 비난과 수모를 감내하고 "도가 망하면 나라도 없다."는 신념을 일관되게 실천한 유학자였다. 그러기에 그는 존경과 함께 비난의 대상이 되지 않을 수 없었고, 자정(自靖)의 의리와 행의(行義)의 의리 사이에서 전자를 선택한 유학자였다.

간재는 비록 한말 민족적 위기에서 비겁했다는 책망과 비난을 많이 받아 왔지만, 절망의 시대에서도 오직 유학의 종자를 심는 데 진력한 그의 노력이 결코 헛되지 않았음을 오늘날 실증적으로 보여 준다. 즉 한말에서 현대에 이르기까지 기호 전 지역에 아직까지도 건재한 간재 문하의 전통이 이를 잘 입증해 주고 있다.

간재는 시대적 외풍이 세차게 몰아치는 현실에서도 오로지 학문에만 전념했던 순유(醇儒)였다. 그러기에 역사인식이나 지성인의 사회적 책임이라는 측면에서 보면 비판의 대상이 됨은 당연했으며, 유학이 본래 수기와 치인, 내성(內聖)과 외왕(外王)을 아우른다는 측면에서 보면 유감이 없을 수 없다. 그럼에도 불구하고 간재 나름의 역사인식과 현실참여의 논리를 긍정적으로 평가하는 동시에 특히 그가 이룩한 성리학적 성과에 대해서는 결코 과소평가할 수 없다. 《간재사고(艮齋私稿)》로 일컬어지는 그의 문집은 기호 성리학의 집대성이며, 당시 자신과 마주 서 있던 화서학단(華西學團)을 비롯하여 영남의 한주 이진상(寒洲 李震相) 그리고 기호의 노사 기정진(蘆沙 奇正鎭)에 대해서 정치(精緻)한 비판의 작업을 수행하였던 것이다.

본고는 이러한 간재의 학문이 그의 스승인 전재 임헌회(全齋 任憲晦: 1811~1876)와 어떻게 매개되어 있는가를 살피는 데 목적이 있다.[658] 사승 관계란 일반적으로 문하의 제자가 스승의 학풍이나 이론을 배우고 본받는 것이 일반적이지만, 때로는 스승과 전혀 다른 창신의 길을 가는 경우도 없지 않다. 또한 외형으로는 스승과 제자의 관계이더라도 그 학문적 수수(授受)의 영향이 크고 작은 것은 개별적인 문제라고 생각된다. 이러한 점에 유념하면서 전재와 간재, 간재와 전재의 학문적 수수관계를 검토해 보고자 한다.

---

658) 간재(艮齋)가 전재 임헌회(全齋 任憲晦) 문하를 대표하는 것은 분명하지만, 《고산집(鼓山集)》에는 전우(田愚)에게 답한 편지 6편과 보낸 편지 2편만이 있고, 그 내용면에서도 매우 소략한 편이다. 마찬가지로 《간재집(艮齋集)》에도 임헌회에게 보낸 편지가 7편만이 보인다. 물론 강학이나 대화를 통한 학문적 수수를 고려할 수 있지만, 두 사람의 학문적 교류가 그리 활발하지 않았음을 짐작하게 한다. 이는 간재에게 미친 임헌회의 학문적 영향을 이해하는 데 하나의 참고자료가 된다.

간재는 율곡학파의 전통을 계승하였고, 구체적으로는 비사승율곡학파(非師承栗谷學派)인 도암 이재(陶庵 李縡: 1680~1746)의 계열에 속해 있다. 그는 21세 때 충청도 아산으로 임헌회의 문하에 들어가 수학하였다. 임헌회는 매산 홍직필(梅山 洪直弼)의 문인이며 홍직필은 근재 박윤원(近齋 朴胤源)의 문인이다. 또 박윤원은 미호 김원행(渼湖 金元行)의 문인이고 김원행은 도암 이재의 문인이다. 이재는 율곡을 사숙(私淑)하였고 호락론(湖洛論)에서는 낙론(洛論)계열에 있어 이 학맥이 이른바 낙론계열이 된다. 따라서 간재의 학맥은 도암 이재-미호 김원행-근재 박윤원- 매산 홍직필- 전재 임헌회-간재 전우의 학맥으로 정리된다.[659]

간재는 《오현수언(五賢粹言)》 서문에서 "내가 일찍이 망령되이 생각하건대, 정암(靜庵)의 재지(材志)로써 퇴계(退溪)의 덕학(德學)이 있고, 율곡(栗谷)의 이기(理氣)와 합하고 사계(沙溪)의 예교(禮敎)를 좇으며, 우암(尤庵)의 의리(義理)를 세우면, 그 사람됨이 거의 성인에 가깝다고 할 만하다."[660]라고 하였다.

또한 간재는 그의 스승인 전재의 〈신도비명(神道碑銘)〉에서 다음과 같이 도통(道統)에 관해 언급하였다.

그 도통을 논하면 주자 후에 포은이 여말에 창도하여 아조(我朝)에 이르러 오직 정암, 퇴계, 율곡, 사계, 우암 다섯 선생이 탁연(卓然)히 연원

---

659) 간재의 학맥을 宋時烈-金昌協-李縡-金元行-朴胤源-洪直弼-任憲晦-田愚로 보는 견해도 있으나,(최완기,《한국 성리학의 맥》, 느티나무, 1993, 204쪽) 김창협을 송시열의 문인으로 보는 것은 문제가 있다. 이는 김창협이 스스로 우암에 대해 '후학'이라고 쓰고 있다는 점에서도 그렇다. 그리고 김창협과 이재의 사승관계도 분명하지 않다. 대체로 학계에서는 이재를 사승관계가 없는 독자적인 비사승 율곡학파로 규정한다.

660) 《艮齋集》, 前編, 卷16, 〈五賢粹言序〉, "愚嘗妄謂以靜庵之材志 有退溪之德學 契栗谷之理氣 循沙溪之禮敎 立尤庵之義理焉 則其於爲人 可謂幾乎聖者矣."

(淵源)의 정종(正宗)이 되어 향원(鄕愿)의 도 해침을 깊이 미워하시고, 서요(西妖)의 혹세(惑世)를 통절히 징계하셨으며, 심성이기(心性理氣)의 설에 있어서도 깊고 정밀하게 체찰(體察)하지 않음이 없어, 수역(帥役)의 능한 바를 볼 수 있었다. 본말분합(本末分合)의 묘를 변별함 또한 반드시 정주율우(程朱栗尤)의 이론으로 표준을 삼았으니, 가히 후세에 전함에 폐단이 없었다.**661)**

간재는 스승 임헌회의 뜻에 따라 정암, 퇴계, 율곡, 사계, 우암 5현을 학문적 연원으로 자리매김하여 존숭하였다. 1848년 임헌회는 간재 등 문인들에게 명하여 5현의 잠(箴), 명(銘), 찬(贊), 문(文), 부(賦), 사(辭), 시(詩)를 모아 《오현풍아(五賢風雅)》를 편집하였고, 5현의 말씀 가운데 가장 긴요한 것만을 뽑아 《오현수언(五賢粹言)》을 편찬하였다. 간재는 5현의 학문적 특성을 정암의 재지(材志), 퇴계의 덕학(德學), 율곡의 이기(理氣), 사계의 예교(禮敎), 우암의 의리(義理)로 설명하였다.

전재의 경우 그중에서도 주자와 우암에 대한 존숭과 학문적 신뢰는 더욱 깊었다. 그는 공자를 배우려면 마땅히 주자로 말미암아야 하고, 주자를 배우려면 마땅히 우암으로 말미암아야 한다 하였다.**662)** 그는 항상 대명유민(大明遺民)을 자처하면서 주자와 우암의 이론을 주로 하고 제갈량(諸葛亮)과 퇴계의 뜻을 정도(正道)로 삼았다.**663)**

---

661) 《全齋全集》, 年譜, 附錄上, 〈神道碑銘〉, 田愚, "其論道統 則謂朱子後圃隱倡之於麗季 至我邦惟靜退栗沙尤五先生 卓然爲淵源正宗 深惡鄕愿之害道 痛懲西妖之惑世 其於 心性理氣之說 無不深體密察 而有以見其帥役能所之 辨本末分合之妙 又必以程朱栗 尤之論爲準的 可傳之後世而無弊也."

662) 《全齋全集》, 卷3, 〈上梅山先生〉, 癸卯, "今承學孔子當由朱子 學朱子當由尤翁之訓..."

663) 《全齋全集》, 年譜, 附錄 下, 〈神道碑銘〉, 田愚, "每以大明遺民自處 以朱宋之論爲主 葛 陶之志爲正."

간재는 이러한 스승의 학문적 전통을 이어 "율곡은 동방의 공자요, 우암은 동방의 주자니, 이는 모두가 선왕선현(先王先賢)의 정론(定論)이다."[664]라고 하였다. 전재가 주자와 우암을 표방했다면, 간재는 율곡과 우암을 표방했다 할 것이다.

간재의 이러한 도통의식 내지 학문적 연원에 대한 배경으로 임헌회 이전 도암 이재 계열의 학문연원에 대해 간략히 검토해 보기로 하자.

임헌회는 11세 때 종조(從祖) 절도공(節度公) 임태순(任泰淳)에게 배웠고, 27세 때에는 회덕으로 가서 강재 송치규(剛齋 宋穉圭: 1759~1838)를 배알하고 그의 문하에 들어가 배웠으며, 그 이듬해 송치규가 세상을 떠나자 1840년 매산 홍직필(梅山 洪直弼: 1776~1852)의 문하에 들어가 수학하였다. 홍직필은 늘 말하기를 "지금 후생 가운데 임헌회가 우리 도를 맡길 만한 가장 적임자다."라고 칭찬하였다.[665] 이처럼 임헌회는 홍직필의 적전(嫡傳)으로 그 신망이 매우 두터웠다.

〈매산선생어록(梅山先生語錄)〉에 의하면 홍직필은 "우리나라의 제현 가운데 율곡, 사계, 우암은 가히 할아버지, 아들, 손자의 3대 정맥(正脉)이라 할 만하다."[666] 하고, "율곡은 우리나라의 공자요, 사계는 우리나라의 증자(曾子)이며, 우암은 우리나라의 주자다."[667]라고 하였다. 이처럼 홍직필은 율곡, 사계, 우암을 높이 평가하였으니, 이는 율곡학파의 정통성을 분명히 언급한 것이다.

또한 홍직필은 학문하는 요령에 대해 "학문하는 도는 사서 가운데《대

---

664)《艮齋私稿》, 續卷7, 〈答楊永彧(己未)〉, "栗翁是東方孔子 尤翁是東方朱子 此皆有先王先賢定論."

665)《全齋全集》, 〈年譜〉, 壬寅, 先生 32歲 條.

666)《鼓山集》, 卷19, 語錄, 〈梅山先生語錄〉, "我國諸賢 栗沙尤 可謂祖子孫三代正脉."

667)《鼓山集》, 卷19, 語錄, 〈梅山先生語錄〉, "栗谷 我東之孔子也 沙溪 我東之曾子也 尤翁我東之朱子也."

학》이 체계적인데, 《논어》가 더욱 친절하다. 우리나라의 글에서는 모름지기 〈율곡이 우계(牛溪)에게 답한 글〉과 〈농암(農巖)이 민언휘(閔彦暉)에게 답한 글〉을 열심히 읽어 명리(名理)의 진정(眞正)을 탐구해야 한다."[668]라고 하여, 율곡과 농암 김창협(農巖 金昌協: 1651~1708)의 성리서를 매우 중요하게 생각하였다. 마찬가지로 "《근사록(近思錄)》은 송의 한 경전인데, 《격몽요결(擊蒙要訣)》은 우리나라의 《소학》이고 《성학집요(聖學輯要)》 역시 일종의 《대학》이다."[669]라고 하여, 율곡의 《격몽요결》과 《성학집요》를 학문하는 입문서로서 매우 중시하였다.

홍직필은 또 "근세 선배로는 도암 이재(陶庵 李縡), 미호 김원행(渼湖 金元行)의 문로(門路)가 매우 바르다."[670]라고 하여, 율곡-사계-우암으로 이어져 내려온 도암-미호의 학맥을 정통으로 자부하였다.

미호 김원행(渼湖 金元行: 1702~1772)은 농암 김창협의 손자로서 농암설을 계승하고 도암 이재에게서 배웠다. 그는 제자인 홍대용(洪大容)에게 다음과 같이 실심(實心)을 강조하였다.

사람의 근심은 이 실심(實心)이 없는 것뿐이다. 실심이 진실로 확립되었다면 무엇을 이루지 못할까? 오직 이 실심의 확립과 확립하지 못함은 그 사람에게 달렸으며, 타인이 능히 함께할 바가 아니오, 오직 나 자신을 위한 학문이냐 남을 위한 학문이냐의 사이에서 그 시비득실(是非得失)의 귀결을 깊이 살피고, 거짓에 편안하여 스스로 소인으로 타락하지

---

668) 《鼓山集》, 卷19, 語錄, 〈梅山先生語錄〉, "爲學之道 四書中大學 乃是間架 而論語尤親切 至於我東書 須熟讀栗翁答牛溪書 農巖答閔彦暉書 以究名理之眞正焉."
669) 《鼓山集》, 卷19, 語錄, 〈梅山先生語錄〉, "近思錄 有宋之一經 擊蒙要訣 我東之小學 聖學輯要 亦一部大學也."
670) 《鼓山集》, 卷19, 語錄, 〈梅山先生語錄〉, "近世先輩 則陶庵渼湖門路甚正."

않는다면 자기를 위한 실에 있어서 장차 노력하지 않고도 가능하며 능히 스스로 그만두지 않는 자이오, 그저 이미 이 마음을 확립했다면 또 언행에서 증험 없음과 나태한 병통을 어찌 근심하겠소이까?[671]

이와 같이 김원행은 실심을 중시하여 문인들에게 강조하였고, 자신을 위한 위기지학(爲己之學)의 학풍을 권면(勸勉)하였다. 이렇게 볼 때, 간재의 학맥은 도암(陶庵)계열로서 넓게는 율곡학파에 속하며, 호락(湖洛)논쟁에서 주로 낙론계(洛論系)에 속한다고 볼 수 있다.[672]

2. 역사인식과 자정(自靖)의리

간재는 26세 때 병인양요(1866년), 33세 때 신미양요(1871년), 36세 때에는 운양호사건으로 병자수호조약을 강제로 체결하고 일본에 부산을 개항(1876년)하는 민족적 수모를 경험했다. 이어 1882년 한미통상조약이 체결되고 인천항이 개항되었으며, 영국함대가 거문도를 점령하는 사태까지 발생하였다. 또한 1894년 그의 나이 54세 때에는 갑오 동학농민혁명이 일어났고, 갑오경장이 단행되었다. 그 후 일본의 침략행위는 더욱 노골화되어 국모 명성황후(민비)를 시해하는 만행을 저질렀고(乙未事變) 개혁의 일환으로 단발령(1895)이 시행되었다. 그 이듬해 이에 항의하는 의병이 전국적으로 일어났으며, 뜻있는 애국지사들에 의해 독립협회가 발

---

671) 《渼湖集》, 卷10, 〈答洪大容〉, "人患無此實心耳 實心苟立 何做不成 惟此實心之立與不立 存乎其人 非他人所能與 惟於爲己爲人之間 深察其是非之得失之歸 不肯安於作爲 以自陷於小人 則其於爲己之實 將有不待勉焉 而不能自已者矣 夫旣立得此心 又何患乎言行之無徵懶惰之爲病哉."

672) 황의동,《율곡학의 선구와 후예》, 예문서원, 1999, 72~73쪽.

기되었다. 그러나 일본의 조직적이고 의도적인 조선강점은 1905년 을사늑약으로 시작되어 일본 통감부를 설치하고, 마침내 1910년 경술국치를 통해 민족의 주권을 강탈하였으니 이때가 그의 나이 70세였다. 이후 민족의 저항은 1919년 3.1독립운동으로 절정에 달했고, 간재는 이 와중에서 1922년 일제의 식민통치하에서 죽음을 맞이하였다. 이를 통해 볼 때 간재의 전 생애가 바로 나라가 망해 가는 비운의 시대였고, 서양문화의 거센 도전 앞에 전통문화의 위기를 맞는 역사의 격동기였다.

기본적으로 간재도 화서 이항로(華西 李恒老: 1792~1868)와 같이 위정척사(衛正斥邪)의 입장에 서 있었다. 그는 유가의 전통적 입장에서 벽이단(闢異端)의 강한 의지와 신념을 지니고 있었다. 그는 양명학을 비롯하여 기독교 교리, 서양의 근대학문을 비판하였고, 서학을 받아들이는 그릇된 자세와 공자에 대한 비판에 대해 호교론적(護敎論的) 신념으로 이를 극력 비판하였다.

그는 서학의 폐해가 심각하고 이것이 유교적 질서를 어지럽힌다는 우려에서 〈화이감(華夷鑑)〉, 〈벽사편(闢邪篇)〉, 〈자서동변(自西東辨)〉 등을 저술하여 이를 이론적으로 비판하였다. 그는 이를 통해 당시 서양의 근대학문이 이익만을 추구하고 인륜을 무시하여 우리의 전통적 유교질서에 배치되므로 서학을 배격하고 도학을 지켜야 한다는 신념을 굳건히 하였다.

그러면 간재의 서세동점 내지 서학에 대한 이해와 현실인식은 어떠했는지 보기로 하자. 간재는 1866년 프랑스 함대의 무력시위에 대한 조선의 응징으로 이른바 병인양요가 발생하자, 26세의 청년으로 "2,000여 년 전해 온 공자의 학문이요, 500년을 내려온 이씨의 신하"라고 훈시한 스승 임헌회의 가르침을 받아, 조선 왕조에 대한 충절과 유교에 대한 신봉을 추구하여 '이신공학(李臣孔學)'을 큰 의리로 삼았다.[673] 그리고 그는 서양인과 서학에 대한 견해를 "저들이 비록 사람 모양은 하고 있지만, 그 기질은 짐승과 다름이 없다."674)라고 말하고, "중화와 오랑캐의 변별은 군신의 의리보다 중하다."675)라고 하였다. 또 "중화와 오랑캐는 예의 유무에서 분간되므로, '예를 조금 잃으면 이적이 되고 크게 잃으면 금수가 된다.'라고 한 것이라 하였다."676) 따라서 세상에 오랑캐가 있음은 마치 마음속에 이욕이 있는 것과 같다고 한다. 마음속에 천리와 인욕이 함께하면서 끝내 무사한 자가 없는 것과 마찬가지로, 한 나라 안에 중화와 오랑캐가 끝내 무사한 경우는 없다고 하였다.677)

이렇게 볼 때, 간재가 서학 내지 서양인에 대해 배타적 태도를 갖게 된 것은 근본적으로 예가 없는 인간이요 인륜을 결여한 문화라는 선입견에서 비롯되었다. 그러므로 오랑캐의 신기한 기술을 배우기보다는 백성들의 결사적인 힘을 얻는 것이 낫다고 한다. 백성들의 마음이 굳게 단결된다면 저들이 군함이나 전기의 기교를 부릴 수 없을 것이라 하였다. 만약 민심이 흩어져 수습할 수 없다면 이기(利器)가 있은들 누구와 함께 적을 방어하겠느냐고 하였다.678) 이는 간재가 외양(外攘)에 앞서 내수(內修)가 얼마나 중요한가를 강조한 것이다. 간재의 이러한 위정척사의 정신은 말과 글로서만 표현되었던 것은 아니고, 그 자신 평생 왜양(倭洋)의 물건을 쓰지 아니하는 모범을 보여 주었으며,679) 그 이후 당국의 삭발령과 변복령에도 불

673) 금장태, 〈한국사상사에서 간재학의 위치〉, 《간재사상연구논총》, 제1집, 간재사상연구회, 1994, 50쪽.

674) 《艮齋先生文集》, 卷12, 雜著, 〈분언1〉.

675) 《艮齋先生文集》, 〈年譜〉.

676) 《艮齋先生文集》, 別編, 卷1, 雜著, 〈華夷鑑〉, "華夷之分 以有禮無禮之異 故曰禮小失則入於夷狄 大失則入於禽獸也."

677) 《艮齋先生文集》, 卷12, 〈분언1〉

678) 《艮齋先生文集》, 卷12, 〈분언1〉

679) 《艮齋先生文集》, 〈年譜〉

구하고 이를 따르지 않았다.

간재의 이러한 서학에 대한 인식이나 위정척사의 정신은 기본적으로 병자호란 이후에 형성된 존화양이(尊華攘夷)의 의리론에 그 연원을 두고 있다.[680] 이는 그가 당시의 혼란한 사회에서 자처의 도리를 우암에게서 많이 구하였고, 청의 연호 대신에 이미 멸망한 명의 연호를 썼으며, 명의 신종과 의종을 제사지내기 위해 세운 만동묘(萬東廟)를 찾아가 배알한 데서도 시사되는 바 있다.[681]

다음은 일본의 침략행위에 대한 간재의 현실인식과 이에 대한 대응의 태도를 고찰해 보자. 일제가 1895년 국모인 명성황후를 시해하는 만행을 저지르자 그는 제생들에게 다음과 같이 말하였다.

> 근일의 변고는 만고에 처음 있는 일이다. 몸이 대신이 된 사람은 비록 원임(原任)과 은퇴 중에 있을지라도 나가서 대의를 밝혀 적을 토벌하지 아니할 수 없으며, 장수로서 병사들을 감독하는 임직(任職)에 있는 사람은 주상에게 명령을 청하는 것을 기다리지 않고 군대를 정돈하여 적을 공격하는 것, 이것이 천리와 민이(民彝)에 그만둘 수 없는 것이다. 그런데 귀를 기울이고 들어본 지 오래도록 아직까지 들리지 아니하니, 어찌 국가에 인물이 있다고 말할 수 있겠는가? 우리들은 다만 전성(前聖)의 도의를 강론하고 선왕의 법도를 준수하여 어느 정도라도 이미 거꾸러진 태극을 붙잡아 세우는 일이 있을 뿐이다.[682]

---

680) 김기현, 〈간재의 처세관과 수도의식〉, 《간재사상연구논총》, 제1집, 간재사상연구회, 1994, 235쪽.

681) 김기현, 〈간재의 처세관과 수도의식〉, 《간재사상연구논총》, 제1집, 간재사상연구회, 1994, 236쪽.

682) 田鎰孝, 〈艮齋先生家狀〉.

여기에서 간재는 국모시해에 대한 복수설치(復讐雪恥)의 대의를 분명히 하면서도, 자신은 선성(先聖)의 도의를 강론하고 법도를 준수하여 전도된 태극을 붙잡아 세우는 일을 하지 않을 수 없다는 소극적인 대응자세를 보였다. 한편 간재는 일본의 국모시해에 대한 복수를 하기 전에는 상복을 마치지 않는다는 '춘추의리'를 제시하였으며, 사우문인(師友門人)들과 복제(服制)로서 흑포립(黑布笠), 백포삼(白布衫)을 착용하고 집에서는 백포관(白布冠)을 쓸 것을 제시하기도 하였다.

또한 1895년 단발령이 행해지자 그는 이기양(李起陽) 등에게 변란을 당하여 의발(衣髮)을 온전하게 하는 방법을 제시하였고, 이성렬(李聖烈)에게 보낸 편지에서는 단발령은 죽더라도 따를 수 없음을 천명하였다. 또 이탁모(李鐸謨)에게는 섬에 있는 것을 참지 못하고 육지에 나갔다가 삭발을 당하면 마땅히 죽어야 한다는 의리를 제시하였으며, 오진영(吳震泳)에게는 삭발을 당하자 바로 죽은 유자(儒者)는 향사(鄕祀)에서 제사하고, 겁탈을 당하자 바로 죽은 부인은 별실에서 제사드려야 하는 의리를 제시하였으며, 전상무(田相武)에게 보낸 편지에서는 머리를 깎고 양복을 입은 자는 족보에서 빼야 한다는 의리를 제시하기도 하였다.[683] 이와 같이 그는 서구식 두발과 의복의 변혁에 대해 이는 전통문화 내지 유교적 문화행태에 대한 중대한 도전으로 인식하고 이에 대해 강경한 대응의 자세를 지녔다.

다음은 1905년 을사늑약에 대한 간재의 인식과 그 대응에 관해 검토해 보기로 하자. 간재는 일제가 궁궐을 침범하여 조약체결을 강요하자 임금이 거절했는데도 이완용 등 적신(賊臣)들에 의해 조약이 체결됨에 통분을 금치 못하고 상소를 올려 다음과 같이 5적의 참형을 주청하였다.

---

683) 금장태, 〈한국사상사에서 간재학의 위치〉, 《간재사상연구논총》, 제1집, 간재사상연구회, 1994, 52쪽 참조.

엎드려 생각하옵건대 옛날부터 제왕이 국가를 유지함에 있어 변란을 당하면 강상으로서 근본을 삼지 아니함이 없었습니다. … 저 일본 오랑 캐는 우리에게 있어 전후에 걸쳐 만세토록 반드시 보복해야 할 원수인 데도, 국가의 기강이 확립되지 못하고 병력이 진흥되지 못하여 비록 미 처 그 도읍을 불사르고 그 종족을 멸살(滅殺)하지 못하고 있지만, 군신 상하가 어찌 일찍이 한 시각인들 그것을 마음에서 잊어버릴 수 있었겠 습니까? … 엎드려 바라옵건대 폐하께서는 당시에 도장을 찍었던 여러 역적들의 머리를 빨리 베어서 궁궐 문에다 매달아 놓아 귀신과 사람들 의 분노를 씻어 주십시오.**684)**

이처럼 간재는 일제의 강요와 협박 그리고 5적신의 매국적 행위에 의해 이루어진 을사늑약의 부당성을 규탄하고, 일제에 대한 복수설치와 5적신 에 대한 참형을 극력 주청하였다.

다음은 곽종석(郭鍾錫)이 주도한 '파리장서사건'에 대한 간재의 입장에 대해 검토해 보기로 하자. 1919년 3.1독립운동이 거국적으로 전개되자 이 에 고무된 유림들은 이를 국제사회에 호소하자는 뜻에서 파리장서사건이 나오게 되었다. 맹보순(孟輔淳)을 비롯한 수천의 유림들은 간재를 소두(疏 頭)로 추대하고 파리 만국회의에 일본의 강제합병을 호소하자는 논의가 있었으나, 문인 오진영의 간청에도 불구하고 간재는 끝내 서명하지 않아 후일 비난의 대상이 되기도 하였다.

그런데 간재가 이에 협조하지 않은 이유는 이것이 임금을 다시 세우고

---

684) 《艮齋先生文集》, 別編, 卷1, 〈因變亂疏〉, "伏以自古帝王 維持國家 遭遇變亂 莫不以綱 常爲本…彼日虜之於我前後有萬世必報之讎 而國綱不立 兵力不振 縱未及燬其都 而 滅其種矣 然君臣上下 何嘗一刻 而忘諸心哉…伏乞陛下亟斬當日捺章 諸賊之頭 懸諸 宮門 以洩神人之憤."

공교(孔敎)를 위한 일이 아니라, 한때의 명성을 얻기 위한 것이라면 거경치지(居敬致知)의 본의가 아니라고 보았으며, 또 하나는 통령(統領)을 세운다는 논의는 서양제도를 따르는 것이어서 동의할 수 없다고 보았기 때문이다.[685] 물론 간재의 이러한 설명과 명분에는 충분히 이견이 있을 수 있지만, 유교의 전통을 온전히 고수하려는 그의 고집스런 일면을 확인할 수 있다.

다음은 당시 일제침략에 맞서 무력투쟁으로 저항했던 의병운동에 대해 간재는 어떻게 생각하고 있었는지 고찰해 보자. 간재는 1906년 면암 최익현이 의병을 일으켰다는 소식을 접하고 편지를 보내 장려하고 제생(諸生)들에게 말하기를 "나라가 매우 어지러워 면암은 몸을 잊고 의병을 일으켰는데, 나는 처의가 비록 다르나 평일과 다름없이 강학하는 것이 의리에 미안스럽다." 하고, 태화산(太華山)으로 들어가 두어 칸 집을 짓고 "경(經)을 가슴에 안고 통곡한다.(抱經痛哭)"는 것과 "산으로 들어가 말라 죽는다.(入山枯死)"는 주자와 우암의 유훈(遺訓)을 문지방에 걸어 놓고 팔자부(八字符)를 삼았다.[686] 또한 그는 김준영(金駿榮)에게 보낸 편지에서 의병에 참여하지 못한 소회를 다음과 같이 전하고 있다.

의병을 일으킨 사람들은 바람으로 빗질하고 비로 목욕하며, 창 들고 쌀 씻어 칼 차고 밥 지으면서 나라를 위해 왜적을 토벌하고 민생을 안정시키는 데 여념이 없는데, 우리들은 편안히 앉아서 책이나 보고 있으니 이렇게 부끄러울 데가 어디 있는가?[687]

---

685)《艮齋先生文集》,〈年譜〉참조.
686)〈艮齋先生家狀〉.
687)《艮齋私稿》,〈答金駿榮〉.

이처럼 간재는 기본적으로 거병(擧兵)의 의리를 인정하였다. 그는 문인에게 보낸 편지에서 "의병을 일으킨 사람들이 목적은 성취하지 못했다 하더라도 그들의 공변된 마음만큼은 폄하(貶下)해서는 안 된다."[688]라고 하였고, "자고로 거의(擧義)가 모두 성공했던 것은 아니다. 그러나 자신이 마땅히 해야 할 일을 한 것이니, 실패했다 하더라도 또한 영광된 일이다."[689]라고 하였다. 또한 당시 그의 소극적인 처세에 대해 비판하는 사람들에게 다음과 같이 자신의 견해를 밝히고 있다.

　　나는 전국의 의병이 강성해져서 성공하기를 밤낮으로 고대합니다. … 의병을 일으켜야 하는가 여부는 각자 자신의 능력과 사세판단에 따라 자처할 문제일 뿐입니다. 왜 의병을 일으키지 않는 사람은 일으키는 사람을 비난하고, 또 일으키는 사람은 그렇지 않은 사람을 무고해서 스스로 체모를 깎아 내리는지 참으로 괴이한 일입니다.[690]

이와 같이 그는 의병에 참여하고 안 하고는 각자 자신의 능력과 사세판단에 따라 자처할 문제일 뿐 이를 흑백논리로 비난해서는 안 된다고 보았다. 이처럼 그는 의병의 의의를 인정하고 자신의 소극적인 처세에 대해 미안한 마음을 가지고 있으면서도 의병에 대한 우려와 함께 결과에 있어서의 회의적인 시각을 지니고 있었다.

　　망해 가는 종묘사직을 일으켜 세울 수만 있다면 내 한 몸을 아낄 것이 무엇이겠는가? 아무런 보탬도 없이 도리에 벗어나서 몸만 욕을 당하

---

688) 《艮齋私稿》, 〈答金思禹〉.

689) 《艮齋先生文集》, 〈答申順弼〉.

690) 《艮齋私稿》, 〈答崔錫胤〉.

느니 의리를 지켜 태연히 죽음을 기다리는 것이 낫다.[691]

그들이 과연 나라의 비색(否塞)한 운세를 바로잡고 혼란한 시절을 밝힐 계책을 갖고서 정예롭게 나섰는지 모르겠다.[692]

이러한 그의 의병에 대한 인식과 태도는 자칫 애매모호한 오해를 야기할 수 있었고, 도학적 척도에서도 논란의 여지를 안고 있었다. 간재는 을사늑약이 체결된 이후 68세의 노구를 이끌고 부안 앞바다의 왕등도로 들어갔고, 그 이듬해 다시 고군산도에 들어간 이후로 왕등도, 고군산도를 거쳐 계화도에 정착하면서 죽을 때까지 일제가 지배하는 육지를 결코 밟지 않겠다는 절의를 지켰다. 이러한 그의 처세는 "도가 행해지지 않으니 뗏목을 타고 바다로 들어가겠다."라는 공자의 정신을 실천한 것이었다.

대체로 위정척사사상의 일제침략에 대한 대응양식은 자정(自靖), 순절(殉節), 거의(擧義)의 세 가지 양식으로 나타났고 볼 수 있는데, 자정은 의리를 지키기 위하여 은거해서 일제침략에 비협조함으로써 몸을 깨끗이 지키는 것이었다.[693] 간재는 이 중에서 자정의 길을 택한 것이 분명한데, 다음 글은 이를 잘 설명해 주고 있다.

왕법이 행하여지지 못하고 역적이 버젓이 행세하고 있으니, 나는 통분을 이기지 못하여 깊은 산속에 들어와 화식(火食)을 끊고 생쌀을 씹으며 연명한 지 한 달이다. 국가가 전복되고 인류가 멸망한다고 해도, 우리는 의리를 강론하고 사욕을 물리치는 공부와 도의를 가르치는 마

---

691) 《艮齋先生文集》, 〈年譜〉.
692) 《艮齋先生文集》, 〈年譜〉.
693) 이광린, 신용하, 《사료로 본 한국문화사》, 일지사, 1984, 238~239쪽.

음에 더욱 힘써서, 이를 간절하고 게을리해서는 안 될 것이다.[694]

여기에서 우리는 "나라가 전복되고 인류가 멸망하더라도 의리를 강론하고 도의를 가르침에 게을리해서는 안 된다."라는 간재의 뜻을 간파할 수 있다. 이러한 맥락에서 그는 목전의 의리만을 앞세워 총칼의 위협 앞에 헛되이 목숨을 버리기보다는, 차라리 존심전세(存心傳世)하여 신명(神明)을 얻어 뜻을 편다면 선왕의 본의에 보답하는 길이 될 것이라 하였다.[695] 거의하더라도 목숨만 잃게 되면 이는 조그마한 절개를 위하여 무의미하게 죽는 것에 불과할 것이요, 도학만을 강론한다면 무능한 유자로 지탄을 받게 될 것이다. 이 두 가지 가운데 간재는 도학의 강명이라는 본연정신에 투철하고자 하였다.[696] 간재는 19세기 민족적 위기에서 의분(義憤)에 넘친 항쟁의 길을 걷지 않고 주머니를 꼭 묶듯이 자신을 안정하게 다스린다는 '자정괄랑(自靖括囊)'의 의리를 제시하는 데서 그의 출처의리가 '자정(自靖)'을 위주로 하는 것임을 확인할 수 있다.[697] 요컨대 간재는 '행도(行道)'와 '수교(垂敎)', '거의(擧義)'와 '수도(守道)'라는 처세양식에서 수교, 수도의 길을 걸었다.

그런데 간재의 이러한 위정척사의 의식은 유가의 도를 온전히 지켜야 한다는 위도적(衛道的) 신념을 그 바탕에 깔고 있다. 그 일환으로 그는 먼저 학문적 비판 작업을 통해 무엇이 정학(正學)으로서의 도학이고 무엇이 이단인가를 변별코자 하였다. 그리하여 그는 33세 때부터 유중교(柳重敎)와

---

694) 《艮齋先生全集》, 別集, 〈答王司諫〉.
695) 《艮齋先生全集》, 別集, 〈奉同國人立誓〉.
696) 오종일, 〈간재 전우〉, 《한국인물유학사(4)》, 한길사, 1996, 1976쪽.
697) 금장태, 〈한국사상사에서 간재학의 위치〉, 《간재사상연구논총》, 제1집, 간재사상연구회, 1994, 51쪽.

심성이기태극명덕설(心性理氣太極明德說)에 대한 논변을 벌렸고, 〈화서아언의의(華西雅言疑義)〉, 〈화서신도비이기설(華西神道碑理氣說)〉, 〈심설정안변(心說正案辨)〉 등을 통해 화서의 성리설에 대해서도 비판하였다. 또한 62세부터는 기정진(奇正鎭)의 〈외필(猥筆)〉, 〈납양사의(納凉私議)〉를 비판하여 〈외필변(猥筆辨)〉, 〈납양사의의목(納凉私議疑目)〉 등을 저술하였으며, 71세 때에는 〈이씨심즉리설조변(李氏心卽理說條辨)〉을 지어 이진상(李震相)의 성리설을 비판하기도 하였다.[698] 이는 기호학파 내지 율곡학의 입장에서 자설의 논리적 타당성의 근거를 제시하기 위한 비판이기도 했지만, 적어도 그 나름대로는 순정(醇正)한 유학의 보수(保守)라는 의식이 짙게 깔려 있다.

이는 곧 "나라가 망하더라도 도는 망할 수 없다."라는 위도(衛道) 내지 수도(守道)의 역사의식으로 나타났다. 그것은 '자정(自靖)'의 의리와 상통하는 것이며, 수교적(垂敎的) 대응을 의미하는 것이기도 하다.

그리고 간재의 이러한 역사의식은 왕등도 거실에 씌어진 "만겁(萬劫)이 지나도 끝내 한국의 선비로 돌아갈 것이요, 평생을 공자의 제자가 되고자 한다."라는 다짐으로 재확인되고 있다. 또 계화도에서 "생명을 걸고 도를 지킨다."는 뜻으로 거실의 이름을 '수선사(守善社)'로 명명한 데서도 잘 드러난다. 그는 1894년 동학농민운동으로 어지러웠던 상황에서도 "동학에도 관심 없고 서학에도 관심 없으며, 사는 것도 묻지 않고 죽는 것도 묻지 않는다. 오직 의(義)만 따르겠다."라고 하였다.

이러한 간재의 역사인식이나 자정의리의 처세는 스승인 임헌회에게서도 잘 나타나 있다. 임헌회는 평생 처사적인 삶으로 일관했다. 1858년 48세 때 좌의정 조두순(趙斗淳)의 주청(奏請)으로 효릉참봉(孝陵參奉)에 제수되었으나 나아가지 않았고, 그 이듬해 봉대부활인서별제(奉大夫活人署別提),

---

698) 이상호, 〈조선성리학파의 성리설 분화에 관한 연구〉, 성균관대대학원(박사), 1993, 167쪽.

전라도도사(全羅道都事), 군자감정(軍資監正) 등에 제수되었으나 나아가지 않았다. 또 1861년 경연관에 선출되고 이어 사헌부 지평에 제수되었으나 나아가지 않았고, 1864년 54세 때 사헌부 장령, 집의에 제수되었으나 나아가지 않았고, 그 이듬해 호조참의에 제수되었으나 나아가지 않았다. 만년에 사헌부 대사헌 겸 성균관 제주, 시강원 찬선 겸 제주, 경연관 서연관, 대사헌 등에 제수되었으나 역시 나아가지 않았다. 이와 같이 임헌회는 나라가 망해 가는 한말의 역사적 상황에서도 현실참여의 길을 포기하고 처사적 삶을 살았다.

이러한 자수(自守)의 처세는 임헌회가 존경해 마지않는 도암 이재(陶庵 李縡: 1680~1746)의 학풍에 연원한 것임을 다음과 같이 밝히고 있다.

옛적에 존경하는 선유 도암 문정[陶庵 文正: 이재(李縡)] 선생이 보양관 (輔養官)이 됨에 재촉이 빈번함에 이르러 사람들이 모두 나아가기를 권해도 이어받지 않고 매양 '분의(分義)' 두 글자가 무너짐을 탄식하고, 오히려 천하의 명분과 절의를 확호하게 스스로 지켜, 비록 위 아래의 미워함이 쌓일지라도 끝내 근심하지 않았으니, 후학이 마땅히 본받아야 할 바가 도리어 여기에 있지 않은가.[699]

유학에 있어 도학자로서의 처세는 행도(行道)와 수교(垂敎)라 할 수 있다. 적극적으로 현실에 참여하여 경륜을 펼치고 부정과 불의를 광정(匡正)하고 난세를 극복하는 길이 있고, 은거해 학문과 교육을 통해 후세의 모범이 되고 독실한 수기를 통해 자신의 내면을 충실히 하는 길이 있다. 이

---

699)《鼓山集》, 卷3, 〈答李判書鎬俊〉, 甲戌, "昔尊先陶庵文正先生之爲輔養官也 敦迫驟至 人皆勸出 而終不承膺 每歎分義二字壞 却天下名節 確乎自守 雖積忤上下而不恤 後學 之所當法 顧不在兹乎."

재, 임헌회, 전우는 모두 후자의 길을 걸었고 이는 이들의 학문적 전통이요 학풍의 특성이라 할 수 있다. 물론 임헌회도 나라와 백성을 위한 우환의식을 다음과 같이 강조하고 있다.

유공(兪公) 한운(漢雲)이 벽에 쓴 글에서 "사대부는 마땅히 나라를 근심하는 마음이 있어야지 나라를 근심하는 말만 있어서는 안 된다."라고 하였는데, 이는 격언이니 쇠세(衰世)에 처해 더욱이 마땅히 본받아야 할 것이다.[700]

사대부는 나라를 근심 걱정하는 말만 해서는 안 되고 나라와 백성을 근심하는 마음을 가지고 몸소 실천해야 한다고 말한다. 임헌회가 살았던 한말의 상황을 고려하면 이 말은 더욱 절실한 것이 아닐 수 없다.

그럼에도 불구하고 임헌회의 문집을 보면 당시 민족적 위기 내지 나라의 위기상황에서도 적극적인 경세시무(經世時務)의 대책은 거의 보이지 않는다. 전집에는 모두 18편의 상소문이 보이는데 시국에 대한 통찰이나 현실인식에 있어 매우 소극적이다. 역사적으로 보면 세도정치로 인한 정치적 난맥상, 서양열강의 도전 등 내우외환의 위기 속에서도 구세(救世)의 열정과 적극적인 메시지는 보이지 않는다. 이러한 학풍이나 시국관은 간재에게도 영향을 미쳤으리라 짐작된다. 당시 화서 이항로를 비롯한 많은 유학자들이 의병으로 순절로 대응한 것과는 대조적인 처세였다.

---

700) 《鼓山集》, 卷8, 〈看書雜錄〉, 戊子, "兪公漢雲書于壁曰 士大夫當有憂國之心 不當憂國之語 此格言也 處衰世者 尤當取法."

3. 성리학적 계승과 창신

간재는 이항로(李恒老), 기정진(奇正鎭), 이진상(李震相), 곽종석(郭鍾錫) 등과 함께 한말의 성리학을 대표한다. 특히 기호지방에서는 화서학파(華西學派)와 쌍벽을 이루어 현실대응과 학문적 입장에서 대립하고 갈등하였다.

간재는 이기론에 있어서 주자나 율곡의 설에 충실하였다. 그는 "천지는 이기(理氣)에서 생기고 또 이기로서 인간과 사물이 생긴다."[701]라고 하여 이 세계를 이(理)와 기(氣)로 설명하였다.

또한 간재는 "사람은 이(理)와 기(氣) 두 가지를 갖고 태어나며, 둘은 순식간에도 서로 떨어질 때가 없고 또한 터럭만큼도 서로 섞일 때가 없다."[702]라고 하여, 인간도 이기의 산물인데 이와 기는 잠시도 서로 떨어질 수 없고 또 터럭만큼도 서로 섞일 수 없다 하였다. 즉 주자의 이기불상리(理氣不相離)와 이기불상잡(理氣不相雜)을 충실히 계승하였다.

그는 율곡의 기발이승일도설(氣發理乘一途說)을 충실히 계승하여 "천지의 변화는 모두 기가 변화함에 이(理)가 타는 것이고, 일체 존재가 모두 기가 발함에 이(理)가 타는 것이다."[703]라고 하였다. 간재는 기발이승(氣發理乘)을 설명하기를 "기는 진실로 이(理)를 싣고서 발현되나 이(理)는 지능이 없으므로 기발(氣發)이라 하며, 이(理)는 진실로 기에 의지하여 유행하므로 기가 진실로 이(理)의 재구(材具)가 되는 까닭에 이승(理乘)이라 하였

---

701)《艮齋私稿》, 卷33, 〈沐言1〉, "愚謂天地生於理氣 而又却將理氣以生人物."

702)《艮齋私稿》, 卷15, 〈答全時鳳(丁巳)〉, "人生有理氣二者 二者無瞬息相離之時 亦無毫髮相雜之時.."

703)《艮齋私稿》, 卷29, 〈朱栗胳合〉, "...此非天地之化皆氣化而理乘之之明證乎..."

다."704)라고 하였다. 여기에서 이(理)는 기에 실려 기의 발(發)을 주재하고, 기는 이(理)를 싣고 발하는 재구가 된다. 따라서 기는 이(理)의 의착처가 되고, 이(理)는 기 운동의 주재가 되는 것이다. 동정(動靜)하는 것은 기의 속성이고, 그 동정이 그러한 까닭은 이(理)의 속성이라 규정하였다.705) 운동, 작용, 변화하는 것은 어디까지나 기의 속성이고, 그 기로 하여금 운동, 작용, 변화하도록 하는 까닭이 곧 이(理)의 속성이다. 이처럼 퇴계와는 달리 이(理)의 발을 부정하고 오로지 발용의 당체를 기로 보고, 이(理)는 형이상자이기 때문에 운동하거나 작위할 수 없는 무위(無爲)의 존재라고 보았다. 그에 의하면 도는 지극히 존귀한 실체이고 만물의 주가 된다. 만약 그것을 끌어내리려는 작용이 있다고 하면 도(道), 기(器)의 상하구분이 문란해진다.706) 따라서 이(理)는 무위를 그 속성으로 한다. 이처럼 간재는 이(理)의 실제적인 발용을 부정하고 발용은 어디까지나 기의 역할임을 분명히 하였다.

그런데 간재는 이(理)의 주재에서 이 '주재(主宰)'의 의미를 두 가지 뜻으로 이해한다. 이(理)에 있어서는 자연이 되고 심에 있어서는 유위(有爲)가 된다. 만약 이를 구분하지 않고 한 가지 뜻으로 단언한다면 도체(道體)는 조짐이 없으면서 알고 생각하고 운용하는 재(才)를 겸함이 있고, 인심은 작위가 있으나 도리어 자연(自然), 무위(無爲)의 이(理)가 되는 것이다.707)

---

704) 《艮齋私稿》, 卷30, 〈讀栗谷先生答牛溪先生書〉, "氣發(氣固載理而發見 而理則無所知能 故曰氣發) 而理乘者(理固籍氣而流行 而氣實爲之材具 故曰理乘 此一句一書之大指也)何也…"

705) 《艮齋私稿》, 續卷10, 〈三家太極說辨〉, "愚按據此諸錄 則分明以動靜屬氣 以動靜之所以然屬理."

706) 《艮齋私稿》, 卷28, 〈猥筆辨〉, "夫道是至尊之實 而爲萬物之主者 若乃降而與有作用者同科焉 則道器上下之分亂."

707) 《艮齋私稿》, 續卷11, 〈理學之要〉, "夫主宰有二義 在理爲自然 在心爲有爲 若不區分槪一義斷之 則道體無朕 而兼有知思運用之才 人心有爲 而還是自然無爲之理矣."

이처럼 간재는 운동작위하는 것은 기요 이(理)는 무위의 속성을 갖는다고 보고, 이(理)가 주재한다는 것은 단지 자연, 무위의 주재이지 심이 능히 주재하는 것과는 다르다고 보았다.[708]

다음은 간재의 이기의 상보적 관계에 대한 견해를 검토해 보기로 하자.

대개 이(理)가 비록 주재가 된다고 말하지만 이 기(氣)를 의지하지 않으면 스스로 운용할 수 없다. 그러므로 유행상으로 말하면 동정할 수 있는 것은 기이고 동정을 따라 하는 것은 이(理)다. 이것이 소위 기유위(氣有爲), 이무위(理無爲)이다. 기가 비록 작위가 있으나 반드시 먼저 이 이(理)가 있은 후에 비로소 의거할 바가 있다. 그러므로 원두상(源頭上)으로 말하면 동정(動靜)하게 하는 것은 이(理)이고, 그 동정하는 것은 기이다. 이것이 소위 이(理)가 수(帥)가 되고 기는 역(役)이 된다는 것이다.[709]

여기에서 이(理)는 기의 주재라고 하지만 기가 아니면 운용이 불가능하고, 기가 비록 작위가 있지만 이(理)가 없으면 의거할 바가 없다. 이처럼 이(理)와 기는 존재 구조상 상호의존해 있고 상호보완적 위치에 있다. 이와 같이 그는 적어도 존재 구조상에 있어서는 이(理)와 기의 대등한 위상과 역할을 인정하였다. 그것은 바로 율곡이 "이(理) 없는 기도 없고 기 없는 이(理)도 없다."는 이기지묘(理氣之妙)의 세계관과 그 궤를 같이하는

---

708) 《艮齋私稿》, 卷29, 〈農巖四七說疑義〉, "愚按理爲主宰 只是箇自然無爲之主宰 非知心之能主而宰之也."

709) 《艮齋私稿》, 卷2, 〈答柳穉程〉, "蓋以爲理雖曰爲主 而不籍此氣 則不能以自運 就流行上說 則能動能靜者氣也 隨動隨靜者理也 是則所謂氣有爲而理無爲也 氣雖曰有爲 而必先有此理 而後始有所依據 故從源頭上說 則使動使靜者理也 其動其靜者氣也 是則所謂理爲帥而氣爲役也云爾."

것이다.

그러면 임헌회는 이기론에 있어서 어떤 입장에 있는가? 임헌회도 "천하의 모든 것은 이기(理氣)를 갖추지 않은 것이 없다."[710]고 하여 일체 존재를 이(理)리와 기로 설명한다. 그러면서 다시 "기는 원래 이(理) 없는 기는 없으니, 기를 말하는 곳 또한 오로지 이자(理字)를 버린 것은 아니고, 특별히 주되 바가 기일 뿐이다."[711]라고 한다. 이처럼 그는 이기불리(理氣不離)의 입장을 전제하면서도 기의 역할과 위상에 주목하였다. 그러므로 '논이기자 불리부잡(論理氣者 不離不雜)' 여덟 글자가 타개처라 하고, 자신은 '불리(不離)'에 가깝고 김평묵(金平默)은 '부잡(不雜)'에 가깝다고 평가하였다.[712] 여기서 임헌회가 불상잡(不相雜)보다 불상리(不相離)를 강조하는 것은 존재론적 입장의 강화라고 볼 수 있고, 기를 통해 이(理)가 실현되고 이(理)가 의착할 곳이 기라는 점을 강조한 것이다. 이런 점은 다음 이(理)에 대한 설명에서도 잘 드러난다.

진북계(陳北溪)가 이(理)의 능연(能然)과 소연(所然)이 있다고 하였는데, 다만 이것은 이(理)가 주재하나 능히 하는 것은 기이니, 능하게 하는 소이가 곧 주재의 이(理)라고 말한 것이다. 이(理)가 비록 주재할지라도 능연(能然)은 필경 기의 능력이다.[713]

---

710) 《全齋全集》, 卷4, 〈答李汝喬〉, 庚午, "凡天下之物 若泛論 則夫孰非該理氣."

711) 《全齋全集》, 卷4, 〈答李樂汝〉, 丁未, "氣元無無理之氣 則說氣處 亦專捨理字也 特所主者氣耳."

712) 《全齋全集》, 卷3, 〈答金穉章〉, 辛酉, "蓋論理氣者 不離不雜 是八字打開處 而愚說近於離 盛見近於雜."

713) 《全齋全集》, 卷3, 〈答金穉章〉, 辛酉, "北溪理有能所之說 只是理爲主宰 能之者氣 而所以使之能者 卽主宰之理言之 理雖主宰 而能則畢竟是氣能之也."

임헌회는 진북계의 말을 인용해 설명하는 가운데 이(理)의 주재나 소이보다 기의 역할과 기능을 강조해 보는 것을 알 수 있다. 이렇게 볼 때 임헌회의 이기론은 주기론(主氣論)에 가깝다고 볼 수 있다.714)

이상에서 간재와 임헌회의 이기론을 검토해 보았는데, 양인이 모두 이 세계를 이(理)와 기로 보고 양자의 유기적 관계를 전제하면서 이(理)와 기의 구별을 아울러 본 점은 마찬가지라고 볼 수 있다. 또 발하는 것은 기요 그 기발의 소이 내지 주재가 이(理)에 있다고 본 것도 마찬가지이다. 그럼에도 불구하고 양자의 이기론에는 약간의 차이가 있어 보인다. 즉 간재는 철저하게 율곡의 이기지묘(理氣之妙), 기발이승(氣發理乘)의 정신을 계승하고 있는 데 대해, 스승인 임헌회의 경우는 기의 역할과 위상을 더욱 강조해 보는 주기론적 경향이 감지된다는 점에서 구별된다.

다음은 명덕주기론(明德主氣論)에 대해 검토해 보기로 하자. 《대학》의 이른바 '명덕(明德)'을 성리학적으로 어떻게 해석할 것인가 하는 논쟁이 한말 성리학계의 과제였는데, 이에 관해 임헌회는 명덕주기론(明德主氣論)의 입장을 천명하였다.

> 《대학장구(大學章句)》의 본의(本義) 및 문세(文勢)로 말하자면, '인지소득호천(人之所得乎天)'의 아래 곧바로 '허령불매(虛靈不昧)'라고 하였으니, '얻은 것'은 '기를 주로 삼는 것'이 아니겠는가? '허령불매'의 아래에서는 바로 '이구중리(以具衆理)'를 말하였으니, 이것은 '기를 얻어 이(理)를 갖춤'이 아니겠는가? 그렇다면 '하늘로부터 얻은 것'은 바로 '기를 얻은 것'이요, 기를 얻어 이(理)를 갖추고 있다면 이(理) 또한 얻은 것 가운데 자재(自在)하는 것이다. 이렇게 본다면 분석한 가운데 혼륜(混淪)함이 있

714) 현상윤, 《조선 유학사》, 민중서관, 1948, 415쪽. 유명종, 《조선 후기 성리학》, 이문출판사, 1985, 204쪽. 황의동, 《기호유학연구》, 서광사, 2009, 495쪽.

고, 혼륜한 가운데 분석함이 있어서, 양쪽 모두 방해됨이 없을 것이다. 만약 '소득호천(所得乎天)' 자체를 '이기를 겸한 것'으로 여겨 주객(主客)을 구분하지 않는다면, 이미 "이(理)를 얻었다."고 말하고서 그 아래에서 또 "중리(衆理)를 갖춘다."라고 하였으니, 말이 중복되고 뜻이 막힘을 면할 수 없을 것이다. 그러므로 "명덕이란 사람이 하늘로부터 얻은 기로서, 허령불매하여 중리를 갖추고 만사에 응하는 것"이라 말하는 것이다. 이렇게 본다면, 본뜻과 문세에 순조롭게 된다. 기는 원래 '이(理)를 지니지 않은 기'가 없으니, 기를 말하는 곳이라 하여 오로지 '이(理)'자를 버리는 것이 아니다. 다만 주된 것이 기라는 말이다.[715]

임헌회에 의하면 명덕은 허령해 어둡지 않은 것인데, '하늘로부터 얻은 것'이 허령불매이므로, 명덕은 기라는 것이다. 만약 명덕을 이(理)라고 본다면, 그 아래의 '구중리(具衆理)'라는 말과 연결시킬 때 "이(理)가 중리를 갖추고 있다."라는 말이 되니, 그것은 말이 안 된다는 것이다. 따라서 임헌회는 명덕이란 사람이 하늘로부터 얻은 기로서, 허령불매하여 중리를 갖추고 만사에 응하는 것이라고 해석하는 것이다. 임헌회는 심을 '기의 정상(精爽)'으로 규정하고, 명덕 역시 기의 정상으로서 허령불매한 것이라고 보았다.[716] 임헌회는 명덕이 비록 존재 구조상으로는 '합이기(合理氣)'의 구조라 하더라도 그 마음을 따라 말하면 형이하라 볼 수 있고, 정의(情意),

---

715) 《鼓山集》, 卷4, 〈答李樂汝〉, "章句本義及文勢言之 則人之所得乎天之下 直繼以虛靈不昧四字 則所得者 非以氣爲主乎 虛靈不昧下 乃以具衆理言之 則此非得氣以具理乎 然則所得乎天 還他得氣 而氣以具理 則理亦自在於所得之中 如是看 則分析中混淪說 混淪中分析說 恐兩無所妨 若以所得乎天 爲兼理氣 不分主客 則旣曰得理 而下又曰具理者 恐未免語疊意窒 故曰明德者 人之所得乎天之氣 而虛靈不昧 以具衆理而應萬事者也 如是看之 似於本義及文勢 爲順然 而氣元無無理之氣 則說氣處 亦非專捨理字也 特所主者氣耳."

716) 이상익, 《기호성리학논고》, 심산, 2005, 430쪽.

조작(造作), 지각(知覺)의 작용성을 갖는다는 점에서는 주기(主氣)로 볼 수 있다 하였다.

이러한 임헌회의 입장에 따라 간재도 명덕주기설을 주장하고 이를 더욱 강화하였다. 당시 기정진(奇正鎭)은 임헌회, 간재의 명덕주기론을 명기지학(明氣之學)이요 이단이라고 조롱하였다. 이에 대해 간재는 "명기지학(明氣之學)을 이단이라고 비판한다면 혼기지학(昏氣之學)이 정학(正學)일진대, 나는 명기(明氣)의 이학(異學)을 바랄지언정 혼기(昏氣)의 정학(正學)을 바라지는 않겠다."[717]라고 선언하였다. 그리고 명덕 주기의 논리를 다음과 같이 서술하였다

    명덕(明德)은 허령신명(虛靈神明)으로서 도체(道體)를 갖추고 의용(義用)을 베푸는 심(心)이다. 이른바 '허령신명'은 기의 정묘처(精妙處)로서, 결코 이(理)가 아니다. 왜냐하면 이(理)는 신령(神靈)으로 말할 수 없기 때문이다. '도체를 갖춤'은 심으로서, 이(理)가 아니다. 왜냐하면 '이(理)로서 능히 이(理)를 갖추는 이치'는 없기 때문이다. '의용(義用)을 베풂'은 심으로서, 이(理)가 아니다. 왜냐하면 '이(理)로서 능히 이(理)를 행하는 이치'는 없기 때문이다. 그렇다면 명덕은 곧 이(理)라고 말할 수 없는 것이다. 곧 이(理)라고 말할 수 없다면 부득불 기에 소속시켜야 할 것이다. 이른바 기에는 몇 가지 정추(精麤)의 구분이 있다. 지금 사람들은 명덕을 기로 설명하는 주장을 보면 바로 혈기에 해당시키고 명덕지학(明德之學)이라고 배척하는데, 사람의 말을 곡진히 이해하지 않는 과오가 아니겠는가?[718]

---

717) 《艮齋集》, 前編, 卷15, 〈明氣問答〉, "曰湖南某人 譏吾子爲明氣之異學 子以爲如何 曰 明其氣者爲異學 則昏了氣者乃正學也 吾願爲明氣之異學 不願爲昏氣之正學也."

718) 《艮齋集》, 前編, 卷14, 〈蘆沙說記疑〉, "蓋明德是虛靈神明 以該得道體 敷施義用之心

간재는 '이(理)로서 능히 이(理)를 갖추는 이치'도 없고, '이(理)로서 능히 이(理)를 행하는 이치'도 없기 때문에, '구중리 응만사(具衆理 應萬事)'의 주체인 명덕은 기임이 분명하다고 보았다. 명덕은 기이지만 혈기나 기질이 아니라 기의 정상(精爽)으로서의 허령(虛靈)이라고 본 것이다. 명덕주기론을 비판하는 이들은 대개 기를 혈기로만 인식해 부정적으로 보는 데 대해, 간재는 그것이 잘못이라고 지적하였다. 간재가 이처럼 허령과 기질의 구분을 강조하는 것은 외암 이간(巍巖 李柬) 이래 낙론(洛論)의 지론이었다.[719) 이렇게 볼 때, 명덕주기론은 홍직필, 임헌회, 전우로 이어졌다고 볼 수 있다.[720)

다음은 간재의 성사심제설(性師心弟說)을 통해 그의 성리학적 창신(創新)의 면모를 검토해 보기로 하자. 간재는 33세 이후 14년 동안 전개된 유중교(柳重敎: 1831~1893)와의 논변을 통해 이항로(李恒老)의 성리설을 비판하였고, 62세부터는 기정진(奇正鎭)의 학설을 비판하였으며, 71세 때에는 이진상(李震相)의 심즉리설(心卽理說)을 비판하였다. 또한 율곡의 성리학을 지나치게 주기적으로만 몰아가는 일부 기호유학자들에 대해서도 기발이승(氣發理乘)의 입장에서 그 잘못을 비판하였다. 간재는 당시 이러한 주기적 경향과 함께 일부 유학자들에 의해 '심즉리(心卽理)', '심시기(心是氣)'로 오도되는 심학 중심의 학문풍토에 대해 개탄하고 이를 심각히 우려해 성학(性學)의 기치를 높이 들었다.

所謂虛靈神明 是氣之精妙處 而非直是理 何者 理不可以神靈言也 該得道體 是心而非理 何者 無理能具理之理也 敷施義用 是心而非理 何者 無理能行理之理也 然則明德不可直謂之理也 夫不可直謂之理 則不得不屬之氣分 所謂氣者 有幾多精麤之分 今纔見人說明德是氣 便以呼吸榮衛當之 而斥之曰明德之學 得無爲不盡人言之過歟."

719) 이상익, 《기호성리학논고》, 심산, 2005, 439쪽.

720) 이상익의 《기호성리학논고》(심산, 2005) 제10장 〈조선 후기 명덕논쟁과 그 의의〉 참조.

근세에 심학이 성행하고 성(性)은 쇠퇴하여, 마침내 치우쳐 온전하지 못하고, 낮추어져 높여지지 못하며, 둘이 되어 하나가 되지 못하고, 서로 달라져 같아지지 못하게 되었다. 나의 불초함으로도 개탄을 이기지 못하여, 감히 힘을 다하여 '심(心)이 성에 근본함'과 '성이 본체요 심이 작용'이라는 것과 '성이 스승이요 심이 제자'라는 말들을 하게 되었다.721)

이러한 그의 도학적 진정에서 나온 학설이 성사심제론(性師心弟論)이다. 간재는 "성인이 근본으로 삼는 바는 성(性)이고, 학문의 도는 다름 아닌 심(心)은 성(性)에 근본한다는 것이다."722)라고 하여, '심본성(心本性)'을 강조하였다. 또 "성은 스승이요 심은 제자다."723)라고 하여 '성사심제(性師心弟)'를 내세우기도 하였다. 간재는 자신이 '성사심제'를 깨달은 감회를 다음과 같이 술회하고 있다.

'성사심제(性師心弟)' 네 글자는 내가 만든 것이지만, 6경의 수십만 글자가 이 이치를 밝히지 않은 것이 없어 모두 하나로 관통되니, 한밤중에 생각하면 자신도 모르게 즐거운 생각이 저절로 생겨 손과 발이 춤추게 되는 신묘함이 있다.724)

---

721) 《艮齋私稿》, 卷17, 〈答姜聖文〉, "近世心學盛行 而性爲之屈 遂成偏而不全 卑而不尊 二而不一 異而不同底物事 愚之不肖不勝慨惋 乃敢極力說出 心本於性 性體心用 性師心弟等語."

722) 《艮齋私稿》, 卷2, 〈擬與柳稺程(丙子)〉, "愚謂聖人之所本者 性也 其本之者 心也 學問之道無他 心本性而已矣."

723) 《艮齋私稿》, 卷22, 〈答李演雨(丙午)〉, "余嘗謂性是師 心是弟也."

724) 《艮齋私稿》, 卷32, 〈性師心弟獨契語〉, "性師心弟四字 是僕所創 然六經累數十萬言 無非發明此理 可一以貫之 中夜以思 不覺樂意自生 而有手舞足蹈之神矣."

간재는 율곡이 '이통기국(理通氣局)'이 자신의 독창이라고 자부했듯이,[725] '성사심제(性師心弟)' 네 글자는 자신의 독창이라고 자부한다. 유교의 경전이 모두 '성사심제'로 관통된다 하고, 이를 생각하면 자신도 모르는 사이에 진리를 깨달은 즐거움에 고무된다 하였다. 그러므로 간재는 "성학(聖學)은 성을 근본으로 하지 심을 근본으로 하지 않는다."[726] 하고, "심은 성을 높여야 한다는 것은 오종(吾宗)의 바른 전통이다."[727]라고 말하였다. 또 "학문이란 저 성을 배우는 것이다."[728]라고 하고, "심을 스승으로 삼으면 때때로 어긋남이 있으나 성을 스승으로 삼으면 불선이 없으므로, 성학은 반드시 성을 근본으로 삼는다."[729]라고 하여 선악의 논리로 '성사심제'의 정당성을 설명한다. 또 "심은 허하나 이(理)는 실하므로 심을 근본으로 하는 자는 반드시 허로 돌아가고, 이(理)를 주로 하는 자는 점점 실로 들어가게 된다."[730]라고 하여, '성사심제'의 논리를 허와 실로 비교하여 설명하고 있다. 간재는 성학(性學)과 심학(心學)의 혼동을 경계하고 양자의 구별을 통해 정통과 이단을 엄격히 해야 된다고 보았다.

성이 높은 지위에 있어 심이 성을 따르며 높이는 것은 유자의 학이요, 심이 성을 높이지 않고 스스로를 높여 말하는 것은 이단의 학이다.

---

725) 《栗谷全書》, 卷10, 書2, 〈答成浩原〉, "理通氣局四字 自謂見得 而又恐珥讀書不多 先有此等言 而未之見也."

726) 《艮齋私稿》, 卷21, 〈答金源學(辛亥)〉, "聖學本性 而不本心…"

727) 《艮齋私稿》, 卷18, 〈答梁基韶(壬子)〉, "心尊性者 吾宗之正傳…"

728) 《艮齋私稿》, 卷22, 〈答李演雨(丙午)〉, "夫學 學夫性也."

729) 《艮齋私稿》, 卷9, 〈與柳確淵(辛亥)〉, "盖心師有時或差 性師無有不善 此聖學所以不本心而必本性也."

730) 《艮齋私稿》, 卷17, 〈與朴昌鉉(甲寅)〉, "夫心虛而理實 故本心者 必歸於虛 主理者 漸入於實."

또 말하기를, 공문의 교학은 온전히 성을 높임에 있고 외가의 교학은 온전히 심을 주로 하는 데 있다.731)

간재는 성을 높이느냐 심을 높이느냐에 따라 정통과 이단, 공문의 교학과 외가의 교학이 구별된다고 보았다. 간재는 성사심제(性師心弟)의 이론적 근거를 주리(主理)에 두었다.

가만히 선사(先師)의 뜻으로 미루어 볼 때, 이른바 학문을 함에 마땅히 이(理)를 주로 해야 한다는 것은 반드시 성을 심의 본원으로 삼아야 함을 말한 것이니, 심을 가리켜 이(理)라 하고 마침내 궁극적인 본원의 주재라고 여겨서는 안 된다.732)

간재는 심보다 성을 높이고 근본으로 삼는 것은 다름 아닌 주리(主理)에 근거한다고 보고, 심을 이(理)라고 보고 마침내는 그것을 본원의 주재라고 보는 것은 옳지 않다 하였다.

그런데 간재는 존성주리(尊性主理)의 입장을 분명히 하면서도 심과 기의 역할과 위상을 결코 소홀히 하지 않았다. 그는 말하기를 "내가 심이 낮다고 말하는 것은 일부러 심자(心字)를 천하고 낮게 여기는 것이 아니다. 오직 성에 견주어 볼 때 낮을 따름이다."733)라고 하여, 이(理)에 대해서 기를 낮게 보고 성에 비해 심을 낮게 보는 것은 상대적 관점이라 하였다. 이

731) 《艮齋私稿》, 卷33, 〈분언1〉, "性居尊位而心從而尊之 則爲儒者之學也 心不尊性而自尊言 則爲異端之學矣 又曰孔門教學 全在尊性 外家教學 全在主心."

732) 《艮齋私稿》, 卷2, 〈答柳穉程〉, "竊以先師之意推之 所謂學問之當主理者 謂必以性爲心之本源 而不敢指心爲理 遂認作極本窮源之主宰也.

733) 《艮齋私稿》, 卷6, 〈答鄭宅新〉, "鄙之謂心卑 非特地將心字賤而下之 惟性則較卑耳."

런 입장에서 간재는 "학문공부는 단지 심기(心氣)를 맑게 다스림으로써 성리(性理)를 회복할 뿐이다."734)라고 하여, 수양의 방법론에 있어서는 심기의 변화가 중요하다고 보았다. 따라서 간재학은 그 목표와 방향에 있어서 성(理)이 중심이 된다 할 수 있지만, 그것을 실현하는 측면에서는 심(氣) 또한 중요한 의미를 갖는다.735) 간재의 문인 겸산 홍희(兼山 洪熹: 1884~1935)는 다음과 같이 간재의 학문을 평가하고 있는데 이를 통해 그의 유학사적 위상을 짐작해 볼 수 있다.

심본성(心本性)의 종지(宗旨)를 세우고, 또 성사심제(性師心弟)의 법문(法門)을 주창하여, 배우는 자들에게 심종기학(心宗氣學)을 따라서는 안됨을 분명히 알도록 하고, 반드시 존성 복예(尊性復禮)의 바른 궤도로 돌아오게 하였으니, 이것이 그가 유문(儒門)에 대하여 공이 큰 점이다.736)

이렇게 볼 때, 간재의 성리학은 존재론적으로는 율곡의 전통을 계승하면서 가치론적으로는 퇴계의 전통을 존중하고 있다.737) 또 존재론적 측면에서는 이기의 대등한 위상과 역할을 인정하면서도 이기를 가치 개념화하여 윤리적 관점에서 주리의 입장을 고수하였다고 볼 수 있다.738) 이러한 간재의 성리학적 절충론의 입장은 도암(陶庵) 낙론계(洛論系)의 전통을 계

---

734) 《艮齋私稿》, 卷23, 〈與鄭憲泰〉, "學問工夫 只有澄治心氣 以回復性理而已."
735) 황의동, 《율곡학의 선구와 후예》, 예문서원, 1999, 479쪽.
736) 洪熹, 《田艮齋先生學案一斑(上)》, 96쪽, "田先生於是…乃立心本性之宗旨 旣又倡性師心弟之法門 使學者瞭然知心宗氣學之不可由 而必返乎尊性復禮之正軌焉 嗚呼! 此其有功於儒門之大者."
737) 황의동, 《율곡학의 선구와 후예》, 예문서원, 1999, 457쪽.
738) 황의동, 《율곡학의 선구와 후예》, 예문서원, 1999, 462쪽.

승한 측면도 있고, 간재가 처한 시대적 상황에서 위도(衛道)의 신념, 수도
(守道)의식의 발로에 기인한 것이라고도 볼 수 있다.

【참고문헌】

《孟子》,《中庸》,《論語》,《大學》,《書經》,《禮記》,《春秋左傳》,《性理大全》,《二程全書》,《朱子語類》,《傳習錄》,《三國史記》,《三國遺事》,《高麗史節要》,《明宗實錄》,《海東高僧傳》,《壬申誓記石》,《大東野乘》,《眞鑑禪師碑銘》,《聖柱寺郎慧和尚碑》,《燃藜室記述》,《黃草嶺碑文》,《成宗實錄》,《正辨我我錄》,《道學源流續》,《五賢粹言》,《山海經》,《後漢書》,《唐書》,《陽村集》,《春亭集》,《靜庵集》,《思齋集》,《圭菴集》,《退溪集》,《河西集》,《眉巖集》,《穌齋集》,《栗谷全書》,《愼獨齋遺稿》,《華西雅言》,《牛溪集》,《定齋集》,《魯西遺稿》,《南溪集》,《明齋遺稿》,《芝峰集》,《德村集》,《象村集》,《晚悔集》,《炭翁集》,《谿谷集》,《遲川集》,《白湖全書》,《寒水齋集》,《南塘集》,《巍巖遺稿》,《星湖集》,《星湖僿說》,《湛軒書》,《燕巖集》,《北學議》,《與猶堂全書》,《霞谷集》,《蘭谷存稿》,《宋子大全》,《浦渚集》,《谿谷漫筆》,《秋江集》,《一蠹集》,《一齋集》,《高峰集》,《秋坡集》,《沙溪遺稿》,《花潭集》,《同春堂集》,《艮齋集》,《全齋全集》,《鼓山集》,《艮齋私稿》,《渼湖集》,《浦渚先生年譜》,《牛溪先生年譜補遺》,《入學圖說》,《沙溪行狀》,《典禮問答》,《喪禮備要》,《疑禮問解》,《家禮輯覽》,《同春先生言行錄》,《僭疑》,《沙溪年譜》,《愚得錄》,《艮齋先生家狀》

계성회,《동춘 선생 언행록과 유사》, 1999.

고영진,《호남사림의 학맥과 사상》, 혜안, 2007.

김충렬,《동양사상산고》, 범학, 1979.

박종홍,《한국사상사논고》, 서문당, 1977.

梁啓超,《王陽明知行合一之敎》,臺灣中華書局, 民國 57.

유명종,《조선 후기 성리학》, 이문출판사, 1985.

유명종,《한국의 양명학》, 동화출판공사, 1983.

유승국,《도원철학산고》, 유교문화연구소, 2010.

유승국,《동양철학연구》, 근역서재, 1983.

유승국,《한국사상의 연원과 역사적 전망》, 유교문화연구소, 2008.

유홍열 감수,《국사백과사전》, 동아문화사, 1975.

윤남한,《조선시대의 양명학 연구》, 집문당, 1986.

이광린, 신용하,《사료로 본 한국문화사》, 일지사, 1984.

이병도,《한국 유학사》, 아세아문화사, 1987.

이상익, 《기호성리학논고》, 심산, 2005.

이용규 편저, 《강화학파 학인들의 발자취》, 수서원, 2007.

장지연, 《조선유교연원》, 명문당, 1983.

정재경, 《정여창 연구》, 집문당, 1988.

주요한, 《안도산전서》, 흥사단출판부, 1999.

천관우 편, 《한국사대계》, 10, 삼진사, 1975.

최영성, 《한국 유학통사, 중》, 심산, 2006.

한훤당선생기념사업회, 《국역 경현록》, 전, 2004.

현상윤 지음, 이형성 교주, 《현상윤의 조선 유학사》, 심산, 2010.

황의동, 《기호유학연구》, 서광사, 2009.

황의동, 《우계학파연구》, 서광사, 2005.

황의동, 《위기의 시대 유학의 역할》, 서광사, 2004.

황의동, 《유교와 현대의 대화》, 예문서원, 2002.

황의동, 《율곡사상의 체계적 이해2(경세사상편)》, 서광사, 1998.

황의동, 《율곡사상의 체계적 이해1(성리학편)》, 서광사, 1998.

황의동, 《율곡 이이》, 살림, 2007.

황의동, 《율곡학의 선구와 후예》, 예문서원, 1999.

황의동, 《이율곡 읽기》, 세창미디어, 2013.

금장태, 〈동서교섭과 근대 한국사상의 추이에 관한 연구〉, 성균관대대학원(박사), 1979.

금장태, 〈한국사상사에서 간재학의 위치〉, 《간재사상연구논총》, 제1집, 간재사상연구회, 1994.

김기현, 〈간재의 처세관과 수도의식〉, 《간재사상연구논총》, 제1집, 간재사상연구회, 1994.

김길락, 〈조선조 후기 양명학에 있어서 근대정신의 형성과 전개〉, 《유학연구》, 제1집, 충남대 유학
　　　연구소, 1994.

김문준, 〈우암의 정치사상〉, 《송자학논총》, 제6, 7합병호, 송자연구소, 2000.

김문준, 〈동춘당의 기해예송과 예송의식〉, 《동춘당 송준길의 사상과 예술》, 한남대충청학연구
　　　소, 2004.

김충렬, 〈우율사칠논변평의〉, 《성우계사상연구논총》, 우계문화재단, 1991.

맹현주, 〈율곡철학에 있어서 실학적 성격에 관한 연구 무실론을 중심으로-〉, 충남대대학원 (박
　　　사), 2006.

민혜진, 〈정제두의 성사상에 관한 연구〉, 부산대대학원(박사), 2005.

배상현, 〈조선조 기호학파의 예학사상에 관한 연구〉, 고려대대학원(박사), 1991.

배상현, 〈사계 김장생의 예학사상고〉,《사계사상연구》, 사계,신독재양선생기념사업회, 1991.

배종호, 〈한국 유학사에 있어서의 사계의 위치〉,《사계사상연구》, 사계,신독재양선생기념사업 회, 1991.

성교진, 〈성우계 성리사상연구〉, 건국대대학원(박사논문), 1983.

송인창, 〈동춘당 송준길 유학사상의 자주정신〉,《유학연구》, 제1집, 충남대 유학연구소, 1993.

송인창, 〈동춘당 송준길의 인품과 철학사상〉,《백제연구》, 제25집, 충남대 백제연구소, 1995.

송인창, 〈동춘당의 경세사상〉,《동춘당 사상의 체계적 조명》, 충남대 유학연구소, 1995.

송인창, 〈문정공 동춘당 송준길〉,《동국 18현》, 율곡사상연구원, 1999.

송하경, 〈왕양명의 지행합일설〉,《왕양명철학연구》, 청계, 2001.

신동호, 〈권만회의 리일원론적 철학체계〉,《도산학총서(만회선생편)》, 경인문화사, 2010.

오종일, 〈간재 전우〉,《한국인물유학사(4)》, 한길사, 1996, 1976.

우인수, 〈동춘당 송준길의 정치활동과 국정운영론〉,《조선사연구》, 제10집, 조선사연구회, 2001.

우인수, 〈동춘당 송준길의 신림활동과 정치사상〉,《충청학연구》, 제2집, 한남대 충청학연구소, 2002.

유명종, 〈이일재의 리기혼일철학〉,《철학연구》, 제21집, 해동철학회, 1975.

유명종, 〈절충파의 비조 우계의 이기철학과 그 전개〉,《성우계사상연구논총》, 우계문화재단, 1991.

유명종, 〈조선조 양명학과 그 전개〉,《한국철학사》, 하, 동명사, 1987.

유승국, 〈사계 김장생의 예학에 관한 연구〉,《한국사상과 현대》, 동방학술연구원, 1988.

유승국, 〈한국예학사에 있어서의 사계의 위치〉,《사계사상연구》, 사계,신독재양선생기념사업 회, 1991.

윤사순, 〈율곡사상의 실학적 성격〉,《한국사상총서》, 5, 한국사상연구회, 1982.

윤사순, 〈이수광의 무실사상〉,《실학의 철학》, 예문서원, 1997.

윤사순, 〈제4장 초기 도학화의 현상〉,《한국철학사》, 중권, 동명사, 1987.

윤사순, 〈동춘당의 유학사적 위상〉,《동춘당사상의 체계적 조명》, 충남대유학연구소, 1995.

윤용남, 〈일재 이항〉,《한국인물유학사 2》, 한길사, 1996.

이기백, 〈한국 유학의 정착 과정〉,《한국사상의 심층 연구》, 우석, 1982.

이문주, 〈사계 김장생의 예설에 관한 연구〉, 성균관대대학원(석사), 1982.

이상익, 〈제4장 개화사상과 그 특성〉,《한국철학사상가연구》, 철학과 현실사, 2002

이상호, 〈조선성리학파의 성리설 분화에 관한 연구〉, 성균관대대학원(박사), 1993.

이영춘, 〈사계 예학과 국가전례〉, 《사계사상연구》, 사계,신독재양선생기념사업회, 1991.

이종묵, 〈황윤석의 문학과 《이재난고》의 문학적 가치〉, 《《이재난고》를 통해 본 조선 후기 생활 사연구》, 한국정신문화연구원, 2004.

장세호, 〈사계 김장생 예설의 연구〉, 고려대대학원(박사), 1993.

정병련, 〈동춘당의 예학사상〉, 《동춘당 사상의 체계적 조명》, 충남대유학연구소, 1995.

정옥자, 〈사계 김장생의 예론〉, 《조선 후기지성사》, 일지사, 1991.

지두환, 〈동춘당 송준길의 사회경제사상〉, 《한국사상과 문화》, 제22집, 한국사상문화학회, 2003.

지두환, 〈동춘당 송준길의 북벌운동과 정치사상〉, 《동춘당 송준길의 사상과 예술》, 한남대충청학연구소, 2004.

채무송, 〈퇴율성리학의 비교연구〉, 《율곡사상논문집》, 율곡문화원, 1973.

최영성, 〈최치원 철학사상연구 서설〉, 《한국철학사상가 연구》, 철학과 현실사, 2002.

한기범, 〈사계 김장생과 신독재 김집의 예학사상 연구〉, 충남대대학원(박사), 1991.

한기범, 〈사계 김장생의 생애와 예학사상〉, 《백제연구》, 제20집, 충남대백제연구소, 1989.

한기범, 〈동춘당 송준길의 예학사상〉, 《한국사상과 문화》, 제18집, 한국사상문화학회, 2002.

한기범, 〈기호학맥과 동춘당의 학문연원〉, 《동춘당 송준길의 학문연원》, 한남대충청학연구소, 2005.

황의동, 〈노서 윤선거의 무실사상〉, 《유학연구》, 제18집, 충남대유학연구소, 2008.

황의동, 〈동춘당의 이기심성론〉, 《유학연구》, 제4집, 충남대유학연구소, 1996.

황의동, 〈동춘당 철학의 현대화와 유교박물관〉, 《충청학연구》, 제3집, 한남대충청학연구소, 2002.

황의동, 〈율곡의 무실사상〉, 《인문과학논집》, 제8집, 청주대인문과학연구소, 1989.

황의동, 〈기호유학에서 김장생, 김집의 성리학적 위상〉, 《대동철학》, 제53집, 대동철학회, 2010.

황의동, 〈우계 성리학의 이해 -퇴계, 고봉, 율곡과의 비교적 관점에서-〉, 《우계학보》, 제7호, 1992.

황의동, 〈우암의 개혁론〉, 《송자학논총》, 제3집, 송자연구소, 1996.

황의동, 〈정여창의 인물과 학문사상〉, 《영남학파의 연구》, 병암사, 1998.